O EGITO ANTES DOS FARAÓS

Edward F. Malkowski

O EGITO ANTES DOS FARAÓS

E suas Misteriosas Origens Pré-Históricas

Tradução
JACQUELINE VALPASSOS

Editora
Cultrix
SÃO PAULO

Título original: *Before the Pharaohs*.

Copyright © 2006 Edward F. Malkowski.

Publicado pela primeira vez nos USA por Bear & Co., uma divisão da Inner Traditions International. Rochester, Vermont.

Publicado mediante acordo com a Inner Traditions International.

Todos os direitos reservados. Nenhuma parte desta obra pode ser reproduzida ou usada de qualquer forma ou por qualquer meio, eletrônico ou mecânico, inclusive fotocópias, gravações ou sistema de armazenamento em banco de dados, sem permissão por escrito, exceto nos casos de trechos curtos citados em resenhas críticas ou artigos de revistas.

A Editora Pensamento-Cultrix Ltda. não se responsabiliza por eventuais mudanças ocorridas nos endereços convencionais ou eletrônicos citados neste livro.

A ilustração da figura 6.1 é usada com a permissão da Palladium Books, Inc., detentora do copyright e direitos no mundo todo.

A foto da figura 8.3 e as ilustrações da figura 8.4 e 11.5 são usadas com a permissão do detentor do copyright, Garber Communications/Steiner Books.

Obs.: Em vez de usar as abreviaturas "a.C." e "d.C.", neste livro, o autor usa as letras AEC (Antes da Era Comum) e EC (Era Comum) em lugar das abreviaturas supramencionadas.

Dados Internacionais de Catalogação na Publicação (CIP)
(Câmara Brasileira do Livro, SP, Brasil)

> Malkowski, Edward F.
> O Egito antes dos Faraós : e suas misteriosas origens pré-históricas / Edward F. Malkowski; tradução: Jacqueline Valpassos. – São Paulo: Cultrix, 2010.
>
> Título original: Before the Pharaohs : Egypt's mysterious prehistory.
> Bibliografia.
> ISBN 978-85-316-1060-8
>
> 1. Civilização antiga 2. Egito – Civilização – Até 332 D.C. 3. Homem pré-histórico I. Título.
>
> 10-01506   CDD-932.011

Índices para catálogo sistemático:
1. Egito: Civilização : História   932.011

O primeiro número à esquerda indica a edição, ou reedição, desta obra. A primeira dezena à direita indica o ano em que esta edição, ou reedição, foi publicada.

Edição	Ano
1-2-3-4-5-6-7-8-9	10-11-12-13-14-15-16-17

Direitos de tradução para o Brasil
adquiridos com exclusividade pela
EDITORA PENSAMENTO-CULTRIX LTDA.
Rua Dr. Mário Vicente, 368 — 04270-000 — São Paulo, SP
Fone: 2066-9000 — Fax: 2066-9008
E-mail: pensamento@cultrix.com.br
http://www.pensamento-cultrix.com.br
que se reserva a propriedade literária desta tradução.

SUMÁRIO

Agradecimentos 7
Prefácio 9
Introdução 13

Capítulo 1

Os dias chuvosos da Esfinge egípcia 17
Evidências antigas, observações novas

Capítulo 2

O peso da evidência geológica 43
Erosão e a idade da Esfinge

Capítulo 3

O Saara verde 59
Um contexto climático para a Esfinge

Capítulo 4

Qual cultura e quando? 83
A solução de um enorme problema contextual

Capítulo 5

Medindo o tempo 119
Relembrando a esquecida ciência da Astrologia

Capítulo 6

A tecnologia das pirâmides 133
A evidência fala por si

Capítulo 7

Quem eram os primeiros egípcios? 159
Um século de teorias

Capítulo 8

Evidência toxicológica para uma antiga teoria.......................... 181
Contrabando na Antiguidade: truque ou comércio?

Capítulo 9

Raízes pré-históricas do Egito 213
O legado do Cro-Magnon

Capítulo 10

O Egito dos simbolistas... 243
Um legado de conhecimento

Capítulo 11

Bu Wizzer 273
A terra dos neteru

Capítulo 12

Embarcando em uma nova história... 295
A civilização mediterrânea

Notas 329
Bibliografia selecionada... 342

AGRADECIMENTOS

Este livro é dedicado a John Anthony West, a quem estendo um agradecimento muito especial. Em muitos sentidos, seu trabalho forjou uma nova geração de egiptólogos e historiadores, na qual me incluo. Também desejo expressar minha gratidão a Christopher Dunn por suas brilhantes observações sobre as tecnologias do antigo Egito; ao dr. Thomas Brophy, por suas perspicazes observações sobre o grau de conhecimento dos povos pré-históricos da África do Norte; e ao dr. Robert Schoch e a Colin Reader, pela contínua pesquisa das origens da Grande Esfinge do Egito. Para com esses homens e todos os outros nas páginas que se seguem, nós, que buscamos a verdade na história, temos uma dívida de gratidão. Eu gostaria de agradecer às seguintes pessoas por permitir o uso das fotografias e ilustrações neste livro:

Jon Bodsworth, do web site do Arquivo do Egito (figuras 1.3, 1.6, 4.2 [embaixo], 4.4, 4.5 e 11.3)
John Anthony West (figura 1.2)
Colin Reader (figuras 1.4, 2.1)
Christopher Dunn (figuras 4.2 [topo], 4.6, 6.3, 6.4)
Jimmy Dunn (figuras 4.7 e 4.8)
Thomas Brophy (figuras 4.9 e 4.12)
Dorothy Norton (figura 4.10)
Bruce Bradley (figura 9.1)
Olga Soffer (figuras 9.2 e 9.3)
John Opsopaus, do web site *The Pythagorean Tarot* (figura 10.2)
Tony Ford (figura 12.2)
Martin Gray (figura 12.3)

Todo esforço foi empreendido para rastrear a propriedade de todo o material ilustrativo reproduzido neste livro. Caso qualquer erro ou omissão nos agradecimentos tenha sido cometido, o autor oferece suas desculpas e a garantia de que as correções necessárias serão efetuadas nas futuras edições.

PREFÁCIO

Nos cursos fundamental e médio, a história é ensinada em termos de datas e fatos. Desde tenra idade aprendemos que a civilização começou na planície mesopotâmica há 5 mil anos, e daí se espalhou pelo resto do mundo. Vinte e cinco séculos após o nascimento da civilização, o estado grego clássico emergiu como o pai do mundo moderno, que deve exclusivamente a ele o nascimento da filosofia, da ciência e da matemática – pelo menos, é isso que nos ensinam. Graças a um instigante professor, descobri que essa visão da origem da civilização ocidental seria mais uma interpretação do que um fato histórico, e que a história – em especial a história antiga – é mais teoria do que qualquer outra coisa. Em resultado, dediquei os últimos 25 anos a investigar questões não respondidas acerca da história antiga, e continuarei a fazê-lo pelo resto da vida.

Perseguir a verdade sobre o que de fato aconteceu há tanto tempo é um desafio que considero de inesgotável interesse. No cerne dessa questão encontra-se o mesmo mistério que todos desejam solucionar: quem somos e de onde viemos? Essas duas questões são a força motriz fundamental por trás de toda filosofia e religião, bem como das disciplinas científicas. Investigá-las requer não só um certo grau de conhecimento das complexidades do comportamento humano como também de lógica dedutiva. Saber o que motivava os povos antigos, e como eles viam o mundo à sua volta, é tão importante quanto determinar onde viveram e o que comiam.

Mesmo que as ciências sociais sejam disciplinas relativamente novas, depois de 150 anos de academicismo existe uma profusão de pesquisas históricas e arqueológicas à disposição para consulta. Todos esses dados levaram a uma série de teorias que descrevem "o que realmente aconteceu" durante a mais remota Antiguidade. Algumas delas estão em gritante contraste com as ideias estabelecidas acerca da cronologia do desenvolvimento da civilização. Entre elas, a suposição de que a civilização atingiu um alto grau de sofisticação há mais de *10 mil* anos. Defender tal teoria exige, é claro, evidências extraordinárias. Na qualidade de cético, qual não foi o meu espanto ao descobrir que tais evidências extraordinárias, de fato, existem!

A primeira vez que ouvi falar disso foi em 1993, quando assisti a Charlton Heston narrando um especial da NBC, *The Mystery of the Sphinx*, baseado nas pesquisas de John Anthony West e do geólogo da Universidade de Boston, o dr. Robert Schoch. Segundo o documentário, a Esfinge foi esculpida milhares de anos antes do nascimento do Egito dinástico. Notei, com interesse, a violenta reação, por parte da comunidade egiptóloga, às conclusões de West e Schoch. Qual a razão para tanta indignação? Para mim, estava claro que West e Schoch haviam tocado um ponto sensível, e que o pensamento majoritário sobre as origens da humanidade estava tremendo nas bases à beira de uma mudança. Os assim chamados teóricos lunáticos, com suas afirmações inconsistentes, são tipicamente ignorados pelos acadêmicos tradicionalistas, mas West e Schoch estavam recebendo uma atenção digna de final de Copa do Mundo. Fascinado pela história, decidi começar minha própria investigação daquilo que os oponentes de West e Schoch clamavam faltar no argumento da dupla: a saber, a existência de evidências de que a humanidade atingiu um grau de civilização capaz de construir uma estrutura daquelas com tamanha perícia bem antes de 3000 AEC. Geólogos, arqueólogos e historiadores vêm investigando a pré-história há muitos anos, o que resultou em volumes e mais volumes de análises e opiniões. Basicamente, há dois tipos de evidência disponíveis: a física, ou arqueológica, e a histórica – o que o próprio povo da Antiguidade registrou como sua história. Eu quis estudar os dados e verificar por mim mesmo quais evidências existiam e como elas poderiam explicar as conclusões de West e Schoch à respeito da idade da Esfinge.

O que eu descobri é que há uma abundância de evidências atestando o alto grau de civilização do Egito Antigo. No entanto, há pouca coisa que dê margem à dedução dos acontecimentos que estimularam a sua criação. É pouco provável que a civilização egípcia tenha irrompido de repente de uma sociedade primitiva de caçadores-coletores num estado sofisticado e centralizado; contudo, os historiadores têm tido grande dificuldade para explicar o que aparentemente foi um abrupto surgimento de uma organização social e uma tecnologia avançadas. Alguns alegam que o desenvolvimento do Egito foi influenciado por invasões de culturas de outras regiões, mas há evidências que contradizem essa teoria. Neste livro, espero demonstrar que o aparecimento do Egito faraônico foi resultado de esforços autóctones. Além disso, mostrarei que existem evidências arqueológicas e históricas substanciais e convincentes de que o início da civilização egípcia ocorreu milhares de anos antes do que tradicionalmente se acredita.

De certo modo, os vestígios do Egito Antigo podem ser comparados a uma cena de crime que tivesse passado despercebida durante anos, sofrendo a ação do tempo, e cujas testemunhas há muito desapareceram. Uma vez que deslocar objetos de tal cena pode mascarar indícios do que aconteceu, quando os investigadores da polícia chegam ao local, preferem que tudo permaneça do jeito que estava quando se deu a ocorrência. Eles precisam reunir o máximo possível de indícios na sua busca pelo perpetrador. Em certos casos, há abundantes indícios; em outros, não, e o crime permanece insolúvel por anos e, às vezes, o que é uma lástima, indefinidamente. Se uma quantidade suficiente de fatos pode ser determinada por dedução, uma explanação de todas as evidências conduz o detetive a uma conclusão teórica do "quebra-cabeça". Isso serve de base para uma investigação mais aprofundada e, espera-se, a prisão da pessoa que cometeu o crime.

Investigar a pré-história não difere muito de investigar uma cena de crime, embora em uma escala muito mais ampla. Quanto maior a evidência, maior a possibilidade de que os pesquisadores possam verificar o que aconteceu e quando, e quem estava envolvido. Assim como os investigadores da polícia, os arqueólogos e outros pesquisadores da história preferem que a evidência descoberta permaneça *in situ* – no local em que se encontrava originalmente quando a descoberta aconteceu – e intocada por mãos humanas. Isso revela fatos irrefutáveis que são essenciais para a formação de uma teoria viável.

Entretanto, na formulação da teoria, a interpretação da evidência pode ser um problema. Evidências físicas e fatos históricos geralmente são vistos com uma certa parcialidade. Essa parcialidade consiste num conjunto de suposições que um indivíduo traz para a avaliação de uma evidência. Por exemplo, os pesquisadores que acreditam que a civilização atingiu sofisticação técnica apenas recentemente tenderão a ignorar quaisquer evidências do contrário, por mais fortes que elas às vezes sejam. Uma maneira de contornar essa parcialidade é considerar a análise de peritos de outras disciplinas.

É com essa abordagem multidisciplinar – com contribuições da astronomia, da engenharia, da geologia e da antropologia dentária, bem como com as descobertas de outros historiadores – que eu me ocupo da questão sobre as origens da civilização egípcia. Exploraremos artefatos que abrangem tudo, desde os restos de um esqueleto a vasos de pedra, templos e outros monumentos, que são considerados evidências primárias. Entre eles, as pirâmides do Egito, especialmente a Grande Pirâmide, e os misteriosos megálitos de Nabta Playa, que datam de, aproximadamente, 5000 AEC. São estruturas observáveis, fatos que têm sido visitados e revisitados por pesquisadores através do tempo. O inexorável mistério é que, até agora, ninguém, na minha opinião, explicou de maneira satisfatória o contexto histórico que cerca essas evidências aparentemente anacrônicas e anômalas. De acordo com a história ortodoxa, não seria possível que a tecnologia associada a essas estruturas pudesse existir em tão remoto passado.

Na ciência, sem especulação não pode haver hipótese. E sem hipótese a ser testada ou investigada não pode haver teoria – e tudo isso se torna objeto de discussão entre vários pontos de vista. Uma vez que cientistas e pesquisadores são humanos, a própria ciência muitas vezes assume a natureza dualista da humanidade; forças opostas trabalham juntas numa cooperativa batalha de ideias, um yin e yang científico. Com a especulação surgem novas ideias e teorias, que frequentemente são recebidas no início como fantasias de leigos. Mas, ao longo do tempo, as ideias novas meritórias sobrevivem, são admitidas no crescente corpo do conhecimento científico e, muitas vezes, bem mais tarde, transformam-se em um padrão de pensamento legítimo.

Sou de opinião que pesquisadores sinceros e dedicados encontraram anomalias e anacronismos acerca do nascimento da civilização egípcia suficientes para autorizar uma nova interpretação das evidências e, possivelmente, uma nova história da humanidade. No conjunto, seu trabalho é maior do que a soma de suas partes ao pintar um quadro mais fiel da pré-história do Egito, como você irá descobrir em *O Egito Antes dos Faraós*.

INTRODUÇÃO

Uma das principais questões que os historiadores procuram responder é a de como começou a civilização. Com a ascensão do sistema universitário, com seus especialistas em pesquisa comedidos e meticulosos, ao longo das cinco últimas gerações foram gastos bilhões de dólares para desenterrar o passado. Em consequência, a sociedade ocidental foi submetida a uma drástica revisão do seu entendimento da história. O resultado da corrente busca por evidências físicas da vida em um passado remoto, e hoje pinta um quadro muito diferente do que nossos antepassados aceitavam há 200 anos.

Mas há, de fato, duas histórias distintas; pesquisadores que têm influências filosóficas e políticas diferentes divergem sobre as interpretações das evidências. Uma versão é o conhecimento comum, a nós ensinado desde tenra idade, que aceitamos como fato. Os responsáveis por nossas instituições educacionais consideram a outra versão, na melhor das hipóteses, "independente". Em resultado, pesquisadores que se engajam nesta última correm o risco de serem classificados como irresponsáveis ou especulativos, e são acusados de interpretar as evidências erroneamente. Na busca pela verdade, quando parcelas significativas da história estão faltando, a interpretação muitas vezes é determinada pela base filosófica do intérprete. Com as sensacionais descobertas dos dias de hoje sobre o nosso passado, as evidências dificilmente falam por si.

O Egito Antes dos Faraós vasculha fundo o passado do vale do Nilo e revela uma cultura que antecede em muitos milhares de anos o que a maioria dos historiadores considera o nascimento da civilização egípcia. O Egito sempre foi foco de interesse inesgotável para os entusiastas da história antiga, e por uma boa razão. Embora a Mesopotâmia seja considerada o berço da civilização, o vale do Nilo foi um manancial arqueológico de templos, monumentos, artefatos e de conhecimento sobre o nosso passado remoto por mais de um século. E ainda o é nos dias de hoje. Nas últimas duas décadas, pesquisadores independentes e também alguns acadêmicos têm postulado a existência de uma civilização mais antiga e mais avançada, da qual os egípcios herdaram seus atributos. Mas as evidências disso sempre foram misteriosas e sutis demais, e a cultura avançada nunca chegou a ser identificada satisfatoriamente o bastante para que os acadêmicos tradicionais aceitem essa teoria.

Quarenta anos atrás, o proeminente egiptólogo e diretor do departamento de egiptologia da Universidade de Londres, Walter Bryan Emery, acreditava na possibilidade de uma civilização egípcia mais antiga. Um veterano que dedicou toda sua vida ao trabalho de campo arqueológico, que incluiu escavações no Cemitério Arcaico de Saqqara e a descoberta de um "zoo mumificado", considerou a possibilidade da influência de outra cultura no Egito e também na sociedade mesopotâmica. Em seu livro de 1961, *Archaic Egypt*, Emery escreve que acadêmicos modernos tendem a ignorar a possibilidade de que uma comunidade mais avançada de uma região ainda a ser determinada tenha emigrado para o vale do Nilo, onde teria sido subjugada pelos povos autóctones. Vastas áreas do Oriente Médio, a região do Mar Vermelho e a costa leste da África permanecem inexploradas. Segundo Emery, tal possibilidade não pode ser totalmente descartada. Na verdade, ele acredita que a existência de uma outra cultura cujas conquistas tenham sido passadas de maneira independente para o Egito e para a Mesopotâmia poderia explicar melhor os aspectos comuns a essas duas civilizações, bem como as diferenças fundamentais entre elas. Embora sua ideia de uma "raça dinástica" tenha sido recebida com desagrado pelos egiptólogos, encarada como uma ideia racista, e que destitui o Egito de sua herança, as evidências indicam que a ideia é quase irrefutável. O ponto falho é que sua raça dinástica não era nativa do Egito. Eu argumento que uma raça dinástica de fato existiu, mas era nativa do vale do Nilo, e que o ressurgimento da civilização nessa região em 3000 AEC é diretamente atribuível aos seus conhecimentos, habilidades e liderança.

Um dos maiores mistérios da pré-história sempre foi o repentino surgimento do homem anatomicamente moderno, referido como Cro-Magnon, no oeste da Europa. Descendemos dele, de certo modo, segundo afirmam os cientistas, embora seu desaparecimento, no fim da era glacial, por volta de 10000 AEC, seja tão misterioso quanto suas origens. Neste livro, investigaremos as evidências que não apenas explicam a origem e a extinção do Cro-

Magnon, mas também conectam a sua existência ao Egito dinástico e à cultura antiga do Mediterrâneo.

As páginas seguintes examinam as evidências apresentadas por alguns dos melhores pesquisadores e das mentes mais privilegiadas da atualidade, reunindo pesquisas não relacionadas e completando o quebra-cabeça de nossa mais remota história. Dos multifários megálitos de Nabta Playa à Grande Esfinge do Egito, às perturbadoras estruturas internas da Grande Pirâmide, às tradições orais do Egito Antigo, aos templos ciclópicos do Mediterrâneo, e até às conexões entre o Egito Antigo e os antigos maias do México e da América Central, afirmo que finalmente há prova cumulativa de vários campos de que existiu uma cultura tão avançada em muitas áreas do conhecimento quanto a nossa hoje em dia. Este livro é também uma história dos historiadores da atualidade, que estão pintando um novo quadro do nosso longínquo passado.

CAPÍTULO 1

OS DIAS CHUVOSOS DA ESFINGE EGÍPCIA

Evidências antigas, observações novas

O Egito, com seus monumentos grandiosos e tesouros dourados, sempre foi o centro das atenções no estudo das civilizações antigas. Nenhuma outra cultura da Antiguidade mereceu tão extenso estudo quanto a terra do Nilo. E nenhuma outra deixou tanto para ser estudado. Do Cairo a Mênfis, da cidade bíblica de Ramsés às estruturas do planalto de Gizé, os antigos engenheiros e arquitetos planejaram e construíram cidades em pedra que ombreiam nossas modernas realizações. Entre suas mais notáveis conquistas há de se destacar o nascimento da medicina moderna sob Imhotep – sacerdote, médico e arquiteto-chefe da terceira dinastia, de 2687–2668 AEC. Ele era capaz de diagnosticar e tratar tuberculose, pedras na vesícula, apendicite, gota e artrite, entre duzentas outras doenças.[1] Também fazia cirurgias e praticava odontologia uma centena de anos ou mais antes que as grandes pirâmides fossem erguidas. Por 3 mil anos o Egito permaneceu como a cultura mais requintada que a humanidade fora capaz de produzir.

Durante o último século, por meio de diversas disciplinas, os egiptólogos vêm reconstruindo a história do Egito Antigo minuciosamente. Embora a expedição napoleônica, constituída de engenheiros, topógrafos, astrônomos e artistas, tenha conduzido um exame sistemático do planalto de Gizé em 1798, o primeiro trabalho abrangente e completo foi levado a termo por *sir* John Gardner Wilkinson (1797-1875), no final da década de 1820 e durante os anos de 1830. Mais tarde, foi a vez de *sir* William Matthew Flinders Petrie (1853-1942), que dirigiu escavações meticulosas em Gizé, entre 1880 e 1883, e foi o responsável pela criação da moderna metodologia da arqueologia. Durante os últimos 100 anos, a civilização egípcia captou o interesse do público e, em resultado, ganhou um campo próprio de estudo, chamado Egiptologia.

A visão convencional sobre a antiga civilização egípcia

Os egiptólogos dividiram a história do Egito Antigo em alguns períodos-chave: o período pré-dinástico (5500-3000 AEC); o Período Arcaico (3000-2650 AEC); o Antigo Império (2650-2152 AEC); o Médio Império (1986-1759 AEC); o Novo Império (1539-1069 AEC), e a Época Baixa (664-332 AEC), com três períodos "intermediários" antecedendo, respectivamente, o Médio Império, o Novo e a Época Baixa. (Veja a Cronologia dos Períodos e Dinastias do Egito, na página seguinte).

A pouco menos de 10 km a oeste do Cairo, o planalto de Gizé, parte da antiga necrópole de Mênfis, ostenta as estruturas mais antigas e famosas já construídas pelo homem, as três grandes pirâmides. No planalto encontram-se também oito pirâmides menores, quatro templos de vale, três templos mortuários, três caminhos procissionais, vários fossos de barcos e numerosas *mastabas* (túmulos retangulares). Ali também se encontra a maior estátua já esculpida pelo homem, a Grande Esfinge, que será o nosso foco principal nesta discussão sobre as origens do Egito. Sua frente é orientada para o leste e é ligada à grande pirâmide por uma rampa. Acredita-se que as três pirâmides maiores tenham sido monumentos sagrados e servido de túmulos para faraós da quarta dinastia do Antigo Império: Quéops (que reinou entre 2589-2566 AEC), seu filho Quéfren (2520-2494 AEC) e o filho deste, Miquerinos (2490-2472 AEC). A área de Gizé continua sendo um sítio arqueológico rico, e ainda é esquadrinhada por diversas universidades e pesquisadores, bem como por egiptólogos independentes e por investigadores da história.

Embora envolta em mistério, como toda a pré-história, um consenso entre eruditos explica que a terra do Nilo foi unificada como reino sob Menés, considerado o primeiro rei da primeira dinastia, imediatamente antes do terceiro milênio AEC. Contudo, na Lista Real de Turim – um papiro único, datado da décima nona dinastia (1295-1186 AEC), escrito em hierático, e descoberto em Tebas em 1822 pelo explorador italiano Bernardino Drovertti – o nome de

Menés vem depois de uma lista de deuses e semideuses que governaram antes dele. A Pedra de Palermo, um bloco de basalto de 25 centímetros de altura descoberto por *sir* Flinders Petrie em 1900, e datado de aproximadamente 3000 AEC, também contém os nomes desses reis e dinastias (os nomes em grego, mais familiares, encontram-se entre parênteses): Geb, Ausar (Osíris), Setekh (Seth), Hor (Hórus), Djehuty (Thoth), Maa't, e novamente Hor (Hórus). Sem comprovação histórica, esses reis foram relegados à mitologia. Embora a história convencional do Egito tenha início em 3000 AEC, com a unificação dos povos no vale do Nilo sob Menés, importantes registros indicam a existência de uma história substancial anterior a Menés.

CRONOLOGIA DOS PERÍODOS E DINASTIAS DO EGITO

Período Pré-dinástico (5500–3100 AEC)	**Segundo Período Intermediário**
Período Arcaico	15ª dinastia (1674–1567 AEC)
1ª dinastia (2920–2770 AEC)	16ª dinastia (1684–1567 AEC)
2ª dinastia (2770–2650 AEC)	17ª dinastia (1650–1539 AEC)
Antigo Império	**Novo Império**
3ª dinastia (2650–2575 AEC)	
4ª dinastia (2575–2467 AEC)	18ª dinastia (1539–1295 AEC)
5ª dinastia (2465–2323 AEC)	19ª dinastia (1295–1186 AEC)
6ª dinastia (2323–2152 AEC)	20ª dinastia (1186–1069 AEC)
Primeiro Período Intermediário	**Terceiro Período Intermediário**
7ª dinastia (2152–2160 AEC)	
8ª dinastia (2159–2130 AEC)	21ª dinastia (1070–945 AEC)
9ª dinastia (2130–2080 AEC)	22ª dinastia (945–712 AEC)
10ª dinastia (2080–2040 AEC)	23ª dinastia (828–725 AEC)
	24ª dinastia (725–715 AEC)
Médio Império	25ª dinastia (712–657 AEC)

Período Pré-dinástico (5500–3100 AEC)	Segundo Período Intermediário
11ª dinastia (1986–1937 AEC)	Época Baixa
12ª dinastia (1937–1759 AEC)	
13ª dinastia (1759–1633 AEC)	26ª dinastia (664–525 AEC)
14ª dinastia (1786–1603 AEC)	27ª dinastia (525–404 AEC)
	28ª dinastia (404–399 AEC)
	29ª dinastia (399–380 AEC)
	30ª dinastia (380–343 AEC)
	31ª dinastia (343–332 AEC)

Ao final da era glacial, por volta de 10000 AEC, os padrões da temperatura global haviam mudado. Em resultado, o clima cada vez mais árido da África do Norte deu origem ao Deserto do Saara, que continuou a se expandir. De acordo com a moderna egiptologia, os povos primitivos, forçados a se deslocar devido ao aumento da aridez do oeste da África, migraram em direção ao leste, para o vale do Nilo durante o último quarto do quarto milênio AEC para dar início à civilização egípcia. Com eles, foram suas crenças religiosas e sua mitologia. A crescente população no vale criou uma circunstância única que possibilitou aos primeiros egípcios se agruparem pelo bem comum e por uma meta compartilhada. Uma grande disponibilidade de mão de obra e colheitas fartas conduziram à prosperidade generalizada, e os reis das primeiras dinastias ordenaram a construção de projetos públicos que incluíram pirâmides, templos, túmulos, e uma estátua colossal de um leão com a cabeça de um rei, conhecida como a Grande Esfinge.

A Grande Esfinge

A Grande Esfinge é um ícone persistente e enigmático de uma antiga civilização. Seu nome é derivado da palavra grega *sphingo* ou *sphingein*, que significa estrangular ou atar apertado. Embora ninguém saiba como os primeiros egípcios a chamavam, durante a segunda metade do segundo milênio AEC, era referida como Hor-em-akht (Hórus no Horizonte), como Bw-How (Lugar de Hórus), e também como Ra-horakty (Rá dos Dois Horizontes).

A forma felina era reverenciada no Egito Antigo, e o leão, em particular, tinha uma longa associação com o rei. De acordo com o chefe de escavações, dr. Alain Zivie, inscrições faraônicas sugerem que os leões eram criados em áreas especiais e enterrados em cemitérios sagrados, mas nenhum jamais fora encontrado até que ele e sua equipe descobriram um em 2001. Um leão mumificado que foi achado no túmulo de uma mulher que se acredita ser a ama de leite do Rei Tutancâmon, enterrada por volta de 1430 AEC. Análises do desgaste dos dentes do leão indicam que chegou à velhice avançada e provavelmente se tratava de um animal cativo.

Um culto dedicado à deusa-gato egípcia Bastet predominava na área do Delta do Nilo. O mais provável é que o culto ao gato, que remonta a 3200 AEC, tenha evoluído de outro ainda mais antigo, o culto ao leão. Bastet é mencionada pela primeira vez durante a segunda dinastia. Uma inscrição em um templo da quinta dinastia proclama: "Bastet, senhora de Ankh-taui", acompanhada de sua mais antiga descrição. Cinzelar um gato gigantesco com a cabeça de um rei seria uma expressão provável de religiosidade para os megaconstrutores da quarta dinastia em 2500 AEC.

A Esfinge foi escavada e esculpida do calcário que permeia o planalto de Gizé. Medindo 73,5 metros de comprimento e cerca de 20 metros de altura, essa escultura de leão com rosto humano repousa em uma depressão retangular. A área em torno da Esfinge foi escavada, ou teve o calcário extraído, a fim de se esculpir a imagem de leão. Apenas a cabeça e a parte superior de suas costas estão acima da superfície do planalto; a depressão em que está é referida como vala, depressão ou pedreira da Esfinge. A rocha calcária removida dessa área foi usada para erguer o templo diretamente a leste da Esfinge, assim como um outro, conhecido como Templo do Vale. A maioria dos egiptólogos afirma que isso se deu durante a quarta dinastia do Antigo Império (2575–2467 AEC). Não havendo evidências contrárias, os egiptólogos atuais concordam que esse seja o cenário mais provável.

A contestação de John Anthony West

Enquanto vivia em Londres, durante o começo da década de 1970, o escritor americano John Anthony West leu um romance de Isha Schwaller intitulado *Her-Bak*. Embora seu estilo de escrever não impressionasse West, ele ficou intrigado com as frequentes referências da autora aos trabalhos simbolistas do seu falecido marido, o filósofo hermético e egiptólogo independente René Schwaller de Lubicz. O incomparável retrato do Egito Antigo fascinou West de tal maneira que durante oito semanas ele visitou o Museu Britânico para ler a obra de Schwaller, munido de um dicionário de francês, uma vez que ela ainda não havia sido traduzida para o inglês. Quando terminou, estava completamente convencido de que Schwaller havia revelado uma história oculta do Egito Antigo, particularmente sua filosofia e a maneira simbólica como ela era expressa na arte e na arquitetura.

FIGURA 1.1. VISTA AÉREA DO COMPLEXO DA ESFINGE

Embora as obras de Schwaller se concentrassem na cultura e na arquitetura do Egito Antigo com uma interpretação simbólica da sociedade egípcia, sua afirmação de que a Esfinge sofrera desgaste pela ação da água despertou a curiosidade de West. Durante os anos 1970, West, ainda desconhecendo qualquer tradução para o inglês das obras de Schwaller, concentrava seus esforços em levar uma visão simbolista do Egito para o mundo de língua inglesa. Em 1978, West publicou *Serpent in the Sky**, apresentando a visão de Schwaller sobre a sabedoria do Egito Antigo – que defende que o simbolismo capta verdades absolutas que só podem ser acessadas e compreendidas por meios indiretos. (Veja o capítulo 10 para uma explicação detalhada.)

---

* *A Serpente Cósmica*, publicado pela Editora Pensamento, São Paulo, 2009.

West, agora um autoproclamado egiptólogo e pesquisador independente, juntou-se ao geólogo dr. Robert M. Schoch, da Universidade de Boston, em 1990, para investigar a possibilidade de que a Esfinge egípcia tenha sido esculpida, pelo menos em parte, *antes* de 2500 AEC. West, assim como Schwaller, acreditava que o desgaste climático da Esfinge e da depressão em que se encontra foi causado pela erosão causada pela precipitação pluvial. Para que tal teoria fosse verdadeira, seria necessário que isso tivesse ocorrido antes do terceiro milênio AEC – antes que a África do Norte se transformasse em deserto. Schoch, um cientista e um cético, no início acreditou que pudesse convencer West do erro dessa visão inconvencional a respeito da Esfinge e estruturas associadas a ela.[2]

> Descobri que West tinha a ideia bastante radical de que a Esfinge seria milhares de anos mais antiga do que supunham os egiptólogos. Achei que era uma temeridade, mas pensei que, talvez, West tivesse encontrado algo. Por improvável que fosse, valia a pena uma investigação mais profunda. Sou do tipo curioso.[3]

Schoch e West visitaram o Egito no começo de 1991 para estudar a erosão na Esfinge e no planalto de Gizé. Um exame detalhado no monumento levou Schoch a acreditar que havia mais por trás daquilo do que a história oficial era capaz de explicar.

Observações em Gizé: abril de 1991

Em Gizé, Schoch observou que a Esfinge e o Templo do Vale haviam sido construídos em duas etapas e que tinham passado por restaurações, já na Antiguidade. Apurou também que o Templo da Esfinge e, possivelmente, o Templo do Vale, foram construídos com os blocos de pedra extraídos do entorno da Esfinge, o que proporcionou espaço para os escultores cinzelarem seu corpo. Se isso fosse verdade, significaria que as estruturas dos templos teriam de ser tão antigas quanto a própria Esfinge. Mais tarde, os antigos egípcios revestiram esses templos com silhares, pedras lisas esculpidas do granito de Assuão. As observações de Schoch acerca do revestimento e dos blocos de pedra por baixo dele levaram-no a crer que os blocos internos em ambos os templos chegaram a ser expostos aos elementos e submetidos a considerável desgaste climático antes que a camada de revestimento fosse aplicada.

Nos locais em que o revestimento foi removido das paredes do Templo do Vale uma superfície irregular pode ser percebida. A superfície desigual, "bagunçada", como Schoch se refere a ela, é resultado, aparentemente, dos esforços empreendidos pelos antigos egípcios para desbastar e alisar as paredes desgastadas pela erosão climática para que o revestimento de granito pudesse ser aplicado depois.[4] Seu aspecto é "bagunçado", porque não removeram a parte erodida o suficiente para tornar a superfície perfeitamente lisa. Em vários pontos, o verso do revestimento de granito foi cortado de modo a se ajustar às protuberâncias e buracos das paredes. Desse modo, eles ajustaram o granito aos padrões irregulares originados pela ação do tempo nos blocos de calcário do miolo que eles pretendiam revestir. Na opinião de Schoch, era evidente que o desgaste climático de tais estruturas já era substancial mesmo na Antiguidade.

Schoch observou que havia quatro tipos distintos de intemperismo aparentes na área geológica em torno da Esfinge e nela própria: erosão por chuva, vento, descamações e desintegração (também referida como dissolução). A erosão devida à chuva, segundo concluiu Schoch, é visível no corpo da Esfinge e nas paredes da depressão onde se encontra. Nos locais em que ocorreu erosão pluvial nas paredes, o perfil da rocha é arredondado e ondulante. Esse desgaste causado pela água é bem desenvolvido e proeminente no interior da depressão. Também há fendas verticais onde o fluxo de água seguiu diáclases e falhas na rocha.[5]

O desgaste causado pelo vento, caracteristicamente diferente da erosão produzida pela chuva, também é evidente nas estruturas de Gizé e provavelmente começou, como acredita Schoch, durante o Antigo Império (2650–2152 AEC). Os rostos esculpidos nas tumbas e estátuas ainda são claramente visíveis; entretanto, camadas mais macias de rocha foram goivadas pelo vento e pela areia, o que resultou em características "canaletas" de erosão profunda. Vários túmulos e estruturas do Antigo Império, ao sul e a oeste da Esfinge, cinzelados das mesmas camadas de calcário que o corpo do monumento, são exemplos típicos da erosão causada pelo vento.

Um jeito de visualizar a erosão eólica é pensar no leito firme de rocha calcária como um bolo de camadas. Cada camada alternada de bolo e glacê representa camadas duras e macias de pedra. Quando o bolo é cortado ao meio, seu perfil é revelado e as camadas se tornam claramente perceptíveis. Se passarmos o dedo ao longo de uma camada de bolo, ela não cede. Entretanto, se fizermos o mesmo na camada de glacê, que representa a rocha macia, resultará numa aparência "escavada" horizontalmente. Tal é a natureza da erosão por vento nas camadas duras e macias.

O terceiro tipo de erosão que afetou a superfície da rocha é conhecido como descamação. A descamação evidente na Esfinge e nas estruturas dos templos ocorreu, de certo modo, recentemente (ao longo dos últimos 200 anos) em consequência de causas modernas: chuva ácida e poluição atmosférica. Uma quarta forma de intemperismo, a dissolução, é percebida apenas em poucas estruturas, do tipo de cavernas, tais como as tumbas, devido ao ciclo de evaporação que acontece nesses espaços confinados. A condensação e evaporação da água na atmosfera cobre a rocha com uma camada muito delgada de cristais minerais, que dão à superfície da rocha nessas áreas a aparência de cera derretida.

Em certos casos, pode ser difícil distinguir os quatro tipos diversos de erosão climática, já que um se sobrepõe ao outro; mas, em geral, as diferentes formas de desgaste pela ação do tempo são claras e distintas entre si. O que Schoch percebe como intemperismo devido à precipitação pluvial é o mais antigo entre os tipos predominantes de erosão climática no planalto de Gizé. É significativo apenas nas estruturas mais antigas de Gizé, como o corpo da Esfinge e as paredes da depressão em que se encontra. Em muitos pontos, a erosão pelo vento é sobreposta ao desgaste da rocha causado pela água. De onde se pode presumir, ele conclui que a maior parte da erosão devida à precipitação pluvial ocorreu antes que a África do Norte se tornasse um deserto.

FIGURA 1.2. PAREDE OESTE DA DEPRESSÃO DA ESFINGE

Corroborando essa observação estão as mastabas feitas de tijolos de lama, no planalto de Saqqara, 16 km ao sul de Gizé. Datadas, sem dúvida, da primeira e segunda dinastias (2920-2650 AEC), essas estruturas não exibem evidência de erosão pela água como a que é vista na depressão da Esfinge. Como essas mastabas, as tumbas de Gizé pertencentes ao Antigo Império (2650- 2152 AEC) demonstram sinais óbvios de erosão pelo vento, mas carecem de sinais sugestivos de desgaste pela água. Por essas razões, Schoch concluiu que a severa erosão pluvial que é vista na Grande Esfinge e nas estruturas associadas a ela não só antecedem os tempos do Antigo Império como, provavelmente, antecedem a própria era dinástica.

Começando com os próprios egípcios antigos e continuando até os dias de hoje, a Esfinge já foi submetida a várias campanhas de reparos – durante o Antigo Império, em 2500 AEC; na época do Novo Império, em 1400 AEC; durante a vigésima sexta dinastia, 664–525 AEC; e também durante a era Grecoromana, entre 300 AEC e 400 EC.[6] Durante esses reparos, o governante sempre escavava a depressão da Esfinge para livrá-la da areia que preenchia o fosso em torno do monumento quando deixado sem manutenção por algumas décadas. Depois de cada escavação, blocos reparadores eram argamassados ao corpo erodido, na tentativa de devolver o contorno original à escultura. De acordo com Schoch, o mais antigo reparo à superfície foi realizado com o que parece ser uma técnica de alvenaria usada no Antigo Império. Se isso for verdade, constituiria mais um argumento em favor de uma datação mais antiga para a Esfinge.

Testes sísmicos

A superfície da rocha calcária parece sólida, mas é, na verdade, macia e porosa, do ponto de vista geológico. Uma vez que a rocha é cortada, começa a sofrer desgaste climático, e o grau ou a profundidade do intemperismo abaixo da superfície corresponde exatamente ao tempo que a rocha foi exposta aos elementos.

Nesse processo de erosão pela ação do clima, que é a deterioração, a rocha se torna mais macia. Algumas de suas partículas se dissolvem e ela se torna uma rocha mais frágil. Quão profundamente a erosão penetra a rocha abaixo de sua superfície depende do tipo de rocha, mas também – e isso é muito importante – do tempo que foi exposta aos elementos. Refração sísmica, o levantamento de formações geológicas através de ondas sonoras, possibilita aos geólogos mapearem a fronteira entre a rocha frágil, deteriorada, e o calcário duro subjacente. Determinando-se a que profundidade a rocha se encontra deteriorada, uma estimativa sobre há quanto tempo a escavação ocorreu pode ser feita. Quando uma pedreira é explorada, a rocha que permanece após a extração dos blocos fica exposta aos elementos e começa a sofrer erosão. Com o passar do tempo, o desgaste se aprofunda na rocha remanescente. A profundidade da erosão nessa rocha possibilita uma estimativa de quanto tempo atrás a extração dos blocos aconteceu.

Com permissão da Organização de Antiguidades Egípcias, Schoch, assistido pelo sismólogo dr. Thomas Dobecki, realizou um teste de refração sísmica para obter uma imagem da erosão da subsuperfície da depressão onde se encontra a Esfinge. Os resultados indicaram que o intemperismo sob a superfície não é uniforme, o que, de acordo com Schoch, sugere fortemente que a pedreira que havia no lugar da depressão não foi explorada toda de uma vez. Pela estimativa de quando a área menos erodida pela ação do tempo foi escavada e, por conseguinte, exposta pela primeira vez, ele poderia calcular a idade mínima da Esfinge.

Os testes indicaram que em frente e ao longo das laterais da Esfinge, a erosão sob a superfície variava entre 1,8 metro e 2,4 metro de profundidade. Entretanto, ao longo da parte posterior (oeste), o calcário havia sido erodido a uma profundidade de apenas 1,2 metro – um achado que era completamente inesperado. Se a Esfinge houvesse sido esculpida de uma só vez, seria razoável supor que o calcário circundante deveria apresentar por toda parte a mesma profundidade de desgaste climático.[7]

Uma explicação para esses resultados surpreendentes é que apenas os lados e a frente da Esfinge foram escavados inicialmente, de maneira que ela se projetava como um afloramento da rocha natural, na qual a parte posterior ainda se integrava. Schoch acredita que um cenário provável seria o de que a parte posterior foi inicialmente esculpida apenas no nível do terraço superior, que permanece hoje imediatamente a oeste da Esfinge dentro da depressão.

Segundo o egiptólogo egípcio Selim Hassan, originalmente a Esfinge destinava-se a ser vista apenas de frente, de maneira que seu templo, que se localiza diante dela, aparentava ser o pedestal sobre o qual a Esfinge se assentava. Uma teoria alternativa é a de que a parte posterior da Esfinge foi demarcada na rocha-mãe durante a escavação original, mas apenas por um entalhe estreito, que foi alargado mais tarde.

Para que se pudesse determinar acuradamente quando a parte posterior da Esfinge foi libertada da rocha-mãe e estabelecer uma cronologia do possível alargamento do entalhe na face oeste da depressão, mais trabalhos deveriam ser realizados. Mas é evidente que o solo calcário por trás da parte posterior da Esfinge, que foi testado sismicamente em abril de 1991, foi exposto mais tarde, possivelmente na época de Quéfren. Em outras palavras, tão logo a frente e os lados da Esfinge foram esculpidos, o solo calcário adjacente a esses três lados começou a sofrer desgaste climático, mas o que mais tarde haveria de constituir o piso calcário por trás da parte posterior da Esfinge ainda estava protegido por uma espessa camada de rocha sólida.

Pode ser também que Quéfren tenha reparado a Esfinge e seus templos em 2500 AEC, e que por essa época a parte posterior do monumento tenha sido esculpida, separando, assim, seu corpo da parede da depressão. Já que a base da parte posterior apresentava erosão e foi reparada com blocos de calcário durante o reinado de Quéfren, é improvável que essa parte da Esfinge tenha sido esculpida em qualquer época posterior. Se as restaurações do Novo Império durante a décima oitava dinastia (1539–1295 AEC) foram responsáveis por libertar a parte posterior da Esfinge, então não seria possível explicar o 1,2 metro de erosão na subsuperfície, uma vez que a depressão esteve preenchida pela areia a maior parte do tempo desde essa época. Schoch acredita que Quéfren revelou o solo calcário por trás da Esfinge que foi testado sismicamente em 1991, e que em 2500 AEC o solo calcário a oeste, na parte posterior, começou a sofrer erosão climática.

FIGURA 1.3. VISTA FRONTAL DA ESFINGE

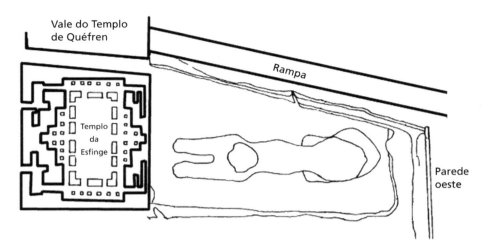

FIGURA 1.4. PLANTA DA ESFINGE E DA DEPRESSÃO ONDE SE ENCONTRA
(DE UMA ILUSTRAÇÃO DE COLIN READER)

Com base, em parte, em sua análise da evidência de que a erosão climática do solo calcário em torno da Esfinge é entre 50 e 100% mais profunda na frente e nos lados da Esfinge do que em sua parte posterior, Schoch fornece uma estimativa da data para o cinzelamento da frente e das laterais da Esfinge e outra para a parte de trás. Colocado de maneira objetiva, o solo por trás da Esfinge sofreu erosão a uma profundidade de apenas 1,2 metro, ao passo que na frente foi erodido até 2,4 metros; isso sugere que a frente da Esfinge é duas vezes mais antiga do que a parte posterior. Schoch calcula que o solo da parte de trás da depressão foi exposto pela primeira vez em 2500 AEC, e que a exposição do solo da frente e das laterais da depressão (e o cinzelamento inicial da Esfinge) deve ter ocorrido entre 7000 e 5000 AEC.[8]

Segundo Schoch, trata-se de uma estimativa e, uma vez que as taxas de erosão climática não são constantes, a escavação inicial pode ser ainda mais antiga. Se a Esfinge foi fortemente erodida por precipitação pluvial no estágio inicial de sua existência, Schoch argumenta que ela deve ter sido esculpida numa época anterior ao último grande período de precipitações expressivas no vale do Nilo, entre 10 e 5 mil anos atrás.

Enchentes ou chuva?

O Egito experimentou um período de enchentes imprevisíveis durante sua era de precipitação atmosférica, muitas vezes referida como Pluvial Nabtiano.

Também foi aventado que chuvas intensas e esporádicas ao longo do Nilo duraram até 2350 AEC. Mesmo durante os tempos históricos (em que a humanidade já dispunha de linguagem escrita), condições mais úmidas e inundações esporádicas e excepcionalmente elevadas do Nilo foram registradas.

Entretanto, atribuir às enchentes do Nilo a causa da erosão da Esfinge – em lugar da erosão pluvial comum – é ideia que não resiste a um escrutínio, de acordo com Schoch. Nas paredes da depressão onde se encontra a Esfinge, as rochas mais baixas, que são mais macias do que as das camadas superiores, são mais salientes que as rochas do topo. Se as inundações repentinas da área originadas pelas enchentes do Nilo fossem uma causa significativa de erosão, as rochas macias da parte inferior das paredes estariam bem erodidas e recuadas. Como as águas das inundações subiam, as rochas superiores deveriam estar escavadas por baixo. Na verdade, não é isso o que se vê na depressão da Esfinge. As camadas rochosas do topo, que são mais duras, recuaram mais do que qualquer outra camada. O tipo de erosão observada na depressão da Esfinge, argumenta Schoch, não é causada por águas de enchente. "Está claro que o que ocasionou esse perfil de erosão foram chuvas, precipitação pluvial", diz Schoch. Para ele, o tipo de desgaste climático das paredes da depressão é evidência óbvia de erosão pela chuva: "É coisa digna de livro didático, um exemplo clássico do que acontece com uma parede de calcário quando é castigada pelas chuvas durante milhares de anos".[9]

Esse tipo de intemperismo – erosão pela chuva – é encontrado em uma única área do planalto de Gizé: na Esfinge e nas paredes da depressão em que ela se encontra.

Conclusão de Schoch

Com base na história climática do Egito, pode-se concluir que a Esfinge foi esculpida bem no início do período dinástico, 2920–2650 AEC, ou no período pré-dinástico, durante o final do quarto milênio ou no terceiro milênio AEC. Entretanto, devido aos dados sísmicos e ao severo intemperismo da própria Esfinge, de sua depressão e dos templos associados a ela (que foram revestidos durante o Antigo Império, de 2650 a 2152 AEC), Schoch concluiu que o cinzelamento do monumento teve lugar, provavelmente, alguns milhares de anos antes da data geralmente aceita, 2500 AEC. Como foi observado anteriormente, com base nas evidências que recolheu, Schoch estima que a colossal escultura começou a ser esculpida entre 7000 e 5000 AEC, talvez mesmo antes disso.

Schoch reconhece que uma das dificuldades que muitas pessoas têm para aceitar suas conclusões é o fato de faltar aos historiadores um contexto arqueológico e cultural que pudesse explicar a esculturação da Esfinge antes do terceiro milênio AEC. Atualmente, pouco há que sugira que uma cultura capaz de esculpir tão grandiosa estátua e templo existisse naquela época. Mas, pode ser o caso, também, de que os assentamentos pré-dinásticos que conhecemos não sejam representativos da cultura mais sofisticada responsável pelo cinzelamento da Esfinge. É possível que os vestígios de outra cultura existam, mas que não tenham sido encontrados; poderiam estar enterrados fundo sob o aluvião do Nilo. Além disso, o nível do mar mais elevado do que era há 10 mil anos pode ter submergido vastas extensões de terra ao longo da costa do Mediterrâneo, que era habitada por culturas anteriores.

Schoch argumenta que evidências de culturas sofisticadas em outras regiões durante essa época, como as do leste do Mediterrâneo, *foram* descobertas, implicando que é possível que tal cultura tenha existido. Os assentamentos pré-históricos, semelhantes a cidades, de Jericó e Çatalhöyük atestam o fato de que culturas organizadas anteriores a 5000 AEC eram capazes de projetos sofisticados. O povo de Çatalhöyük construiu com tijolos de lama e madeira, criando um cenário doméstico nem um pouco diferente de um lar atual. Suas casas contavam com uma cozinha e locais de convívio e de repouso, bem como uma área de despensa. Santuários religiosos habilmente decorados também foram descobertos, indicando que em suas culturas existiam simbolismos complexos e tradição religiosa.

Os construtores originais de Jericó remontam ao nono milênio AEC. Possivelmente usado para proteção contra enchentes, um grande muro de pedra e uma torre com degraus internos foram construídos a oeste da cidade. Essas estruturas datam de 8000 AEC. No centro da torre, os degraus foram construídos a partir de enormes lajes de pedra, similares às técnicas de construção vistas em torres nos castelos medievais europeus. Schoch sugere que o complexo da Esfinge não teria sido um fenômeno isolado no mundo neolítico. Outras estruturas megalíticas já estavam sendo construídas ao redor do Mediterrâneo há 10 mil anos.

A reação: contra-argumentos a favor de uma datação mais recente para a Esfinge

Antes mesmo de uma apresentação formal das descobertas de West e Schoch, a notícia do trabalho que desenvolveram e de suas conclusões preliminares vazou para a imprensa. Os egiptólogos ficaram furiosos. Teve quem chamasse o trabalho deles de "uma alucinação americana. West é um amador. Não há base científica para nada disso", e sugerisse que eles estavam "explorando os monumentos do Egito para promoção pessoal". Outro respeitado egiptólogo referiu-se a eles como "ignorantes e insensíveis".[10]

A 7 de fevereiro de 1992, em Chicago, no encontro anual da Associação Americana para o Avanço da Ciência, Schoch e West apresentaram seu caso a centenas de cientistas, entre eles, egiptólogos e geólogos. A evidência do dr. Schoch e a teoria a ela associada para explicar os dados não foi bem recebida pela comunidade egiptóloga. Posteriormente, a reação do egiptólogo Mark Lehner foi de descrença. Ele ainda esperava para ver os dados inquestionáveis de que a erosão climática da Esfinge era, de fato, produzida pela chuva:

> Não vi evidência alguma. Vi *slides* e, claro, a drástica ondulação nos contornos do que chamamos Membro II da Esfinge. Mas não vi dado algum que me convencesse de um modo ou de outro que [a erosão da Esfinge] seja, de fato, produzida pela chuva. Nossa reação é: se ela foi construída por uma civilização ou cultura que existiu em época *tão* antiga assim, onde estão as outras evidências dessa cultura? Onde? Mostre-me um fragmento de cerâmica. Mostre-me uma tumba. Mostre-me uma inscrição. Mostre-me qualquer outra escultura. Mostre-me qualquer sítio arqueológico que date desse período.[11]

O escritor e historiador dr. Paul William Roberts estava na conferência, representando um dos principais periódicos investigativos do Canadá. Em sua opinião, John West era o pior pesadelo de um acadêmico. Alguém que surge do nada com uma teoria. Bem elaborada, descrita com coerência, belamente redigida e apresentada de maneira eficiente. Além disso, repleta de dados irrefutáveis. Segundo Roberts, "Se houvessem permitido a John West subir à tribuna, em vez de mantê-lo afastado dela por não possuir títulos acadêmicos antes do nome, teriam sofrido um ataque ainda mais devastador. E teriam tido ainda menos condições de se defender. Da maneira como aconteceu, já não haviam sido capazes de responder ao que o dr. Schoch afirmou".[12] Foi um dia difícil para os egiptólogos tradicionais. Em resultado da apresentação de Schoch, 275 dos geólogos presentes se ofereceram para auxiliar Schoch e West em seu projeto.

Mais tarde, naquele mesmo ano, a BC Video entrou em entendimento com a dupla West-Schoch para produzir um vídeo, que resultou no documentário da NBC, de 1993, intitulado *The Mystery of the Sphinx*, apresentado por Charlton Heston, pelo qual West ganhou um Emmy de "melhor pesquisa". Desde então, a discussão sobre as evidências de desgaste climático da

Esfinge ganhou a proporção de uma batalha sobre as interpretações das evidências.

Zahi Hawass, secretário-geral do Supremo Conselho de Antiguidades do Egito e diretor da Escavação das Pirâmides de Gizé, se recusa a considerar a ideia. Ele afirma que qualquer explicação alternativa do cinzelamento da Esfinge deve ser ignorada e sugere que "não é bom contestar; assim, a teoria pode ser esquecida".[13] O egiptólogo e autor de *Riddles of the Sphinx*, Paul Jordan, explica sua posição: "Se assumirmos que a Esfinge é muito mais antiga, como querem certas pessoas – como o dr. Schoch –, bem, então, teremos que violentar toda uma visão da civilização egípcia que construímos com tanto esmero".[14]

O cerne da questão para esses egiptólogos é que uma Esfinge mais antiga questiona o conhecimento tradicional acerca de quando e como se desenvolveu a civilização no vale do Nilo. Se tal proposição for verdadeira, forçaria os egiptólogos a reconsiderar sua história tradicional quanto à questão de quem eram os egípcios dinásticos e de onde vieram, tanto cultural como geograficamente. Parece que eles preferem não fazer isso.

Em uma crítica à pesquisa de Schoch publicada na *Archeology Magazine*, Zahi Hawass e Mark Lehner rejeitam as afirmações de Schoch e direcionam seu ataque ao documentário televisivo *The Mystery of the Sphinx*. No entanto, Schoch assegura que esse documentário de sucesso nunca teve a intenção de tomar o lugar dos quinze abrangentes artigos acadêmicos que publicou sobre o tema.[15] O argumento de Hawass e Lehner para uma Esfinge menos antiga sustenta que sua condição atual é representativa da erosão climática passada, não induzida pela chuva. Eles afirmam: "O intemperismo da Esfinge, tanto o passado quanto o moderno, é, no geral, tudo a mesma coisa".[16] Eles discutem as variações na qualidade do calcário nas camadas da rocha, e garantem que a causa da erosão, tanto do passado como a atual, é a descamação da pedra. A opinião de Schoch é a de que essa descamação é intemperismo superficial devido à poluição dos nossos dias, à deposição ácida, ao sal depositado pelos lençóis freáticos de um vilarejo próximo, e à barragem do Nilo.

Em resposta à refutação inflamada de Hawass e Lehner, Schoch escreve que ele está apenas tentando explicar os dados geológicos que estudou e observou:

> Ao apresentar a hipótese de que o começo do cinzelamento da Grande Esfinge de Gizé pode anteceder a data atribuída tradicionalmente, parece que levantei muita controvérsia com as comunidades dos egiptólogos e dos arqueólogos. Não tenho desejo algum de ser o proponente de uma hipótese controversa;

estou apenas advogando uma suposição experimental que, em minha opinião, melhor se ajusta às evidências.[17]

O propósito do dr. Schoch não era o de ser dogmático em sua afirmação de que a Esfinge foi esculpida milhares de anos antes da primeira dinastia egípcia, mas antes apresentar, simplesmente, uma hipótese testável acerca da idade da Esfinge.

O sal como fonte da erosão

Durante o começo da década de 1980, enquanto mapeava a geologia da Esfinge, o dr. K. Lal Gauri observou que a areia que havia sido removida das paredes da depressão em torno dela, embora seca na superfície, estava encharcada de água a uns poucos centímetros do solo.[18] Além disso, notou que a rocha-mãe em contato com a areia também encontrava-se encharcada. Dois anos depois, Gauri, junto com George Holdren e Willard Vaughan, sugeriu numa publicação científica que grande parte da deterioração da Esfinge era devida ao sal contido na rocha e à sua reação com a umidade do ar. Uma vez que o lençol freático encontra-se a muitos metros abaixo da superfície, argumentam eles, a fonte da água deve ser o ar.

Gauri descobriu que há dois principais sais solúveis em água no calcário do qual a Esfinge foi esculpida: gipsita e sal-gema. Um tipo de sal solúvel em água menos estável, o sulfito de cálcio, também existe, mas não pôde determinar se ele ocorre na rocha ou existe na água. A gipsita e o sal-gema estavam presentes em todas as amostras estudadas por ele.

De acordo com a teoria de Gauri, ao longo dos séculos em que a Esfinge esteve enterrada na areia do deserto aconteceu a migração dos sais das profundezas da rocha-mãe em direção às camadas externas. Durante esse longo tempo de soterramento, a rocha deve ter-se tornado úmida até uma considerável profundidade e, depois de ser exposta ao sol, o processo de secagem trouxe esses sais à superfície. Essa erosão química, por meio da reação do sal e da água, resulta na descamação da rocha, chamada esfoliação. É claramente visível e uma forma crônica de erosão nos dias de hoje.

Esse tipo de erosão ocorre pela formação de orvalho à noite sobre a superfície da rocha, que dissolve sais na sua camada superficial. Essa camada delgada de água salgada é então absorvida pelos poros da pedra. Depois que o sol se levanta, a temperatura aumenta e a água evapora, deixando o sal para trás. À medida que se formam cristais nesses poros, eles exercem uma pressão que força uma fina camada da superfície da rocha a descamar.

Gauri afirma que a Esfinge e sua depressão foram e são objeto de erosão climática extremamente rápida, ressaltando que, desde o início do século XX, houve uma deterioração significativa. O calcário é tão macio em alguns pontos por causa da esfoliação pelo sal que se pode esfarelar a rocha com a ponta dos dedos. A descamação da pedra é tão avançada que produz flocos que se parecem com batatas *chip* gigantes. Gauri sustenta que o intemperismo e a erosão da Esfinge e das paredes de sua depressão são resultado desse tipo de intemperismo químico, e que uma reavaliação da datação da Esfinge não é necessária.

Gauri sugere que as profundas fissuras nas paredes do oeste e do sul da depressão da Esfinge representam falhas na rocha, que se originaram quando um deslocamento de todo o planalto provocou uma inclinação das camadas da rocha, há milhões de anos. Elas foram ampliadas, chegando a cavidades ou canais devido à circulação hidráulica da água subterrânea. Mas tarde, elas foram expostas quando a depressão da Esfinge foi escavada. Uma teoria relacionada, proposta por Hawass e Lehner, é a de que a movimentação da água da subsuperfície, durante o Eoceno, provocou a abertura de fissuras quando o lençol freático baixou.

Hawass e Lehner aceitam as conclusões de Gauri e defenderam, em diversos artigos ao longo da década de 1990, uma datação para a esculturação da Esfinge em meados do segundo milênio AEC. O argumento deles repousa na afirmação de que o atual intemperismo da Esfinge e a atual taxa de erosão são indicativos de sua erosão passada. Eles acreditam que tanto a antiga quanto a moderna deterioração da Esfinge pela ação do tempo são, no geral, a mesma.

A refutação de Schoch à esfoliação pelo sal

Schoch de fato reconhece que a esfoliação pelo sal é um fator importante para o atual intemperismo do planalto de Gizé. Mas isso só, ele afirma, não explica todas as marcas de erosão climática que são vistas na Esfinge e na sua depressão. Mais especificamente, não explica a erosão mais intensa encontrada no extremo oeste da depressão. Schoch observa que outros pesquisadores se concentraram nos atuais métodos de intemperismo da Esfinge, em particular os danos causados pelos sais deslocados; embora esses estudos sejam importantes para tentar deter a atual erosão, diz ele, podem ser irrelevantes quando se está tentando determinar a origem da antiga erosão pela ação do tempo na Esfinge. Argumenta que não se pode extrapolar as atuais e modernas taxas para o remoto passado do planalto de Gizé. Schoch acredita que a poluição atmosférica, a chuva ácida, a elevação dos lençóis freáticos por causa do assentamento de invasores, e o escapamento dos automóveis podem estar afetando as estruturas no planalto de Gizé de uma maneira prejudicial, e que os processos de erosão moderna não são os mesmos que os processos antigos em todos os casos, muito menos nesse, em especial.

Schoch argumenta que a esfoliação por sal tem seu efeito máximo sobre a Esfinge sob condições extremamente áridas e quando suas estruturas estão expostas aos elementos. Entretanto, quando enterrada sob uma camada de areia, a Esfinge e sua depressão estão protegidas desse tipo de erosão. Além do mais, a descamação da rocha afetaria todas as superfícies de pedra calcária no planalto de Gizé. No entanto, nenhuma outra superfície apresenta o mesmo tipo de perfil de desgaste que é encontrado na depressão da Esfinge. O crescimento de cristais de sal de fato está danificando a Esfinge e outras estruturas na atualidade, mas isso não explica os padrões de erosão climática observados no corpo da Esfinge e na sua depressão. Esses tipos específicos de erosão, sustenta Schoch, são causados pela chuva e não ocorrem praticamente em nenhum outro ponto do planalto de Gizé.

Quanto às fissuras mencionadas anteriormente, Schoch ressalta que a rocha calcária em Gizé é entrecortada com fraturas ou diáclases que datam de milhões de anos. Algumas delas podem ter sido causadas por falhas geológicas, mas essas falhas não se abriram em fissuras em outras partes do planalto de Gizé. Schoch argumenta que as fissuras verticais, como aquelas da parede da depressão da Esfinge, só podem ser produzidas pela água, principalmente precipitação, e pesam na idade da Esfinge. O escoamento da precipitação segue os trajetos de menor resistência e abre caminho por entre diáclases fracas e fraturas. Esse tipo de erosão é visível na parede oeste da depressão da Esfinge e na porção oeste da parede sul. Schoch afirma que as fissuras nessas áreas foram causadas por escoamento substancial de água de chuva. A porção leste da parede sul, onde as fissuras são muito menos extremas, e a porção leste da depressão não receberam o impacto do escoamento. Schoch distingue as diáclases ocorridas naturalmente das fissuras abertas desenvolvidas por meio dos processos de desgaste climático, embora seus críticos não o façam.[19]

As observações de David Coxill

Em novembro de 1997, David Coxill, um projetista urbano britânico, membro da Sociedade Geológica de Londres, visitou o Egito e o planalto de Gizé para compreender melhor a controvérsia acalorada acerca da idade da Esfinge. Formado em Geologia, Coxill publicou suas pesquisas sobre ostracodes do sudoeste do Atlântico e livros relativos à história da mineração em Shropshire. Suas observações do planalto de Gizé foram publicadas em um artigo intitulado "Riddle of the Sphinx".[20]

Como outros pesquisadores geológicos antes dele, Coxill observou que o calcário do qual a Esfinge foi esculpida era o antigo sedimento de um mar quente, raso e rico em carbonato, durante o Eoceno, há 50 milhões de anos. O monumento da Esfinge e a depressão em torno dela foram escavados de duas camadas, chamadas membros, da formação de depósitos de calcário. O calcário mais duro, conhecido como Membro III, forma a cabeça da Esfinge, enquanto o restante do corpo e a área em volta são compostos de Membro II, um tipo mais macio e mais poroso de calcário. O Membro I é uma camada muito dura que corresponde à porção inferior da Esfinge.

A cabeça da Esfinge, que é composta de calcário duro (Membro III), quase não apresenta sinais de erosão. As marcas que de fato existem ali são chamadas, em termos geológicos, de estratificação cruzada. Por *estratificação cruzada* entendem-se os conjuntos de marcas estriadas que indicam a direção e o ângulo prevalecentes do assentamento da deposição sedimentar. Em contraste, o Membro II apresenta delgados leitos de calcário, chamados de lâminas, que se encontram altamente fraturados e profundamente erodidos pela ação do tempo. Ambas as camadas (Membros II e III) das quais a Esfinge foi esculpida vêm de estratos sub-horizontais (camadas de rocha dispostas em ângulo próximo a 180 graus, porém não exatamente).

Diáclases subverticais (diáclases aproximadamente verticais, mas não perfeitamente) do Membro II são características da depressão em torno da Esfinge e dela própria, embora em grau menor, e são fissuras naturais na rocha. Foram formadas pela contração dos sedimentos quando foram submetidos ao processo de se tornarem rocha e não são falhas tectônicas relacionadas a terremotos. Algumas diáclases são abertas no topo e vão se estreitando gradualmente até se fecharem bem mais abaixo do perfil vertical da parede da depressão; essas diáclases também existem no corpo da Esfinge. Coxill observou que essas imperfeições na rocha foram exploradas seletivamente e, assim, progressivamente, pelas forças erosivas da natureza – em outras palavras, pela chuva.

As camadas de calcário sedimentar que compõem o corpo da Esfinge encontram-se erodidas em perfil relativamente liso, arredondado, com áreas que se projetam e retraem, em alternância.

Geralmente, as camadas mais duras se projetam e as mais macias se retraem. Nota-se o aspecto "côncavo" nas paredes da depressão circunvizinhas, onde recuaram de forma substancial. Paradoxalmente, logo abaixo do pescoço da Esfinge, tanto as camadas mais duras quanto as mais macias recuaram mais do que em áreas similares no Membro II próximo à base do corpo da Esfinge. Segundo Coxill, isso indica que as camadas superiores foram expostas por mais tempo.

FIGURA 1.5. ESTRATOS ROCHOSOS DA ESFINGE
(DE UMA ILUSTRAÇÃO DE MARK LEHNER)

Quanto aos agentes responsáveis por esses sinais de desgaste climático, Coxill acredita que é importante fazer deduções com base nas evidências observáveis, e não simplesmente assumir que o atual Deserto do Saara é o culpado. Se a areia e o vento fossem os responsáveis pela erosão, então seria de se esperar contatos agudos e angulosos entre as camadas alternadas. Entretanto, não é isso o que se nota. Em vez disso, o que se vê são contatos lisos e arredondados. Diáclases abertas no topo vão-se estreitando à medida que se aprofundam na rocha. Se o vento fosse o causador, o normal seria a maior erosão concentrar-se na base do corpo da Esfinge e na depressão em torno dela. Ali, e logo abaixo do pescoço do monumento, a força da tempestade de areia seria mais poderosa. Por causa do revestimento protetor dos antigos reparos, a erosão na base da Esfinge é difícil de ser interpretada. Contudo, esse não é o caso em relação à depressão. Ela mostra erosão extensa, não associada ao vento, e que é característica da água escorrendo em catadupa por sobre as laterais do monumento e na depressão em torno dele. Esse mesmo tipo de desgaste climático é também observável nos blocos de calcário que foram usados para construir o Templo do Vale. No entanto, não se encontra presente em outros monumentos relacionados ao Antigo Império (2650–2152 AEC).

Coxill percebe que é aí onde a controvérsia reside e pergunta: como isso pode ser explicado, e quais são as implicações para a arqueologia?

FIGURA 1.6. EROSÃO CAUSADA PELA ÁGUA NA PAREDE SUL DA DEPRESSÃO DA ESFINGE

Se não for regularmente escavada, em algumas décadas a depressão da Esfinge é preenchida com a areia do deserto. Napoleão encontrou a Esfinge nas mesmas condições que Tutmósis IV entre 1425 e 1417 AEC: enterrada até o pescoço. A última vez em que a areia foi removida foi em 1925. Para Coxill, isso explica por que os sinais de erosão pela água não foram destruídos pelo açoite do vento e por que a Esfinge sobreviveu até os nossos dias com significativo reparo à sua base. Durante a maior parte da história da Esfinge, um cobertor de areia recobriu esses sinais de desgaste climático e, basicamente, os protegeu. Se a Esfinge estivesse situada em lugar mais elevado, não seria esse o caso.

Coxill também acredita que a teoria apresentada por Farouk El Baz, da Universidade de Boston, de que a Esfinge era um *yardang* (um afloramento de rocha, um cômoro formado pela erosão do vento a partir de um leito de rio seco), não é provável. Apenas a sua cabeça poderia ter sido um afloramento natural; o resto, sustenta Coxill, teve de ser escavado. Ele refuta a teoria do yardang e as sugestões de que a Esfinge toda é um afloramento rochoso natural, que apresenta perfis de desgaste climático anteriores ao seu cinzelamento. Se originalmente ela fosse um yardang, com sinais de erosão já presentes, então sua esculturação deveria ter removido, pelo menos, o perfil arredondado e ondulante que hoje é visto no seu corpo.

Quanto à esfoliação pelo sal como causa primária da erosão, Coxill acredita que isso também não é provável. Ele concorda com a observação de Schoch de que a condensação afeta todos os monumentos no complexo de Gizé, mas muito raramente eles de fato apresentam o mesmo tipo de sinais de erosão climática que a Esfinge, sua depressão, e os blocos de calcário do Templo do Vale. Além disso, esses sinais requerem desgaste climático intenso para apresentar o atual perfil. Do mesmo modo que Schoch, Coxill acredita que a erosão por condensação e evaporação é simplesmente muito branda e insignificante num clima árido para que se produzissem esses efeitos.

Coxill acredita que as flutuações do lençol freático abaixo das estruturas da Esfinge não provocariam fissuras que são mais largas no topo (as quais, como se observou anteriormente, Hawass e Lehner questionaram). Coxill também discorda da sugestão de Gauri de que a lisura e o arredondado do perfil desgastado das camadas se devem à diferença de graus de dureza dos estratos; Coxill acredita que a diferença entre graus de dureza não explica as variações no perfil de desgaste da rocha do Membro II ou a presença de fissuras.

Ele também discorda da teoria de James Harrell, de 1994, de que enchentes do Nilo e precipitações pluviais ocasionais produzissem areias úmidas, que levariam à erosão observada na Esfinge. Essa teoria não é aceitável, segundo Coxill, pois as águas das cheias teriam produzido um efeito recortado do tipo "saliência e entalhe". Esse tipo de erosão começa pela formação de um entalhe na parede rochosa, que dá início à formação de uma plataforma de abrasão que se estende para dentro. O que certamente seria visto hoje em dia na depressão da Esfinge se as inundações fossem a causa e isso não acontece. Além disso, se as cheias do Nilo houvessem causado a erosão da Esfinge, ainda assim isso não explicaria de maneira satisfatória a presença dos sinais de desgaste em níveis mais elevados do corpo da Esfinge e das paredes da depressão.

Coxill acredita que o relevo cárstico da região (uma paisagem calcária na qual cavidades, dolinas e fissuras naturais são produzidas pela infiltração das águas subterrâneas, e cuja superfície não recebe precipitação pluvial) poderia explicar o intemperismo nas áreas inferiores da Esfinge e de sua depressão, mas não a lisura e o arredondamento característicos do topo.

As conclusões de Coxill

Por um processo de eliminação, Coxill acredita que apenas a precipitação pluvial explica os sinais de erosão climática visíveis na Esfinge e em sua depressão. Inundações, flutuação das águas subterrâneas, ou esfoliação por sal não podem explicar essa evidência patente. Isso, é claro, levanta a questão de quando choveu pela última vez no Egito com suficiente intensidade e durante um período longo o bastante para produzir a erosão que vemos hoje.

Com o recuo rápido das geleiras no fim da última era glacial, ocorreu uma elevação dramática do nível do mar entre 13000 e 9500 AEC. Isso foi acompanhado de chuvas torrenciais e, no Egito, de enchentes do Nilo. Como a zona temperada deslocou-se para o norte, seguiu-se um período seco entre 9500 e 7000 AEC. De 7000 a 3000 AEC, um período de chuvas moderadas prevaleceu. Com esse histórico climático e levando-se em conta os testes sísmicos de Schoch e Dobecki, Coxill concorda com uma datação de 7 mil anos para a Esfinge. Adverte, entretanto, que a datação deve se manter conservadora ao máximo, até que evidências conclusivas venham à luz. Os geólogos não têm certeza do ritmo em que as rochas são erodidas; portanto, é arriscado supor que seja constante.

Uma coisa é certa, segundo Coxill: a Esfinge é claramente mais antiga do que a tradicional datação de 2500 AEC. Ele acredita que essa datação é dada mais por sua associação com o complexo de Quéfren do que por provas. Ele também acredita que as origens da Esfinge são mais complexas do que previamente se considerou. É inegável que as técnicas e ferramentas empregadas pelos egípcios nas construções do Antigo Império são um mistério.

CAPÍTULO 2

O PESO DA EVIDÊNCIA GEOLÓGICA
Erosão e a idade da Esfinge

Nem todos os geólogos concordam com a conclusão de Schoch de que a Esfinge foi esculpida originalmente entre 7000 e 5000 AEC. O geólogo britânico Colin Reader estabelece uma data muito mais aceitável para os egiptólogos tradicionais. Reader, graduado com louvor em Engenharia Geológica pela Universidade de Londres, alia a Engenharia Civil à Geologia, e possui considerável experiência no estudo do desenvolvimento histórico dos sítios arqueológicos. Tem, inclusive, um profundo interesse pelo planalto de Gizé. Em agosto de 1999, escreveu um texto ainda inédito, "Khufu Knew the Sphinx: A Reconciliation of the Geological and Archaelogical Evidence for the Age of the Sphinx and a Revised Sequence of Development for the Giza Necropolis" ["Quéops conheceu a Esfinge: uma conciliação entre as evidências geológicas e arqueológicas a respeito da idade da Esfinge e uma revisão da sequência do desenvolvimento da necrópole de Gizé."] Dois anos mais tarde, publicou "A Geomorphological Study of the Giza Necropolis, with Implications for the Development of the Site" ["Estudo geomorfológico da necrópole de Gizé, com implicações para o desenvolvimento do sítio."][1]

O primeiro estudo de Reader, como sugere o subtítulo, pretende reconsiderar as amplamente criticadas conclusões do dr. Schoch. Ele examina a geologia, a geomorfologia e a hidrologia superficial da necrópole de Gizé e apresenta uma sequência revista do desenvolvimento do planalto. Em seu estudo, considera o desenvolvimento da alvenaria em pedra do Egito Antigo, concilia a evidência geológica com a evidência arqueológica, e situa o cinzelamento da Esfinge no contexto da primeira ou da segunda dinastia (2920-2650 AEC).

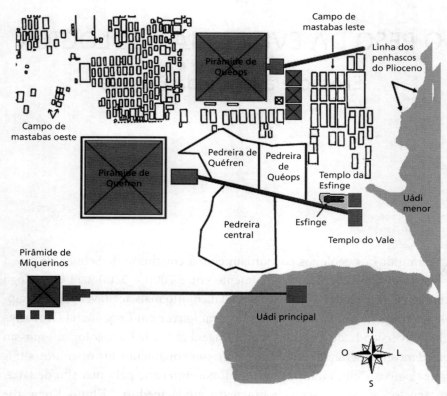

Figura 2.1. Estruturas do planalto de Gizé
(de uma ilustração de Colin Reader)

Alguns egiptólogos defendem a tese de que a Esfinge foi esculpida de uma peça única de calcário que restou após os blocos para a pirâmide de Quéops (2609–2584 AEC) serem extraídos da pedreira. Outros acreditam que constituía parte essencial do complexo mortuário de Quéfren, tendo sido erigida durante a quarta dinastia (2575–2467 AEC), e que sua localização foi ditada pela disposição das construções adjacentes: o Templo da Esfinge, o Templo do Vale e a rampa de Quéfren. Reader rejeita ambas as hipóteses.

44

A ideia de que a Esfinge foi escavada de um único bloco de calcário pressupõe, como foi registrado anteriormente, que o nível do solo encontrava-se acima da cabeça da Esfinge, e foi reduzido por meio de vasta extração de material. Reader acredita que tamanha modificação do terreno é incompatível com a evidência arqueológica: a "hipótese do bloco de pedreira" menospreza a influência dos processos geológicos naturais no desenvolvimento do planalto de Gizé.

Segundo Reader, a localização da Esfinge foi determinada pela topografia do planalto. Evidências sugerem que as características da paisagem do planalto foram resultado de processos geológicos naturais; por exemplo, entre 7 e 2 milhões de anos atrás, o avanço do Mar Mediterrâneo, que inundou a área de Gizé. O processo foi interrompido a sudoeste pela depressão de calcário do Alto Mokattam (Cairo nativo), como também por uma série de penhascos ao norte e a leste. Isso resultou na formação do planalto.

Reader acredita também que há outras características indicadoras de que a localização da Esfinge foi determinada pela topografia do terreno, e que a cabeça do monumento foi esculpida de um afloramento de rocha elevado. Ao sul de Gizé havia um *uádi** (leito ou vale de rio) conhecido como o "uádi principal". Entre esse uádi e a Esfinge, o relevo original do solo se inclina a partir do norte e do oeste em direção à Esfinge. Ao norte do monumento há uma superfície rochosa da qual foram cortados uma série de túmulos. O desgaste dessa rocha, devido à ação do tempo, e sua continuidade com a linha dos penhascos (que define a borda leste do planalto), indica que tal superfície sofreu erosão natural. Reader se refere a essa superfície como a margem norte de um segundo e menor uádi, conhecido como o "uádi pequeno". Onde a parede oeste da depressão em que está localizada a Esfinge se encontra com um muro de contenção (que sustenta uma estrada moderna), parte da margem sul do pequeno uádi pode ainda existir. Ali, a rocha que define o topo da face oeste da Esfinge desce bruscamente por baixo da areia acumulada. A depressão resultante encontra-se preenchida com alvenaria moderna. Seu contorno é arredondado, o que sugere tratar-se de uma ação natural, em vez do resultado de extrações de blocos.

---

* Vale por onde passa um rio que normalmente encontra-se seco, a não ser quando chove, muito comum no norte da África e no sudoeste da Ásia. (N. da T.)

Figura 2.2. Topografia de Gizé segundo Reader. (1) A Esfinge, (2) uádi principal, (3) uádi menor, (4) pedreira central, (5) pedreira de Quéfren, (6) pedreira de Quéops, (7) campo de mastabas leste, (8) campo de mastabas oeste. As setas indicam a linha dos penhascos.

Como um todo, as características da paisagem indicam que a extremidade leste do complexo mortuário de Quéfren foi determinada pela topografia do local. Originalmente, o solo erguia-se do uádi principal, ao sul, até um ponto elevado perto da Esfinge. A rocha da qual a Esfinge acabaria sendo esculpida foi isolada da extensão norte do planalto (onde a pirâmide de Quéops foi construída) pela erosão ao longo do uádi pequeno. A porção de rocha resultante, separada da formação principal por meio da erosão, é revestida por camadas duras (Membro III) e é provável que tenha preservado o perfil íngreme da linha de penhascos no seu lado leste. Em consequência, a área onde a Esfinge foi esculpida devia parecer particularmente proeminente quando vista do vale do Nilo.

Discussão acerca da erosão do Membro II

Grande parte da controvérsia concernente à idade da Esfinge concentra-se na erosão do Membro II, ou calcário poroso, camada rochosa, que se apresenta em maior quantidade dentro da depressão onde se encontra o monumento. Reader examinou essa camada e estabeleceu que são três os principais aspectos que caracterizam a presente deterioração do calcário Membro II na depressão: degradação sub-horizontal (entre 30 e 40 graus em relação ao eixo horizontal), degradação subvertical (entre 30 e 40 graus em relação ao eixo vertical), e rocha corroída no topo das áreas expostas.[2] Com base na divisão desses aspectos, as camadas de rocha à mostra podem ser discriminadas em quatro áreas: o corpo da Esfinge, a extremidade leste da face sul, a extremidade oeste da face sul e a face oeste.

No corpo da Esfinge, uma grande parte de Membro I e as camadas rochosas inferiores de Membro II estão mascaradas por alvenaria, usada para reparos em seu contorno. Diversas restaurações tiveram lugar, sendo que estima-se que a mais antiga remonte ao Antigo Império (2650–2152 AEC), enquanto a mais recente foi completada em 25 de maio de 1998.

Na camada superior aparente do monumento, o que predomina é a erosão arredondada, sub-horizontal, causada por fatores climáticos, resultante, como considera Reader, da degradação diferenciada das camadas expostas. As áreas menos resistentes se desgastam e recuam do contorno original da Esfinge. Há relativamente pouca erosão subvertical causada pelo clima, afora a "fissura principal", que atravessa o corpo da Esfinge ligeiramente à frente de sua parte posterior. As falhas que existem geralmente são mal definidas e limitadas em extensão.

Na extremidade leste da face sul, a degradação sub-horizontal das camadas mais fracas é evidente. Essas camadas sofreram um recuo em relação à superfície inicialmente esculpida. Entretanto, os contornos do rosto da Esfinge conservam-se preservados quase que em sua forma original, possivelmente devido a uma reesculturação.

Reader observou que a face sul mostra erosão subvertical que se torna progressivamente mais frequente e extensa em direção ao oeste. No final da extremidade oeste, os desgastes subverticais são mais profundamente marcados que os do leste e os do rosto da Esfinge.

Na face oeste, a erosão sub-horizontal nas camadas menos resistentes é mais evidente do que em qualquer outra parte. As camadas mais duráveis também se encontram substancialmente erodidas. A frequência da degradação subvertical ao longo da face oeste é também maior e mais pronunciada do que em qualquer outra parte, o que levou ao desenvolvimento de um contorno lateral arredondado – a aparência "côncava" que Schoch descreve em sua análise. Em certos lugares, esses desgastes se combinam num padrão ramificado que indica que até pequenas falhas na camada de rocha exposta foram exploradas pela erosão climática. Se comparadas com a reconstrução do contorno original entalhado, percebe-se que as partes mais ao alto recuaram consideravelmente.

Em resumo, segundo Reader, é evidente que muito do corpo da Esfinge e da extremidade leste da face sul apresentam degradação moderada que é caracterizada pela deterioração sub-horizontal e erosão limitada das paredes da depressão em que se encontra. Comparando-se o mesmo tipo de rocha em diferentes locais no âmbito da depressão do terreno em torno da Esfinge, é visível que a erosão das paredes da depressão no oeste foi mais intensa. Elas se encontram profundamente carcomidas pela erosão sub-horizontal e pela subvertical, até mesmo as camadas rochosas mais resistentes. Reader considera essa distribuição de intensidade da erosão, no que diz respeito à idade da Esfinge, particularmente significativa. Ela indica que a água veio de uma direção determinada pelo terreno e pelo declive do planalto. De acordo com a análise de Reader, a evidente erosão é explicada pelo escoamento em terreno aberto de fortes precipitações pluviais, que produziram o que se chama de erosão torrencial, durante as três primeiras dinastias (2920–2575 AEC), em resultado de breves, porém violentas tempestades. A água corrente desse tipo pode ser bastante destrutiva e ajuda a explicar o desgaste climático mais acentuado nas camadas mais frágeis, como o Membro II. Isso permite a suposição de uma data muito posterior para o cinzelamento da Esfinge, possivelmente por volta de 3000 AEC.

Escoamento superficial da água da chuva

Conforme já foi mencionado, o Egito nem sempre foi um deserto. Embora as condições áridas tenham dominado desde 2350 AEC, sabe-se que já houve períodos mais úmidos. Condições temperadas entre 7000 e 5000 AEC, às quais Schoch atribui o desgaste climático da Esfinge, foram separadas das condições mais áridas e recentes por uma fase de transição. Durante essa transição, chuvas sazonais ocasionalmente interromperam a intensificação das condições áridas. A essa altura, o planalto de Gizé era coberto por vegetação esparsa, de modo que as chuvas pesadas saturavam o solo rapidamente e o excesso de água escoava na direção do vale do Nilo. Na opinião de Colin Reader, o ímpeto da água corrente seria capaz de infligir erosão substancial. Como exemplo, ele cita o Templo do Vale, que foi erodido significativamente.

Durante tempestades severas, Reader afirma que o escoamento da precipitação pluvial seguia em direção às áreas mais baixas, ao leste. Muito dessa água pode ter ido para a Esfinge e se derramado sobre a parede oeste, erodindo o calcário à mostra e seguido seletivamente quaisquer fraturas expostas ao longo da face da rocha. Uma quantidade mínima de água deve ter escoado por sobre a parede leste. Embora as faces leste e oeste do complexo da Esfinge tenham a mesma idade, o intemperismo da parede oeste é mais pronunciado. Reader argumenta que a parede oeste obviamente foi mais castigada pelo escoamento.

Segundo Reader, quando o potencial corrosivo do escoamento da chuva é considerado em adição ao movimento das águas subterrâneas, intemperismo químico (chuva e umidade) e esfoliação por sal (descamação), uma interpretação abrangente da erosão dentro da depressão da Esfinge se torna possível. O escoamento das águas pluviais, Reader sustenta, deve ser incluído com os outros fatores para explicar a erosão total em geral, bem como a intensa erosão da parte oeste da depressão.

O templo da Esfinge

A maioria dos egiptólogos concorda que a Esfinge e seu templo provavelmente foram construídos ao mesmo tempo, porque os blocos de pedra usados no templo foram extraídos da pedreira que originou a depressão da Esfinge. A distribuição de fósseis na pedra que compõe o templo é a mesma encontrada na depressão. Isso sugere que tanto a Esfinge quanto seu templo antecedem as obras de Quéops no sítio. Em adição, o estilo arquitetural do templo da Esfinge, referido como ciclópico, é diferente das estruturas de Quéops. Gigantescas pedras pesando entre seis e dez toneladas foram usadas para criar a estrutura. Entretanto, duas outras fontes de evidência parecem conflitar com a datação da Esfinge como anterior a Quéops: a escavação de numerosas peças de cerâmica da quarta dinastia (2575–2467 AEC) no interior da depressão da Esfinge e a descoberta de cerâmica e de batedores líticos* da quarta dinastia nas adjacências. Não foram encontrados artefatos mais antigos.

---

* Em arqueologia, líticos são instrumentos de pedra polida ou lascada utilizados para vários fins. Batedores eram instrumentos que funcionavam como martelos. (N. da T.)

Escavações anteriores dentro da depressão da Esfinge descobriram um bloco de calcário jazendo sobre escombros que continham numerosas peças de cerâmica da quarta dinastia. E, imediatamente ao norte do templo da Esfinge, evidências indicam que a escavação na área da pedreira, da qual foram extraídos blocos correspondentes à camada de rocha do Membro I, ocorreu durante a quarta dinastia. Mark Lehner e Zahi Hawass datam esse trabalho de extração como sendo da época da quarta dinastia, baseados na recuperação de artefatos que incluem batedores líticos e cerâmicas.

Entretanto, também há evidências que sugerem que essa obra da quarta dinastia foi apenas um estágio incompleto da construção e não pode ser usada para datar oficialmente a Esfinge ou o seu templo. O egiptólogo alemão Herbert Ricke identificou uma emenda de rocha que corre através da alvenaria de pedra em todos os quatro cantos do templo da Esfinge, marcando o lado de fora de suas paredes na primeira fase da construção. As colunatas norte e sul do templo, afirma ele, foram acrescentadas *depois*, quando o interior foi reparado com um revestimento de granito. Para construir esse acréscimo, partes das paredes do norte e do sul foram empurradas para trás e grandes blocos de calcário acrescentados do lado externo. Ricke argumenta que alguns blocos abandonados, aparentemente dessa segunda fase da construção, são aqueles sob os quais a cerâmica da quarta dinastia foi encontrada. Embora Ricke não assinale o período de tempo que separa a obra da quarta dinastia da construção prévia, é evidente que os dois projetos aconteceram durante períodos climáticos diferentes. O contraste do intemperismo na rocha indica que foram separados por um lapso de tempo significativo.

Outras evidências são fornecidas pela face de uma pedreira da quarta dinastia, na rocha durável do Membro I identificada por Lehner. Desde a época da quarta dinastia (2575 AEC), essa face de rocha esteve sujeita aos elementos, embora apresente somente leve degradação. O interessante é que as mesmas camadas do Membro I expostas em toda parte na depressão da Esfinge mostram uma deterioração mais severa. Segundo Reader, esse contraste do intemperismo no limite oeste da pedreira da quarta dinastia é notável. Rochas expostas além da pedreira encontram-se intensamente desgastadas. Reader acredita que, no geral, o intemperismo mais intenso da rocha do Membro I em algumas áreas pode ser explicado apenas pela datação da construção da Esfinge e da primeira fase de seu templo numa época anterior às obras de Quéops no planalto de Gizé (2589–2566 AEC), quando o calcário exposto estava sujeito à erosão pelo escoamento superficial da água.

Reader conclui que as construções de Quéfren, datando da quarta dinastia, dentro do complexo da Esfinge, foram uma segunda fase das obras. Conforme observado anteriormente, modificações foram feitas nas paredes norte e sul do templo, ao mesmo tempo em que houve extração de blocos de calcário do Membro I nas imediações ao norte. Uma vez que essas alterações ocorreram após as extrações de blocos da pedreira à época de Quéops, as rochas expostas recentemente não estiveram sujeitas à erosão pelo escoamento das águas da chuva. Assim sendo, elas não apresentam o mesmo padrão de intenso intemperismo aparente por todo lado na depressão da Esfinge.

A rampa de Quéfren e o templo mortuário

A rampa de Quéfren estende-se ao longo de uma crista da rocha-mãe exposta, com um pavimento de alvenaria situado em sua ponta leste, e liga o templo localizado no nível do vale ao templo mortuário e ao pátio fechado da pirâmide. Acredita-se que tenha sido usada como caminho para o cortejo fúnebre. Em sua banqueta norte, a rocha-mãe é exposta por baixo do pavimento, o que sugere que a alvenaria é um curso único de blocos de pedra e foi usada, provavelmente, para fornecer uma inclinação constante ao longo da rampa. A porção leste da rampa corre ao longo da face sul do complexo da Esfinge. Assim sendo, de acordo com Reader, essas duas formações possuem um alinhamento comum, que raramente acontece ao acaso. Isso aumenta a probabilidade de que essas duas estruturas tenham sido construídas ao mesmo tempo: em outras palavras, se a Esfinge antecede o complexo de Quéops, e a rampa foi construída ao mesmo tempo que a Esfinge, então, a rampa também deve ser anterior a Quéops. Obtém-se ainda mais sustentação para essa ideia da relação geográfica entre a rampa e as duas pedreiras criadas durante o reinado de Quéops.

A sequência do desenrolar dos fatos para os egiptólogos tradicionais coloca a rampa de Quéfren e a Esfinge (2589–2566 AEC) sendo desenvolvidas depois das pedreiras e das construções de Quéops. Se isso é correto, a extração de pedras de Quéfren não seria limitada à extensão da calçada; assim, Reader questiona por que os trabalhadores de Quéfren parariam, se deslocariam algumas jardas para o sul e começariam uma pedreira nova. Não faz muito sentido. De acordo com Reader, isso não teria servido a nenhum propósito aparente. Ele está convencido de que a rampa e a Esfinge foram construídas ao mesmo tempo.

A Grande Esfinge, os templos a leste, e as pirâmides a oeste são ligadas pela rampa de Quéfren. O templo de Quéfren é composto por dois elementos distintos, caracterizados por diferentes estilos arquitetônicos. As ruínas do templo próximo à pirâmide de Quéfren são constituídas por blocos quadrados de alvenaria, de tamanho moderado. Em contraste, a extremidade leste do templo consiste de enorme alvenaria no estilo ciclópico. Além disso, o templo é construído em um sítio elevado, com o solo inclinando-se agudamente na direção leste e moderadamente na direção oeste. Na área de arquitetura ciclópica, há pouco espaço aberto no interior da estrutura. Em muitos pontos, a alvenaria em estilo ciclópico está intensamente desgastada pela ação do tempo, sendo que muito da deterioração acontece nas faces expostas dos blocos alinhados. Segundo Reader, o cenário provável é o de que a deterioração ocorreu depois de a alvenaria ter sido colocada em seu lugar.

À luz da topografia da região, Reader observou que a área leste do templo de Quéfren, à qual se refere como o "prototemplo mortuário", se beneficia de uma posição ainda mais proeminente do que a própria pirâmide de Quéfren. Essa posição dominante no horizonte oeste, bem como sua inconfundível arquitetura primitiva e sua associação com a rampa, sugere que essa parte do templo de Quéfren pode também anteceder as estruturas de Quéops.

A cerca de 16 km de Gizé localiza-se Saqqara, que era parte da capital do Antigo Império durante a primeira e a segunda dinastias (2920–2650 AEC). Em Saqqara existe um planalto onde a mais antiga pirâmide de degraus egípcia foi erguida, assim como numerosas mastabas e outras estruturas. A parte mais antiga do complexo foi construída na borda do escarpamento sobranceiro ao vale do Nilo. A topografia, ao que parece, foi um dos fatores primordiais no planejamento de Saqqara, assim como das estruturas pré-Quéops de Gizé. Reader sugere que a rampa de Quéfren pode ter sido alinhada da maneira que foi simplesmente para conectar os sítios destacados da Esfinge e do prototemplo mortuário.

Em conclusão, Reader acredita que certas estruturas do planalto de Gizé sejam anteriores ao desenvolvimento de Quéops: o prototemplo mortuário, a rampa, a Esfinge e o seu templo. Com o intenso intemperismo do lado oeste da depressão da Esfinge, e o ritmo em que a erosão ocorre, também é sua opinião que elas sejam anteriores à quarta dinastia.

O culto ao Sol de Gizé

Para que construções anteriores à quarta dinastia tenham sido preservadas durante as extensivas construções de Quéops em Gizé, essas estruturas devem ter tido algum tipo de relevância, religiosa ou não. Possivelmente, eram uma importante parte de um templo ou culto. As evidências até agora sugerem apenas um data geral para a construção dessas estruturas pré-Quéops. Uma solução melhor pode ser obtida considerando-se o uso da pedra na arquitetura do Egito Antigo.

A cultura que se desenvolveu antes da quarta dinastia já devia ter experiência em alvenaria de pedra. O mais antigo uso da pedra em construções no Egito Antigo é dos tempos pré-dinásticos – as estátuas de Coptos, por exemplo, encontradas no começo da década de 1900, na cidade de Coptos, a pouco mais de 43 km ao norte da moderna Luxor. Mais tarde, na construção de túmulos, os blocos de pedra foram usados pela primeira vez em Helwan, 24 km ao sul do Cairo, durante a primeira e a segunda dinastias (2920–2650 AEC). De acordo com a Pedra de Palermo, o último faraó da segunda dinastia, Khasekhemui, usou pedra em construções, o que é consistente com a alvenaria de pedra mais antiga que se tem conhecimento no Egito.

Entre a primeira e a terceira dinastias, artefatos recuperados da região sul de Gizé fornecem evidências da importância da área. Em *Archaic Egypt*, Emery se refere à descoberta de um grande – porém em ruínas – monumento real em Gizé. Ele acreditava ser a tumba de Uadji, uma consorte de um rei da primeira dinastia. Outras evidências que associam as primeiras dinastias a Gizé incluem inscrições em uma tigela de sílex, que traziam o nome do primeiro rei da segunda dinastia, Hotepsekhemui; e selos de jarros que traziam o nome de um rei do final da segunda dinastia, Neteren. Além disso, a Tumba de Covington, uma enorme mastaba de tijolos revestidos, escavada por Dow Covington em um ponto elevado a sudeste da terceira pirâmide, provavelmente do reinado de Khasekhemui (2734–2707 AEC), segunda dinastia, fornece evidências do uso continuado de Gizé na terceira dinastia.

Na mitologia egípcia, o leão é tido como o guardião dos lugares sagrados. Como ou quando essa concepção surgiu ninguém sabe, mas é provável que remonte a um passado remoto. Os sacerdotes de Heliópolis incorporaram o leão no seu culto ao Sol. É possível que ele tenha sido reverenciado como o guardião dos portões para o mundo subterrâneo nos horizontes leste e oeste.

Colin Reader usa a história conhecida da alvenaria em pedra para determinar a sequência de desenvolvimento da necrópole de Gizé. No Egito prédinástico, o sítio onde a Esfinge acabou sendo esculpida deve ter adquirido importância local, possivelmente como um local de reunião para adoração. Reader apresenta uma teoria de que um afloramento de rocha, do qual a Esfinge foi esculpida, lembrava a cabeça de um leão e foi vinculada à adoração do Sol. Isso justificou a construção do seu próprio templo. Ele teria sido construído com tijolos de lama ou juncos bem em frente ao afloramento de rocha. Dedicado ao sol poente, um segundo templo teria sido construído de modo a ocupar uma posição de destaque sobre uma pequena colina quando avistado do vale do Nilo.

Entretanto, a ideia de uma solitária cabeça de leão sem corpo não se encaixa na iconografia egípcia. Reader acredita que já que as técnicas de alvenaria em pedra se desenvolveram durante a última parte das primeiras dinastias, os egípcios decidiram "liberar" o corpo do leão da rocha. Isso levou-os a cinzelar a Esfinge, possivelmente com a cabeça de um leão, e à construção dos templos de pedra para o sol nascente e o sol poente: a Esfinge e os prototemplos mortuários.

Reader vê a presença desses dois templos como um reflexo da principal crença do Egito Antigo: a dualidade com respeito ao deus Sol. O deus manifestava a si próprio na natureza do nascer e do pôr do sol. De acordo com Herbert Ricke e Siegfried Schott, essa dualidade foi incorporada na arquitetura da Esfinge, do seu templo e do prototemplo mortuário como um complexo do culto-solar. Eles interpretaram a Esfinge e os dois templos como o resultado de dois cultos separados, um a leste e outro a oeste. Os templos eram usados para rituais dedicados ao sol nascente e ao sol poente. No prototemplo mortuário (conhecido como templo de Quéfren), uma câmara longa e estreita atravessa o fundo do coração da construção. Ricke acredita que foi construída para as duas barcas do deu Sol, sul para o dia e norte para a noite. Talvez usado como um caminho processional, o alinhamento entre a Esfinge e o prototemplo mortuário tenha sido estabelecido como uma ligação para os locais nobres ao longo da extremidade sul da depressão da Esfinge.

Quando Quéops procurou um local para seu complexo, Reader argumenta, escolheu Gizé, uma vez que o sítio já estava estabelecido pelo culto solar. Sua escolha explica o nome egípcio para Gizé, que significa "a pirâmide que é o lugar da aurora e do crepúsculo". Quando Djedfré, filho mais velho de Quéops, sucedeu a Quéfren, o nome do deus Sol Rá foi integrado ao cartucho real. No reinado de Quéfren, o filho mais novo de Quéops, a ideia de que o faraó era a expressão terrena do deus Sol desenvolvera-se mais. Então, Quéfren incorporou o complexo do culto-solar já existente ao seu próprio, talvez para fortalecer sua associação com o culto ao Sol. Para conseguir isso, ele ergueu o Templo do Vale, modificou o templo da Esfinge, construiu um caminho processional coberto ao longo da rampa já existente e integrou o prototemplo mortuário ao seu próprio templo. Reader acredita também que Quéfren possa ter sido o responsável pelos primeiros reparos no corpo da Esfinge e por reesculpir a cabeça da Esfinge na forma humana, mas não com a intenção de produzir uma semelhança consigo mesmo.

A conclusão de Reader

Reader conclui que a escavação da depressão da Esfinge, o cinzelamento do monumento em si e a construção do seu templo ocorreram antes dos projetos de Quéfren na quarta dinastia. Ele é de opinião que a erosão pela água no planalto de Gizé, bem como de suas estruturas, demonstram que esse é o caso. As relações geográficas entre a rampa de Quéfren, a Esfinge e as pedreiras de Quéops fornecem evidências adicionais.

Quanto à "teoria da areia úmida", apresentada por James Harrell para explicar a erosão da Esfinge, Reader acredita que ela não resista a um escrutínio e é altamente insustentável. E embora as observações de K. Lal Gauri de que a esfoliação por sal é um sinal de erosão significativo sejam acuradas, elas não explicam toda a erosão visível na depressão da Esfinge.

Reader concorda com Schoch quanto à água ter sido uma força de intemperismo proeminente, mas discorda da avaliação de Schoch quando este afirma que a Esfinge foi construída entre 7 e 9 mil anos atrás. Reader acredita que ela foi cinzelada algumas centenas de anos após o início da era dinástica, por volta de 3000 AEC. É de opinião que a relativa fragilidade do calcário do Alto Mokattam, do qual a Esfinge foi esculpida, somada às condições climáticas prevalecentes, torna concebível que um intenso intemperismo possa ter-se desenvolvido dentro de um período de tempo mais curto.

Embora as condições áridas fossem predominantes durante as primeiras dinastias, as condições geralmente não eram tão secas como as de hoje. Com condições menos áridas, o intemperismo químico provavelmente resultou na lixiviação de sais solúveis das rochas expostas. À medida que os componentes solúveis foram sendo removidos das rochas, o potencial para um intemperismo químico mais intenso foi reduzido, segundo Reader.

A rocha exposta que não estava sujeita à erosão torrencial era desgastada em resultado da lixiviação, processo pelo qual os materiais solúveis no solo ou na rocha (sais, nutrientes, outros químicos ou contaminantes) são lavados para uma camada inferior ou são dissolvidos e levados embora pela água. Entretanto, na área oeste da depressão da Esfinge, pesadas chuvas sazonais removeram por erosão torrencial muito do calcário deteriorado, expondo uma rocha comparativamente íntegra. Devido ao componente solúvel das rochas recentemente expostas, que era significativo, esse tipo de erosão provavelmente proporcionava uma renovada fase de intemperismo químico e lixiviação, o que acelerava o processo de deterioração. Reader acredita que essas condições de erosão particularmente agressiva e repetitiva na área oeste da depressão pode ter-se desenvolvido durante um período de tempo relativamente curto, em termos geológicos.

Ele argumenta que o planalto de Gizé se desenvolveu associado à evolução da adoração ao Sol no Egito Antigo, com base na intensidade da erosão na área oeste da depressão da Esfinge, bem como no conhecido emprego da pedra na arquitetura dessa época. De acordo com isso, Reader situa provisoriamente a extração na pedreira em torno da Esfinge, a construção dos templos associados a ela e seu cinzelamento por volta de 3000 AEC.

Embora as origens da Esfinge como um ícone cultural seja incerta, com base na sequência do desenvolvimento, Reader propõe que o conceito de um leão com cabeça humana era uma evolução que começou durante o Período Arcaico. O leão estava associado com a adoração do Sol e, pela época da quarta dinastia, o faraó se tornou associado com o deus Sol. Essa é a razão para que se tenha mudado a cabeça da Esfinge para a do divino rei. Esse recinzelamento deve ter ocorrido durante o reinado de Quéfren.

Reader busca no egiptólogo e escritor Jaromir Malek mais um apoio para sua sequência do desenvolvimento de Gizé. No livro de Malek, *In the Shadow of the Pyramids*, ele escreve que o dogma oficial acerca da relação do rei com os deuses foi redefinido durante a quarta dinastia. O faraó foi tornado parte do novo sistema religioso com o criador e o deus Sol Rá. O aumento da popularidade do deus Sol levou-o a ser reconhecido como o deus primordial do Antigo Império (2650–2152 AEC) e isso é refletido nos nomes e títulos reais. Malek observa que a inclusão da Esfinge e do seu templo por Quéfren, e o uso dos símbolos hieroglíficos para "nascer" e "Rá" em seu nome real apoia a afirmativa de Reader de que Quéfren conquistou uma redefinição da relação do rei com os deuses.

O peso da evidência geológica

Com base na análise da erosão climática através do planalto de Gizé, bem como nas informações reunidas por meio de testes sísmicos do solo da depressão da Esfinge, Robert Schoch apresentou uma teoria que propõe que a Esfinge foi esculpida entre 7000 e 5000 AEC. De acordo com sua teoria, a chuva que caiu sobre a Esfinge e as paredes de sua depressão deixou sinais inequívocos de erosão pela água. No final da década de 1990, Colin Reader conduziu sua própria investigação geológica da Esfinge e do planalto de Gizé. Embora ele não discuta que a água da chuva foi um fator de sua erosão, Reader argumenta que a causa primária foi o escoamento da precipitação pluvial escorrendo em catadupa sobre a borda da depressão da Esfinge. Além disso, ele alega que a ocorrência de tempestades durante a primeira parte do segundo milênio AEC foi suficiente para justificar uma datação para o cinzelamento da Esfinge entre 3000 e 2500 AEC.

Embora impopulares e contrárias às opiniões dos egiptólogos tradicionais, nunca foi provado que as conclusões de Schoch e Reader sobre o desgaste climático da Esfinge sejam incorretas. Ainda que eles discordem quanto às particularidades e ao ritmo da erosão, Schoch e Reader concordam a respeito da causa.

Erosão eólica e intemperismo químico de fato existem dentro do complexo da Esfinge. Mas sem a erosão pela chuva, qualquer explicação é insuficiente diante das evidências óbvias. Uma vez que a Esfinge foi esculpida em pedra, o peso da evidência geológica não deveria ser ignorado. É lógico que seria necessário que a Esfinge já existisse à época em que a chuva ou a erosão torrencial pudesse deteriorar sua superfície. Com essa conclusão em mente, a questão, então, é: quando existiu chuva suficiente para infligir a erosão visível na Esfinge e na sua depressão? Um histórico geológico da região fornece um contexto climático.

CAPÍTULO 3

O SAARA VERDE
Um contexto climático para a Esfinge

Nos dias de hoje, o deserto oeste do Egito fica localizado na região extremamente árida do leste do Saara. Atualmente, ele recebe menos do que um centímetro de chuva por década, o que o deixa estéril e inabitável. Entretanto, existe ampla evidência indicando que o clima do Saara oscilou enormemente desde o fim da era glacial, em especial no Mali e no Níger. Há muito tempo, nesses países, a água parada formou lagos que existiram durante um considerável período de tempo. Análises de sedimentos desses antigos lagos mostram que, ao mesmo tempo, existiam níveis de praia elevados perto do lago Chade, o que é indicativo de um clima mais úmido. De acordo com pesquisadores do clima, esse ambiente "úmido" do Saara ocorreu entre 8000 e 6000 AEC, e afetou todo o norte e o leste da África.

O aumento da umidade no clima criou prados que duraram até 2500 AEC. Em resultado, pastores nômades de terras adjacentes ao nordeste levaram seu rebanho doméstico de ovelhas para a África. Ossos de ovelhas foram encontrados em numerosos lugares, e, segundo os arqueólogos, a presença delas nos registros arqueológicos coincide com o começo de um ecossistema de pastagens. Arqueólogos também descobriram vestígios culturais que indicam que um povo viveu próximo aos antigos lagos e rios do Mali, Níger e Chade.

Ferramentas feitas de ossos, em especial arpões, foram encontradas por uma vasta área que se estende do vale do Nilo até o Saara central no Níger, Mali e Chade. Artefatos também foram encontrados em torno do Lago Turkana, no norte do Quênia. A maioria dos arqueólogos conclui que, entre 6000 e 4000 AEC, um povo de pastores foi ocupando progressivamente toda a região, como Tin-Torha, na Líbia, Meniet, nas Montanhas Hoggar da Argélia, e Adrar Bous no deserto Tenere, no Níger. Segundo a datação por radiocarbono dos artefatos, as culturas de pastoreio migraram do nordeste para o sudoeste.[1]

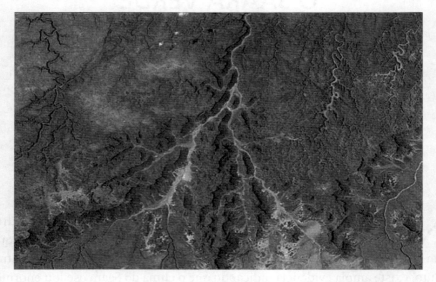

FIGURA 3.1. EVIDÊNCIA DE UM ANTIGO SISTEMA DE RIOS NA ARGÉLIA VISTO DA ÓRBITA TERRESTRE

O arqueólogo Fred Wendorf calculou que houve três principais eras de chuva no leste do Saara antes de 2500 AEC. Segundo Wendorf, evidências dessas eras chuvosas são vistas nos maciços depósitos de silte que restaram de playas* sazonais, ou lagos temporários, das quais mais de uma centena de

---

* Aqui são chamados de lagos efêmeros. A língua inglesa adotou essa palavra do espanhol, mas possui vários equivalentes para o termo: "alkali flats", "dry lakes", "mud flats" etc. Entretanto, o autor deve ter preferido usar "playa" pela praticidade de poder se referir ao acidente geográfico usando apenas uma palavra, já que ela é muito repetida no texto. Além disso, ele faz menção a um importante sítio arqueológico conhecido como Nabta Playa (forma consagrada também em outros idiomas, como o francês, o italiano e o alemão) ou playa de Nabta. Também há a palavra árabe "sabkha", com o mesmo significado, igualmente usada para designar esses lagos temporários. (N. da T.)

datações por radiocarbono foram obtidas. Esses três episódios de alta precipitação pluvial foram separados por períodos de extrema aridez, de 5300 a 5100 AEC e 4700 a 4500 AEC, com o lençol freático descendo para o mesmo (ou mais baixo) nível no qual se encontra nos dias de hoje. Durante esses períodos intervenientes de aridez, o silte das playas foi extensamente erodido e, em alguns casos, dunas de areia preencheram as depressões das bacias dos lagos drenados. As estruturas megalíticas e os círculos de arenito em Nabta Playa, no sul do Egito, discutidos a fundo no próximo capítulo, foram dispostos sobre sedimentos acumulados entre 5000 e 4700 AEC.[2]

Assentamentos pré-históricos, como Nabta, revelam repetidas ocupações ao longo de muitos milhares de anos, em especial durante as chuvas de verão, quando a água era abundante para grandes grupos de pessoas e seus animais. Pelo exame do carvão e das cascas de ovos de avestruz, a datação por radiocarbono atesta a existência de grandes comunidades entre 6100 e 6000 AEC. Uma aldeia escavada continha mais de dezoito casas, arranjadas em linhas retas, com poços profundos e bastante largos – uma empreitada que obviamente requer trabalho significativo. Um poço escavado por Wendorf tinha 3,6 metros de largura e 2,7 metros de profundidade, largo o suficiente para possibilitar a vida no deserto durante o ano todo. Ele acredita que a construção desses poços é possivelmente o primeiro sinal de uma estrutura social emergente que mais tarde planejou e construiu o complexo megalítico de Nabta, por volta de 5000 AEC.[3]

Entretanto, as chuvas não duraram. Um deslocamento da monção para o sul, por volta de 2800 AEC, tornou mais uma vez a área de Nabta extremamente árida e inabitável. Nessa época, um êxodo do deserto da Núbia (a região leste do Deserto do Saara no nordeste da África, entre o Nilo e o Mar Vermelho) em direção ao sul, para o Alto Egito, pode ter estimulado a diferenciação social e a complexidade cultural nessa área, e o movimento em direção ao vale do Nilo onde uma fonte de água fresca estava disponível.[4]

Climaticamente, o que aconteceu entre 10000 e 2500 AEC no Deserto do Saara é um importante fator no apoio (ou não) a uma datação anterior para a esculturação da Esfinge. Embora seja impossível sabermos exatamente o que aconteceu durante os tempos pré-históricos, um grande número de pesquisadores vem estudando essa época nos últimos trinta anos, o que lhes permitiu compor um cenário plausível de sua alteração climática. Há uma grande quantidade de dados relativos ao oeste do Egito e ao norte do Sudão à disposição, inclusive mais de quinhentas datações por radiocarbono publicadas e vários arquivos geológicos.

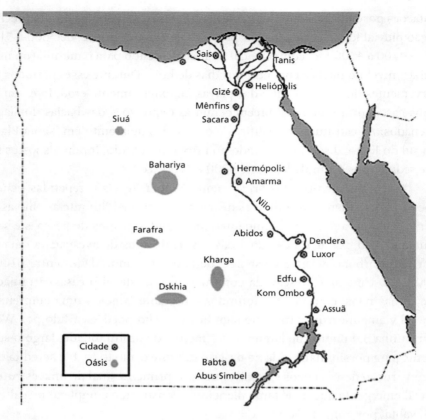

FIGURA 3.2. MAPA DAS CIDADES E OÁSIS DO EGITO

Um pesquisador em particular, C. Vance Haynes, da Universidade do Arizona, vem estudando a mudança no clima do leste do Saara (noroeste do Sudão e sudoeste do Egito) desde 1973. De acordo com Haynes, essa área fornece evidências consistentes de alterações climáticas. As evidências indicam mudanças nítidas que vão da aridez (menos do que 1,3 cm de chuva por ano) a condições semiáridas (com mais de 27,5 cm de chuva por ano).[5] Um histórico climático da região revela que o Saara saltou do florescimento à esterilidade e de volta ao florescimento várias vezes.

Durante a Era Glacial: antes de 10000 AEC

Durante a última parte da era glacial mais recente, entre 20 mil e 10 mil anos atrás, o leste do Saara era desabitado e extremamente árido. Embora uns poucos sítios do Paleolítico Inferior e do Paleolítico Médio (datados entre 100 mil e 40 mil anos atrás) tenham sido descobertos, nenhum data dos estágios finais da era glacial. Segundo os arqueólogos, a ocupação mais antiga no deserto de Darb El Arba'in, no sudoeste do Egito, ocorreu há mais de 70 mil anos, durante o Paleolítico Médio, antes da era glacial começar. Um clima úmido começou na África do Norte há 50 mil anos e perdurou por 20 mil anos. Chamado Pluvial Musteriense, essa era úmida permitiu que o Saara não só florescesse com plantas e vida selvagem, mas também com novos assentamentos humanos.

Haynes escreve que a testagem de carbonatos pelo método da série do urânio sugere que os sedimentos no Egito e no Sudão desse período úmido são pelo menos dez vezes mais antigos do que outros testes indicam. Ele acredita também que essas idades de radiocarbono que foram obtidas nos últimos 25 anos deveriam ser usadas como valores mínimos, uma vez que existe a possibilidade de que elas tenham sido alteradas quimicamente ao longo de numerosos períodos de chuva posteriores. Segundo Haynes, se houve um período úmido significativo no leste do Saara entre 20 mil e 10 mil anos atrás, deveria haver evidência arqueológica da presença humana, já que os povos naturalmente migram para terras férteis.[6]

Durante os anos finais da era glacial, ventos intensos sopravam através de um Saara extremamente árido. Dunas de areia se estendiam do centro ao norte do Sudão. De acordo com datações óticas, entre 17 mil e 11 mil anos atrás, ventos poderosos depositaram areia na região do Lençol de Areia de Selima. Dunas também se formaram em Nabta Playa, no Grande Mar de Areia, e no uádi Bakht, no Gilf Kebir.[7] Em resultado, o ambiente mudou drasticamente. Os sistemas de rios foram erradicados e o vento escavou buracos pela terra. Entretanto, no final da era glacial, evidências arqueológicas e geológicas sugerem que condições mais úmidas começaram a prevalecer.

Chuvas de verão: 8000 a 5000 AEC

À medida que o clima foi se tornando mais úmido, por volta de 8000 AEC, as chuvas transformaram áreas baixas em lagos e playas. Com o início desse "Pluvial Neolítico", a região que conhecemos hoje como Egito se tornou uma extensão da savana saeliana. A área ofereceu a pastores e animais novas terras habitáveis. Segundo Haynes, durante esse tempo, a área recebeu um mínimo de 27,5 centímetros de chuva por ano e, possivelmente, até 60 centímetros. Entre 7000 e 4000 AEC, quando a frente de chuvas de monção cobriu uma porção significativa do interior da África, um "máximo pluvial" – quando a precipitação pluvial atingiu o seu pico – se desenvolveu, tornando o deserto verdejante de vida.[8]

Alguns registros indicam que o início das chuvas começou em Bîr Kiseiba, cerca de 10000 AEC, mas em muitas outras áreas, inclusive Abu Ballas, no centro-sul do Egito, elas chegaram mil anos depois. Mesmo assim, por volta de 7500 AEC, lençóis freáticos mais altos eram capazes de manter lagos no Sudão. Arqueólogos descobriram sedimentos desses antigos lagos que incluem areia, lama, carbonatos de água doce, camadas de sulfato, sais e fósseis de plantas. A análise do pólen indica que uma estepe com árvores esparsas se desenvolveu na área do oásis de Selima, com árvores de *Acacia*, *Commiphora* e *Maerua* espalhadas pela terra. Também cresciam plantas perenes, como o *Tribulus*, *Blepharis* e membros das famílias *Chenopodiaceae-Amaranthaceae*. Nos dias de hoje, essas angiospermas são encontradas em Ennedi, Darfur e outros lugares em que a umidade seja suficiente para lhes permitir o florescimento. O lago Bîrket Qarum, alimentado pelo Nilo, também surgiu nesse período, e no sul do Egito bacias foram preenchidas com água da chuva. Em outras áreas onde a precipitação pluvial era mais forte, existiam lagos e pântanos. Carvão de fogueiras de acampamentos pré-históricos, datado por radiocarbono, atesta umidade crescente e temperaturas em queda.

Evidências da região de Gilf Kebir refletem um clima de semiárido a árido, dominado por lebres, gazelas e roedores. Restos descobertos em Dahkla incluem búbalus, gazelas, cavalos, hipopótamos, bovídeos, elefantes, avestruzes e peixes. Ossos de rinocerontes foram encontrados em Merga, e em Abu Ballas, elefantes, antílopes, gatos selvagens e girafas. Já que girafas se alimentam das folhas, brotos e galhos da acácia e de outras plantas, pode-se supor que pela região havia árvores suficientes para manter a dieta desses animais.

Por volta de 7300 AEC, o uádi Howar estava ativo no norte do Sudão e corria para o Nilo. Perto de Gebel Rahib, as condições mantinham lagos de água doce e fresca, com profundidades de 3,5 a 4,0 metros. Nabta Playa, assim como Umm Dabadib ao longo do planalto da Líbia, também experimentaram um clima úmido antes de 7400 AEC. Lama se acumulou ao longo do uádi Tushka e em outros locais no Grande Mar de Areia ao sul de Siuá. Por volta de 7100 AEC, existiam fontes e lagos artesianos em Khârga e Dahkla.

Playas

Uma playa é um lago raso, de curta existência, que se forma onde a água é drenada para uma bacia sem saída para o mar, mas depois evapora, deixando uma planície achatada formada pela lama. Playas são características comuns nas regiões desérticas e estão entre os acidentes geográficos mais planos do mundo. A formação desses lagos temporários em Nabta e Kiseiba era periódica, com intervalos alternados de aridez. A distribuição de sedimentos de silte e argila das playas descreve precipitações pesadas esparsas, e consequentes inundações repentinas. Três culturas com sinais distintivos, reconhecidas dentro do sétimo milênio AEC, emprestam credibilidade a esses climas alternados. Restos animais (incluindo grandes bovídeos e possivelmente gado doméstico) indicam que o pastoreio pode ter sido praticado localmente. Outras playas perto do oásis de Bîr Kiseiba foram ocupadas entre 8000 e 6200 AEC.

Datações por radiocarbono na região de Kiseiba indicam um período seco entre 6200 e 6100 AEC, enquanto um intervalo extremamente árido ocorreu na região de Nabta por volta de 6500 AEC. Segundo os arqueólogos, artefatos pré-históricos foram deslocados para cima durante essa época pela contração e expansão da argila dentro dos sedimentos da playa. Poços de armazenamento cobertos de argila descobertos em Nabta sugerem que a área tornou-se úmida de novo após 6100 AEC. Entretanto, por volta de 5900 AEC, outro período árido começou, e perdurou por duzentos anos antes da fase úmida seguinte.[9]

Depósitos sedimentares fornecem evidência de um clima com considerável precipitação pluvial, superior a 30 centímetros por ano. Algumas bacias de playa conservaram restos de linhas marginais; outras são cobertas com cascalho arredondado de praia. Diferentemente das playas ativas da América do Norte, as quais possuem uma superfície lisa de lama endurecida e rachada, as de Arba'in foram erodidas em diferentes graus pela ação do vento. Algumas contêm yardangs (afloramentos de rocha) projetando-se vários metros acima da superfície da playa. Outras foram tão severamente erodidas que nenhum yardang restou, e umas poucas o foram até a rocha-mãe.[10]

Os sedimentos de playa foram criados da erosão da rocha-mãe por uma lâmina de água (que escoa sobre a superfície da terra). Esses sedimentos são compostos, tipicamente, de arenito, xisto e areia levada pelo vento. Nos locais em que foram expostas por escavações, *fácies* (rocha estratificada distinta das rochas à sua volta por sua aparência) de arenito são diferentes do cascalho arredondado da praia. Em partes mais profundas da bacia, eles se diferenciam em areia limosa e argilosa. Flocos e rolos de lama indicam breves intervalos de extrema aridez durante esse período chuvoso. Restam poucos fósseis, mas os que existem consistem principalmente de ossos mal conservados de animais de caça, gado doméstico, ovelhas ou cabras, e algumas poucas conchas de caracóis.[11]

Playas nos oásis do norte do Egito eram ativas até 5000 AEC. No oásis de Siuá, a Playa Hatiet Um El-Hiyus estava ativa até 5900 AEC, mas começou a secar a partir do seu ponto mais alto durante o sexto milênio AEC. As evidências dessas playas indicam que entre 8000 e 5000 AEC as condições climáticas alternaram entre áridas e úmidas. Embora os períodos úmidos perdurassem por vários séculos, tornando a região habitável, o clima geral era predominantemente árido.

Lagos

Entre 6400 e 5000 AEC existiam condições pantanosas no norte do Sudão, com lagos rasos salpicados entre as dunas a oeste do vale do Nilo. Canais, próximos a Naga Hamra, Gebel Nageru e uádi Howar, mantinham uma diversidade de animais que incluía crocodilos, hipopótamos, tartarugas terrestres, gado doméstico, elefantes, rinocerontes, javalis, girafas e várias espécies de peixes. Fósseis de animais aquáticos, como do hipopótamo, do crocodilo e de peixes, indicam que existiam canais e que alguns eram ligados ao Nilo.

Sedimentos de lagos, no norte do Sudão, possibilitaram aos geólogos reconstituir um quadro do ambiente. Registros de pólen de amostras do núcleo do oásis de Selima, da depressão de Oyo e de El-'Atrun indicam que existia uma encosta verdejante no leste do Saara entre 6500 e 5000 AEC.[12] Uma zona de vegetação estendia-se por um cinturão de 500 km no noroeste do Sudão, de savanas arborizadas perto de El-'Atrun a esparsas estepes em Selima. Mais ao sul, pólen de lagos rasos alimentados pela chuva atestam a existência de acácias altas, que requerem de 37,5 a 50 centímetros anuais de chuva. Também durante essa época, a depressão de Oyo abrigava um lago de água doce profundo, rodeado por vegetação do tipo savana.

Ao sul do Egito, no noroeste do Sudão próximo a um antigo afluente do Nilo, depósitos de lagos consistem de camadas delgadas e alternadas de precipitados químicos e rica lama orgânica. Esses depósitos fornecem informação detalhada a respeito do clima pré-histórico da região. Eles contêm pólen, diátomos (algas unicelulares), restos de invertebrados, e úteis isótopos* estáveis (não radioativos) que indicam que as condições variavam de savana tropical a prados.[13]

Um aspecto interessante dessa região é que, de acordo com Haynes, os sítios arqueológicos encontram-se na rocha-mãe ou nos leitos do Pleistoceno inferior. Em resultado, não há conexão estratigráfica com os depósitos que ocorreram entre 10000 e 3000 AEC. Isso significa que não há maneira de

---

* Um isótopo é uma das várias formas de um elemento que possuem o mesmo número atômico, mas massas atômicas diferentes.

estabelecer uma cronologia da ocupação humana, já que a rocha-mãe esteve lá por milhões, talvez bilhões de anos. Depósitos culturais encontrados nas dunas foram rebaixados até a rocha-mãe ou aos leitos do Pleistoceno inferior devido à erosão durante os períodos extremamente áridos que eram intercalados entre os períodos úmidos. Essa erosão deixou domos baixos de areia entulhados de artefatos e fogareiros de pedra. Embora a datação por radiocarbono dos fogareiros e das cascas de ovos de avestruz forneça a época dos períodos de ocupação, ela não faz o mesmo quanto aos leitos dos lagos em si.

Para datar os leitos dos lagos egípcios e sudaneses, Haynes apoiou-se na datação por radiocarbono da matéria orgânica encontrada na lama: precipitados de carbonatos, conchas de caracóis e, em casos raros, fragmentos de carvão vegetal. Em uma dessas ocorrências, na base do leito do lago, ele encontrou depósitos de carvão, com espessura entre um e dois centímetros, de juncos queimados jazendo sobre areia levada pelo vento. Entretanto, carvão disperso pode ter sido redepositado e, como acredita Haynes, deveria ser usado apenas para estabelecer uma idade máxima possível para o depósito. Idades de níveis inferiores de carvão encontrados no solo são mais confiáveis e, em Selima, a camada de carvão da base correspondia a duas idades distintas, 7700 e 6500 AEC.[14] Segundo Haynes, os restos de um lago anterior ainda existiam antes do nascimento de um segundo lago. Esse segundo lago também possuía uma camada na base de juncos carbonizados, provavelmente queimados pelos pastores pré-históricos para obter um acesso mais fácil à água do lago em formação.

Estimativas razoáveis da idade desses antigos lagos foram obtidas pela datação por radiocarbono de vários tipos de sedimentos. Entretanto, em alguns casos, as estimativas podem ser ligeiramente antigas demais, por causa da reposição de sedimentos de leitos de lagos anteriores ou outros fatores que complicam as estimativas de idade. Com isso em mente, os pesquisadores dataram o início das condições pluviais do Saara entre 9000 e 7880 AEC.

O que pode ser conjeturado é que evidências dos leitos de lagos sudaneses e egípcios indicam que as condições pluviais do Saara começaram por volta de 7880 e terminaram por volta de 5490 AEC. A primeira fase úmida começou por volta de 7800 AEC, com uma segunda fase úmida ocorrendo por volta de 6900 AEC. Também há evidências de que houve uma terceira fase entre 5490 e 5220 AEC. Entre essas fases úmidas o clima voltava a ser relativamente seco.

Rios

Atravessando 6.695 km, o rio Nilo é o mais longo do mundo. Na realidade, ele é constituído por dois rios, o Nilo Azul e o Nilo Branco. O Nilo Azul é o principal rio que contribui para a nascente do Nilo e corre do noroeste da Etiópia para o Sudão. O Nilo Branco nasce no Lago Vitória, e de lá corre para o norte e para o oeste passando por Uganda, pelo lago Kioga e pelo lago Alberto. Ambos os rios se encontram no Sudão para formar o que é comumente conhecido como o rio Nilo.

Altas *linhas de costa* (descoloração no local por onde antes a água passava) ao longo do Nilo Branco indicam que entre 6500 e 6000 AEC ocorriam inundações três metros acima da linha de inundação atual. Vários uádis corriam para o Nilo, inclusive o uádi Howar, através do centro-norte do Sudão, e o uádi Melik, que correu de 5700 a 4000 AEC. Condições úmidas ao longo do vale do Nilo resultaram em depósitos de silte, lama e cascalho antes de 3000 AEC. Cheias do Nilo entre 6200 e 4600 AEC provocaram elevação nos níveis de lagos em El Faiyûm, uma província do Alto Egito, e despejaram uma quantidade considerável de água doce no Mar Mediterrâneo.

O Lençol de Areia de Selima

Uma área de 40 mil km², plana e coberta por areia, chamada de Lençol de Areia de Selima, é o coração do leste do Saara. É, também, o coração da aridez do deserto na fronteira entre o Egito e o Sudão. Em sua análise do lençol de areia, o dr. Haynes dividiu-o em quatro principais grupos de idade deposicional: de A a D, do mais antigo para o mais recente. Os estratos A e C são compostos por depósitos de areia e cascalho formados sob condições menos áridas. O estrato A, que é o mais antigo, tem o solo mais bem desenvolvido. Sedimentos do estrato A contêm artefatos da cultura Acheuliana, que é atribuída ao *Homo erectus* entre 1,5 milhão e 300 mil anos atrás.[15] O estrato C, em alguns casos, pode ser constituído de restos do A que foi submetido à redução do ferro pela ação da água subterrânea em áreas baixas. Entretanto, parte do estrato C é mais recente, tem entre 70.000 a 90.000 anos e contém artefatos do Paleolítico Médio. O estrato B e o D são lençóis de areia depositados sob condições extremamente áridas.[16] O estrato B vermelho, 300 mil anos mais antigo, apresenta progresso de construção do solo mais forte e é mais endurecido do que o estrato D, de cor marrom-claro, que é do Holoceno, entre 9000 AEC até o presente.[17]

Como sugerido anteriormente, esses lençóis de areia dispostos em camadas apresentam evidências da formação do solo em vários graus. Essa "construção do solo", referida como *pedogênese*, ocorre quando quantidades bem pequenas e úmidas de argila e carbonatos presentes na areia funcionam como substância aglutinante, coesiva. Em um longo período de tempo, a areia pode ser convertida em solo, quando submetida à umidade. Haynes divide as camadas de lençóis de areia em cinco estágios de pedogênese, do 0 ao 4, como a seguir:

> Estágio 0: Nenhuma coesão; não se firma como uma parede vertical quando escavada.
> Estágio 1: Coesão adequada para se firmar como uma parede vertical quando escavada, mas não existe nenhuma estrutura de solo.
> Estágio 2: Coesão adequada com estrutura fraca, média prismática. As fissuras entre os solos são tão finas que pouco ou nenhum padrão de fissuras fica aparente quando se raspa a areia sobrejacente em estágio 0 de pedogênese. As camadas são distintas dentro de cada solo.
> Estágio 3: Nenhuma característica sedimentar primária por causa do distúrbio das camadas devido à atividade das raízes vegetais, da escavação animal para tocas e do trânsito de pessoas e animais. As cores do solo tornam-se mais vermelhas e mais marrons.
> Estágio 4: Mais vermelho do que no estágio 3, com uma estrutura mais forte; evidentemente mais antigo.

Segundo Haynes, solos no estágio 3 de pedogênese no lençol de areia indicam claramente serem produtos de climas mais úmidos. Aqueles desenvolvidos no estrato D frequentemente contêm artefatos de culturas pré-históricas. Estágios 0, 1 e 2 aparentam ser produto da frequência e intensidade da chuva. Em resultado, não possuem necessariamente significância cronológica. Em outras palavras, a chuva pode ter penetrado a camada superior da areia e convertido o estágio 0 em estágio 1, ao proporcionar um leve grau de coesão.

Uma equipe de Oxford utilizou luminescência opticamente estimulada (LOE) para datar o Lençol de Areia de Selima. Areias com estágio 2 de pedogênese forneceram idades de 3.380 e 4.640 anos; areias com estágio 3 de pedogênese forneceram idades de 15.690 e 19.220 anos, o que sugere que o preenchimento do Lençol de Areia de Selima ocorreu durante o último máximo glacial, que foi de 15 mil a 20 mil anos atrás.[18]

Depósitos sedimentares foram seguidos pela formação do solo durante as fases úmidas entre 7800 e 3000 AEC. Isso significa que as sequências pré-históricas dos lagos e das playas estabelecem correlações com os períodos de umidade e de formação do solo e não com a evolução do Lençol de Areia de Selima. A sua formação ocorreu apenas com a extrema aridez da era glacial, e após 3000 AEC, quando o clima da região retornou à extrema aridez.

Conchas fósseis de grandes caracóis terrestres, encontrados nos solos de superfície no estágio 3, no noroeste do Sudão, forneceram evidências de pelo menos 30 cm de precipitação anual durante o último estágio desse Neolítico Pluvial. A datação por radiocarbono determinou idades pelas frações orgânicas das conchas de caracóis, que vão de 4500 AEC, na extremidade norte da área de estudo, a mais recentes do que 1100 AEC, na extremidade sul, indicativo de um recuo do mosaico floresta-savana durante os estágios finais do período pluvial no noroeste do Sudão. Evidências fósseis do Lençol de Areia de Selima, que foi formado inicialmente na era glacial, também sugerem que ocorreu um período úmido entre 8000 e 5000 AEC.

Retorno do deserto: 5000 AEC até o presente

Condições chuvosas e úmidas anteriores a 5000 AEC estabeleceram um ecossistema constituído de planícies sazonalmente cobertas de grama, arbustos e árvores. A flora estava especialmente concentrada nos uádis, lagos e fontes, os quais atraíam não só os animais como o homem. Mais tarde, o ambiente se tornou, de um modo geral, semiárido no sul do Egito e no norte do Sudão, à medida que o cinturão de chuvas se deslocava cada vez mais para o sul. A continuidade das condições úmidas variava de acordo com o lugar, com algumas áreas ressequindo-se mais rapidamente do que outras. Lagos que eram mantidos por água subterrânea tipicamente perduraram mais tempo do que playas alimentadas pela chuva. A vegetação diminuiu à medida que a aridez se instalava. De acordo com o estudo do pólen, a aridez climática progrediu rapidamente depois do sexto milênio AEC. A borda do cinturão de chuvas migrou 250 km para o sul num ritmo estimado de 36 km a cada 100 anos – o que equivale a um grau de latitude a cada 300 anos. Plantas e animais, na maior parte da região, foram eventualmente destruídos ou confinados a pequenos bolsões de terras habitáveis.[19]

Playas em oásis do norte do Egito secaram por volta de 5000 AEC e suas bacias foram preenchidas com areia soprada pelo vento. A playa Hatiet Um El-Hius, no oásis de Siuá, estava ativa em 5900 AEC, mas começou a secar a partir desse pico durante o sexto milênio AEC.

O Nilo corria em seu auge em 4600 AEC, mas depois disso baixou, atingindo picos apenas ocasionalmente. Inundações intermitentes e fluxos baixos do rio resultaram em deposição de sedimentos, camadas oxidadas e "lama" calcária despejada ao longo do cone do Nilo (a área do Mar Mediterrâneo na desembocadura do rio). Depois de 4500 AEC, o nível dos lagos em Faiyûm caiu 15 metros, elevou-se a níveis mais altos por volta de 3800–3700 AEC, e baixou novamente de 3700 a 1700 AEC. Junto com os níveis mais elevados do Nilo que deixaram de acontecer, afluentes pararam de fluir por completo por volta do quinto milênio AEC. O uádi Melik secou por volta de 4000 AEC. O fluxo do uádi Howar diminuiu significativamente. Áreas a oeste do vale do Nilo e a região de Faiyûm são, de um modo geral, reconhecidas como áridas de 5000 a 4500 AEC. Depois de 4500 AEC, a flora da savana diminuiu, permitindo que os elementos do Saara dominassem. Em 4000 AEC, toda uma flora do deserto havia tomado o lugar na maioria das áreas do sul do Egito, com exceção de alguns oásis, uádis e a região de Gilf Kebir. Durante 3000 AEC, a água ainda estava disponível sazonalmente, permitindo o crescimento de uma vegetação rica, comparável às florestas de galeria modernas do Tibesti e do Hoggar.[20]

A aridez pode ter diminuído ligeiramente durante o quarto milênio AEC, com precipitação pluvial anual em torno de 15 centímetros, mas o clima continuou a deteriorar. Fósseis de plantas sugerem que o clima durante 2000 AEC se tornou cada vez mais árido, com precipitação pluvial estimada de menos de 10 centímetros.

Muitos locais no sul do Egito parecem ter sido abandonados por volta de 4000 AEC. O principal período de ocupação na região de Gilf Kebir durou de 4000 a 3000 AEC; outras playas, como uádi Bakht e Ard El-Akhdar, continuaram a existir durante 3000 AEC e, então, pararam abruptamente. Entretanto, dunas de areia que represavam as playas podem ter sido rompidas, possivelmente por uma tempestade-de-cem-anos* de grande magnitude.

Houve padrões similares de mudança climática no norte do Sudão, embora as condições fossem geralmente mais úmidas do que aquelas do sul do Egito. Alguns lagos e playas no norte do Sudão secaram por volta de 5000 AEC. Nas áreas de Laquiya e Tageru, muitos lagos secaram por volta de 4500 AEC. Alguns lagos em toda a região de Merga permaneceram ativos em 4900 AEC. Playas em Laquiya Umran ainda estavam ativas por volta de 4100 AEC, e alguns fogareiros no uádi Sahl, perto de Laquiya Arba'in, datam de 2700 AEC. Playas e *ambientes estagnados* (áreas não afetadas por correntes, isto é, água

---

* Tempestade de intensidade tamanha que a probabilidade de ocorrer é de uma por ano. (N. da T.)

parada) ao longo do uádi Howar e do uádi Mansourab diminuíram depois de 5000 AEC e acabaram algum tempo antes de 2800 AEC.[21]

Investigações em Selima sugerem que o lago sofreu intensa evaporação entre 5000 e 4000 AEC, resultando na formação de um lago de água salgada por volta de 4400 AEC. A vegetação estabelecida na região perdurou até 4000 AEC. Medições isotópicas em moluscos indicam que condições secas prevaleceram por volta de 3600 AEC. À medida que as chuvas locais minguavam e o clima tornou-se progressivamente mais árido, o lago em Selima diminuiu em tamanho e desapareceu por volta de 2000 AEC. Em Oyo, 400 km ao sul, mudanças similares ocorriam. Um lago profundo persistiu até 5000 AEC, mas diminuiu em tamanho e se tornou salino. Por volta de 4600 AEC, o decíduo mosaico savana-floresta começou a deteriorar. Entre 4000 e 2500 AEC, os espinheiros de acácia e pastagens de cerrado substituíram as savanas subtropicais sudanesas e saelianas. Depois de 2900 AEC, areias sopradas pelo vento cobriram as margens do lago Oyo.[22]

O Grande Mar de Areia, ao sul de Siuá, também atravessou uma tendência à aridez que acabou prevalecendo. Análises de sedimentos de playas sugerem que períodos áridos interromperam as condições úmidas através do quinto milênio AEC. A deposição de areia levada pelo vento indica um clima árido de menor importância por volta de 4300 AEC, antes que as dunas de areia fossem, novamente, parcialmente inundadas pela água e estabilizadas pela vegetação (por volta de 2780 AEC). Depois de 2700 AEC, a área permaneceu extremamente árida. Evidências de poços cavados pelo homem em pontos de playas próximos a Siuá sugerem que condições secas similares haviam-se instalado por volta dessa mesma época.

Em 5000 AEC, muitas playas alimentadas por água da chuva desapareceram no Egito. A maioria estava ressecada significativamente, devido à estiagem, por volta de 3500 AEC, e a vegetação logo começou a desaparecer a partir de 5600 AEC. Depois de 3900 AEC, muitas bacias de playas foram literalmente preenchidas com a areia. Em Nabta Playa, camadas alternadas de florestas e areia soprada pelo vento indicam que os períodos áridos interromperam condições mais úmidas entre 5700 e 3800 AEC.

Na região de Kiseida, um clima úmido pode ter durado um pouco mais. Playas perto de Bîr Kiseida parecem ter continuado a existir ao longo de 3400 AEC, possivelmente em resultado da presença de água subterrânea entre as camadas de areia. Reservatórios de água minguaram em Abu Ballas ao longo de 4300 AEC, depois do que a areia soprada pelo vento enterrou a lama da playa. O oásis Dahkla experimentou um ressecamento similar depois de 4500 AEC.[23]

Na região sul da bacia de Khârga, em Shurafa Hill, entre 6000 e 5000 AEC, ventos intensos removeram significativas quantidades do sedimento da superfície. A profundidade da erosão com certeza acompanhou o ritmo do rebaixamento do lençol freático, embora outros fatores provavelmente estivessem envolvidos. Depois de 3000 AEC, extensas dunas de areia começaram a cobrir muitos dos locais habitados.

No Sudão, por volta de 2800 AEC, o volume do uádi Howar diminuiu e seus lagos evaporaram, assinalando oficialmente o fim do período de umidade geral no noroeste da Núbia. Já em 2500 AEC, até as pastagens de cerrado desapareceram da maior parte do sul do Egito e do norte do Sudão, com exceção de alguns oásis e uádis. A falta de vegetação permitiu que a areia tomasse a maior parte da região. Condições de áridas a extremamente áridas se estabeleceram na região em 2500 AEC. Os lagos em Selima secaram por volta de 2000 AEC, e em El-'Atrun e na região de Gebel Tageru por volta de 1600 AEC. Achados arqueológicos datados indicam que essas regiões desérticas foram abandonadas. Depois de 4000 AEC, poços cavados pelo homem são sinal de que o início de condições áridas influenciou as atividades humanas. Por volta de 2075 AEC, o uádi Howar, um afluente meridional do Nilo, estava seco e o centro-norte do Sudão havia se tornado um deserto sem água.

O moderno deserto do Saara atualmente é quase sem vida, com populações limitadas aos animais e plantas mais resistentes do deserto. O antes semiárido e habitável ambiente do sul do Egito e do norte do Sudão secou desde 4500 AEC e é, atualmente, dominado pelo vento.

Resumo do clima

O deserto de Arba'in, no Egito, e região circunvizinha, tem sido árido, recebendo menos do que 1,25 centímetros de chuva por ano pelos últimos 15 ou 20 mil anos. Entretanto, como foi descrito anteriormente, condições mais úmidas prevaleceram entre 7000 e 4000 AEC, com média de chuva anual superior a 30 centímetros e chegando, possivelmente, a 60 centímetros. Ainda assim, a região era propensa à seca, devido à natureza sazonal das chuvas. Escassas plantas do deserto, do tipo estepe, forneceram vegetação suficiente para sustentar a vida de homens e animais entre 6500 e 1000 AEC. À medida que a área se tornou cada vez mais árida e isolada das chuvas de monção, a disponibilidade de água de superfície transformou-se em um problema crônico. Lagos e rios secaram e a erosão eólica prevaleceu. Esse cenário climático também é apoiado por um histórico geológico das cheias do Nilo. Segundo

Robert J. Wenke, em "Egypt: Origins of Complex Societies" ["Egito: Origens das Sociedades Complexas"], os níveis das cheias do Nilo eram altos de 6800 AEC até 3800 AEC. Depois disso, porém, os níveis baixaram, exceto por breves períodos úmidos por volta de 3400 AEC e 2500 AEC.[24]

Com a existência de um Saara "verde" entre 7000 e 4000 AEC e de chuvas chegando a alcançar até 60 centímetros por ano, pode-se argumentar que a Esfinge do Egito tenha sido originalmente esculpida um pouco depois de 7000 AEC. O que, embora contrarie a opinião tradicional, daria tempo suficiente para que a rocha na parede oeste fosse erodida pela água da chuva. E também estaria de acordo com os achados de Schoch. Entretanto, as taxas de erosão são, na melhor das hipóteses, estimativas sobre as quais os cientistas com frequência discordam. Isso levanta a questão de quão rápido as rochas erodem.

Erosão e a Esfinge

Todas as superfícies terrestres podem ser consideradas encostas de montes mesmo se não têm nenhum declive (uma superfície plana tem uma "inclinação" de grau zero). Na maioria dos casos, a erosão de uma encosta pode ser considerada um sistema que combina intemperismo (a deterioração da rocha), processos de vertentes (tais como a perda de massa da rocha sólida e o movimento da rocha solta que desliza pelas encostas pela ação da gravidade ou da água corrente), e erosão, que tipicamente é provocada pelos rios nos fundos dos vales.

A chuva é a causa da erosão pela água. Se a água irá infiltrar no solo depende da intensidade da chuva e da taxa de infiltração permitida pelas condições da superfície. Se a intensidade da chuva ultrapassa a capacidade de infiltração do solo, a água que excede escorre pela superfície da terra. Esse escoamento da "saturação" ocorre principalmente na base das encostas e nas concavidades. O solo se torna saturado durante chuvas prolongadas, por uma combinação de infiltração, da água que escorre pelas vertentes e do fluxo da água subterrânea. Uma vez que o solo esteja saturado, sua capacidade de infiltração é zero, de modo que qualquer chuva adicional não consegue ser absorvida. Quando isso ocorre, ela é armazenada na superfície ou escoa sobre ela.

A água que se infiltra pela terra se transforma em umidade do solo ou água subterrânea (o topo da zona saturada é o topo do lençol freático). Imediatamente acima do lençol freático existe uma franja capilar, por meio da qual a água é sugada do lençol freático pela ação da capilaridade, referida como "saturação descontínua". O lençol freático não é nivelado e acompanha a forma da superfície: é alto sob as elevações e baixo sob os vales. Por essa razão, tanto a umidade do solo quanto a água subterrânea podem fluir dos lugares altos para os baixos, embora esses fluxos sejam normalmente muito lentos. Uma taxa típica de fluxo para areia pura está em torno de 10 metros por dia. A principal contribuição desses fluxos para a erosão das encostas é a remoção de material em solução.

A água que escoa sobre a superfície, seja por um canal ou através de uma planície aberta, transporta sedimentos por meio de uma inclinação. Isso resulta em erosão laminar, erosão em sulcos e voçorocas. Erosão laminar é, como o nome sugere, provocada por uma lâmina de água que escoa sobre a superfície. É a remoção uniforme do solo sem o desenvolvimento visível de canais, e é o tipo de erosão menos perceptível. Erosão em sulcos ocorre quando a erosão laminar se concentra em uma porção de canais pequenos, porém visíveis. Voçorocas ocorrem quando a erosão laminar e/ou a erosão em sulcos se concentram em fluxos maiores. A erosão laminar é auxiliada pela erosão causada pelo salpicar da chuva – na qual os pingos de chuva destacam partículas da superfície – e é mais efetiva em regiões secas e desprovidas de vegetação. Em todos os casos, o deslocamento de solo e de partículas de rocha por água fluente é erosão.

Ocorre escoamento superficial significativo onde a infiltração é lenta e a intensidade da chuva é alta. A infiltração é afetada grandemente pela presença de vegetação, que promove absorção da água por manter a estrutura do solo aberta. Por essa razão, o *escoamento superficial hortoniano* (escoamento que não é drenado por canais ou voçorocas) ocorre principalmente em regiões áridas e com cobertura vegetal pobre. Essas áreas são sujeitas a raras, porém intensas tempestades, como as que ocorrem no sudoeste dos Estados Unidos, bem como em áreas do norte da África. Nesses lugares, é possível que a chuva intensa dure apenas uns poucos minutos, mas possa ocorrer erosão significativa.

Erosão em foco

Mais de 25 anos de investigações geológicas e arqueológicas em regiões extremamente áridas no sudoeste do Egito e noroeste do Sudão demonstram que condições úmidas existiram nessas áreas, começando por volta de 8000 AEC. Naquela época, o leste do Saara mudou de um deserto extremamente árido e sem vida, dominado pela erosão eólica, para uma savana semiárida que atraiu animais e plantas. Esse clima propício à vida continuou e gradualmente se deteriorou até o início do terceiro milênio AEC, quando se seguiu o atual episódio de extrema aridez. Esse período úmido pré-histórico pode ser desmembrado em uma sequência de três fases. A primeira, que ocorreu de 8000 a 6200 AEC; a segunda, de 6100 a 5900 AEC; e a terceira, de 5700 a 2600 AEC.

Tanto Schoch quanto Reader concordam que a chuva seja a fonte primária da erosão da Esfinge. Entretanto, Reader não concorda inteiramente com o cenário de Schoch. Segundo Reader, não há necessidade de situar a data do cinzelamento da Esfinge antes de 5000 AEC. Ele acredita que as chuvas eram fortes o suficiente durante essa última fase úmida para explicar a erosão visível. Além disso, ele acredita que o escoamento superficial e a erosão laminar, e não a chuva direta, foram a causa da erosão pela água na parede oeste da depressão da Esfinge. Qualquer rocha exposta sofreria a ação do escoamento superficial que se seguia às chuvas e seria profundamente erodida. Uma vez que a rocha a oeste da Esfinge foi explorada durante a quarta dinastia, o potencial de erosão por escoamento superficial da depressão já tinha terminado. Então, a Esfinge foi esculpida antes de 2500 AEC, pelo menos.

As paredes da depressão da Esfinge exibem erosão numa profundidade de 91 centímetros e, no ponto mais erodido, de 1,98 metro.[25] Então, a questão que aqui cabe é: quanto tempo levou para ocorrer essa erosão?

Segundo os livros didáticos de Geologia, o rebaixamento do solo por meio da erosão é, normalmente, um processo lento. A taxa em que uma rocha erode depende do seu tipo. Em geral, rochas ígneas e metamórficas erodem de 0.5 a 7.0 milímetro a cada 1.000 anos; o arenito, 16 a 34 milímetros a cada 1.000 anos; e o calcário, 22 a 100 milímetros a cada 1.000 anos.

TABELA 3.1 TAXAS DE EROSÃO POR ROCHA (EM CM)

Tipo	Por 1.000 anos	Por 10.000 anos
ígnea/metamórfica	0,005–0,7	0,05–7
arenito	0,6–3,35	6–33,5
calcário	2,17–9,85	21,75–98,5

Embora não haja dados disponíveis para as taxas de erosão do planalto de Gizé, geólogos estudaram a erosão de formações rochosas pelo mundo. Um dos exemplos de erosão mais conhecidos nos Estados Unidos é o Grand Canyon. Geólogos calculam que tenha 6 milhões de anos. Já que em seu ponto mais baixo chega a 1828 metros de profundidade, isso significa que a cada milhão de anos a rocha, que define o cânion, erode 304,5 metros. Em outras palavras, a cada ano dos últimos 6 milhões de anos o rio Colorado erodiu o leito rochoso 0,03 cm, o que equivale a 0,012 polegadas por ano. Se aplicarmos essa taxa de erosão às paredes da depressão da Esfinge, veremos que levaria 3 mil anos para uma erosão de 0,9 metro e 6 mil anos para uma erosão de 1,8 metro. Entretanto, é de se esperar que o ímpeto constante do rio Colorado desgaste a rocha a uma taxa mais rápida do que a erosão por chuva ou a erosão laminar das tempestades.

Toda água corrente agrega e transporta partículas de solo e fragmentos de rocha. Todo curso d'água carrega material, recebido dos seus afluentes ou de suas próprias margens, em suspensão ou rolado ao longo do seu fundo. Essas partículas golpeiam o substrato rochoso do canal do curso d'água e literalmente moem sua superfície; por fim, elas se assentam ao longo do canal ou são descarregadas no mar. Desse modo, o rio Mississippi vem reduzindo o substrato rochoso do seu leito na razão de 0,30 metro a cada 9 mil anos, o que equivale a 0,003 centímetro por ano. Se as paredes da depressão da Esfinge tivessem sofrido erosão na mesma taxa que o leito do rio Mississippi, seriam necessários 28 mil anos para uma erosão de 0,9 metro e 56 mil anos para uma erosão de 1,8 metro (é claro que um rio caudaloso possui muito mais força erosiva do que uma erosão por chuva periódica ou laminar; portanto, não se trata de uma comparação de fenômenos semelhantes).

Estudando a *bacia de drenagem* (área geográfica onde se dá a captação das águas) de Wutach, na região sudeste da Floresta Negra, na Alemanha, os geólogos europeus Philippe Morel, Friedhelm von Blackenburg, Mirjam Schaller, Matthias Hinderer e Peter Kubik calcularam a taxa de erosão do arenito entre 9 e 14 milímetros a cada 1.000 anos; do granito, entre 27 e 37 milímetros a cada 1.000 anos; e do calcário, entre 70 e 90 milímetros a cada 1.000 anos.[26] Usando 7,5 centímetros como uma taxa média para a erosão do calcário a cada 1.000 anos (0,0075 cm por ano), levaria 12 mil anos para a depressão da Esfinge erodir 0,90 metro e 24 mil anos para erodir 1,8 metro.

De acordo com os geólogos John Stone e Paulo Vasconcelos, as taxas de erosão na Austrália variam com o clima e o caráter da formação rochosa, bem como com a paisagem local. Datação por cloro-36 da calcita dos afloramentos calcários por todo o continente indica que as taxas de erosão pela chuva variam de um metro a cada milhão de anos, no interior árido, a 150 metros a cada milhão de anos, na região montanhosa de Papua Nova Guiné. É uma variação de um milímetro (0,098 cm) a 150 milímetros (15 cm) a cada mil anos. De acordo com essas taxas, levaria algo entre 6 mil e um milhão de anos para as paredes da depressão da Esfinge erodirem 0,9 metro e de 12 mil a 2 milhões de anos para erodir 1,8 metro.[27]

Além disso, Stone e Vasconcelos concluíram que as taxas de erosão do calcário são bem correlacionadas com a precipitação anual média a valores próximos daqueles previstos pelo equilíbrio da solubilidade da calcita. Em outras palavras, quanto maior a quantidade de chuva, maior a taxa de erosão na rocha calcária.

Os geólogos Ari Matmon, Ezra Zilberman e Yehouda Enzel, em seu estudo da atividade tectônica na região da Galileia, em Israel, foram capazes de fornecer a primeira estimativa das taxas dos processos de formação de paisagens. De acordo com o estudo que fizeram, a erosão do calcário ocorre na razão de, aproximadamente, 29 metros a cada milhão de anos, o que equivale a 0,029 milímetro (0,00114 polegadas) por ano. A essa taxa, levaria 32 mil anos para a depressão da Esfinge erodir 0,9 milímetro e 64 mil anos para erodir 1,8 metro.[28]

Um exemplo de onde a erosão das rochas acontece rapidamente são as Cataratas do Niágara. Segundo os geólogos, as cataratas recuaram 11,4 km em 12.400 anos, uma taxa média muito rápida, de quase um metro por ano. Entretanto, a taxa de erosão decaiu nos últimos tempos devido a uma rocha capeadora [camada protetora de rocha relativamente impermeável] de calcário resistente à erosão sobre a qual as cataratas estão escoando. Essa camada de calcário começa aproximadamente meio quilômetro ao norte de Rainbow Bridge. Entretanto, como as cataratas continuam a erodir na direção sul, as taxas de erosão irão aumentar novamente quando ela alcançar uma outra camada macia de rocha perto de Navy Island.

As Cataratas do Niágara são, na verdade, compostas por três quedas: American Falls, entre Prospect Point e Luna Island; Bridal Veil Falls, entre Luna Island e Goat Island; e Horseshoe (canadense) Falls, entre Goat Island e Table Rock. As características das rochas variam entre essas diferentes áreas. No geral, a rocha-mãe nas cataratas é composta de xisto macio e calcário. Ao longo dos anos, o contínuo escoar das águas fez com que grandes porções da rocha-mãe se desprendessem, caíssem e permanecessem na base das cataratas. O xisto macio erode mais rápido do que o calcário, minando a estabilidade deste. Entretanto, atualmente as American Falls não têm um padrão regular de desmoronamento. A atual quantidade de água que escoa pelas American Falls é insuficiente para erodir o *tálus* (encosta formada por fragmentos de rocha) *de dolomito* na base das cataratas (o dolomito é similar ao calcário, mas é composto principalmente do mineral dolomita). A atual taxa de erosão nas American Falls é estimada em 0,62 centímetro por ano – 6,25 metros (20 pés) a cada 100 anos. O fluxo de água, que é regulado em um grau mínimo de 10% dos estimados 2,832 m³/s por segundo durante o verão (metade disso no inverno), é insuficiente para causar uma erosão importante.

TABELA 3.2 TAXAS DE EROSÃO POR 1.000 ANOS (EM CM) EM DIVERSAS ÁREAS GEOGRÁFICAS[29]

	Mínima	Máxima	Média
Galileia	–	–	0,0025
Mississippi	–	–	3,25
Wutach	6,87	8,75	5
Austrália	0,1	15	7,55
Grand Canyon	–	–	30
Gizé (Schoch)	40	72,5	56,25
Gizé (tradicional)	–	–	180
Niágara (American Falls)	–	–	625

As influências ambientais, em suas múltiplas formas, sempre desempenharão um papel nas taxas de intemperismo físico e químico. Registros mostram que o intemperismo físico é mais pronunciado em climas frios e úmidos, devido à capacidade que a água tem de congelar e derreter. Por outro lado, as taxas de intemperismo químico são mais pronunciadas em regiões quentes e úmidas. Uma vez que a água é um grande fator no intemperismo químico, e também na erosão quando as partículas são carregadas para longe, as taxas de intemperismo e erosão são mais baixas em ambientes áridos, precisamente o que Stone e Vasconcelos encontraram no seu estudo australiano. Essa também é a razão de os rios produzirem taxas de erosão que estão entre as mais elevadas.

Há uma correlação bem documentada entre precipitação anual e temperatura, com intemperismo e erosão. Essa correlação serve como um princípio para se compreender que tipos de erosão podem ser esperados em diversos climas. Nas regiões onde a precipitação pluvial e a temperatura são ambas relativamente altas – como, por exemplo, a floresta tropical – o intemperismo químico (colapso das rochas resultante de reações químicas entre os minerais nelas presentes e substâncias do ambiente, como a água, o oxigênio e a chuva ligeiramente ácida) é o mais forte e um sinal predominante na rocha exposta. No extremo oposto, no qual tanto a temperatura quanto a precipitação pluvial são relativamente baixas, o intemperismo mecânico é predominante e pode variar entre leve a moderado, dependendo da chuva. Intemperismo mecânico é o processo pelo qual a ação do congelamento, da formação de cristais de sal, de absorção da água e outros processos físicos quebram a rocha em fragmentos, sem que haja o envolvimento de qualquer alteração química. As latitudes temperadas na América do Norte e na Europa são bons exemplos de regiões que experimentam pronunciado intemperismo mecânico, embora em algumas áreas a precipitação pluvial exceda a 125 centímetros.

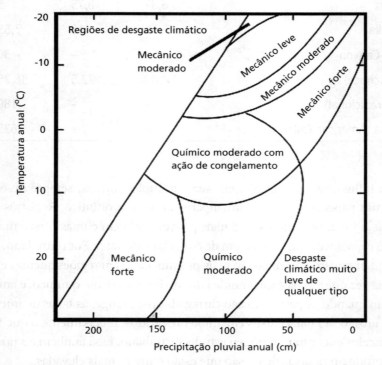

FIGURA 3.3. REGIÕES DE DESGASTE CLIMÁTICO DE ACORDO COM A TEMPERATURA E PRECIPITAÇÃO PLUVIAL (DO DEPARTAMENTO DE CIÊNCIAS GEOLÓGICAS DA UNIVERSIDADE POLITÉCNICA DO ESTADO DA CALIFÓRNIA)

Em áreas extremamente áridas, é de se esperar apenas um intemperismo bem leve, qualquer que seja o tipo. O que se pode encontrar é erosão ocasionada por partículas carregadas pelo ar nas tempestades de vento. A África do Norte e o Oriente Médio são bons exemplos desse tipo de erosão, e a região desértica que se estende do norte do México ao sudoeste dos Estados Unidos também é ilustrativa disso.

Os geólogos dificilmente tentam generalizações sobre taxas de intemperismo e erosão porque elas variam de clima para clima e, talvez, entre os microclimas dentro de cada clima. Também há que se levar em conta o tipo de rocha e o terreno. Entretanto, para uma determinada área, pode-se esperar uma certa variação de intemperismo e erosão que seja consistente com o modelo apresentado na figura 3.3. Desvios substanciais dessas amplitudes sugerem que o clima era diferente no passado.

Os princípios geológicos de intemperismo e erosão podem explicar a grande variação das taxas de erosão no estudo australiano. O interior da Austrália é quente e seco, com muito pouco intemperismo. Mas na Nova Guiné, onde ocorrem as monções entre dezembro e março e, novamente, entre maio e outubro, o intemperismo acontece num ritmo muito maior. Diversos climas foram levados em conta no estudo.

A descoberta de taxas de erosão fora do esperado para determinado clima propõe um problema que requer explicação. Quanto maior o desvio, mais difícil de explicar. A certa altura o desvio se torna tão grande que se é forçado a reconsiderar a suposta cronologia para colocá-la de acordo com princípios conhecidos.

A idade da Esfinge

Embora as taxas de erosão variem de região para região com base no clima, no tipo de rocha e no terreno, evidências geológicas indicam que a rocha calcária erode num ritmo muito lento, a menos que esteja sujeita à força de um rio poderoso, como o Niágara. O volume do fluxo de água (em função da precipitação e dos sistemas naturais de drenagem) e a dureza da rocha são os dois fatores mais importantes na determinação da taxa de erosão.

Como foi discutido anteriormente, o Egito experimentou três períodos úmidos entre 8000 e 2600 AEC. Contudo, a média de chuva durante esses períodos úmidos foi suficiente – 30 a 60 centímetros por ano – para alterar o clima de árido para semiárido, resultando numa paisagem similar à do sudoeste da América do Norte: seca, mas úmida o bastante para permitir o florescimento de vida vegetal e animal.

Eu argumento que podemos usar o conhecimento sobre erosão dos geólogos para responder a questão acerca da idade da Esfinge. Dos estudos conduzidos por Gauri, e mais tarde confirmados por Schoch e outros pesquisadores, a rocha da qual a Esfinge foi cinzelada consiste de camadas alternadas de calcário macio e calcário duro. Como era de se supor, o calcário mais macio sofreu erosão em grau maior do que as camadas de calcário mais duro. Entretanto, as camadas duras, em especial as do topo da parede oeste da depressão, também mostram intemperismo significativo. Para explicar isso, Schoch postula que a erosão ocorreu durante muitos milhares de anos, especificamente causada pela chuva. Reader argumenta que isso ocorreu relativamente rápido, durante o Período Arcaico (2920–2650 AEC), devido às esporádicas e severas tempestades que resultavam no escoamento superficial da água sobre o terreno plano e em seu derramamento pela borda da depressão.

Dado o clima conhecido do Egito dos últimos 10 mil anos, é altamente provável que a temperatura e a precipitação pluvial características da área caiam na região em que – com base na figura 3.3 (ver p. 80) – "um intemperismo bem leve, qualquer que seja o tipo", pode ser esperado. A taxa média de erosão do calcário, tirada da tabela 3.2 na p. 79 (excluindo-se o planalto de Gizé e as Cataratas do Niágara), é de 8,75 centímetros a cada mil anos. Usando essa média, seriam necessários 10 mil anos para a parede oeste da depressão da Esfinge erodir 0,90 metro e 20 mil anos para erodir 1,8 metro. Embora seja incorreto supor que na realidade seja esse o caso, esses números apoiam as conclusões de Schoch de que a rocha se desgasta lentamente, e que a Grande Esfinge do Egito erodiu dessa maneira. Ele acredita que a Esfinge tenha pelo menos 7 mil anos – o que, acrescenta, é uma estimativa conservadora.

Se o cenário de Reader estiver correto – de que a erosão ocorreu num ritmo mais rápido – quantas tempestades seriam necessárias para causar a degradação que se pode observar? Que volume de água, e durante que extensão de tempo, seria necessário para escoar pela superfície do terreno e por sobre o topo da parede da depressão? Embora Gizé tenha experimentado chuvas durante os Períodos pré-dinástico e o Arcaico, a evidência climática sugere que esses períodos de chuva eram moderados e não duravam muito.[30]

A alternativa tanto para a teoria de Schoch quanto para a de Reader é que o ponto de vista convencional esteja correto, e que a erosão observada tenha ocorrido durante a quarta e quinta dinastias, entre cerca de 2500 e 2350 AEC, um período de 150 anos. Para tanto, seria necessário uma taxa de 0,62 centímetros por ano – quase idêntica à atual erosão das American Falls do Niágara. Se isso for verdade, então o real mistério não é a análise geológica da Esfinge e do planalto de Gizé que fez Schoch ou Reader, mas sim as forças não identificadas que fizeram a rocha calcária da depressão da Esfinge desgastar-se tão rapidamente.

CAPÍTULO 4

QUAL CULTURA E QUANDO?
A solução de um enorme problema contextual

Segundo os egiptólogos tradicionais, existe um enorme problema quanto a uma datação da Esfinge anterior à quarta dinastia (2575-2467 AEC). Não há evidências de que existissem ferramentas e tecnologia para esculpir uma estátua tão grandiosa antes dessa época. Além disso, o toucado da Esfinge se enquadra claramente no estilo da quarta dinastia. A falta de evidências de uma cultura suficientemente avançada para a produção de determinado artefato é referida como um problema de contexto cultural. Em sua investigação, Colin Reader tenta estabelecer um contexto tinita* (2920-2650 AEC) para a esculturação da Esfinge. Entretanto, a Esfinge de Schoch, ao que parece, foi esculpida alguns milhares de anos antes que os primeiros egípcios fabricassem um cinzel de cobre. Assim sendo, a teoria de Schoch sobre a idade da Esfinge aparentemente carece de um contexto cultural. Essa é a questão que investigaremos neste capítulo.

Existem evidências claras de atividade tinita no planalto de Gizé. Embora geralmente se considere que o desenvolvimento substancial tenha começado com a quarta dinastia, como salienta Reader, há achados arqueológicos publicados que indicam atividade anterior a essa época. No final dos anos de

---

* Relativo ao Período Arcaico (early-dynastic). (N. da T.)

1800, quatro jarros de cerâmica foram descobertos aos pés da Grande Pirâmide. A princípio, acreditou-se pertencerem à primeira dinastia (2920-2770 AEC). Mais tarde, entretanto, Bodil Mortensen determinou-os como típicos do período Maadi (aproximadamente 3500 a 3050 AEC), do final do pré-dinástico. Mortensen também argumentou que provinham de um local de sepultamento, não de assentamento, pois os jarros foram encontrados intactos.

Reader destaca que a descoberta de artefatos anteriores à quarta dinastia no planalto de Gizé deve ser levada em conta no contexto do desenvolvimento deste durante a quarta dinastia. Sem dúvida alguma, o uso de Gizé na quarta dinastia foi substancial. A maior parte do terreno disponível ou foi explorada como pedreira ou teve alguma construção erigida sobre ela. Ambas as atividades constituíram atos destrutivos e, provavelmente, envolveram a remoção de estruturas anteriores e de seus escombros. Assim, é possível que os vestígios de habitantes mais antigos tenham sido despejados em pedreiras abertas e abandonadas, ou em outros locais fora da área de construção. Durante os anos de 1970, o egiptólogo austríaco Karl Kromer descobriu um desses locais de despejo, ao sul de Gizé, repleto de relíquias do período pré-dinástico (5500-3100 AEC), bem como da época tinita (2920-2650 AEC). Um estudo posterior do sítio encontrado por Kromer indicou que não se tratava de um único assentamento, mas de vários. A areia invadiu a área escavada e foi separando as camadas de "lixo" dos egípcios mais antigos. Houve quem criticasse a datação de vários objetos encontrados por Kromer, mas os selos dos jarros recuperados são aceitos unanimemente como pré-dinásticos.

Contexto cultural: há mais de um?

Se a datação do fundo calcário da depressão da Esfinge estimada por Schoch – que conclui que ela foi exposta ao ar pela primeira vez pelo menos há 7 mil anos – for precisa, poderia haver mais de um contexto cultural? A melhor evidência de que tal cultura existiu é a relativa sofisticação mostrada desde o início pela civilização egípcia. A maioria dos estudiosos argumenta que, durante os tempos pré-dinásticos, os egípcios lograram inventar e desenvolver a magnífica tecnologia em pedra encontrada na pirâmide de degraus de Saqqara e em várias estruturas no planalto de Gizé. Outros pesquisadores, como John Anthony West, insistem que o que é interpretado como um desenvolvimento é, na verdade, um legado. West defende a ideia de que os egípcios que construíram as pirâmides e outras estruturas no planalto de Gizé foram beneficiários de outra cultura mais antiga.

A controvérsia e o debate residem no avançado grau das técnicas de manufatura de artefatos e de alvenaria em pedra descobertas nos sítios mais antigos da civilização egípcia, como Saqqara e Gizé, e já não encontradas em nenhuma época posterior de sua história (muitos desses magníficos artefatos em pedra encontram-se expostos no Museu do Cairo e no Museu Petrie de Arqueologia Egípcia, em Londres). Um povo primitivo com tecnologia para produzir sofisticados utensílios em pedra, como vasos talhados no granito, constitui, com certeza, um mistério que merece ser elucidado.

Segundo o egiptólogo Walter Emery, os recipientes de pedra do Período Arcaico (3100–2650 AEC) talvez tenham sido a maior expressão artística dos egípcios. Nenhum outro país, naquela época ou desde então, alcançou tal precisão. Ainda que a qualidade variasse, os artefatos em pedra eram manufaturados em enormes quantidades e com concepção estética e técnica extraordinárias.[1] Todos os tipos de rochas disponíveis eram utilizadas. Foram encontrados exemplares, datados da primeira (2920–2770 AEC) e da segunda (2770–2650 AEC) dinastias, feitos de diorito, xisto, alabastro, rocha vulcânica, serpentina, pedra-sabão, brecha, mármore, calcário, rocha porfírica matizada de branco e negro, rocha porfírica púrpura, jaspe vermelho, quartzo obsidiano, dolomito, cristal de rocha e basalto. Mesmo com o nosso moderno conhecimento industrial, ainda não podemos reproduzir esses objetos com as técnicas ou os aparelhos empregados por eles. Além disso, não foram encontrados utensílios em pedra como esses em épocas posteriores na história do Egito. Parece, então, que as habilidades necessárias para produzir itens tão meticulosamente manufaturados de alguma maneira se perderam.

Magníficos artefatos em pedra: evidência de uma cultura preexistente

Dos tempos pré-dinásticos até o Antigo Império, existem evidências de que os antigos egípcios possuíam uma tecnologia bem desenvolvida para o trabalho em pedra. A julgar pelos artefatos recuperados, os primeiros egípcios usavam brocas tubulares, serras (tanto braçais como circulares), e tornos para cortar e moldar a pedra em objetos de uso doméstico. Museus em todo o mundo exibem exemplos de utensílios em pedra dos primeiros egípcios, que testemunham das características sem-par de sua manufatura. São feitos de uma variedade de materiais, de pedras macias, como o alabastro, até a mais dura de que se tem conhecimento, o granito. Essas peças de museu constituem alguns dos artefatos mais belos já encontrados, e, ironicamente, pertencem a um período muito antigo da civilização egípcia. Muitos foram encontrados dentro e em volta da pirâmide escalonada de Djoser, em Saqqara.

Acredita-se que a pirâmide de pedra mais antiga do Egito seja a pirâmide escalonada de Djoser, construída durante a terceira dinastia, por volta de 2630 AEC, e que também foi a primeira no mundo. Aparentemente, também é o único lugar onde utensílios domésticos desse tipo foram encontrados em quantidade, embora *sir* Flinders Petrie, um pesquisador do final do século XIX, tenha descoberto fragmentos de tigelas similares em Gizé. Muitas dessas peças em pedra contêm inscrições com símbolos dos primeiros soberanos da era pré-dinástica. Alguns defendem a tese de que é improvável que aqueles que fabricaram as tigelas sejam também os responsáveis pelos sinais, devido ao estilo primitivo das inscrições. É possível que os egípcios pré-dinásticos tenham obtido as peças algum tempo depois de elas terem sido confeccionadas e, então, marcado-as com seu sinal de propriedade.

No centro das tigelas abertas e dos pratos, no ponto onde o ângulo de corte muda rapidamente, pode-se ver uma linha circular nítida, estreita e perfeitamente circular, deixada pelo torno (no qual o objeto é preso entre dois eixos revolventes, de maneira que a redução do material acontece por igual em todos os lados). Pedras macias são relativamente fáceis de trabalhar e podem ser moldadas com ferramentas simples e abrasivos; entretanto, o grau de precisão empregado na manufatura desses itens rivaliza com a indústria do século XX. Vasos delicados, feitos de pedras quebradiças, como o xisto, eram acabados, torneados e polidos ao ponto de adquirir bordas finas como papel e sem imperfeições. Uma tigela de aproximadamente 22 cm, ocada por uma abertura de 7,5 cm em seu topo, foi tão bem torneada que se equilibra perfeitamente sobre a extremidade arredondada do seu fundo. Essa extremidade é do tamanho da ponta arredondada de um ovo, o que requer uma espessura simétrica das paredes, sem qualquer erro substancial.

Objetos elegantes feitos em granito indicam não só o alto grau de destreza atingido, mas, talvez, também um avançado nível de tecnologia. Peças feitas de miolos de granito, de rocha porfírica ou de basalto, eram ocadas por aberturas estreitas e de bordas alargadas, e algumas possuem um longo pescoço.

Sir Flinders Petrie, em seu livro de 1883, *The Pyramids and Temples of Gizeh*, sugere que o torno era um instrumento tão habitual na quarta dinastia quanto é hoje nas modernas oficinas. Tigelas e vasos em diorito, do Antigo Império, em geral apresentam grande habilidade técnica e foram, provavelmente, moldados em tornos. Uma peça encontrada por Petrie em Gizé atesta que o método empregado para remoção de material de fato era o torno, e não o processo de trituração. A tigela deslocou-se do seu eixo central e foi centralizada novamente de maneira imperfeita. O torneado anterior não foi completamente retrabalhado, de modo que há duas superfícies resultantes de eixos diferentes, que se encontram numa saliência. O processo de trituração, ou o de abrasão, não produziria essa aparência.

Outro detalhe interessante, observável no fragmento número 15, encontrado por Petrie, é a circunferência esférica da tigela. Para se conseguir esse efeito, a tigela deve ter sido cortada por uma ferramenta que varria um arco a partir de um centro fixo, enquanto a tigela girava. O centro, ou base, da ferramenta estava no eixo do torno, para criar a superfície geral da tigela, até o seu limite. Entretanto, como se desejava uma borda no produto final, o centro da ferramenta foi deslocado exatamente com o mesmo raio do seu arco e um novo corte foi feito para criar uma borda na tigela. Segundo Petrie, isso não era um resultado do acaso. A exata circularidade das curvas, sua uniformidade, e a saliência deixada onde elas se encontram são prova da precisão da manufatura. A peça não foi arredondada, como certamente haveria de ser o caso se houvesse sido feita à mão. É uma prova física do método rigidamente mecânico de trabalhar as curvas.

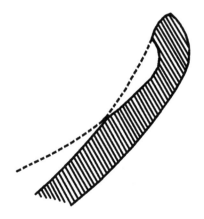

FIGURA 4.1. ESBOÇO DO FRAGMENTO Nº 15 DE PETRIE

Brocas tubulares

Os artesãos do Egito Antigo também usavam brocas para perfurar orifícios. Uma broca tubular é um cilindro oco com dentes em uma das extremidades. Ela funciona com base no mesmo princípio de um desmiolador de maçã:

pressionando-a contra um material sólido e girando-a, um miolo cilíndrico era recortado através do objeto pelos dentes da broca e, então, removido. Brocas tubulares variavam em espessura de 0,60 a 12,5 centímetros de diâmetro, e de 0,08 a 0,5 centímetros de espessura.[2] Um orifício de 5 centímetros foi o menor encontrado em granito, embora exemplos maiores existam. Em El Bersheh, uma plataforma de rocha calcária foi desbastada (modelada da forma desejada) com retirada de material efetuada por brocas tubulares de 45 cm³. Segundo Petrie, os sulcos circulares que ocasionalmente se intersectam provam que isso foi feito apenas para remover a rocha. Em 1996, uma peça de granito com sulcos espirais em suas porções visíveis foi exposta no Museu do Cairo. Os sulcos apareciam com espaçamento e profundidade uniformes, sinal óbvio de que foram produzidos por uma broca tubular. Eles não seriam tão consistentes se houvessem sido feitos por pasta abrasiva (uma mistura de areia fina e água que desgastava o material – por exemplo, composto de fricção para remover ligeiros arranhados em um revestimento).

Uma broca tubular também foi usada para escavar o sarcófago na câmara do rei da Grande Pirâmide. A despeito do polimento no produto acabado, marcas de brocas tubulares foram deixadas no topo, do lado de dentro do sarcófago em seu lado leste. A julgar pelo raio do corte, menor que 5 cm, os pedreiros fizeram numerosos orifícios, cada qual com vários centímetros de profundidade.

Perto da Esfinge, nos lintéis sobre as portas do Vale do Templo, uma broca tubular foi usada para perfurar o granito. Evidências de brocas tubulares ainda são visíveis na maior parte das entradas do templo. Uma teoria é que esses furos eram usados para segurar no lugar eixos verticais que giravam e funcionavam como dobradiças de portas.

A broca tubular é um método especializado que provavelmente não teria sido desenvolvido sem a necessidade de orifícios grandes. Além disso, fabricar uma broca forte o suficiente para perfurar granito não é uma tarefa simples nem primitiva. Petrie acreditava que, para criar uma ferramenta capaz de remover rocha dura, as brocas tubulares de bronze eram equipadas com pontas de pedras preciosas. É claro que isso indica que mineração, metalurgia e confecção de brocas, para não falar em gerações de experiência com materiais abrasivos e técnicas de fabricação rotatórias, devem ter ocorrido muito tempo antes das estruturas no planalto de Gizé terem sido erigidas.

Serras de pedra

Os antigos egípcios também usavam serras de pedra. Um exemplo disso está em Gizé, onde blocos de basalto foram cortados para serem usados como pedras de pavimentação. Evidências desse uso podem ser observadas no lado leste da Grande Pirâmide. Pedras de pavimentação foram colocadas sobre blocos de calcário, que eram ajustados previamente à rocha-mãe subjacente. Aparentemente, os blocos foram nivelados depois de terem sido colocados no solo. Eram irregulares em espessura e, algumas vezes, arredondados na face inferior. Olhando de perto um corte abandonado, onde o trabalhador começou a cortar no lugar errado, vê-se que o corte é bem definido e paralelo à superfície (veja figura 4.2 na p. 90). A qualidade dessa incisão requer que a lâmina seja segurada firmemente enquanto o corte é efetuado. Existem vários outros pontos onde "cortes extras" como esse são visíveis. Cerca de 9 metros a norte desses blocos, há vários outros com cortes quase idênticos.

Em outra área próxima, há longos cortes de serra em rocha muito dura. Na maioria dos casos, os cortes são consistentes, lisos e paralelos. Não há sinal de "vacilação da lâmina", que acontece quando uma serra longa e manual começa a cortar um material duro. Uma possibilidade é que a lâmina era mantida no lugar firmemente pela rocha sobre ela. O sarcófago na câmara do rei da Grande Pirâmide foi cortado com uma serra bem grande, medindo, talvez, 2,4 ou 2,7 m. Marcas deixadas pelo seu uso foram descobertas e descritas por Petrie. Ele também descreveu um erro de corte perceptível. A serra trabalhou fora da marca vários centímetros antes que os operários notassem e removessem a serra. Uma marca esverdeada nos lados do corte, bem como grãos de areia deixados no sulco, indicam que as serras eram feitas de bronze.[4]

Petrie estudou numerosos exemplos de alvenaria em pedra. Entre os itens mais incomuns estava o artefato nº 6, um pedaço de diorito ostentando sulcos de arcos circulares, regulares e equidistantes, e paralelos um ao outro. Embora os sulcos estivessem quase que completamente apagados por polimento abrasivo, ainda eram levemente perceptíveis. De acordo com Petrie, a única explicação viável para isso é que eles tenham sido produzidos por uma serra circular.

O corte de materiais duros pelo uso de substância macia, como cobre, madeira e chifre, com um pó duro aplicado a ela, tem sido um método comum ao longo da história. Bastões preparados dessa maneira eram usados para desbastar a rocha, quando esfregados sobre sua superfície. Na falta de uma explicação melhor, muitos presumem que os egípcios empregassem esse método. Mas, embora ele fosse suficiente para o alabastro e outras rochas macias, Petrie argumenta que os primeiros egípcios não usaram essa técnica com rochas mais duras. Sugere que o corte e a modelação da rocha dura

Figura 4.2. Em cima: blocos de pedra de Gizé; embaixo: detalhe das marcas de serra

como o granito, o diorito, o basalto etc., eram feitos com ferramentas de bronze, dotadas de pontas cortantes, bem mais duras do que o quartzo com o qual se trabalhava. O material dessas pontas ainda é indeterminado; mas apenas cinco substâncias são possíveis: berilo, topázio, crisoberilo, corindo ou safira, e o diamante. O caráter do trabalho certamente parece apontar para o diamante como a joia de corte; e somente as considerações de sua raridade em geral e sua ausência no Egito interferem com essa conclusão, o que faz com que o material mais provável seja o duro corindo não cristalizado.[5]

Em suas observações a respeito dos métodos mecânicos dos egípcios, Petrie concluiu que eles eram familiarizados com joia de corte muito mais dura que o quartzo, e usavam essa joia como um buril afiado. Das tigelas de diorito com inscrições da quarta dinastia, das quais ele encontrou fragmentos em Gizé, às marcas no granito polido da era ptolomaica, em San, Petrie não tinha dúvida de que os confeccionadores desses objetos usaram serras e brocas complexas. Os hieróglifos eram gravados com uma ferramenta de corte preciso. Não raspados ou triturados, mas entalhados com contornos bem definidos. O fato de que algumas linhas tinham apenas 0,016 centímetro de largura é evidência de que a ponta da ferramenta devia ser muito mais dura do que o quartzo e rija o bastante para não lascar as bordas de um sulco de apenas 0,0125 centímetro de largura. Petrie e sua equipe não hesitaram em aceitar que as linhas que eram entalhadas na rocha dura foram conseguidas com ferramentas de ponta de pedras preciosas.

Figura 4.3. Artefato Nº 6 de Petrie

Além disso, os cortes de serra nas superfícies de diorito, com espessuras que chegam a 0,025 centímetro, são mais prováveis de terem sido produzidos por pontas de pedras preciosas afixadas em uma serra do que por fricção de um pó solto. Os profundos sulcos são quase sempre regulares, uniformes em profundidade e equidistantes. Embora nenhuma lâmina com ponta de pedras preciosas tenha sido encontrada até hoje, os cortes de serra nessas superfícies constituem evidência quase irrefutável de que os egípcios usavam serras com pontas de pedras preciosas.

Os olhos dos faraós

As técnicas sofisticadas não se limitavam aos artefatos de pedra. Outros trabalhos de precisão e brilhantismo artístico também eram realizados nos preparativos para funerais. Todos conhecem o modo extravagante com que os egípcios sepultavam os mortos, com provisões para a vida após a morte. Entre os bens dos túmulos se incluíam também estátuas, esculpidas para representar com realismo as pessoas que honravam. Algumas dessas estátuas possuíam olhos realmente notáveis, confeccionados de tal modo que parecem seguir o observador que passa diante delas. Exemplos dessas estátuas, da quarta e da quinta dinastias (2575-2323 AEC), estão expostos no Louvre, em Paris, e no Museu Egípcio, no Cairo.

Uma outra estátua ostentando esses olhos de estilo incomparável, a estátua Ka* do faraó Auib-rê Hor, apareceu na décima terceira dinastia do Médio Império, entre 1750 a 1700 AEC. Outras estátuas foram descobertas em mastabas em Saqqara. Do mesmo modo que a produção dos inigualáveis artefatos em pedra, a manufatura desses olhos mágicos desapareceu da civilização egípcia depois da décima terceira dinastia.[6]

Durante o final dos anos de 1990, Jay Enoch, da Escola de Optometria da Universidade da Califórnia, em Berkeley, e Vasudevan Lakshminarayanan, da Escola de Optometria da Universidade do Missouri, em St. Louis, recriaram os atributos óticos desses "olhos de faraó", para compreender melhor suas propriedades únicas. Para comparação, e para estimar o sucesso do seu trabalho, eles fotografaram o "escriba sentado", uma estátua descoberta em Saqqara e datada de 2475 AEC, em exposição no Louvre.

Enoch e Lakshminarayanan observaram que a área frontal dos olhos era composta de um tipo muito duro de cristal de quartzo adaptada a uma córnea plana de excelente qualidade ótica. A íris era pintada para parecer com a íris humana viva. No centro, na parte de trás da lente da córnea, uma pequena e côncava curvatura era perfurada com broca ou raspada para corresponder à abertura da pupila do olho humano. Isso formava uma lente côncava de alto poder de refração negativa. As superfícies frontais da córnea possuíam poder de refração positiva, mas muito mais fraca do que o elemento do fundo. Uma resina era usada para unir a lente à parte branca do olho. O fundo da lente da córnea tinha duas zonas óticas. Uma era periférica e plana; a outra, uma pronunciada curvatura negativa. As duas eram centradas uma na outra. Ambas eram centradas na área frontal da superfície da córnea, que tinha uma curvatura convexa, ou positiva, possivelmente para formar um elemento multifocal.

Usando uma pilha de arruelas colocadas sobre papel branco, Enoch e Lakshminarayanan criaram um modelo de simulação da parte frontal dos

---

* Estátua que abrigava a alma do morto, segundo os antigos egípcios. (N. da T.)

Figura 4.4. O "escriba sentado" — de uma tumba da quinta dinastia em Saqqara

Figura 4.5. A estátua do Príncipe Rahotep, da quarta dinastia, é um exemplo característico dos olhos estilizados

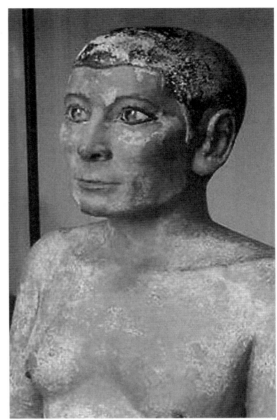

olhos. Sobre as arruelas, uma lente esférica de 20 dioptrias foi posicionada a 1,875 centímetro acima do orifício. À igual distância, foi suspensa acima disso uma lente esférica maior (26 dioptrias). As distâncias a partir do plano das arruelas para cada lente eram menores do que a distância focal de ambas as lentes. Então, se um observador girasse de 40 a 60 graus em qualquer direção em relação às lentes, os orifícios (pupilas) pareceriam deslocar-se junto com o observador. Nesse sentido, Enoch e Lakshminarayanan criaram um modelo que simulava a magia dos olhos dos faraós.[7]

Em seu modelo, eles observaram que o encurtamento no meridiano de rotação em torno do orifício das arruelas (a pupila do olho) era maior quando visto através de lentes côncavas mais potentes. Em outras palavras, se o observador se desloca para o lado, a abertura se torna mais elíptica na aparência, com a largura do orifício decrescendo na direção da rotação crescente. Eles também descobriram que esse efeito não era percebido perpendicularmente à direção da rotação pelo observador – o bem conhecido efeito cosseno. Segundo Enoch e Lakshminarayanan, o mesmo efeito de encurtamento é prontamente observado e fotografado nas estátuas egípcias.

De acordo com seus resultados, tanto a superfície frontal quanto a posterior das lentes egípcias contribuem para o movimento da pupila percebido enquanto o observador gira em torno da estátua. Além disso, o movimento será na mesma direção. Nesse sentido, a pupila parece acompanhar o movimento do observador e se torna progressivamente encurtada na direção do movimento do observador. Do mesmo modo que as estátuas egípcias, o movimento percebido causado pelo elemento posterior é mais significativo e diferente das qualidades prismáticas normais das lentes. O efeito combinado das duas lentes é maior do que o de cada uma das lentes sozinha.

Enoch e Lakshminarayanan concluíram que esse efeito ótico de "acompanhar" presente nos olhos das estátuas foi duplicado no laboratório e registrado, embora não muito bem exibido em suas fotografias (esse efeito, facilmente notado pelo observador, foi difícil de fotografar). Surpreendentemente, as antigas lentes egípcias eram de qualidade superior às das cópias. Em sua análise final, Enoch e Lakshminarayanan concluíram que, por causa da qualidade do desempenho e da complexidade do projeto, é altamente duvidoso que as lentes usadas para recriar a estrutura do olho nas antigas estátuas egípcias fossem as primeiras lentes criadas, a despeito do fato de terem 46 séculos de idade.[8]

O depoimento de um engenheiro mecânico perito

Aqueles de nós que não são engenheiros ou mecânicos só podem imaginar a dificuldade e a habilidade em planejar e construir os itens de alta precisão descritos. Christopher Dunn, um supervisor sênior na Danville Metal Stamping, em Illinois, tem estado às voltas com técnicas de construção e de produção por quase trinta anos e está bem qualificado para comentar sobre as dificuldades da precisão. A maior parte de sua carreira foi passada no trabalho com maquinaria que fabrica componentes de precisão para motores a jato, e incluía métodos não convencionais como processamento a *laser* e usinagem por descargas elétricas. Embora não seja egiptólogo, arqueólogo ou historiador, é fascinado pelas evidências deixadas para trás pelos egípcios. Ele visitou o Egito diversas vezes, estudou muitos dos artefatos desconcertantes, e chegou à conclusão de que existia um sistema de manufatura avançado no Egito Antigo. Segundo Dunn, há evidência de outros métodos de fabricação não convencionais, além de práticas mais sofisticadas no uso convencional da serra, do torno e da fresadora. Dunn diz: "Sem dúvida, alguns artefatos que Petrie estudou foram produzidos em tornos".[9] Também há evidências de marcas claramente definidas deixadas pelo torno em algumas tampas de sarcófago (caixão de pedra).

Dunn acredita que a Grande Pirâmide encabece uma longa lista de artefatos que foram malcompreendidos e mal-interpretados ao longo dos anos pelos arqueólogos. Eles desenvolveram teorias e métodos baseados numa coleção de ferramentas a partir das quais se esforçam para reproduzir até mesmo os mais simples aspectos do trabalho egípcio. Segundo Dunn, o Museu do Cairo contém evidências suficientes, se adequadamente analisadas, para provar que os antigos egípcios usavam métodos altamente sofisticados de fabricação, a despeito do fato de que essas ferramentas ainda não foram encontradas. A coleção do museu relativa ao Antigo Império (2650–2152 AEC) é repleta de vasos, tigelas, caixões com tampa e estátuas – cinzelados em xisto, diorito, granito e obsidiana – que desafiam respostas simples de como esses antigos escultores trabalhavam a dura rocha vulcânica com tamanha precisão. Por várias gerações, o foco concentrou-se na natureza das ferramentas de corte empregadas. Entretanto, enquanto ele estava no Egito, em fevereiro de 1995, Dunn descobriu evidências que levantam a seguinte questão: "o que guiava a ferramenta de corte?"[10]

O torno é o pai de todas as máquinas operatrizes que existem. Como foi discutido anteriormente, Petrie descobriu evidências que demonstravam não só que os tornos eram usados, mas também que eles desempenhavam tarefas consideradas impossíveis sem o emprego de técnicas altamente especializadas, como cortar raios esféricos côncavos e convexos sem lascar o material.

De acordo com a teoria tradicional, os antigos egípcios usavam ferramentas de cobre forjado nas pedreiras e no cinzelamento. Tendo trabalhado com cobre em muitas ocasiões, inclusive com cobre forjado, Dunn acha essa ideia ridícula. É certo que o cobre pode se tornar mais resistente ao ser golpeado repetidamente ou até ao ser curvado. Entretanto, depois de uma dureza específica ser alcançada, o cobre começa a rachar e a se partir. É por isso que quando se está trabalhando com cobre, ele deve ser periodicamente recozido ou amaciado, para mantê-lo coeso. Entretanto, a despeito da dureza da força do cobre forjado, ele não é capaz de cortar granito. A liga de cobre mais resistente que existe é a cobre-berílio. Não há evidências que sugiram que os antigos egípcios a possuíssem. Se o fizeram, ainda assim ela não seria dura o suficiente para cortar granito. De acordo com os historiadores tradicionais, o cobre era o único metal disponível na época da construção da Grande Pirâmide. Consequentemente, segue-se que todo trabalho derivou da habilidade no uso desse metal básico. Dunn acredita que há algo mais por trás dessa história, e que pode ser errado supor que o cobre era o único metal à disposição dos antigos egípcios. Um fato pouco conhecido a respeito dos construtores das pirâmides é que eles também trabalhavam com ferro. De acordo com *Giza: The Truth*, de Ian Lawton e Chris Ogilvie-Herald, em 1837, durante as escavações de Howard Vyse, uma chapa de ferro, de 30 por 10 centímetros e cerca de 0,30 centímetro de espessura, foi descoberta presa no cimento num dos poços que conduzem à câmara do rei. A chapa de ferro estava enfiada tão fundo na alvenaria que precisou ser removida pela detonação de duas camadas mais superficiais de pedra. Depois da remoção, ela foi despachada para o Museu Britânico junto com certificados de autenticidade.

Ferramentas primitivas descobertas em escavações arqueológicas são consideradas contemporâneas dos artefatos encontrados. Contudo, durante esse período da história do Egito, esses artefatos foram produzidos em abundante quantidade, sendo que nenhuma ferramenta que pudesse explicar sua criação sobreviveu. Segundo Dunn, as ferramentas encontradas não podem ser explicadas em simples termos e não representam inteiramente o "estado de arte" evidente nos objetos. As ferramentas exibidas pelos egiptólogos como instrumentos para a criação de muitos desses incríveis artefatos são fisicamente incapazes de reproduzi-los. Depois de ter visto essas maravilhas da engenharia, e, então, ser-lhe mostrada uma coleção trivial de ferramentas de cobre no Museu do Cairo, Dunn ficou estupefato e frustrado.[11]

Os caixões de granito de Serapeum

A nordeste da pirâmide escalonada de Djoser, em Saqqara, há uma galeria de túmulos construídos em um túnel escavado na rocha, dedicada ao touro Ápis. O geógrafo grego Estrabão (63 AEC – 22 EC) escreveu, depois de visitar o Egito, que os touros Ápis eram enterrados numa câmara subterrânea, chamada Serapeum, no final de uma alameda pavimentada ladeada por 140 esfinges de pedra. O local está constantemente sendo enterrado pela areia levada pelo vento e era de difícil acesso mesmo na época de Estrabão. Durante séculos, esses túmulos estiveram perdidos; então, em 1850, um francês de 29 anos, Auguste Mariette, encontrou a cabeça e as patas de uma esfinge de pedra projetando-se da areia.

FIGURA 4.6. CAIXÃO DE GRANITO DO SERAPEUM

No interior do Serapeum, câmaras com tetos de quase 7,5 metros de altura e pisos 1,5 metro mais baixos do que o piso principal foram escavados em ambos os lados do corredor principal. Essas salas abertas eram o local em que os maciços sarcófagos para os touros Ápis antigamente ficavam. Cada sarcófago era esculpido de um único bloco de granito, e cada tampa pesava muitas toneladas. Vários desses sarcófagos ainda existem dentro do Serapeum.

Em 1995, Dunn, munido com uma régua de marceneiro de altíssima precisão, inspecionou as faces interna e externa de dois sarcófagos. A tampa de 27 toneladas de um dos sarcófagos, e a superfície interna do caixão de granito em que ela se apoiava, tinham uma precisão de 0,000125 centímetro. Ele também verificou que os cantos tinham a precisão de 0,39 cm.[12] Segundo Dunn, reproduzir a precisão dos caixões de granito de Serapeum seria extremamente difícil mesmo hoje em dia. As superfícies lisas, perfeitamente planas e os cantos que se ajustavam sem folga deixaram-no pasmo. O caixão de granito encontrado na Grande Pirâmide tem as mesmas características que os de Serapeum. Entretanto, esses caixões pertencem à décima oitava dinastia, mais de mil anos depois do que se supõe ser o declínio da alvenaria em pedra no Egito. Uma vez que sua datação é baseada nos utensílios encontrados por perto e não nos próprios caixões, Dunn acredita que seja razoável especular que os caixões não foram corretamente datados. A forma como a pedra foi trabalhada neles deixou marcas de um método de fabricação cuidadoso e notável. Isso é inequívoco e irrefutável. Ele acredita que os artefatos que mediu no Egito "são a 'prova do crime', a evidência irrefutável de que existiu uma civilização no Egito Antigo mais desenvolvida do que a que nos é ensinada. Essa evidência encontra-se talhada na pedra".[13]

Teoria e evidência

A análise de Petrie das técnicas de alvenaria em pedra há mais de um século, assim como a de Dunn, mais recentemente, oferece uma explicação de como os antigos egípcios trabalhavam a pedra na construção dos seus templos, pirâmides e outros objetos. Brocas tubulares, serras, ponteiras de precisão e o maquinário necessário para firmá-las e imprimir o torque rotacional deu-lhes os meios para alcançar tais resultados. Eles também tinham tornos, que lhes possibilitava girar e polir granito, xisto e basalto, e cortar junções paralelas exatas no calcário, com notável nivelamento sobre grandes superfícies, aparentemente uma técnica dominada antes do revestimento da Grande Pirâmide. Ainda mais misterioso, eles tinham conhecimento e tecnologia para levantar, manobrar e posicionar delicadamente enormes blocos de pedra pesando muitas toneladas, e também os meios para extrair milhões de blocos das pedreiras e deslocá-los durante um longo período de tempo.

Para conseguir isso, era necessário que fossem também bem organizados, motivados e possuíssem riqueza e capacidade administrativa. O desenvolvimento de Gizé foi um projeto público gigantesco e multigeracional, que foi o maior, mais ambicioso e mais longo programa de construção na história da humanidade. O grandioso projeto incluiu todas as facetas da engenharia civil, da arquitetura, do levantamento topográfico, dos recursos humanos e da gerência de materiais. Teriam de ter, também, uma liderança tão eficaz que fosse capaz de sustentar o empreendimento de um programa tão imenso, e todos os sacrifícios pessoais exigidos.

A eterna questão para muitos, inclusive eu mesmo, é: os egípcios tiveram ou não ajuda na infância de sua civilização? Os egiptólogos tradicionais sustentam que eles não tiveram, que as tribos primitivas, fugindo da hostilidade do Deserto do Saara e de suas avassaladoras areias, deslocaram-se para o vale do Nilo, organizaram-se e inventaram todas as ferramentas, as técnicas e filosofias da civilização egípcia. No entanto, parece improvável que tribos primitivas pudessem fazer tanto no espaço de 1.000 anos. Não obstante, na falta de outros indícios de conhecimento sofisticado, essa abordagem invencionista da civilização egípcia perdurou. Entretanto, existe um sítio arqueológico incomum a 160 km a oeste do Nilo – Nabta Playa – com evidências que contestam profundamente essa conclusão.

Astronomia pré-histórica no Saara

O oeste do Saara era inabitável durante a última parte da era glacial (10 mil a 20 mil anos atrás). Mas, à medida que o gelo derretia, mudanças climáticas ocasionaram um reflorescimento da vida nessa terra árida. As chuvas de verão se deslocaram da parte central do continente para o Egito. Em consequência, numerosos lagos sazonais, ou playas, foram formados. Um desses lagos, conhecido como Nabta, um dos maiores no sul do Egito, se tornou o ponto focal de uma cultura desconhecida que teve início há 10 mil anos. Pastores, junto com seu gado, rumavam para a área de Nabta durante o verão à procura de pastagens verdejantes. Vivendo como nômades, iam embora no inverno, mas retornavam a Nabta no verão seguinte.

Em 1973, enquanto viajavam através do Deserto do Saara, a partir de Bir Saara, a leste de Abul Simbel, os arqueólogos Fred Wendorf e Romuald Schild decidiram parar para descansar. A 160 km a oeste do vale do Nilo, descobriram a grande bacia de um antigo lago com centenas de acampamentos da Idade da Pedra. Entre os achados estavam túmulos que incluíam oferendas de gado imolado, cabras e ovelhas, assim como grupos de estruturas megalíticas e alinhamentos de pedras eretas. Devido à natureza óbvia desses túmulos, ou sepulturas ancestrais, eles chamaram a bacia de Vale dos Sacrifícios. Contudo, a importância desses megálitos não seria reconhecida por quase vinte anos. Em 1992, Wendorf e Schild começaram a perceber que os megálitos de Nabta e as estelas (pedra vertical monolítica usada tipicamente como marco de sepulturas) desempenhavam um papel na vida espiritual e religiosa dos habitantes do sudoeste do deserto egípcio tanto tempo atrás.

Seis grupos de pedras, distribuídos pela antiga bacia, contêm um total de 24 megálitos. Como os raios em uma roda, cada alinhamento parte de uma única e complexa estrutura. Surpreendentemente, esses megálitos se estendem por 2.500 metros no sentido norte-sul. Ao norte, há dez túmulos preservados, feitos de blocos partidos de arenito, ao longo da margem oeste de um uádi raso. Esse grupo setentrional de megálitos termina num pequeno círculo de pedras no alto de um monte arredondado. Esse círculo de pedras foi identificado como um calendário. Ele contém duas linhas de visão demarcadas por pares de lajes estreitas e verticais posicionadas de modo a assinalar o norte e o ponto onde o sol nascia no solstício de verão, que era o início da estação das chuvas há 6 mil anos.

De acordo com Wendorf e Schild, essa data astronômica – o solstício de verão, 4000 AEC – corresponde à época em que o dispositivo foi usado pela última vez. As datas e os artefatos arqueológicos atribuídos ao sítio indicam que o povo Ru'at El Baqar, pastores de gado da Idade da Pedra que viviam na região há 7 mil anos, ergueu os túmulos do Vale dos Sacrifícios. Na África, é o mais antigo centro cerimonial conhecido e marca o início das sociedades complexas.[14]

FIGURA 4.7. CALENDÁRIO CIRCULAR EM NABTA PLAYA

Ao sul do vale há uma colina baixa e alongada com duas elevações menores paralelas a ela. Na colina mais ao norte, um alinhamento de 600 metros de megálitos de arenito, que originalmente estavam dispostos na vertical, alguns dos quais pesando várias toneladas, hoje em dia parece um aglomerado de rochas partidas. O professor de astronomia da Universidade do Colorado, John McKim Malville, estabeleceu que a fileira de megálitos era, na verdade, composta de três subfileiras que miravam o ponto em que a estrela mais brilhante do Grande Carro*, Ursa Maior, nascia entre 6.700 e 6.000 anos atrás. Na área sul da primeira fileira, várias outras fileiras de pedras verticais foram reconhecidas e mapeadas. A primeira é um alinhamento duplo de blocos de pedra, com 250 metros de comprimento, mirando o ponto em que a estrela mais brilhante no cinturão de Órion nascia entre 6.170 e 5.800 anos atrás.[15]

Passando o longo alinhamento de pedras há mais dois conjuntos de aglomerados, compostos por blocos de arenito, tanto inteiros como quebrados, de vários tamanhos. Alguns pesam várias toneladas. Foram dispostos sobre duas elevações planas de argila. Na extremidade sul do maior conjunto há uma grande pedreira de arenito de onde os blocos eram extraídos do solo.

FIGURA 4.8. ESTRUTURA COMPLEXA A, A "VACA ESCULPIDA"

---

* A constelação da Ursa Maior contém sete estrelas dispostas numa formação que lembra uma panela ou caneca, conhecidas como o carro ou o Grande Carro (em inglês, "Big Dipper"). (N. da T.)

Originalmente, Wendorf e Schild acreditavam que tinham encontrado túmulos gigantescos e inviolados. Entretanto, poucos anos depois, eles abriram três dos supostos túmulos e não encontraram quase nada. O interessante é que todos os três revelaram enormes poços escavados na argila subjacente. Isso levou à descoberta de uma rocha de arenito em formato de cogumelo modelada pelos ventos do deserto muito tempo antes do depósito dos sedimentos de argila. A rocha fora levemente esculpida para formar uma misteriosa e grosseira protuberância em seu lado norte. Depois, o poço foi preenchido com sua argila original. Um pedaço de carvão vegetal encontrado em um dos poços foi datado por radiocarbono em 5.600 anos.[16]

Localizado no centro de uma pequena colina, o maior agrupamento de megálitos continha o que Wendorf e Schild chamam um "tesouro".[17] Um grande bloco de arenito pesando mais do que uma tonelada e que fora levemente moldado e polido. Seu aspecto geral lembra muito vagamente uma vaca. Essa incomum estrutura central, designada Estrutura Complexa A, parece formar o ponto de partida dos alinhamentos, com seu longo eixo apontando para o norte. Eles encontraram essa "vaca esculpida" enterrada 1,82 metro abaixo do solo e bloqueada no lugar por duas lajes menores. Em 1997, Wendorf e Schild usaram medições por teodolito e GPS diferencial* para mapear os megálitos. Eles também descobriram outros dois alinhamentos de megálitos que irradiavam das cercanias da Estrutura A.[18]

Um círculo de pequenas lajes verticais, medindo 3,6 metros de diâmetro, continha quatro conjuntos de megálitos, que podem ter sido usados para posicionar a linha de visão ao longo do horizonte. Eles estimaram que o azimute para os primeiros raios de sol do solstício de verão há 6.000 anos teria sido 63.2 graus. Isso significa que o sol devia se levantar através das fendas formadas pelos megálitos. Além disso, devido à proximidade de Nabta do Trópico de Câncer, o nascer do sol deve ter tido uma importância adicional. Cerca de três semanas antes e depois do solstício, o sol cruza o zênite e não produz sombras, o que sempre foi considerado um acontecimento significativo.[19]

Wendorf e Schild concluíram que a riqueza simbólica e a consciência espacial vista no complexo de Nabta podem ter se desenvolvido a partir da adaptação dos povos nômades à pressão da vida no rude ambiente do deserto. O complexo cerimonial deve ser pelo menos tão antigo quanto o início das

---

* Differential Global Positioning System (DGPS) [sistema de navegação mundial diferencial] é uma melhoria no GPS, e usa uma rede de estações de referência fixas e terrestres para transmitir a diferença entre as posições indicadas pelos sistemas de satélites e as posições fixas conhecidas. (N. da T.)

condições extremamente áridas, 4.800 anos atrás. Isso situa a construção de Nabta antes da maioria dos sítios megalíticos da Grã-Bretanha, da Bretanha e outras partes da Europa. Cerca de 500 anos depois do abandono da região de Nabta Playa pelo povo que ergueu os megálitos, a pirâmide de degraus de Saqqara foi construída (aproximadamente em 2650 AEC). Wendorf e Schild acreditam que o êxodo, há 5 mil anos, de Nabta Playa e do Deserto da Núbia pode ter acelerado o desenvolvimento da cultura pré-dinástica egípcia. Quando esses grupos nômades chegaram ao vale do Nilo, eram mais organizados do que os nativos do vale e possuíam uma cosmologia mais complexa do que os habitantes que encontraram.[20]

Alguns eruditos acreditam que Wendorf esteja forçando um padrão nessas pedras sem evidência suficiente e argumentam que o sítio precisa ser mais estudado. Eles alegam que, embora as ideias de Wendorf sejam interessantes, carecem de um contexto cultural, e deveriam ser mantidas no nível de especulação. Outros sítios no Deserto da Arábia, como El Badari, que também datam de um período em torno de 5000 AEC, não contêm estruturas megalíticas alinhadas. O complexo de pedra de Nabta Playa é anômalo e misterioso. Entretanto, no final dos anos 1990, um astrofísico da Universidade do Colorado decidiu investigá-lo mais a fundo.

Um mapa celeste "fácil de usar"

A pesquisa em andamento e o ineditismo da história de Nabta Playa viraram notícia de primeira página dentro da comunidade científica e atraíram o interesse do dr. Thomas G. Brophy, antigo pesquisador associado ao Laboratório de Física Espacial e Atmosférica da Universidade do Colorado e um veterano dos programas espaciais dos EUA e do Japão, inclusive do projeto Voyager da NASA. Brophy se correspondeu com o dr. Wendorf e visitou Nabta Playa para investigá-la pessoalmente. Em 2002, ele publicou suas conclusões em um livro intitulado *The Origin Map*.

Para que possamos apreender corretamente a importância dos seus resultados é necessário uma compreensão básica do fenômeno conhecido como a precessão dos equinócios. Em um período de aproximadamente 25.900 anos, o eixo de rotação da Terra varia entre um ângulo de 20.4 e 26.2 graus. Essa lenta alteração angular do eixo da Terra provoca a aparente mudança de posição das estrelas com o passar do tempo. Atualmente, Polaris é referida como Estrela Polar porque permanece estacionária sobre o Polo Norte, e todas as outras estrelas parecem se mover em torno da Terra. Em 3000 AEC, a Estrela Polar era Thuban, e, daqui a 2 mil anos, será Alrai.

Essa lenta alteração angular do eixo da Terra também faz com que as constelações do zodíaco mudem sua posição no céu à noite em relação ao equinócio vernal (primavera). Conhecido como precessão, esse fenômeno faz com que as constelações do zodíaco aparentem estar se movendo para trás à medida que a flecha do tempo avança para a frente, mudando para a próxima constelação aproximadamente a cada 2.150 anos. Em nossa época, a cada 21 de abril o sol nasce na constelação de Peixes. Dentro de algumas centenas de anos ele nascerá nessa data na constelação de Aquário. Antes da Era Comum, entre 2000 AEC e 1 EC, o sol nascia em 21 de abril na constelação de Áries. Depois de 25.900 anos, cada constelação do zodíaco terá tido a sua vez no posicionamento a leste do céu o nascer do sol no equinócio.

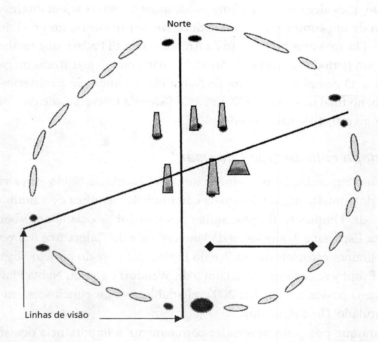

FIGURA 4.9. MEGÁLITOS DO CALENDÁRIO CIRCULAR (*The Origin Map*, DE THOMAS BROPHY)

O que Brophy descobriu foi que o calendário circular de Nabta Playa era mais do que um calendário (veja figura 4.9). Também era um mapa celeste. Três das seis pedras no centro do círculo reproduzem as estrelas do cinturão de Órion como apareciam no meridiano no solstício de verão, entre 6400 e 4900 AEC. Em outras palavras, se uma pessoa ficasse de pé na extremidade

104

norte da linha de visão meridiana e olhasse para o diagrama de pedra, poderia ver a representação do cinturão de Órion como este aparecia no céu imediatamente antes do nascer do sol.[21] Durante o ano de 6400 AEC, o cinturão de Órion movia-se ao longo do meridiano 50 minutos antes do nascer do sol no solstício de verão, e então desaparecia na claridade da aurora que precede o alvorecer – a primeira e única vez que isso ocorreu precisamente no solstício de verão em Nabta Playa. Entretanto, depois de 4900 AEC, a constelação de Órion aparecia no céu no meridiano ao pôr do sol, pondo um fim à aplicabilidade do diagrama de pedra.

Em termos precisos, a culminação helíaca no solstício de verão em 6400 AEC marca o início da relevância do diagrama, e a culminação acrônica no solstício de inverno, seu fim. Em outras palavras, ele era um ponto de referência válido ao primeiro aparecimento do ano de Órion, imediatamente antes do nascer do sol, quando a constelação atingia sua maior altitude e passava o meridiano – a *culminação helíaca*. Sua relevância acabou quando sua última aparição do ano era depois do pôr do sol – a *culminação acrônica*.[22]

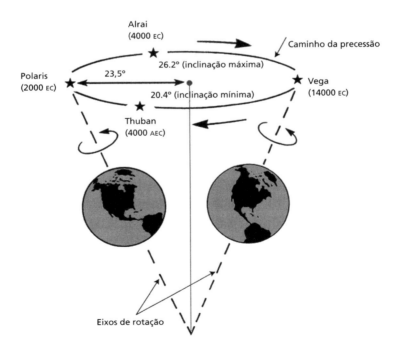

FIGURA 4.10. PRECESSÃO DOS EQUINÓCIOS (CORTESIA DE DOROTHY NORTON)

As outras três pedras mapeavam a cabeça de Órion e os ombros, como apareciam no meridiano do solstício de verão, ao pôr do sol, durante os anos por volta de 16500 AEC – simetricamente opostas às estrelas do cinturão de Órion em 5000 AEC. Segundo Brophy, as duas datas correspondem ao ângulo de inclinação máxima e mínima de Órion no céu. Ou seja, o diagrama de pedra descreve a época, a posição e o comportamento de inclinação da constelação de Órion através do ciclo celeste. Mais importante ainda, ele ilustra como entender visualmente o padrão das pedras.[23]

Brophy explica que, para o usuário intuitivo, as linhas de visão do meridiano e do solstício demonstram quando e onde olhar o céu. As pedras centrais mostram o que procurar. Assim, o usuário podia facilmente compreender como usar o diagrama, sem necessidade de um manual de instruções.

> Se um esperto observador do céu, pertencente a uma cultura estrangeira, deparasse com o calendário circular de Nabta, mesmo que não tivesse ideia alguma sobre a constelação de Órion, poderia, muito provavelmente, descobrir o significado do diagrama, contanto que estivesse lá durante sua janela de funcionalidade, de 6400 AEC a 4900 AEC.[24]

Uma vez que o "observador do céu" estabelecesse a conexão entre o cinturão de Órion e as três pedras centrais do lado norte, ele então poderia solucionar o significado das outras três pedras. Sem qualquer outro conjunto de três estrelas brilhantes que se ajustasse a elas, a cabeça e os ombros de Órion seria uma escolha óbvia. Entretanto, em 5000 AEC, o ângulo dessas estrelas inclinava-se na direção oposta à do mapa de pedras. Um observador do céu experiente reconheceria que a precessão desempenhava um papel na posição das estrelas e notaria que elas combinariam com as pedras no ângulo mais baixo. Uma relação particular entre essas estrelas foi indicada com as pedras. O cinturão de estrelas alcançou seu mínimo angular no céu no equinócio vernal em 4940 AEC, e os ombros alcançaram o máximo angular no equinócio de outono em 16500 AEC. Como Brophy explica, isso está representado no mapa de pedra:

> Assim, com a culminação helíaca do solstício de inverno e a culminação acrônica do solstício de verão, a cabeça e os ombros no diagrama de pedras são o oposto do diagrama do cinturão de Órion, e ambos são congruentes com as linhas de visão do solstício e do meridiano no calendário de pedra circular.[25]

Brophy também destaca que a maior pedra do círculo de pedras representa a estrela mais brilhante na constelação de Órion, Betelgeuse.

Em 16500 AEC, o diagrama estelar seria igualmente fácil de usar, bastando considerar a imagem oposta à visível em 5000 AEC. Mas como alguém que vivesse no ano de 5000 AEC poderia, sem a ajuda de um moderno computador para simular o céu em 16500 AEC, imaginar a outra metade do diagrama?

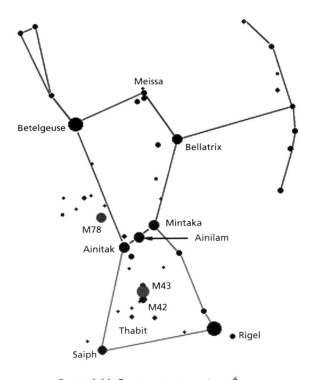

FIGURA 4.11. ESTRELAS DA CONSTELAÇÃO DE ÓRION

Uma possibilidade é a de que, uma vez que esses antigos residentes de Nabta Playa construíram alinhamentos de megálitos precisos e de longa distância na direção das estrelas nascentes, soubessem que a posição de uma estrela ao despontar no céu mudava ao longo do tempo. Já que possuíam a capacidade de assinalar o leste com uma precisão de 0,02 graus, é razoável concluir que eles tivessem consciência da precessão, mesmo a olho nu.[26] Embora a posição das estrelas mude muito lentamente ao longo do tempo, essa precessão estelar é observável no espaço de duração de uma vida humana. Embora difícil, não teria sido impossível para eles deduzir a máxima inclinação como está representada nas pedras. Fred Wendorf e outros têm afirmado a importância do zênite solar, e que os antigos seguiam o ângulo do nascer do sol ao longo do ano como indicado no círculo de pedra. Com esse conhecimento, não seria exagero supor que eram capazes de conceituar a inclinação de Órion a longo termo a partir do nascer do sol nos solstícios de verão e de inverno. Outra possibilidade é a de que observações astronômicas eram passadas de geração para geração por tradição cultural. Em consequência disso, as pessoas poderiam ter projetado o calendário circular em 5000 AEC e construído em seu modelo o conhecimento de precessão alcançado durante séculos.[27]

A metade leste do círculo do calendário de pedra é um semicírculo, mas a metade oeste não. Em vez disso, parece ter sido ajustada e calculada para combinar com as congruências de Órion. Em 4940 AEC, o ombro direito de Órion estaria no limite da janela da linha de visão do solstício. Naquela época, Órion estaria no meio de sua ascensão até a culminação norte. Teoricamente ampliado, casaria com o tamanho da figura no solo. Do mesmo modo, em 16500 AEC, seria a meio caminho em sua descida que, teoricamente diminuído, casaria com o tamanho da figura no solo. Assim sendo, segundo Brophy, é possível que as diferentes escalas da figura de Órion tenham significado.

Um aspecto que corrobora essa interpretação é que a posição de cada conjunto de três pedras dentro do círculo corresponde à altitude de suas estrelas no céu em suas respectivas datas de ajuste ao diagrama. Outra possibilidade é que elas marquem a constelação em seus extremos, os equinócios da primavera e do outono. Cada equinócio acontece a meio caminho entre a culminação norte e sul de uma estrela. Na metade circular da estrutura, foram colocadas doze pedras, que podem representar a divisão do zodíaco em doze eras e a divisão do ano em doze meses.[28]

Brophy conclui, e argumenta enfaticamente, que as três pedras do centro posicionadas mais ao norte representam o cinturão de Órion no solstício meridiano entre 6400 AEC e 4900 AEC. Ele também defende que as três pedras mais ao sul representam a cabeça e os ombros de Órion em 16500 AEC, a despeito do fato de que essa ideia é problemática para alguns estudiosos. A falta de evidência de atividade humana em Nabta Playa em 16500 AEC sugere que o círculo megalítico não seja tão antigo assim.

Se já não fosse estranho o bastante, há uma coincidência ainda mais estranha na análise de Brophy. Na época anterior, quando o cinturão de Órion estava em seu equinócio descendente, o eixo da Terra estava próximo de uma inclinação mínima, em torno de 22,5 graus. Essa, na verdade, é a latitude de Nabta Playa no ano de 31330 AEC, segundo o modelo dos polos celestes de Berger. Nessa época, o cinturão de Órion também combinaria com o diagrama de pedra, congruente no meridiano quinze minutos antes do nascer do sol no solstício de verão. Brophy não alega que os megálitos de Nabta Playa sejam tão antigos, mas a estranha coincidência do diagrama se repetir, e ser exato em uma época ainda mais remota, só tem a acrescentar à nossa apreciação do calendário de pedra e pode contribuir para nossa compreensão do seu projeto e uso enquanto reunimos mais dados.[29]

Numa investigação de 1998, Wendorf e Schild relataram que outras evidências sugerem atividade muito antiga em Nabta Playa. Por alguma razão desconhecida, os habitantes eram capazes de localizar e escavar "mesas rochosas" a quase dois metros abaixo da superfície, que seriam visíveis apenas num passado remoto, antes de serem cobertas por sedimentos. Também é possível que essas rochas enterradas fossem, de alguma maneira, previamente marcadas de uma forma parecida com que eram marcadas em 5000 AEC. Segundo Brophy, sendo ou não o diagrama de pedras de Nabta Playa o mais antigo círculo de pedras alinhado astronomicamente, é um dos mais elegantes e engenhosamente planejados. Além disso, em sua opinião como astrofísico, "o projeto desse diagrama estelar nas pedras do calendário circular é maravilhosamente simples e claro.[30] Mas o que é único em relação a Nabta Playa – e que a maioria dos outros alinhamentos megalíticos não consegue – é que ele representa mais de uma coordenada.

Um alinhamento megalítico simples representa tipicamente uma coordenada no céu. Em consequência, a qualquer momento várias estrelas irão nascer perto do marcador do alinhamento. Então, quando centenas ou milhares de anos nos separam da data em que o megálito foi erguido, diversas estrelas brilhantes terão passado por determinada declinação ao seguir seu curso pelo céu. Isso coloca em dúvida a validade de um determinado alinhamento. Essa é a razão pela qual alinhamentos estelares simples têm sido considerados incertos na arqueoastronomia rigorosa.

A adição de uma segunda coordenada, a ascensão reta na elevação helíaca do equinócio da primavera, remove essa incerteza no caso de Nabta Playa e abre-se espaço para falar de um mapa estelar bidimensional muito preciso. Segundo Brophy, é justamente isso que o complexo megalítico de Nabta é. Além do mais, cada alinhamento estelar é marcado com um alinhamento simultâneo em relação à estrela que assinala o norte, Vega, cujo uso é uma escolha lógica, já que é a estrela mais brilhante no norte.[31]

Uma carta astronômica em três dimensões

Um outro conjunto de pedras verticais foi montado a 500 metros ao sul do calendário circular. Com a precisão do mapa estelar de Nabta, Brophy se perguntou se os antigos astrônomos teriam deixado para trás mais informações a serem decifradas. Entretanto, já que as três pedras verticais estavam a distâncias tão longas e díspares do calendário de pedra, seu papel no mapa não era tão óbvio. Primeiro, ele considerou que as distâncias representassem o brilho das estrelas de Órion. Entretanto, Betelgeuse é mais brilhante do que as estrelas do cinturão, como também é o caso de Bellatrix, que brilha quase tanto quanto Ainilam. Assim, o brilho visual não se encaixava. O próximo passo lógico seria verificar se as distâncias no solo representavam a distância real no espaço, da Terra até as estrelas. Não era provável, mas só por diversão, Brophy procurou as distâncias astrofísicas da Terra a essas estrelas usando os dados do satélite Hipparcos,* da Agência Espacial Europeia. Brophy descobriu que uma das estrelas combinava com o padrão megalítico. Nesse caso, um metro era equivalente a 0,799 anos-luz.[32]

De acordo com as tabelas do Hipparcos, se a distância entre as rochas de pé e o círculo do calendário representa a distância entre as várias estrelas de Órion e a Terra, a pedra correspondente à estrela Meissa deveria ter sido posicionada mais longe. Entretanto, o que o alinhamento assinala é a cabeça de Órion – na verdade, várias estrelas – e não necessariamente a estrela Meissa. O megálito de Ainilam também está muito afastado, de acordo com a medição do Hipparcos, que, entretanto, é também a mais incerta. Sua distância real da Terra foi situada apenas dentro de largos parâmetros.

Brophy recalculou o diagrama com as distâncias de Ainilam, Ainitak e Mintaka empregando o erro padrão para seus valores medidos. Usando os erros do Hipparcos como referência, todas as três estrelas estavam, dentro de uma margem de erro padrão, enquadradas em seus megálitos correspondentes! "Isso é mais do que surpreendente", escreve Brophy, "já que as distâncias das estrelas são difíceis de medir e até pouco tempo atrás tinham medições equivocadas.[33] Se as distâncias não forem coincidência, e se representar essas distâncias tenha sido a intenção dos construtores dos megálitos de Nabta, então, muito do nosso conhecimento das civilizações pré-históricas precisa ser reconsiderado.

---

* Acrônimo para "High Precision Parallax Collecting Satellite". Satélite astrométrico dedicado a medir a distância e os movimentos próprios de mais de 2.5 milhões de estrelas. (N. da T.)

Segundo Brophy, se os megálitos do sul representam distâncias, era provável que os megálitos do norte representassem a velocidade com que as estrelas se afastam da Terra (chamada de velocidade radial) – se os construtores pensassem como astrofísicos. E pensavam. De acordo com os cálculos de Brophy, um metro em Nabta representa 0,0290 km/seg. As velocidades com que Betelgeuse e Bellatrix se afastam da Terra estão perfeitamente representadas por seus respectivos megálitos, e Ainilam está correta numa margem de 2 km/seg. Embora as estrelas Ainitak e Mintaka estejam se deslocando muito lentamente para seus megálitos marcadores, as medições da velocidade radial com relação a essas estrelas são consideradas incertas, e não há nenhum padrão de erro estimado para Ainitak.[34]

A velocidade com que Vega se afasta da Terra não combina com seu megálito marcador (a distância é muito curta), mas a distância está dentro da margem de erro padrão para a velocidade radial de Vega. Entretanto, essa estrela constitui um caso especial, porque está, na verdade, deslocando-se *em direção à* Terra, e no equinócio de outono, pode ser considerada consistente com os outros marcadores. Segundo Brophy, isso confere um grau ainda maior de importância ao mapa megalítico. Corrobora que os posicionamentos dos megálitos do norte correspondem, de fato, às velocidades.

Um mapa do sistema planetário?

Brophy continuou a examinar o sítio e notou que cada alinhamento continha uma pedra principal, provavelmente representando a estrela principal, mais outras pedras secundárias. A questão óbvia a ser considerada era se, dado os posicionamentos das pedras, os outros megálitos em cada linha representavam planetas ou estrelas binárias. Embora a hipótese não seja testável em termos de observações, uma vez que os modernos astrônomos não são capazes de observar os sistemas planetários e binários dessas estrelas, pela física é possível. Ele conjeturou que, se isso fosse verdade, os megálitos estariam posicionados de acordo com as leis astrofísicas do movimento planetário.

Há muitos megálitos no sítio de Nabta Playa. Além das pedras do calendário circular, Fred Wendorf e sua equipe determinaram a posição original e mediram as localizações de 23 outros, que estavam organizados em seis grupos. Os planejadores do sítio distribuíram pedra verticais ao longo de linhas retas que irradiam de um ponto central. Três grupos de megálitos estão ao norte-nordeste desse ponto central e os outros três estão ao sul-sudeste (veja figura 4.9).

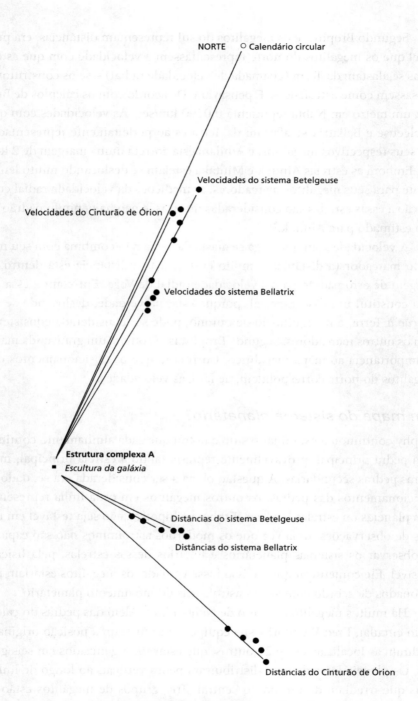

FIGURA 4.12. VISTA SUPERIOR DOS MEGÁLITOS DE NABTA PLAYA
(SEGUNDO "SATELLITE IMAGERY MEASURES OF THE ASTRONOMICALLY ALIGNED
MEGALITHS AT NABTA PLAYA", DE THOMAS BROPHY E PAUL ROSEN)

Se a organização dos megálitos for a representação de um mapa do sistema planetário, então a linha direta de megálitos ao sul deve representar as distâncias orbitais médias das estrelas binárias. Seus megálitos de velocidades ao norte devem representar suas velocidades orbitais médias. Aplicando as leis da física – especialmente as leis de movimento planetário, de Kepler – aos megálitos em cada alinhamento, Brophy demonstrou que os megálitos satélites representam de fato satélites reais das estrelas principais. A física da dinâmica das órbitas determina que o quadrado da velocidade orbital média é proporcional à massa da estrela central dividida pela distância orbital. Então, com as velocidades e distâncias já avaliadas no mapa estelar megalítico, Brophy pôde calcular as massas das estrelas. A partir dos dados de Nabta, ele calculou que a estrela Betelgeuse tinha um valor equivalente a dezoito vezes a massa solar e Bellatrix, cinco. Da mesma maneira que os dados anteriores, esses também confirmaram suas suspeitas.

As estimativas astrofísicas para Betelgeuse estão entre doze e vinte vezes a massa solar e aproximadamente dez para Bellatrix. Brophy ficou "muito surpreso" ao avaliar o traçado pela primeira vez. A localização dos megálitos marcadores eram dados reais do local, construído 7 mil anos atrás ou possivelmente há mais tempo, embora alguns tivessem sido reposicionados em suas locações corretas por Wendorf e sua equipe. Segundo Brophy, "eles se ajustavam à teoria física melhor do que muitos experimentos modernos se ajustam às suas teorias na primeira vez".[35]

O mapa da galáxia: de surpreendente a bizarro

No ponto central, do qual todos os megálitos irradiam, há uma "estrutura complexa" que consiste, ela própria, de vários megálitos. Um único megálito vertical marca o centro, enquanto diversos outros formam um oval a alguns metros. Há pelo menos trinta outras construções megalíticas similares nos arredores. Como os arqueólogos não foram capazes de desenvolver uma definição clara do que seriam essas estruturas, então, referem-se a elas simplesmente como "estruturas complexas", sendo que a central é chamada de Estrutura Complexa A.

A princípio, acreditava-se que essas estruturas fossem túmulos de chefes da tribo, mas escavações das estruturas A e B não forneceram vestígios, nem humanos, nem animais, nem quaisquer objetos que costumavam ser enterrados com os corpos. O que a equipe de escavação de fato encontrou foi bizarro. A superfície das estruturas complexas marcava esculturas esculpidas na rocha-mãe entre 2,4 a 3,6 metros de profundidade.[36]

Brophy examinou o esboço original da escultura na rocha-mãe sob a Estrutura Complexa A, desenhado por Marek Puszkarski, e o esboço que aparece em *The Holocene Settlement of the Egyptian Sahara*, de Schild e Krolik; ele descobriu que as coordenadas da Estrutura Complexa A marcavam o ponto central de todos os alinhamentos de megálitos.[37] Sobre esse mapa, ele superpôs a localização do sol e o centro da galáxia correlato à direção da ascensão helíaca do centro galáctico no equinócio da primavera em 17700 AEC. Novamente, combinavam:

> Por incrível que pareça, a escultura na rocha-mãe sob a "Estrutura Complexa A", em Nabta Playa, parece ser uma descrição exata de nossa galáxia, a Via Láctea, como estava orientada astronomicamente numa época específica: ascensão helíaca do Centro da Galáxia no equinócio vernal em 17700 AEC.[38]

Um centro galáctico é a região central de uma galáxia caracterizado por altas densidades de estrelas e, segundo alguns astrônomos, pode conter um buraco negro supermassivo.* O centro galáctico da Via Láctea não é visível a olho nu hoje, mas pode ter sido, eras atrás, por causa das explosões de partículas e da radiação eletromagnética. Segundo Paul LaViolette, em *Earth Under Fire*, uma importante explosão de núcleo galáctico ocorreu 16 mil anos atrás, com efeitos visíveis durante milhares de anos.

Uma pequena galáxia descoberta, em 1994, por um grupo de astrônomos de Cambridge, chamada de "anã elíptica de Sagitário", é satélite da nossa própria galáxia, a Via Láctea. Segundo Brophy, é bem possível que esteja representada no lugar correto na escultura, assim como estão também os braços espirais galácticos da Via Láctea. Brophy também afirma que uma recente análise astrofísica da forma e localização dessa galáxia anã indica que ela se encaixa melhor em sua representação na escultura de Nabta do que no desenho do Electronic Sky publicado em *Monthly Notices of the Royal Astronomical Society*.[39]

Arqueólogos também escavaram a Estrutura Complexa B, localizada 45 metros a sudeste da Estrutura Complexa A, e também não encontraram vestígios ou itens de sepultamento. O que encontraram foi uma escultura grande, estranhamente moldada, inclinada, crespa e oval, cinzelada diretamente na rocha-mãe. Tinha quase o dobro do tamanho da escultura da galáxia da Via

---

* Buraco negro com massa milhões ou até bilhões de vezes maior que a massa solar. (N. da T.)

Láctea sob a Estrutura Complexa A. Segundo Brophy, é provavelmente uma escultura da galáxia de Andrômeda, a mais próxima da nossa.

Andrômeda é uma grande galáxia elíptica, duas vezes maior do que a nossa. Junto com a Via Láctea, é membro dominante do grupo local de galáxias menores. Sua escultura foi criada com a mesma escala usada na escultura da Via Láctea.

Segundo Brophy, a distância e a direção para a escultura da galáxia de Andrômeda parecem consistentes com o sistema de coordenadas definido por entalhes verticais feitos na escultura da galáxia da Via Láctea. Com base nos desenhos disponíveis da escultura, seu plano parece consistente com o plano da escultura da Via Láctea, como estava no nascer do sol no equinócio da primavera para a culminação norte do centro da galáxia em 10909 AEC. Isso também parece consistente com a projeção de um sistema de coordenadas girado 90 graus dentro desse plano.

Ele também acredita que a pedra esculpida possa ser uma representação da cosmologia do *big-bang* e da idade do nosso sistema solar (6 bilhões de anos). A distância da posição do sol até a borda da escultura é de 6 bilhões de anos-luz, de acordo com a escala. Outra possibilidade é que os criadores do mapa pretendessem que o diâmetro da curvatura representasse a atual idade do universo, que é de 12 bilhões de anos. Uma terceira possibilidade é que represente uma atual idade do universo, de 6 bilhões de anos, o que significaria que nossos modelos estão errados por um fator de dois. Qualquer que seja o caso, a importância cosmológica da escultura fica corroborada ainda mais.

Brophy também acredita que a pedra possa representar uma janela de declinação para o centro galáctico como é visto de Nabta Playa, olhando-se para leste e para cima: "Exceto pela protuberância angular num dos cantos, os quatro lados curvos, com quinas em ângulo, podem combinar com uma forma definida por duas linhas de declinação nos lados, e em cima e embaixo por duas linhas de ascensão reta".[40]

Então, a forma da escultura, quando voltada para fora em relação à posição do sol na escultura da galáxia, forma uma "janela de declinação" para o centro galáctico. Ela parece ter sido cuidadosamente orientada para que essa janela de declinação subtenda a série completa de movimento das declinações do centro galáctico. Em outras palavras, a escultura assinala o aparente movimento do centro galáctico através do ciclo completo de precessão de 25.900 anos. Uma linha da representação do sol até o real centro galáctico passa através da janela por um período de cerca de três horas todos os dias, começando quarenta minutos mais ou menos depois de se elevar sobre o horizonte.

Confirmação suplementar da importância cosmológica parece ser a orientação da protuberância angular na "pedra da vaca" (Estrutura Complexa A). Ela foi posicionada de modo a apontar na direção do que os astrofísicos chamam a "direção da menor velocidade do dipolo da radiação cósmica de fundo". Isso ocorreria na ascensão helíaca do centro galáctico no equinócio da primavera em 17700 AEC. Em outras palavras, apontava na direção de onde viemos, em termos de cosmologia. Teoricamente, isso pode ser interpretado como apontar na direção do *big-bang* da criação.

Brophy também apresenta a ideia de que a cosmológica escultura da vaca, aproximando-se bastante da espessura de um comprimento de Planck, faz um duplo papel como escultura da escala de Planck (o *comprimento de Planck* é um comprimento fundamental na física e uma constante na natureza, e é derivado da constante de Planck, da constante da gravitação universal, e da velocidade da luz. Em tamanhos menores do que esse toda a física conhecida já não pode ser aplicada). Ao se aplicar a escala com que os megálitos de Nabta foram projetados, o logaritmo natural inverso do número primo 79 produz uma escala que poderia representar apenas objetos muito maiores do que o universo conhecido. Mas, revertendo a escala de modo que a relação é micro para macrocosmo, coisas extremamente pequenas podem ser representadas – 0,505 metros é equivalente a um comprimento de Planck.

Um contexto cultural para a Astronomia

Para alguns, as evidências e a teoria apresentadas por Brophy são ultrajantes, inacreditáveis, ou mera coincidência. Mas qual a probabilidade de isso ser uma coincidência natural? Segundo Brophy, num método desenvolvido por Schaefer em 1986, a probabilidade de que sete estrelas estejam alinhadas com os megálitos é menor do que 2 em 1.000.000. O impressionante é que isso é um grau de certeza mais de mil vezes maior do que o requisito habitual de três desvios padrão para que uma hipótese científica seja aceita como válida. Até por estimativas conservadoras esses são de longe os alinhamentos astronômicos megalíticos da Antiguidade mais precisos que se tem notícia.

Compreender as origens dos megálitos alinhados astronomicamente de Nabta Playa parece ser uma tarefa quase impossível. Jamais foram encontrados textos dessa antiga cultura, nem é provável que se encontrem, já que esse povo floresceu muito tempo antes da aurora da palavra escrita. Por que razão pastores nômades estariam tão interessados em observar o céu à noite? Navegação é uma resposta provável, mas com a precisão com que construíram o diagrama estelar de Nabta Playa, com certeza devia haver algo mais por trás disso, especialmente se as conclusões de Brophy sobre as "Estruturas Complexas" estiverem corretas. Alinhamentos dos equinócios e solstícios para propósitos religiosos ou agrícolas são compreensíveis no contexto de sociedades primitivas. Entretanto, uma carta celeste que capta não só o movimento das constelações, mas também a distância e a velocidade de suas estrelas componentes, certamente é um anacronismo. Esse conhecimento é misterioso para a maioria de nós hoje em dia, mesmo em nosso mundo de relógios de pulso e relógios atômicos.

De particular interesse para este livro é o fato de que há uma ligação entre a cultura de Nabta Playa e a civilização egípcia. Em um periódico científico de 1998, Wendorf and Schild observaram que vários elementos da cultura do Antigo Império podem ter vindo de Nabta.[41] O papel do gado em representar riqueza, poder e autoridade, bem como seu simbolismo religioso é provavelmente uma herança de épocas orientadas para a cultura do pastoreio. Há também o uso do conhecimento astronômico e maneiras de predizer acontecimentos solares na época tinita. Os egípcios utilizavam "estrelas decanas" e agrupamentos estelares para medir o tempo em intervalos de uma hora (os decanos subdividiam o calendário em períodos de dez dias, com o início de cada novo período assinalado pelo breve aparecimento de uma estrela decana na alvorada. Doze estrelas decanas apareciam no decurso de uma noite – daí, a divisão de metade do dia em doze horas). Eles também descreviam o agrupamento de estrelas em sua arte e arquitetura, e alinharam um poço ritual na Grande Pirâmide ao cinturão de Órion. Além disso, a constelação de Órion, a qual eles se referiam como Sahu, tinha grande importância em sua cosmologia. Era associada ao seu deus principal, Osíris. Brophy acredita que a cultura e o conhecimento evidente no calendário circular de Nabta influenciaram e mantiveram certa continuidade no Egito do Antigo Império.

Para a maioria de nós, a astronomia é uma ciência complexa da qual pouco conhecemos, uma disciplina relegada aos corredores de uma universidade ou a planetários. Encaramos o tempo como um relógio na parede, e esquecemos de que aqueles que são responsáveis pelo tempo "oficial", como o Observatório Naval dos EUA, observam o céu e fazem leves ajustes quando necessário. O papel desses oficiais é o de "determinar as posições e deslocamentos dos corpos celestes, o movimento da Terra e o tempo preciso". Embora seja fácil supor que medir o tempo seja um hábito moderno, ele é, na verdade, bastante antigo. E também parece ser uma característica universal da cultura e da civilização.

CAPÍTULO 5

MEDINDO O TEMPO

Relembrando a esquecida ciência da Astrologia

A história, como a conhecemos, tem início perto do começo do terceiro milênio AEC, como o advento da escrita. Mas registros de outro tipo – histórias contadas sobre os tempos anteriores à história escrita – apontam para a existência de uma cultura pré-histórica egípcia cuja origem se perde no passado remoto. Além disso, o Egito não é o único a possuir uma cultura que antecede a história escrita, pois há outras culturas, como os sumérios do vale da Mesopotâmia, os vedas, do vale do Indo, e os maias, na América Central, cujas tradições culturais incluem histórias dos seus primórdios. Essa época anterior à história, das quais existem apenas histórias, na tradição oral, costuma ser referida pelos historiadores como a Idade da Fábula.

A que essas mitologias se referem tem sido, geralmente, matéria de adivinhação por eliminação, desde que acadêmicos e também entusiastas amadores começaram a se interessar por seu significado. Serão elas nada mais do que histórias tolas para entretenimento? Serão narrativas religiosas? Ou serão elas algo mais? As respostas para essas questões não são fáceis de encontrar, já que um entendimento da filosofia de vida dos seus autores pré-históricos é requerido. Mas o que sabemos com certeza é que a mitologia envolve tipicamente os corpos celestes, em especial aqueles do céu noturno.

Esses mitos têm sido vistos, tradicionalmente, como expressão religiosa, tentativas de dar propósito e sentido histórico para a existência humana. Porém, alguns estudiosos alegam que esses mitos foram muito mal-interpretados, e podem, na verdade, ser uma linguagem científica para expressar crenças a respeito do homem e da natureza: não uma linguagem técnica como a que temos hoje, mas uma forma singular e simbólica cujo propósito é o mesmo perseguido pela ciência – explicar os processos da natureza e do universo.

Aqueles que são adeptos dessa teoria sugerem que pode haver uma origem comum para as opiniões astronômicas e religiosas de várias culturas, em especial aquelas que são próximas entre si. Já que estamos investigando a hipótese de que os egípcios foram beneficiários de uma sofisticada cultura preexistente, uma compreensão do possível papel desempenhado pela mitologia naqueles tempos serve para pintar um quadro da pré-história, não no sentido tradicional de quem vivia onde, e quando os reinos foram estabelecidos, mas muito mais sobre a inteligência e a sofisticação daquela época. Se os megálitos de Nabta Playa são, de fato, fruto de um conhecimento astronômico requintado, outras evidências deveriam confirmar isso.

Medindo as horas

Já existia um sistema de marcação do tempo por volta de 2000 AEC, quando os antigos egípcios calculavam as horas da noite com base na observação das estrelas. Durante o Médio Império, isso foi mais desenvolvido. Já em 1870 AEC, o aparecimento das estrelas foi substituído por suas culminações. Embora algumas evidências sugiram uma data ainda mais antiga, por volta de 1300 AEC as horas do dia eram medidas com o auxílio de um gnômon,* um dispositivo semelhante às hastes metálicas dos relógios de sol, que usava o comprimento da sombra como um indicador da passagem do tempo. Em Abidos, no cenotáfio** de Seti I, um texto funerário ("encantamentos" religiosos e outras informações necessárias enterradas com os mortos para ajudá-los em sua travessia para o além) cobre toda a questão da medição do tempo. Pelos cálculos astronômicos, o texto foi datado do século IX AEC. Nesse texto, as horas do dia eram calculadas usando-se um bastão de sombra, um dispositivo que consistia de uma haste vertical conectada a um braço horizontal graduado. E vinha com instruções. A haste, alinhada na direção leste-oeste, era movida ao

---

* Do grego, "o que indica": instrumento usado no antigo Egito para determinar o azimute e a altura do Sol. (N. da T.)

** Monumento sepulcral erigido em memória de defunto sepultado em outro lugar. (N. da T.)

meio-dia, para que a parte vertical ficasse de frente para o leste pela manhã e para o oeste à tarde. Uma vez que a sombra varia tanto na extensão quanto no ângulo, a haste precisaria ser alargada, possivelmente por uma barra em "T", de maneira que a sombra sempre caísse sobre a escala.

O diagrama de Seti mostrava um relógio que, diretamente, media oito horas, embora o texto fosse claro em afirmar que de um nascer do sol ao outro, um dia completo continha 24 horas. As doze horas da noite eram medidas de acordo com as estrelas decanas. Os antigos egípcios escolheram uma sucessão de 36 estrelas brilhantes cujos aparecimentos estavam separados uns dos outros por intervalos de dez dias. Duas horas antes do meio-dia e outras duas no final da tarde, quando o dispositivo encontrava-se inoperante, completavam as 24 horas do dia. Mais tarde, o bastão de sombra de Tutmósis media dez horas diretamente.

Durante o reinado de Amenófis I* (1527–1506 AEC), com a invenção do relógio de água veio a capacidade de dividir a noite em doze horas sazonais. Ele podia operar no crepúsculo e também na completa escuridão, provavelmente uniformizando as horas do dia e da noite dali em diante.[1]

Embora esses dispositivos solares fossem um modo funcional de medir o tempo durante a rotina diária, uma metodologia bem mais antiga, enraizada em uma tradição astronômica cujas origens se perdem no passado remoto, continuou na Era Comum. Como vimos no calendário circular de Nabta Playa, esse método utiliza o movimento cíclico das estrelas no céu.

Medindo as eras

Para nós, calendários de papel e relógios digitais marcam o tempo por segundos e os meses por semanas. Períodos de tempo mais longos são medidos metricamente – décadas, séculos e milênios – criações da civilização contemporânea.

Para os antigos, como para nós, medir o tempo por curtas durações nunca foi um problema. Como sempre foi, o nascimento do sol marca cada dia, cada ciclo lunar marca um mês, e as quatro estações marcam um ano. Mas, como os povos antigos contavam os anos?

O calendário juliano

Em 527 EC, o abade romano Dionísio Exíguo** instituiu a convenção "A.D." (*Anno Domini Nostri Jesu Christi* – Ano de Nosso Senhor Jesus Cristo) em

---

* Amunhotep = Amenhotep. É conhecido entre nós por seu nome grego (Amenófis). (N. da T.)
** Dionysius Exiguus (ou seja, Dionísio, o Menor, significando o Humilde). (N. da T.)

nosso calendário. O ano 0, de acordo com essa convenção, estima o ano em que Jesus Cristo nasceu. Antes do século VI EC, a civilização ocidental seguiu um modelo diferente, instituído pelo imperador romano Júlio César no ano de 46 AEC.

Nesse ano, Sosígenes de Alexandria (um astrônomo e matemático egípcio de ascendência grega) foi consultado pelo imperador para que reformasse o calendário romano e conseguisse uma estrutura mais manejável e precisa. Para compensar erros passados, ele acrescentou noventa dias ao ano 46 AEC. Também mudou o número de dias nos meses para obter um ano mais preciso de 365 dias. Para o ano 0 nesse novo arranjo do tempo ele escolheu o ano 4713 AEC e começou a contar o relógio em primeiro de janeiro – uma estranha escolha. Por que 4713 AEC? Por que não começar do zero e escolher para ano 0, digamos, o aniversário de Júlio César, a data em que se tornou imperador, ou a fundação de Roma?

Por causa de sua riqueza e proeminência, Júlio César provavelmente estudou na Escola Pitagórica da Geometria Sagrada, como parte de sua formação. Pitágoras defendia uma realidade ideal baseada em "sólidos perfeitos", que também podia explicar o movimento das estrelas e planetas. Com isso em mente, faz sentido que César estivesse demonstrando seus conhecimentos pitagóricos e honrando a astrologia do Egito se, do ponto de vista egípcio, aquele ano fosse cosmologicamente significativo. E era: na verdade, um ano muito especial. Eis por quê.

O nascer e o ocaso das estrelas Aldebaran (constelação de Touro) e Antares (constelação de Escorpião) eram situados no horizonte em primeiro de janeiro de 4713 AEC. Naquela época, Antares estava a 14 minutos do horizonte. Também naquela época, o Sol estava na longitude celestial de 14 graus (13 graus, 43 minutos) na constelação de Aquário. E a velocidade da Lua, que não é constante e varia entre 11 e 15 graus, era de 14 graus (13 graus, 59 minutos) por dia. No dia 0, ano 0, esses importantes corpos celestes convergiam para o número quatorze. Coincidentemente, quatorze é o número sagrado de Osíris – um importante deus na cosmologia egípcia.

Além de Aldebaran e Antares, Saturno desempenhou um papel crucial na escolha dessa data. O planeta estava em conjunção com a estrela mais sagrada no Egito, Sirius, a 19 minutos e 19 graus do seu próprio signo. O Sol, cujo nascimento era o que se comemorava nesse dia, estava no signo de Aquário de Saturno. Júlio César escolheu 1º de janeiro, 4713 AEC como o início do seu calendário, para honrar o nascimento do Sol no planalto de Gizé. Mas, ao mesmo tempo, ele honrava o festival romano da Saturnália. Para César, esse ano, tão remoto (até em relação aos próprios romanos), parece ter sido uma escolha óbvia e lógica.[2]

Precessão dos equinócios

O astrônomo grego Hiparco (190–120 AEC) foi um cientista ambicioso. Durante sua vida, observou e catalogou mais de mil estrelas, calculando e registrando suas latitude, longitude e magnitude. Hiparco também observou eclipses lunares e comparou seus resultados com os de Timócaris (que viveu 150 anos antes dele) em relação a Espiga, um estrela brilhante próxima da eclíptica (o grande círculo imaginário na esfera celestial que contém o plano da órbita da Terra, chamado de plano da eclíptica). Ao medir a distância entre Espiga e o centro da Lua durante um eclipse, Hiparco pôde calcular a variação de longitude entre o Sol (que estaria a 180 graus da lua) e Espiga, desse modo resolvendo a longitude exata da estrela. O que ele descobriu foi que sua longitude havia aumentado dois graus desde os dias de Timócaris.

Em estudos subsequentes, Hiparco também observou que o Sol, em seu movimento anual, voltava ao ponto de partida da observação ligeiramente antes de sua posição original em relação às estrelas. Em resultado, concluiu que os equinócios podiam ocorrer ligeiramente mais cedo a cada ano. Dessa descoberta deriva o termo "precessão dos equinócios". Na época de Hiparco, o equinócio vernal (primavera) devia ocorrer em um ponto entre as constelações de Áries e Peixes. E, como a precessão se move muito lentamente, deve ter sido praticamente a mesma coisa ao tempo do nascimento de Cristo, mas não por muito mais tempo. A era astrológica de Peixes estava prestes a começar.[3]

É com essa avaliação da passagem do tempo pelas estrelas que as culturas antigas mediam os longos períodos que chamamos de eras. Deixa pouca margem para dúvida o fato de que o sinal secreto entre os primeiros cristãos, o peixe*, nasceu desse grande relógio. Seu Senhor, Deus e Salvador, nasceu na véspera da era de Peixes e foi sacrificado como um cordeiro (ou carneiro – Áries). Ele era um pescador de homens, e todos que apanhou (pescadores de verdade) ele transformou em discípulos e ensinou-os a ser pescadores de homens. Milagrosamente, no Monte das Oliveiras, ele alimentou uma multidão ao multiplicar dois peixes (uma representação comum do signo zodiacal de Peixes) e cinco pães. Até mesmo na história de Maria dar à luz sendo virgem

---

* Peixe, em grego antigo, é *Ictus*. Essa palavra foi usada como sinal secreto entre os primeiros cristãos, pois cada letra corresponde a uma inicial da expressão "Iesus Christos Theou Uios Soter", que quer dizer Jesus Cristo, Filho de Deus, Salvador. (N. da T.)

ecoa a polaridade pisciana por meio do seu signo oposto: Virgem. Como se pode perceber, a escolha do peixe pelos primeiros cristãos foi um símbolo adequado para comunicar a ideia de um novo deus que reinaria por toda a era de Peixes.

A intrigante questão é: será que o conhecimento da precessão dos equinócios e das eras do zodíaco foi disseminado e aceito tão rapidamente, da época de Hiparco ao tempo em que viveu Cristo? Ou será que, talvez, os primeiros cristãos estivessem usando um conhecimento mais comum e antigo, dotado com o conceito dos movimentos estelares?

O voo da fênix

Quando Júlio César decidiu reformar o calendário romano, escolheu Sosígenes de Alexandria por uma razão. Os egípcios possuíam o único calendário totalmente confiável no mundo antigo. Na verdade, tinham dois, que eram bem superiores a qualquer coisa conhecida pelos babilônios. Um deles consistia num calendário de 365 dias (doze meses de trinta dias), que incluía cinco dias adicionais de festas, e um calendário Sothis.* Este outro consistia de 365,25 dias, com base na culminação helíaca da estrela Sothis (Sirius). Os egípcios sabiam que os dois calendários estariam desencontrados entre si depois de 1.461 anos, e que precisariam fazer os ajustes necessários. Restaurar o calendário à correlação com o Sol envolvia a lenda da fênix, sua morte e renascimento.[4]

A lenda diz que há apenas uma fênix. Ao final de sua vida, ela retorna ao seu local de nascimento no Deserto da Arábia, entre o Rio Nilo e o Mar Vermelho. Lá chegando, incendeia-se até a morte (o brilho da aurora), e, então, levanta-se das cinzas. Embora contada num estilo mítico, é uma maneira clara de comunicar uma verdade astronômica – que o Sol, na verdade, não morre a cada dia, mas desaparece e reaparece devido à rotação da Terra em torno do seu eixo.

Gilgamesh, o Dilúvio, e o mito como ciência

Quanto mais para trás rastreamos a história, menos documentos disponíveis temos para avaliar o grau de conhecimento dos antigos. Não se sabe ao certo com que grau de precisão as antigas culturas podiam localizar as estrelas, e se elas percebiam ou não a precessão do equinócio. O que se sabe é que os povos

---

* Estrela de extrema importância para os antigos egípcios, identificada atualmente como Sirius. (N. da T.)

antigos observavam o céu à noite atentamente e podiam acompanhar os movimentos do Sol e da Lua com relativa precisão, e que os objetos celestes desempenhavam um enorme papel em sua mitologia. Muitos estudiosos acreditam que há algo mais por trás dos antigos mitos do que fábulas morais e estranhos contos. A pergunta deve ser formulada: será que os antigos realmente acreditavam que as estrelas no céu eram deuses, que é a visão tradicional, ou estariam utilizando uma linguagem estilizada para disseminar informações a respeito da medição do tempo?

Para responder a essa pergunta, devemos primeiro definir o que nós entendemos por "deuses". A maneira com que os textos antigos foram traduzidos e interpretados impõe uma visão moderna de deus, onipotente e onipresente. Entretanto, não é provável que os antigos tivessem essa visão. No contexto de suas histórias, um deus podia também ser interpretado como um princípio ou função da natureza. A dificuldade em se interpretar o que é um deus reside na natureza simbólica da linguagem usada pelas culturas antigas. Em seu texto *Teurgia*, ou *Os mistérios egípcios*, o filósofo grego Jâmblico (230–325) explica as tradições dos antigos sacerdotes egípcios. Ele revela que o que parece ser adoração a um panteão de deuses é, na verdade, uma descrição de como a natureza opera. Princípios da natureza específicos como a digestão, a respiração e a reprodução são personificados por deuses. Por exemplo, depois da mumificação, o estômago e o intestino delgado eram dispostos em canopos na forma do deus Anúbis, que era representado como um homem com cabeça de chacal. Anúbis representa o princípio da digestão porque pode comer carne podre sem adoecer.

Assim, não seria surpresa alguma que para muitos pesquisadores a história escrita mais antiga que se tem notícia, a *Epopeia de Gilgamesh*, pareça ser mais sobre os céus do que sobre a vida e o tempo reais do próprio homem. De acordo com os registros sumérios, Gilgamesh era um dos primeiros reis de Uruk. Embora os primeiro registros sumérios da história de Gilgamesh remontem à primeira metade do segundo milênio AEC, é provável que sua origem seja muito mais antiga. Sua popularidade na Antiguidade não era rivalizada por nenhuma outra história. Hurritas, hititas, assírios e babilônios a repetiram de diversas maneiras nos tempos antigos.

Na *Epopeia de Gilgamesh*, Enkidu (o homem selvagem, peludo e de enorme força) é seduzido por uma cortesã e aprende as maneiras de um homem. Isso o leva à cidade, onde se enfrenta com Gilgamesh num feroz combate, que estremece toda a cidade e lhe arrebenta os portões. Gilgamesh, depois de subjugá-lo, decide que ele é digno de sua amizade. Juntos, planejam uma expedição à grande floresta para liquidar o terrível monstro Humbaba, que o deus Enlil (deus da tempestade ou do ar) designou como guardião da floresta: a *Epopeia de Gilgamesh* afirma que "Enlil enviou-o para aterrorizar os mortais. Seu rugido é o Grande Dilúvio. Sua boca é fogo, seu hálito é mortal!"

Humbaba era chamado de deus no texto, "hum" significando "criador" ou "pai", e Humbaba significando "o guardião do cedro do paraíso". Corresponde ao deus elamita Humba ou Humban, que compartilha o título "vitorioso" e "forte" com os planetas Mercúrio e Júpiter, e com Prócion (Alpha Canis Minoris).

Humbaba é um "deus dos intestinos". Sua cabeça é feita de intestinos, e uma única linha sinuosa desenha seu rosto, com exceção dos olhos. Os professores de história da ciência, Giorgio de Santillana e Hertha von Dechend, autores de *Hamlet's Mill: An Essay on Myth and the Frame of Time*, acreditavam que Humbaba pudesse ser uma referência ao planeta Mercúrio ou, possivelmente, Júpiter. Mercúrio tem uma órbita errática que muda regularmente. Como ele serpenteia, pode ter sido comparado às voltas que o intestino dá na cavidade abdominal.

Quando os heróis Gilgamesh e Enkidu chegam à floresta de cedros, que se estende por "10 mil horas duplas" (112.630 km), eles degolam Humbaba depois de derrubarem o maior cedro confiado à sua guarda. Mas eles tiveram ajuda; o poderoso Shamash (Helios, ou Sol) enviou uma grande tempestade para cegar o monstro e deixá-lo à mercê deles.

Retornando a Uruk, Gilgamesh lava os cabelos e enfeita-se com trajes de festa. Ao colocar sua tiara (coroa), Ishtar, a deusa do amor (a Inanna suméria), seduzida por sua bela aparência, pede-o em casamento. Gilgamesh declina e lembra-lhe com palavras de escárnio o destino dos seus companheiros anteriores, inclusive o desafortunado Tammuz (Adônis). Apenas duas personalidades celestes são possíveis candidatas ao papel de Ishtar: o planeta Vênus; e Sirius, a estrela do cão (Sothis). Ambas são associadas com as qualidades de uma cortesã.

Desprezada, Ishtar sobe aos céus furiosa e persuade Anu* a enviar à Terra o Touro do Céu para vingá-la. O pavoroso touro desce e mata uma centena de guerreiros na primeira resfolegada. Os dois heróis se atracam com ele. Enkidu o segura pelo rabo para que Gilgamesh possa golpeá-lo mortalmente entre os chifres. Ishtar aparece sobre as muralhas de Uruk e amaldiçoa os dois heróis que a humilharam. Enkidu, então, arranca fora a coxa direita do touro

---

* Deus sumério e babilônico do céu, pai de todos os outros deuses. (N. da T.)

e arremessa-a ao rosto dela, entre provocações brutais. A celebração continua, mas os deuses decidem que Enkidu deve morrer, e ele é advertido disso por um sonho funesto.[5]

Não há necessidade de prosseguir com o conto, pois está claro que os personagens da história, à semelhança da mitologia grega, simbolizam os movimentos dos corpos celestes. Mais adiante, no nono tablete de argila da *Epopeia de Gilgamesh*, o autor conta a história da intervenção direta de Enki em recomendar a construção de uma arca que garanta a sobrevivência ao Grande Dilúvio (precursora e fonte da história bíblica de Noé). Essa arca – arca de Ziusudra – não tem nada a ver com uma inundação literal, mas sim, com a constelação de Enki, Argo, e com uma "inundação" celeste. Isso, é claro, tem implicações óbvias e de longo alcance: o grande dilúvio descrito em Gênesis talvez não fosse uma inundação literal, mas uma descrição de eventos celestes.

De acordo com Santillana e von Dechend, "inundações são referências a uma antiga imagem astronômica, baseada na geometria abstrata".[6] Exposto de maneira simples, o plano do equador celeste (um grande círculo imaginário no céu, concêntrico ao equador da Terra) divide a série de constelações em duas metades. A metade norte das constelações, aquelas entre os equinócios da primavera e de outono, representam a terra seca. A metade sul, aquelas entre os equinócios de outono e da primavera, inclusive o solstício de inverno, representa as águas abaixo. Os quatro pontos no zodíaco (os dois equinócios e os dois solstícios) definem o plano conceitual da Terra plana. Uma constelação que cesse de marcar o equinócio de outono, cai, assim, abaixo do equador, e mergulha nas profundezas da "água". É nesse sentido abstrato que ocorre a "inundação" celeste. Isso torna mais fácil entendermos a inundação em Gilgamesh. Como também as ideias de mitos similares, como a história grega de Deucalião, na qual ondas devastadoras foram convocadas por Tritão, ao soprar sua concha.

As obras dos psicólogos do século XX, Carl Jung (*Man and His Symbols*) e Erich Neumann (*The History and Origins of Consciousness*)* dão sustentação a essa teoria em suas asserções de que o pensamento antigo se baseava mais no simbolismo natural do que no tipo de linguagem científica específica que a sociedade moderna emprega hoje. O simbolismo no mito é compreendido como um modo de descrever a natureza e como um veículo para introspecção a respeito da evolução e da consciência da humanidade.

---

* *História da Origem da Consciência*, publicado pela Editora Cultrix, São Paulo, 1990.

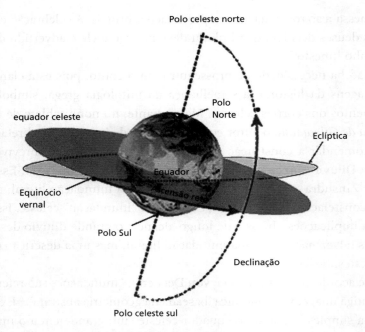

Figura 5.1. Os polos celestes e o equador
(baseado numa ilustração do Departamento de Pesquisa Naval da Marinha dos EUA)

Para as diversas culturas que relataram a história, o conto de Gilgamesh deve ter representado alguma grande ocorrência celeste. Na literatura antiga, bem como na lógica moderna, ela representa uma linha divisória no tempo. Para os sumérios, que foram os primeiros a relatar o acontecimento, ele dividiu a história deles em acontecimentos "antes" e "depois". Nós os seguimos e nos referimos ao mundo como pós-diluviano e antediluviano – a separação de duas eras.

Mitologia como ciência antiga

O pensamento contemporâneo se recusa a aceitar que as civilizações antigas pudessem marcar a passagem do tempo para além das simples observações sazonais que definem um ano. Mas, através da história houve astrônomos, matemáticos e historiadores que mediram o tempo de maneiras sofisticadas.

O historiador John G. Jackson (1907–1993), em seu estudo do folclore e das tradições da Grécia Antiga, lançou uma preciosa luz sobre a relação entre os mitos e a observação das estrelas entre os antigos. Na mitologia grega, aprendemos sobre o lendário e poderoso rei etíope, Cefeu, cuja fama era tão grande que ele e sua família foram imortalizados como estrelas. Ele, sua esposa Cassiopeia, e sua filha, a princesa Andrômeda, todos se tornaram estrelas na esfera celeste. Embora essa conexão pessoal com as estrelas possa nos parecer estranha, Jackson observa que para os antigos etíopes, isso não era incomum. Jackson destaca que Luciano, o antigo escritor e historiador grego (180-120 AEC), descreveu a cuidadosa observação das estrelas por parte dos primeiros etíopes.

> Os etíopes foram os inventores da ciência das estrelas, e deram nomes aos planetas, não de maneira aleatória e sem sentido, mas descritivos das qualidades que concebiam que possuíssem; e foi deles que essa arte passou, ainda em estado imperfeito, para os egípcios.[7]

O estudioso francês Constatin-François Volney (1757-1820), que é conhecido pelos relatos meticulosos de suas explorações no norte da África, era particularmente fascinado pelo alto grau de conhecimento astronômico e, decorrente disso, o elevado nível cultural alcançado pelos etíopes. Volney descreve a invenção do zodíaco por essa antiga civilização:

> Foi então que, na fronteira do Alto Nilo, entre uma raça de homens negros, organizou-se um complicado sistema de adoração das estrelas, considerado em relação às produções da terra e aos trabalhos na lavoura. [...] Assim, o etíope de Tebas chamou de estrelas de inundação, ou Aquário, aquelas sob as quais começam as cheias do Nilo; estrelas do boi ou touro, aquelas sob as quais começam a plantar; estrelas do leão, aquelas sob as quais esse animal, expulso do deserto pela sede, aparecia nas margens do Nilo; estrelas do feixe de espigas, ou da primeira colheita (virgem), aquelas da estação da ceifa; estrelas do cordeiro, estrelas das duas crianças, aquelas sob as quais os preciosos animais nasciam [...].
>
> Assim, o mesmo etíope, tendo observado que o retorno das inundações sempre correspondia ao surgimento de uma bela estrela na direção da nascente do Nilo, e que parecia prevenir os agricultores acerca da elevação das águas, ele comparou essa ação à do animal que, com seu latido, alerta contra o perigo, chamou essa estrela de cão, aquele que ladra (Sirius). Da mesma maneira, chamou de caranguejo as estrelas onde o sol, tendo chegado ao trópico, recuavam devido a um lento movimento retrógrado, como o caranguejo de Câncer. Ele chamou de cabra selvagem, ou Capricórnio, aquelas onde o sol, tendo alcançado o ponto mais alto em seu trato anual [...] imita a cabra, que adora escalar o

alto das rochas. Ele chamou de balança, ou Libra, aquelas onde os dias e noites são iguais, parecem em equilíbrio, como esse instrumento; e estrelas de escorpião, aquelas onde certos ventos periódicos trazem vapores que queimam como o veneno do escorpião.[8]

Volney determinou que a data da origem do zodíaco tinha de ser 15194 AEC:

> Agora, estimando a precessão cerca de setenta anos e de meio a um grau, ou seja, 2.115 para cada signo; e observando que Áries estava em seu décimo quinto grau, 1.447 anos antes de Cristo, segue-se que o primeiro grau de Libra pode não ter coincidido com o equinócio vernal mais recentemente do que 15.194 anos antes de Cristo; agora, se acrescentamos 1.790 anos desde Cristo, parece que se passaram 16.984 anos desde a origem do Zodíaco.[9]

Charles-François Dupuis (1742–1809), professor de retórica em Lisieux, França, acreditava que existia uma origem comum para as opiniões astronômicas e religiosas dos gregos, egípcios, chineses, persas e árabes. Em seus livros *The Origin of All Religious Worship*, *The Origin of Constellations* e *The Chronological Zodiac*, Dupuis correlaciona os mitos da Antiguidade com a observação de uma série de acontecimentos celestes, e apresenta a progressão lógica da adoração do sol à adoração do Filho. Esses livros foram a fonte de inspiração de Giorgio de Santillana quando ele começou a estudar a mitologia e a astrologia dos primeiros egípcios.

> O título era o bastante para causar desconfiança – um desses títulos "entusiásticos" que abundavam no século XVIII e prometiam mundos e fundos. Como poderia explicar o sistema egípcio, pensei eu, se os hieróglifos ainda não haviam sido decifrados? [...] Deixei de lado o volume proibido, apenas anotando uma frase: "Le mythe est né de la science; la science seule l'expliquera" [O mito nasceu da ciência; somente a ciência poderá explicá-lo]. Eu tinha a resposta nas mãos, mas não estava pronto para entendê-la.[10]

Mais tarde, de Santillana e von Dechend consideraram novamente as ideias de Dupuis e as acharam muito perspicazes. O livro *Hamlet's Mill*, de de Santillana e von Dechend, explora o tema de que muitos mitos antigos podem ser interpretados como uma forma metafórica de transmitir o conhecimento astrológico da precessão dos equinócios. Eles argumentam que a mitologia antiga era uma ciência exata que mais tarde foi suprimida e depois esquecida pela emergente ótica greco-romana. De Santillana e von Dechend exploram os tabletes sumérios de escrita cuneiforme, conhecidos como "a Epopeia de Erra"[11] e examinam um importante mito no qual Erra (Marte) é severamente repreendido por Marduk (Júpiter), por enviar armas para destruir o que restou depois do Dilúvio. Erra profetiza e Marduk responde:

> *Erra (Marte):* Abram caminho, pegarei a estrada,
> Os dias terminaram, o prazo acabou.
> *Marduk (Júpiter):* Quando levantei do meu trono e deixei a inundação irromper,
> o juízo da Terra e do Céu saiu dos eixos [...]
> Os deuses, que tremeram, as estrelas do céu –
> suas posições mudaram, e eu não as retornei ao lugar.[12]

Para de Santillana e von Dechend, essa é "a afirmação mais clara jamais proferida por homens ou deuses a respeito da precessão [dos equinócios]". O texto do tablete diz especificamente que as estrelas são, na verdade, os "deuses do céu" e que elas mudaram de posição, precisamente o que acontece na precessão dos equinócios quando observadas ao longo do tempo. As constelações vistas à noite se movem lentamente na ordem inversa do zodíaco. Está claro que os sumérios tinham noção disso.[13]

Para que se saiba que a precessão dos equinócios de fato ocorre, é preciso observar o céu noturno durante um período bem longo. No solstício de verão, o sol nascente aparece bem debaixo de uma das doze constelações relacionadas aos meses do ano. Atualmente, o sol nasce na constelação de Peixes em 21 de junho, mas, com o passar do tempo, dentro de 100 anos as constelações terão se deslocado o suficiente para que o sol passe a nascer na constelação de Aquário. Uma vez que os sumérios pararam de existir como cultura por volta de 2000 AEC, o conhecimento da precessão requer que eles tenham observado o céu noturno por, talvez, 2 mil anos, o tempo que leva para o zodíaco girar de uma constelação para outra. Isso significa que eles, provavelmente, foram astrônomos desde, pelo menos, 4000 AEC.

Arthur Harding, professor de matemática e astronomia na Universidade de Arkansas, argumenta que o zodíaco deve ter sido concebido em tempos pré-históricos. Concordando com Jackson, Volney, Dupuis e de Santillana e von Dechend, ele escreve, em *Astronomy: The Splendor of the Heavens Brought Down to Earth*, que "os signos das constelações do zodíaco coincidiram cerca de 300 AEC e também por volta de 26000 AEC. Sabemos que estavam em uso antes de 300 AEC. Sendo assim, não devem ter sido inventados depois de 26000 AEC".[14]

A opinião dos estudiosos sobre a origem da astronomia, em particular um conhecimento avançado como a compreensão da precessão dos equinócios, sempre favoreceu uma data relativamente mais recente, durante a última parte do primeiro milênio AEC. A maioria acredita que não seja possível que culturas pré-históricas, "primitivas", tivessem tão sofisticado conhecimento. Entretanto, com a descoberta dos megálitos alinhados astronomicamente em Nabta Playa e das informações detalhadas que eles representam, os estudiosos que sempre defenderam uma origem mais antiga agora estão vingados. Há evidências convincentes de que a ciência das estrelas, incluindo a precessão, nasceu na África muito tempo antes da formação da primeira dinastia do Egito (2920–2770 AEC). Mais de 6 mil anos atrás, os antigos astrônomos já sabiam o que o gênio de Einstein provou matematicamente – que o firmamento, o *espaço*, desempenha a eterna função de medir o tempo.

O precoce conhecimento de astronomia demonstrado em Nabta Playa, Suméria e Etiópia antecede o nascimento da civilização egípcia. Os opositores de John West e Robert Schoch no que diz respeito a uma redatação da Esfinge – que requereria também uma redatação da própria civilização egípcia ou, pelo menos, uma reavaliação quanto à cultura que de fato esculpiu a Esfinge – alegam que não há evidências de tal cultura, da qual o Egito faraônico seria um legado. Como logo iremos ver, as pirâmides do planalto de Gizé são testemunhas de uma tecnologia sofisticada, indicativa de uma cultura muito mais avançada do que comumente se acreditava existir durante ou antes do Egito dinástico.

CAPÍTULO 6

A TECNOLOGIA DAS PIRÂMIDES
A evidência fala por si

Qualquer pessoa diria que as pirâmides do Egito eram grandes túmulos para os faraós, os mausoléus mais impressionantes de todos os tempos. Ao longo das gerações, os livros, dos didáticos aos eruditos, vêm reforçando essa ideia. E, pelo tanto que sabemos, elas *podem* ter sido, realmente, túmulos. Essa é uma teoria tão válida quanto qualquer outra. É também a teoria "oficial", aceita por todos, embora não haja prova física de que fossem, de fato, túmulos. Ainda que uns poucos vestígios de esqueletos tenham sido encontrados na Pirâmide Vermelha, construída por Seneferu (2575–2551 AEC), em Dahchur, nem múmias, nem objetos sepulcrais ou inscrições foram encontrados em seu interior. No entanto, tais itens foram encontrados em túmulos de dinastias posteriores – por exemplo, no túmulo real de Tutancâmon, no Vale dos Reis. A despeito da ausência de evidências, a explicação e o pressuposto mais simples têm sido o de que as pirâmides eram túmulos. De acordo com essa teoria, elas estariam vazias em razão dos ladrões de sepulturas que subtraíram seus tesouros.

A teoria tradicional é a de que as pirâmides surgiram da ambição vaidosa de certos faraós, que desejavam uma mastaba (estrutura tumular baixa, retangular e feita de tijolos de lama) maior e melhor para o seu funeral. A esse respeito, as evidências arqueológicas indicam claramente que os reis e nobres eram enterrados em mastabas durante o Antigo Império. O morto era colocado num caixão de madeira, que, por sua vez, era depositado no interior de um sarcófago de pedra. Quatro vasos, chamados canopos, em torno do sarcófago, recebiam as vísceras do defunto: estômago, intestinos, pulmões e fígado. Sua câmara mortuária era guarnecida de textos funerários e inscrições, o que constituía um importante rito para guiar o rei ou nobre na vida após a morte. Entretanto, como já afirmei, nenhum desses itens jamais foi encontrado numa pirâmide. Neste capítulo, exploraremos a possibilidade de que as pirâmides tenham sido construídas não para servirem de túmulos, mas com um propósito muito mais intrigante.

As dez pirâmides do Egito

Segundo a geometria, uma pirâmide é um objeto sólido com base poligonal, geralmente um quadrado, cujos quatro lados formam as bases das superfícies triangulares que se encontram num vértice comum. Na realidade, há apenas dez pirâmides verdadeiras.* Construídas durante a terceira e a quarta dinastias (entre 2650 e 2467 AEC), encontram-se todas num raio de 80 km uma das outras, próximas ao Delta do Nilo. As pirâmides posteriores foram construídas de cascalho e areia, imprensados por paredes de pedra, a maioria das quais encontra-se em ruínas. Uma vez que o revestimento de pedra desse tipo de construção é danificado ou removido, a estrutura se deteriora rapidamente.

Afora a primeira pirâmide, erguida por Djoser, as nove seguintes possuíam um total combinado de quatorze câmaras não decoradas, que continham três grandes caixas de pedra, sem inscrições, que se presumiu serem sarcófagos. Contudo, elas não contêm inscrições religiosas, aposentos de oferendas, ou outras características funerárias encontradas nos túmulos anteriores ou posteriores. Ainda mais interessante: Seneferu, o primeiro faraó da quarta dinastia, construiu três pirâmides, duas em Dahchur e uma em Meidum. Ignora-se a razão disso. Por que ele encomendaria três túmulos para si?

A pirâmide de Djoser começou como uma mastaba com dois poços verticais. Um deles levava a um aposento de armazenagem e o outro, a uma câmara mortuária. Mais tarde, porém, uma pequena pirâmide em degraus foi

---

* Embora as estruturas piramidais posteriores tenham sido construídas por várias razões, não eram pirâmides verdadeiras como as mais antigas – uma pirâmide verdadeira é literalmente uma estrutura maciça, ainda que existam uma ou mais câmaras em seu interior.

acrescentada, que depois foi expandida ainda mais, tornando-se a primeira pirâmide genuína do Egito.

A pirâmide de Sekhemket, que agora está em ruínas, continha uma passagem descendente, um poço vertical, e um aposento subterrâneo. A evidência sugere que essa estrutura foi concebida como uma pirâmide durante seu planejamento. Uma grande caixa de pedra, esculpida em alabastro, com uma tampa deslizante e selada com cimento, foi encontrada nesse aposento subterrâneo. Em 1954, a caixa foi aberta e constatou-se que estava vazia. Nenhuma inscrição foi achada na câmara, nem em suas passagens.[1]

TABELA 6.1 PIRÂMIDES E SEUS CONSTRUTORES

Governante	Reinado (AEC)	Localização	Nome/tipo da pirâmide
Terceira dinastia			
Djoser	2630–2611	Saqqara	degraus
Sekhemket	2611–2603	Saqqara	degraus
Kha-ba	2603–2599	Zawyet el Aryan	camadas
Quarta dinastia			
Seneferu	2575–2551	Meidum	em ruínas
Seneferu	2575–2551	Dahchur	Torta
Seneferu	2575–2551	Dahchur	Vermelha
Quéops	2551–2528	Gizé	Grande
Djedfré	2528–2520	Abu-Rawash	inacabada
Quéfren	2520–2494	Gizé	Gizé nº 2
Miquerinos	2494–2472	Gizé	Gizé nº 3

A pirâmide de Kha-ba, da qual hoje também só restam escombros, foi construída com um poço vertical que ligava duas passagens horizontais, terminando em um único aposento subterrâneo. Do mesmo modo que a segunda, ela também foi concebida como uma pirâmide verdadeira: maciça e com câmaras internas. Ela também foi encontrada vazia, sem inscrições no aposento subterrâneo ou nas passagens.[2]

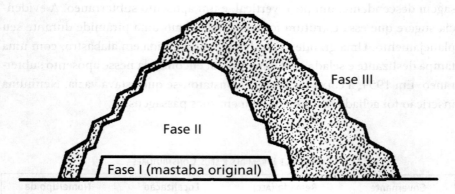

FIGURA 6.1. PIRÂMIDE ESCALONADA DE DJOSER. ILUSTRAÇÃO DE KEVIN SIEMBIEDA, © 1983 PALLADIUM BOOKS, INC.

A pirâmide de Seneferu, em Meidum, encontra-se em ruínas, mas seu miolo eleva-se como uma torre por entre os escombros. Ela possui uma passagem descendente, que se torna horizontal perto do seu centro. Um poço vertical, medindo 1,15 x 0,85 metro, liga-a a um aposento vazio e angulado. É composta por sete degraus, idêntica, no planejamento, à galeria principal da Grande Pirâmide. Originalmente, era uma pirâmide escalonada porém, foi convertida, mais tarde, em uma pirâmide genuína, com laterais lisas. Também foi encontrada vazia e sem inscrições.[3]

A segunda pirâmide de Seneferu, conhecida como a Pirâmide Torta, tem o perfil com dois ângulos diferentes de inclinação nas arestas e dois conjuntos diferentes de aposentos. Uma entrada é pelo costumeiro lado norte e, a segunda, pelo lado oeste. A passagem descendente da entrada norte tem 1,07 metro de altura, muito baixa para uma pessoa passar de pé. Ela conduz a dois aposentos internos de tetos chanfrados. Ambos foram encontrados vazios. Uma segunda passagem, com a mesma altura da outra, liga o aposento superior a uma abertura no alto da face oeste da pirâmide.[4]

A terceira pirâmide de Seneferu, popularmente conhecida como Pirâmide Vermelha, devido ao tom avermelhado das pedras de seu miolo, encontra-se em boas condições. Ainda conserva grandes áreas do revestimento original de pedra, e é o mais antigo monumento completo em forma de pirâmide. De novo, não há inscrições em seu interior ou exterior.

A inclinação de suas laterais é idêntica à da parte superior da Pirâmide Torta. A entrada, uma diagonal de um retângulo de proporções 1:2, conduz a um corredor de 1,21 metro, longo e íngreme, até a rocha-mãe; uma curta passagem vai dar num terceiro aposento, maior. A altura do teto chanfrado desse terceiro aposento chega a 15 metros.[5]

Durante o reinado de Quéops, a atenção se voltou para o planalto de Gizé, e a pirâmide seguinte a ser construída foi a Grande Pirâmide, a de interior mais complexo. Conforme iremos investigar na seção seguinte, ela é evidência de algo espetacular, porém desconcertante.

Em Abu Rawash, 8 km a noroeste de Gizé, Djedfré construiu a oitava pirâmide, que hoje se encontra completamente destruída, em um local desolado e inacessível, cerca de 150 metros acima do vale do Nilo. É consideravelmente menor do que a pirâmide escalonada de Djoser, e, em um significativo rompimento com a tradição, possui uma única passagem descendente que dá num aposento vazio. Nenhuma inscrição foi encontrada em seu interior ou no que sobrou do seu exterior.[6]

Quéfren sucedeu Djedfré e a ele é atribuída a construção da nona pirâmide, a segunda erguida no planalto de Gizé. É a mais bem conservada entre as pirâmides do grupo de Gizé, e fica próxima à de Quéops. Em tamanho, é quase tão grande quanto esta, mas aparenta ser maior porque foi construída em um terreno mais elevado, e ainda traz intacto seu vértice (a pirâmide de Quéops perdeu 10 metros do seu topo). Sua estrutura interna é simples, se comparada à da pirâmide de Quéops. Há duas entradas, uma diretamente acima da outra. A mais alta está a 15 metros do chão e dá para uma passagem estreita, revestida de granito vermelho. Ela desce até a rocha-mãe, onde se nivela e continua horizontalmente até um grande aposento (14,17 x 5,02 x 6,85 m), lavrado na rocha calcária. O teto do aposento é revestido por blocos de calcário posicionados no mesmo ângulo das faces da pirâmide.[7]

Na extremidade oeste desse aposento há uma caixa de granito polido de 2,6 metros de comprimento, por 1,0 metro de largura, por 1,0 metro de profundidade, vazia e sem inscrições. Está enfiada no chão até a altura da tampa, que jaz ali perto, quebrada em duas. Em 1818, o aventureiro italiano Giambattista Belzoni a descobriu nessas condições.

A segunda entrada é escavada na rocha-mãe. No fundo da passagem existe uma câmara subterrânea grande, vazia e sem inscrições.

A terceira pirâmide de Gizé é atribuída a Miquerinos e, como as outras nove pirâmides, não possui marcas ou inscrições. Apenas o relato de Heródoto, e referências ao nome do faraó nas mastabas em volta, fazem dele seu provável construtor. É muito menor do que as outras duas pirâmides de Gizé – tem 7% do tamanho da pirâmide de Quéops. A metade inferior dos blocos de revestimento é feita de granito bruto. A face norte, a parte em torno da entrada e a uma área na face leste são feitas de granito polido. A metade superior da pirâmide era totalmente revestida com calcário polido.[8]

O aposento subterrâneo principal é escavado na rocha-mãe, revestido com granito vermelho, e sem quaisquer inscrições. O teto parece ser abobadado, mas em um exame mais atento descobre-se que é, na realidade, formado por grandes lajes de granito muito bem ajustadas, dispostas frente a frente, em ângulo, como um telhado, mas cuja parte inferior foi escavada para formar um falso arco. Um caixão esculpido em basalto foi encontrado na câmara, mas foi removido no começo do século XX por aventureiros britânicos. Infelizmente, perdeu-se no mar, na costa da Espanha.

A Grande Pirâmide

Com três câmaras, oito passagens e uma galeria principal, a Grande Pirâmide de Quéops é a mais complexa internamente dentre todas as pirâmides do Egito. A entrada original dá para uma passagem estreita (1,18 m de altura por 1,06 m de largura), que desce 105 metros no leito rochoso e termina em um aposento subterrâneo. Embora grande (14 m x 8,2 m x 3,3 m), esse aposento é rústico e desprovido de inscrições. Já que seu propósito é desconhecido, alguns teorizam que foi projetado para abrigar o sarcófago do rei, mas os construtores mudaram de ideia, abandonaram-no, e construíram o que é referido como a câmara da rainha. Outros teorizam que o plano foi mudado novamente para incluir outra câmara num lugar mais alto na pirâmide que seria, afinal, a câmara do rei.

Segundo o historiador grego Heródoto, o corpo de Quéops foi colocado em uma sala bem no fundo da pirâmide, de maneira que a água de um canal alimentado pelo Nilo transformaria a sala em uma ilha subterrânea. Ninguém sabe se a câmara subterrânea é a sala à qual Heródoto se refere, mas se for, precisaria estar 30 metros mais fundo para ficar no nível do Nilo.[9] Heródoto, que viveu 2 mil anos depois de a Grande Pirâmide ser construída, provavelmente estava relatando uma lenda. Nenhuma evidência sugere que essa história seja verdadeira.

Uma passagem ascendente junta-se com a passagem descendente próximo ao nível do solo. É muito estreita (1,18 m de altura por 1,06 m de largura) e sobe num ângulo de 26,5 graus, por 39,30 m. Então, nivela-se num corredor muito pequeno que conduz à câmara da rainha.[10] Uma vez que o piso original era escorregadio, corrimãos e rampas de madeira com antiderrapantes de metal foram instalados durante a década de 1940 para tornar a passagem menos difícil. Imediatamente antes da câmara da rainha, o piso da passagem baixa cerca de 30 centímetros.

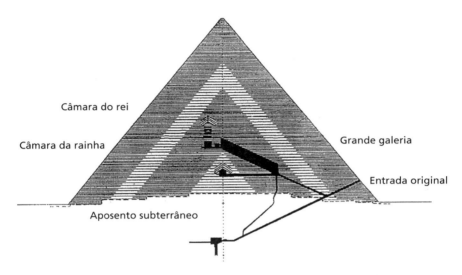

FIGURA 6.2. SEÇÃO TRANSVERSAL DA GRANDE PIRÂMIDE
(DE *THE PYRAMIDS AND TEMPLES OF GIZEH*, DE W. M. FLINDERS PETRIE)

A câmara da rainha é vazia, com paredes de calcário selado com gesso. Seu piso foi deixado sem polimento. O que há de estranho nesse aposento é que há dois dutos de 20 cm², que a princípio acreditava-se serem dutos de ventilação, que se estendem até o alto da pirâmide. Em 1993, Rudolf Gantenbrink e sua equipe de engenharia descobriram que esses dutos eram vedados nas extremidades por um bloco de calcário. Com essa descoberta, ficou claro que eles faziam parte do projeto original e foram acrescentados ao núcleo da alvenaria, nível após nível, à medida que a pirâmide ia sendo levantada. O duto sul se estende por mais de 18 metros acima do piso da câmara do rei e corre por 25 metros.

Na junção da passagem ascendente com a horizontal está a Grande Galeria – 47,85 metros de comprimento, 8,83 metros de altura e 8,89 metros de largura na parte inferior, com o teto chanfrado. O curioso é que há sete camadas de pedra que levam ao teto chanfrado, justamente como na pirâmide de

Seneferu em Meidum.[11] A galeria, estranhamente grande, se comparada às outras passagens, sobe até dar em um corredor que leva à câmara do rei.

Da Grande Galeria, uma pequena passagem revestida de granito dá acesso à câmara do rei. Somente engatinhando se consegue atravessar esse túnel. Essa câmara é, de longe, a mais intrigante, construída inteiramente de lajes lisas de granito. Suas paredes são formadas por cinco fileiras de pedra que somam uma centena de blocos de granito. Cada laje pesa 30 toneladas. Não se usou argamassa para uni-los, uma vez que cada peça foi cortada de modo a se ajustar perfeitamente às peças adjacentes. Nove lajes de granito, algumas pesando mais de 50 toneladas, formam o teto.[12]

Acima do teto, uma série de blocos de granito cortados grosseiramente foram empilhados um sobre o outro. Espaçadores entre as lajes criam cinco compartimentos, referidos como Câmara de Davison, após sua descoberta por Nathaniel Davison.[13] Alguns acreditam que essa sala foi planejada dessa forma de maneira a reduzir a pressão exercida pelo peso colossal das pedras acima. Entretanto, a câmara da rainha abaixo, que está sujeita a uma pressão ainda maior, não tem um teto como esse. Embora a pirâmide seja desprovida de inscrições, numa das lajes superiores existe o nome Quéops, que, acredita-se, seja uma marca de pedreira feita por um antigo trabalhador.

Na extremidade oeste da câmara do rei há uma grande caixa vazia, aberta e polida, esculpida em granito. Como a passagem para o aposento é muito estreita para a caixa, ela deve ter sido colocada lá quando a pirâmide estava sendo construída. Se algum dia existiu uma tampa para ela, foi removida do aposento sem deixar vestígios. Jamais foram encontradas partes da tampa, nem mesmo cacos ou fragmentos, em nenhuma das passagens ou câmaras.

Nas paredes norte e sul, dutos de ventilação levam ao exterior da pirâmide. São idênticos, em ângulo e tamanho, àqueles da câmara da rainha. A Grande Pirâmide é única nesse aspecto. Nenhuma outra apresenta tais canais.

A ausência de evidências que sustentem a teoria do túmulo

Segundo o egiptólogo egípcio independente Moustafa Gadalla, bastaria a inexistência de itens funerários para invalidar a teoria de que as pirâmides eram usadas como túmulos. Vestígios, fragmentos ou fibras da múmia e seu envoltório certamente permaneceriam na câmara mortuária, ou em algum outro lugar da pirâmide, se ela fosse um local de descanso para os mortos. Além disso, as passagens da pirâmide são muito baixas – quase todas têm menos de

1,20 metro de altura – e muito estreitas, também, para permitir a passagem do sarcófago. Em geral, todas as pirâmides genuínas egípcias, as que foram construídas como estruturas maciças, simplesmente carecem de espaço para acomodar adequadamente as pessoas e a cerimônia, que era essencial para a jornada do morto rumo à vida eterna.

Por último, jamais foram encontrados restos humanos no interior de uma pirâmide genuína. Ladrões roubam tesouros, objetos funerários de valor, mas evitariam um cadáver. Pertences valiosos por baixo das faixas poderiam ser removidos e o corpo deixado próximo ao seu sarcófago. Se a ideia era aceitar que os ladrões de sepulturas destruíram as tampas dos sarcófagos para chegar ao tesouro pessoal do faraó, por que eles se dariam ao trabalho de levar com eles os sarcófagos? Para não falar da força bruta que seria necessária para isso. Nunca foram achados fragmentos desses hipotéticos sarcófagos quebrados, nem de suas tampas, em parte alguma das passagens ou das câmaras.

As evidências observáveis sugerem que as pirâmides jamais foram concebidas para abrigar pessoas, vivas ou mortas. Uma vez que passagens e câmaras foram projetadas e construídas nas pirâmides, e a julgar pelo tempo e o trabalho empregados nisso, conclui-se que elas certamente teriam um propósito útil. A estrutura interna da Grande Pirâmide, a mais complexa dentre todas, parece uma série incompreensível de passagens que sobem e descem, com uma única passagem grande, ascendente. Isso, é claro, levanta a questão: se as pirâmides não eram túmulos, então, o que eram?

A ciência da Engenharia Reversa

Teorias sobre o verdadeiro propósito das pirâmides abundam. Com sua planta interna incomum, a Grande Pirâmide, junto com as outras do planalto de Gizé, tem sido foco de inúmeras especulações. Existem teses de que as pirâmides teriam sido túmulos, monumentos para comemorar o início da civilização egípcia, templos harmônicos e objetos para atrair energia espiritual. Por mais interessantes que possam ser tais teorias, nenhuma delas explica por completo as evidências visíveis no interior da Grande Pirâmide.

É lógico supor que se muito tempo, esforço e material foram empregados em um projeto tão grandioso como a construção das pirâmides, provavelmente algum benefício era esperado em retorno, pelo menos para o faraó e, possivelmente, para a civilização inteira. Em tempos de guerra, é típico do departamento técnico da inteligência militar desmontar, analisar e remontar equipamentos capturados, a fim de entender como tal item foi feito e como funciona, e para determinar as capacidades técnicas do inimigo. Isso é chamado de "engenharia reversa", e seu papel é determinar como as coisas funcionam. Embora não seja possível desmontar a Grande Pirâmide, ao longo do tempo, inúmeros pesquisadores contribuíram para a massa de informação acumulada sobre a construção da pirâmide e para o nosso entendimento do que ela poderia significar. A pesquisa da engenharia reversa sobre a Grande Pirâmide compreende o conhecimento de engenharia mecânica.

A Grande Pirâmide é um quebra-cabeça gigante, embora "labirinto" seja um termo mais apropriado. Felizmente, quase todas as peças ainda estão lá. Tudo o que é preciso é que alguém inclinado para o estudo da mecânica das coisas, com alma de "cão farejador", hábil no ofício de fabricação, conhecedor de máquinas e de projetos, examine a fundo as passagens da pirâmide, suas câmaras, técnicas usadas na construção, materiais e qualquer evidência residual, a fim de determinar qual era o seu propósito. Apenas se conseguir explicar a mistura bizarra de passagens e câmaras como um todo, de um modo abrangente, é que se pode considerar uma análise bem-sucedida. Christopher Dunn, o engenheiro mecânico perito que foi comentado no capítulo 4, é o tal cão farejador. Ao longo de vinte anos, Dunn visitou o Egito várias vezes e aplicou seu conhecimento de máquinas de precisão e técnicas de fabricação a uma análise mecânica da Grande Pirâmide. Mas suas conclusões não são para mentes estreitas.

A reação típica de um fuçador ocasional de livrarias ao título de Dunn, *The Giza Power Plant* é: "Isso é coisa de biruta" – efeito que é consequência clara de uma instrução tradicional. Entretanto, sua análise e a teoria a que chegou são, de longe, as mais abrangentes que já foram levadas a termo sobre o interior da Grande Pirâmide. Inspirado pela obra de Peter Tompkin, *Secrets of the Great Pyramid*, durante os anos de 1970, Dunn passou os vinte anos seguintes visitando o Egito sempre que podia e aplicando sua perícia mecânica para responder à pergunta: para que a pirâmide era usada? Para Dunn, a disposição das câmaras e passagens apontava para algo mecânico, e o exame das evidências confirmou suas suspeitas. Segundo Dunn, a soma das evidências sugere que a pirâmide era uma estrutura que tinha o propósito de absorver as vibrações tectônicas (uma forma de energia) da Terra e transformá-la em energia elétrica.

Uma usina de força geomecânica

A crosta terrestre consiste de um número de peças em movimento, nove grandes placas tectônicas e outras doze menores, que estão sempre colidindo ou se afastando. A pressão aumenta nas zonas de falhas e acaba sendo aliviada. Percebemos esse alívio de pressão como uma vibração maciça, um terremoto. As propriedades mecânicas das rochas que as ondas sísmicas atravessam ao deslocarem-se, rapidamente organizam essas ondas em dois tipos. As ondas de compressão, também conhecidas como primárias ou ondas "P", propagam-se mais rápido, numa velocidade que varia de 1,5 a 8 km por segundo na crosta terrestre. As ondas transversais, também conhecidas como secundárias ou ondas "S", propagam-se mais devagar, normalmente a 60 ou 70% da velocidade das ondas P. As ondas P fazem o solo vibrar na direção em que se propagam, ao passo que as ondas S o fazem vibrar perpendicular ou transversalmente à direção da propagação. Embora as frequências reais das ondas sísmicas estejam abaixo do alcance da audição humana, é possível escutá-las quando se acelera um sismograma gravado. Tipicamente, as ondas P, de alta frequência, são seguidas pelo som grave e prolongado das ondas S, de baixa frequência.

Em consequência da constante colisão das placas terrestres, terremotos bem pequenos ocorrem continuamente. Só percebemos os grandes. O significado disso é que a Terra vibra o tempo todo e possui sua própria frequência fundamental. Seria possível captar essas vibrações com um objeto que respondesse de acordo com a frequência fundamental da Terra.

Se um dispositivo fosse concebido de modo que sua própria frequência de ressonância fosse a mesma que a da Terra, ou se estivesse em harmonia com ela, teria o potencial de se tornar o que é chamado de oscilador conjugado – um objeto que está em harmônica ressonância com outro objeto vibrante, normalmente maior. Quando colocado para funcionar, o oscilador conjugado pode captar energia terrestre e vibrar junto com ela harmonicamente, desde que a Terra continue a vibrar nessa frequência. Desse modo, pode-se transferir energia terrestre com eficiência.

O que Dunn descobriu é que a Grande Pirâmide, que cobre uma vasta área, está em ressonância harmônica com as vibrações da Terra, e funciona como uma trompa acústica para captar e canalizar as vibrações terrestres. Depois de analisar a estrutura interna da pirâmide, ele também concluiu que suas passagens e câmaras foram projetadas para maximizar a produção sonora.

Ao criar pulsos alternados no topo da pirâmide e na câmara subterrânea – uma característica que todas as pirâmides egípcias têm – a estrutura poderia ser posta para funcionar. Uma vez que a vibração da pirâmide estivesse combinada com a da Terra, a transferência de energia da Terra continuaria até que o processo fosse revertido. Chris Dunn explica precisamente como isso era conseguido por meio da estrutura interna da pirâmide. Tudo que seria necessário, então, seria um sistema que pudesse fazer uso dessa energia.[14]

Um gerador de eletricidade (a câmara do rei)

O cristal de quartzo tem uma reação peculiar quando é submetido à vibração. Conhecido como efeito piezoelétrico, a vibração comprime o cristal alternadamente, gerando corrente elétrica (esse princípio é empregado em microfones, por exemplo). O cristal de quartzo não cria energia; ele apenas converte um tipo de energia em outro. De fato, serve como um transdutor. O interessante é que a câmara do rei foi construída com granito de Assuã, que contém 55% ou mais de cristais de quartzo de silício. Então, nesse sentido, a câmara do rei é um transdutor.

A evidência disso é contundente. Acima da câmara do rei há cinco fileiras de vigas de granito, 43 ao todo, cada uma pesando mais de 70 toneladas. Cada camada de granito é cortada reta e paralelamente em três dos lados, e deixada rústica na parte superior, e é separada das outras por espaços grandes o suficiente para uma pessoa rastejar por eles. O resultado disso é que cada viga de granito pode vibrar se submetida a uma quantidade de energia adequada. Se ajustadas à mesma frequência, as outras vigas igualmente vibrariam na mesma (ou harmônica) frequência que a primeira viga. Além disso, se a frequência da fonte, o som recebido, combinasse com a frequência natural da viga, então, a transferência de energia poderia ser maximizada e o mesmo aconteceria com a vibração das vigas.

Para aumentar a capacidade de ressonância das 43 vigas de granito com a frequência da fonte, seria preciso que a frequência natural das vigas fosse a mesma, ou harmônica à frequência da fonte. Para obter esse resultado, as vigas teriam de ser desbastadas até atingirem a frequência desejada. O princípio aqui é o mesmo do diapasão. Diapasões grandes ressoam em baixas frequências e, os pequenos, em altas frequências. Para fazer com que as vigas de granito vibrassem na mesma frequência seria preciso que todas elas tivessem, de um modo geral, a mesma forma e o mesmo peso. E isso é precisamente o que as evidências observáveis indicam. Os construtores da câmara trabalharam nas laterais brutas das vigas antes de instalá-las, removendo protuberâncias e escavando buracos. Com efeito, elas foram "afinadas". Testes acústicos confirmam que as vigas de granito vibram na frequência fundamental. Na verdade, a própria câmara reforça essa frequência ao produzir frequências dominantes. A câmara cria um acorde em fá sustenido, que se acredita estar em harmonia com a vibração natural da Terra.

Testes acústicos no interior da câmara do rei também revelaram que o aposento inteiro encontra-se "solto" dentro da alvenaria de calcário. O piso de granito assenta-se sobre o calcário "corrugado"; as paredes são suportadas externamente e mergulham 12,5 centímetros abaixo do piso. O resultado final é que todo o aposento é livre para vibrar com eficiência máxima e está pronto para converter as vibrações da terra em eletricidade. A vibração do cristal contido no granito cria um campo elétrico, mas para recolher essa energia é necessário um meio de transferência, que era fornecido pelo resultado dos processos químicos na câmara da rainha, com o emprego de hidrogênio. Na presença de um campo elétrico, o hidrogênio se torna excitado – atomicamente falando, seus elétrons expandem sua órbita em torno do núcleo. Quando se força os elétrons de hidrogênio a voltar ao seu estado de repouso (original), a energia que eles conservam precisa ser liberada, e com equipamento apropriado para recolher e concentrar a energia, ela poderia ser usada em algum dispositivo (pesquisas recentes têm investigado esse tipo de produção de eletricidade para aplicação em laptops e em próteses, embora outros meios sejam mais eficientes do que o hidrogênio para o uso nos dispositivos diminutos atuais).

Curiosamente, o próprio caixão no interior da câmara do rei vibra na frequência de 438 hertz – em sincronismo com o aposento. Tudo o que é necessário é energia suficiente para fazer vibrar as vigas e ativar suas propriedades piezoelétricas.[15]

O ressoador (a Grande Galeria)

A chave para fazer a câmara do rei vibrar é a estrutura ou dispositivo que concentra as vibrações recebidas através da pirâmide – justamente o propósito da Grande Galeria. Trata-se de uma área encapsulada, com ressoadores instalados em encaixes ao longo de toda sua extensão. Um ressoador é um objeto com dimensões específicas escolhidas de modo a permitir a oscilação interna ressonante das ondas acústicas de frequências específicas. A vibração ressoa dentro da cavidade do objeto para produzir som propagado pelo ar a uma certa frequência, que é baseada no tamanho da cavidade. Molduras de madeira foram construídas para abrigar os ressoadores da Grande Galeria, dispostos no chão e no teto, com as extremidades das molduras ajustadas aos encaixes retangulares escavados no calcário. Quando os ressoadores estavam em seus lugares, provavelmente não era possível caminhar pela galeria, por causa do equipamento e de seus apetrechos. O papel dos ressoadores era o de converter e concentrar as vibrações em som propagado pelo ar.

De acordo com Dunn, o desenho da galeria, seus ângulos e superfícies, refletem o som e o direcionam para a câmara do rei. Quando o som é canalizado para a cavidade de granito ressoante, força as vigas de granito do teto a oscilarem e, por sua vez, as vigas acima delas começam a ressoar também, harmonicamente. Em resultado disso, uma maximização de ressonância é obtida e todo o complexo em granito se torna uma vibrante massa de energia. O desenho específico da Grande Galeria foi projetado para transferir a energia captada pela enorme área da pirâmide para a câmara do rei ressoante.

Embora seja necessária uma confirmação de um engenheiro acústico para corroborar que a Grande Galeria refletiria o som da maneira proposta, Dunn foi capaz de extrapolar outras informações acerca de dispositivos acústicos que já não estão mais no lugar. Ele teoriza que a Grande Galeria abrigava ressoadores que convertiam as vibrações conjugadas da Terra e da pirâmide em som propagado pelo ar. Os 27 pares de encaixes nas rampas laterais da galeria poderiam ter contido o conjunto de ressoadores. O que seria uma boa explicação para a existência dos encaixes, cuja existência sempre constituiu um mistério. Se a função deles era a de responder às vibrações da Terra, então, deveriam ser similares a um ressoador Helmholtz (veja fig. 6.3), um dispositivo atual que tem uma função similar.

Um ressoador Helmholtz responde a vibrações e maximiza a transferência de energia de uma fonte vibradora. Trata-se de uma esfera oca com uma abertura redonda entre um décimo e um quinto do seu diâmetro, geralmente de metal, mas que pode ser feita de outros materiais. O tamanho da esfera determina a frequência em que ela ressoa. Se a frequência do ressoador está em harmonia com sua fonte, retirará energia da fonte e ressoará numa amplitude maior.

A teoria de Dunn é que cada ressoador do conjunto da Grande Galeria era equipado com vários ressoadores do tipo Helmholtz, afinados em diferentes frequências harmônicas. Cada ressoador na série respondia a uma frequência mais alta do que a anterior, e ampliava a frequência das vibrações vindas da Terra. Para conseguir isso, os antigos cientistas precisariam reduzir as dimensões de cada ressoador sucessivamente, e também reduzir a distância entre as duas paredes. Na verdade, as paredes da Grande Galeria se estreitam sete vezes, do chão até o teto. Em sua base, os ressoadores eram presos nos encaixes da rampa. Ao longo da segunda camada da parede chanfrada há uma ranhura entalhada na pedra, sugerindo que os ressoadores eram mantidos em seus lugares e posicionados ao serem antes instalados nos encaixes da rampa. Pinos encravados na ranhura mantinham-nos no lugar. Os suportes verticais

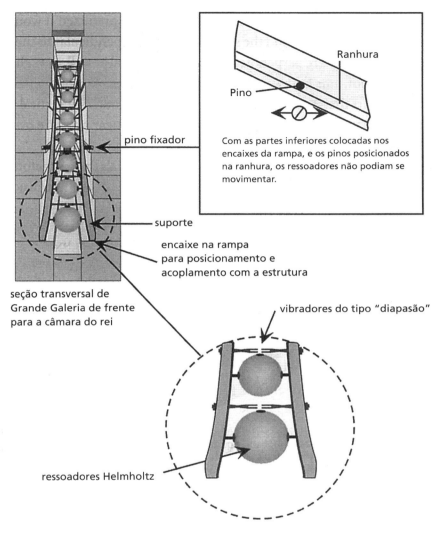

Figura 6.3. Diagrama do dispositivo ressoador
(de *The Giza Power Plant*, de Christopher Dunn)

para os ressoadores provavelmente eram feitos de madeira, uma vez que esse material é um dos que respondem a vibrações de maneira mais eficiente.

O Museu do Cairo guarda alguns dos mais notáveis artefatos em pedra da civilização egípcia. Segundo Dunn, a julgar pela forma e as dimensões de alguns desses vasos, provavelmente são os ressoadores do tipo Helmholtz usados na Grande Pirâmide. Um desses itens, um cântaro, tem uma trompa presa a ele. Outro cântaro não tem as alças normalmente usadas em um vaso doméstico, mas apêndices laterais que mais parecem munhões. Tais munhões seriam necessários para manter o cântaro preso em um ressoador. Um fato pouco divulgado a respeito desses artefatos é que foram encontrados trinta mil deles em câmaras debaixo da pirâmide escalonada de Djoser.[16]

Um filtro acústico (a antecâmara do rei)

A antecâmara da câmara do rei tem sido objeto de muita preocupação e discussão. A despeito de suas pequenas dimensões, 2,7 metros de comprimento, por 2,7 metros de altura, por 1,06 metro de largura, é um dos aposentos mais incomuns na pirâmide. Em comparação com todo o resto da construção, é rústico – a superfície dos blocos de pedra não são polidas, nem niveladas. Na parede sul, acima da entrada para a câmara do rei, há quatro ranhuras verticais que correm da entrada até o alto da câmara. Ao longo das paredes leste e oeste há dois lambris (revestimentos) de granito, de diferentes alturas. O do lado leste tem 2,6 metros de altura; o do lado oeste tem um pouco mais de 2,75 metros. Três ranhuras foram escavadas nos lambris de granito da parede oeste, começando na extremidade sul da câmara, medindo aproximadamente 0,45 metro de largura. No alto de cada ranhura há um rebaixo semicircular, como suportes para uma vara ser pendurada atravessando o aposento. Entretanto, uma vez que não há rebaixos feitos nas ranhuras do lado leste, qualquer viga hipotética teria de se apoiar no alto.

Alguns pesquisadores aventaram a hipótese de que uma série de lajes de pedra foram deslizadas para suas posições após o corpo de Quéops ser sepultado. Os rebaixos semicirculares feitos nos lambris de granito suportavam as vigas de madeira que serviram como guindastes para baixar os blocos. Segundo Dunn, eles não estavam muito longe da verdade.

Os antigos egípcios precisavam concentrar um som de frequência específica na câmara do rei, o que requereria um filtro acústico entre a Grande Galeria (o ressoador) e a câmara do rei. Colocando defletores no interior da antecâmara, as ondas sonoras que vinham da Grande Galeria seriam filtradas quando a atravessassem. Somente uma única frequência, ou harmônica dessa frequência, passaria para a câmara do rei. O resultado disso seria que ondas sonoras de interferência não seriam capazes de entrar na câmara do rei e reduzir a produção.

Para explicar os sulcos semicirculares visíveis no lado oeste da antecâmara e a superfície plana do lado leste, Dunn especula que quando os defletores foram postos no lugar, receberam uma afinação final. Girando as cames, o eixo descentralizado levantou ou abaixou os defletores até que a produção do som estivesse maximizada. Uma vez "afinadas", o eixo que suspendia os defletores seria fixado no lugar num pilar situado na superfície plana dos lambris na parede oposta.[17]

A passagem ascendente

Já que um sistema vibrante pode acabar destruindo a si próprio, uma maneira de controlar a energia da vibração também é necessária. Uma delas é abafar o sistema; a outra é contra-atacar com uma onda de interferência que anule a vibração. Amortecer fisicamente a vibração seria impraticável, considerando a função da Grande Pirâmide como uma máquina. Entretanto, o amortecimento nem sempre é necessário, ao contrário das necessidades de amortecimento de uma ponte, por exemplo. Reduziria a eficiência da máquina, e envolve provavelmente partes móveis, como os abafadores num piano.

Anular o excesso de vibrações usando uma onda sonora defasada como interferência seria a escolha lógica. A passagem ascendente é a única estrutura dentro da Grande Pirâmide que contém os dispositivos ("tampões" de granito) que podem ser acessados diretamente do exterior. Dunn se refere a eles como dispositivos pela mesma razão que também chama as vigas de granito acima da câmara do rei de dispositivos. Tanto em seu projeto como na confecção de tais itens, houve exagero, se levarmos em conta seu suposto uso. Calcário teria sido suficiente para manter os ladrões afastados. Então, por que usar granito?

Dunn estudou-os e chegou à conclusão de que eles desempenhavam dois papéis cruciais. Primeiro, o de fornecer *feedback* para os operadores da usina de força, respondendo ao som que estivesse sendo gerado dentro da Grande Galeria, e passando através da passagem ascendente. Segundo, devem ter sido capazes de responder a vibrações do equipamento da passagem descendente e transmitir as ondas sonoras defasadas como interferência a fim de evitar que as vibrações atingissem níveis destrutivos. É claro que os operadores deviam usar sensores de vibração ligados ao tampão de granito do fundo com o objetivo de monitorar o nível de energia lá dentro. Isso explica não só a lógica dos construtores ao escolher o granito, mas também os meios que os antigos egípcios usavam para controlar o nível de energia do sistema. Dunn também especula que dirigindo um sinal da frequência correta para a passagem descendente, os operadores poderiam preparar o sistema. Segundo *sir* Flinders Petrie, as faces adjacentes dos blocos tinham um acabamento ondulado (mais ou menos 0,75 cm). Parte do granito ainda se encontrava cimentada ao chão, prova indiscutível de que os tampões de granito foram posicionados enquanto a Grande Pirâmide estava sendo construída.[18]

A caixa de granito na câmara do rei

Depois de transformar a energia mecânica em energia elétrica, é necessário um meio através do qual a eletricidade possa fluir e ser utilizada. O mais provável é que, quando a usina estava em operação, a câmara do rei estivesse cheia não de ar, mas com um meio gasoso que pudesse ressoar com o sistema inteiro, maximizando, assim, a produção. O hidrogênio, átomo responsável pela emissão da radiação de micro-ondas no universo, e também o mais simples dentre todos os elementos, satisfaria essas necessidades. Seus átomos, com um único elétron, absorveriam a energia com mais eficiência. As frequências elevadas que adentrassem a câmara do rei vindas da Grande Galeria excitariam o hidrogênio gasoso a níveis mais elevados de energia. Em outras palavras, ele absorveria essa energia eficientemente, já que cada átomo responderia em ressonância com essa recepção.

A vibração das vigas de granito convertia a energia sonora, por meio do efeito piezoelétrico dos cristais de quartzo de silício, em ondas de rádio de alta frequência, que eram absorvidas pelos átomos de hidrogênio. Isso acontece porque o único elétron no átomo de hidrogênio é induzido a aumentar sua distância do próton, o que constitui um estado não natural. Quando o elétron, por fim, retorna ao seu estado normal, libera energia. Ele também pode ser estimulado a retornar ao seu estado normal por meio de um sinal de entrada, que é uma quantidade de energia da mesma frequência. O resultado disso é que o sinal de entrada continua seu caminho, depois de estimular a emissão do átomo de hidrogênio, e leva embora a energia liberada.

Na Grande Pirâmide, o duto norte servia como um condutor para o sinal de entrada de micro-ondas. Ele foi construído para passar através da alvenaria, da face norte da pirâmide até a câmara do rei. Esse sinal de entrada de micro-ondas podia ser recolhido pela superfície externa da pirâmide e conduzida pelo condutor de ondas. A superfície original do revestimento de pedra da pirâmide, que era liso e ligeiramente côncavo, pode ter sido tratado de modo a recolher ondas de rádio da região de micro-ondas que está constantemente bombardeando a Terra do espaço. Segundo Dunn, o condutor de ondas que conduz à câmara tem dimensões que se aproximam muito do comprimento de onda da energia de micro-ondas, que é de 1.420.405.751,786 hertz. Essa é a frequência de energia emitida pelo átomo de hidrogênio no universo. Isso certamente ajuda a explicar a chapa de ferro dourado que foi descoberta enfiada no calcário perto do duto sul. Revestir os dutos com chapas de ferro dourado os tornaria condutores muito eficientes tanto para o sinal de entrada quanto para a energia produzida.

A caixa de granito do interior da câmara do rei é um componente importante do sistema. Dunn acredita que ela ocupava uma posição entre os condutores de ondas nas paredes norte e sul. Ela servia como um amplificador do sinal de micro-ondas que chegava à câmara. Para nós, ela é densamente opaca, mas permite que radiação eletromagnética (invisível para nós) passe através dela. A evidência sugere que a caixa de granito podia refratar a radiação eletromagnética que passava através das paredes norte e sul da caixa.

Embora medições precisas sobre as características óticas não tenham sido feitas, as medições realizadas pelo explorador britânico do século XIX Piazzi Smyth demonstram que a superfície da caixa é côncava. Então, quando a caixa de granito estava posicionada no caminho do sinal que chegava do duto norte, e com cristais oscilantes acrescentando energia ao raio de micro-ondas, pode ter servido para ampliar o sinal dentro da caixa quando passava pela primeira parede. Dentro da caixa de granito, o raio ampliado então interagia e estimulava a emissão de energia dos átomos energizados de hidrogênio.

Na câmara do rei, na abertura do duto sul, há um detalhe na parede de granito que lembra muito uma antena corneta, um receptor de micro-ondas. A radiação recolhia mais energia quando passava através da parede oposta da caixa; então, era uma vez mais refratada e concentrada nessa antena corneta. A boca de sua abertura encontra-se seriamente danificada. Devido à sua geometria curva, alguém, no passado distante, achou necessário remover uma parte do granito para retirar o ouro ou o revestimento dourado. Segundo Dunn, o que restou identifica-a de maneira inequívoca como um receptor da energia de micro-ondas que entrava na câmara vinda do condutor de ondas da parede norte.[19]

O gerador de hidrogênio (a câmara da rainha)

A câmara da rainha está situada no centro da pirâmide, com dois dutos ascendentes que terminam a 12,5 centímetros da parte de dentro da parede da câmara. O explorador britânico do século XIX, Wayman Dixon, descobriu esses dutos em 1872, ao atravessar um bastão na parede. Ele também percebeu que o calcário da região do duto era particularmente macio. Em 1993, pesquisas conduzidas pelo engenheiro de robótica Rudolf Gantenbrink revelaram, como já foi mencionado anteriormente, que as extremidades estavam seladas por blocos de calcário. Obviamente, eles nunca tiveram a intenção de serem dutos de ar.

No final do século XIX, Piazzi Smyth achou importante registrar que havia flocos brancos de argamassa exsudando das juntas dentro do duto. Mais tarde, descobriu-se que se tratava de gesso de Paris, também conhecido como gipso. Ele também notou que a câmara continha um odor acre que fazia com que os visitantes se apressassem a deixar a câmara. Segundo Dunn, tal odor não era resultante de más condições de higiene, mas sim de elementos residuais dos processos químicos que costumavam ocorrer ali.[20]

Outro fato aparentemente inexplicável é que há sal incrustado nas paredes, e também na passagem horizontal na porção inferior da Grande Galeria, cuja espessura, em alguns lugares, chega a mais de um centímetro. Ironicamente, o sal é um produto natural da reação química necessária para produzir hidrogênio. Foi formado provavelmente quando o gás contendo hidrogênio reagia com o cálcio nas paredes de calcário. Em 1978, o dr. Patrick Flanagan, físico e pesquisador, enviou uma amostra desse sal ao Departamento de Geologia e Tecnologia Mineral do Arizona para análise. Descobriu-se que se tratava de uma mistura de carbonato de cálcio, cloreto de sódio e gipso (gesso de Paris) – precisamente os minerais que resultariam de uma reação química ocorrida na câmara da rainha para obtenção de hidrogênio.[21]

O nicho chanfrado com um pequeno túnel escavado a uma profundidade de 11,58 metros, que termina numa caverna em forma de bulbo, é outra curiosidade da câmara da rainha. Seu piso plano e nivelado e seu lado esquerdo que forma um ângulo reto quase perfeito, são indícios certos de que era parte da construção original. É provável que tivesse um propósito mecânico. O engenheiro hidráulico Edward Kunkle propôs que fosse parte de uma grande bomba de aríete, que também envolvia outras particularidades do interior da Grande Pirâmide.[22]

Dunn acredita que a terminação dos dutos, a 12,5 centímetros da câmara, fazia parte do projeto original. Cada duto continha um pequeno orifício que desembocava na câmara, que seria uma maneira de controlar a quantidade específica de fluido que entrava nela. Uma vez que o duto norte apresenta uma mancha escura, os egípcios devem ter usado os dutos para introduzir dois elementos químicos diferentes na câmara da rainha.

O nicho chanfrado do interior da câmara forneceria uma escora para uma torre da evaporação, e pode ter contido também um catalisador. Os elementos químicos eram derramados no piso da câmara e passavam pelo material catalisador.

Dunn procurou o engenheiro químico Joseph Drejewski. Drejewski concordou que duas soluções químicas poderiam ser introduzidas nessa câmara para criar hidrogênio ou amônia em condições ambientes de 26,5 graus centígrados, com variações de 6,5 graus para mais ou para menos. Ele também concordou que o nicho na parede da câmara poderia ter sido usado para abrigar um resfriador ou uma torre de evaporação. Segundo Drejewski, o zinco é a escolha de metal mais comum para criar hidrogênio. Quando tratado com ácido clorídrico, produz hidrogênio gasoso razoavelmente puro, relativamente rápido.[23]

Apoio adicional à teoria química de Dunn veio em 1993, quando Rudolf Gantenbrink guiou um robô, Upuaut II, pelo conduto sul e descobriu em sua extremidade uma "porta" com acessórios de cobre. A filmagem desse duto, feita pelo robô de Gantenbrink, revelou erosão na porção inferior do duto. As paredes e o piso dele eram extremamente rústicos, e a erosão mostrava estrias horizontais. Também havia sinais de exsudação de gipso nas paredes de calcário. O robô de Gantenbrink chegou a um beco sem saída na parte superior do duto sul, ao encontrar um bloco de calcário com dois misteriosos acessórios de cobre sobressaindo dele.

Foi publicado que uma porta oculta havia sido encontrada dentro da Grande Pirâmide. O que não foi divulgado é que o próprio duto tem apenas cerca de 22,5 cm². Assim sendo, não era de fato uma "porta". Especulou-se que os acessórios de cobre seriam ferrolhos para prevenir que o bloco de calcário fosse removido. Entretanto, para Dunn, essa explicação não se encaixa. Por que os construtores da pirâmide desejariam incluir um bloco deslizante em uma área inacessível? E mesmo se desejassem, como isso era ativado?

De acordo com Dunn, os acessórios de cobre parecem eletrodos, que seriam capazes de fornecer uma medida exata de ácido clorídrico para a câmara. Eles poderiam funcionar como uma chave para assinalar a necessidade de mais produtos químicos. Os primeiros exploradores encontraram, nos dutos que levam à câmara da rainha, um pequeno gancho duplo de bronze, um pedaço de madeira e uma esfera de pedra. Por certo tempo, estiveram desaparecidos. Mas, em 1993, reapareceram no Museu Britânico, dentro de uma caixa de charutos, no Departamento de Antiguidades Egípcias. Segundo Dunn, esses itens provavelmente faziam parte do mecanismo que alertava que mais produtos químicos eram necessários.[24] Se os dutos serviam para armazenar os produtos químicos, o pedaço de madeira, que parece cedro, junto com o gancho duplo de bronze, devia ficar boiando sobre a superfície do fluido. Ele subia e descia de acordo com o nível de fluido no duto. Quando o duto estava cheio, as pontas faziam contato com os eletrodos, fechando o circuito. Quando o fluido baixava, as pontas se afastavam dos eletrodos, abrindo o circuito, enviando, assim, um sinal para que mais solução química fosse bombeada. Uma vez que o gancho fizesse contato com os eletrodos, a bomba pararia.

Gantenbrink ofereceu-se para atravessar o pequeno espaço na parte inferior da porta com outro robô, mas a oportunidade lhe foi negada. Mais tarde, o engenheiro americano Tom Danley testou o duto sul usando um dispositivo acústico e descobriu que o duto continuava além do bloco de calcário por mais 9 metros. Embora não haja evidências tangíveis do que existe por trás da "porta" de Gantenbrink, o que foi descoberto combina muito bem com a teoria da usina de força.[25]

Em 1992, o engenheiro francês Jean Leherou Kerisel conduziu testes de radar de penetração no solo* e microgravimetria na curta passagem horizontal que liga a passagem descendente ao poço subterrâneo. Sua equipe detectou uma estrutura sob o piso da passagem. Era possível que se tratasse de um corredor orientado na direção sul-sudeste/norte-nordeste, com o teto na mesma altura da passagem descendente. Também foi encontrado um "defeito na massa", como Kerisel o classificou, no lado oeste da passagem, 5,5 metros antes da entrada da câmara.[26] Essa anomalia corresponde a um duto vertical de pelo menos 4,5 metros de profundidade, com uma seção muito próxima à parede oeste da passagem. Kerisel julgou ter identificado, fora do corredor subterrâneo da entrada da câmara, algo que parece ser um sistema completamente separado do corredor que termina em um duto vertical. Embora possam ser traços de um grande volume de pedra calcária dissolvida, ele suspeita fortemente de que se trata de uma intervenção humana.

O que a descoberta de Kerisel indica é que os dutos de alimentação que chegam à câmara da rainha deviam ser preenchidos com produtos químicos através de um duto vertical ligado a uma câmara subterrânea. Kerisel detectou a anomalia vertical no lado oeste da passagem, que é a mesma orientação dos dutos que chegam à câmara da rainha. Segundo Dunn, não seria de admirar que ao atravessar a "porta" de Gantenbrink fosse encontrado um duto vertical que fosse dar em uma câmara escavada na rocha-mãe. Dunn tampouco ficaria surpreso se cabos ou arames de cobre, que eram ligados aos acessórios de cobre, fossem encontrados por trás da "porta" de Gantenbrink.

A passagem horizontal, o duto e o poço subterrâneo

A longa passagem horizontal que liga a câmara da rainha à Grande Galeria também foi construída em calcário. Seu propósito pode ter sido o de remover

---

* Conhecido como GPR (Ground Penetrating Radar). (N. da T.)

umidade residual e impurezas do hidrogênio gasoso, à medida que ele fluísse em direção à Grande Galeria. Na junção onde a passagem horizontal se encontra com a passagem ascendente, existe um ressalto de 12,5 centímetros. Devia haver, provavelmente, uma laje apoiada contra o ressalto, funcionando como uma ponte entre a passagem ascendente e o piso da Grande Galeria, onde há outro ressalto semelhante. O ressalto e a laje deviam impedir que o fluido descesse para a passagem ascendente. Encaixes na parede lateral indicam que devia haver suportes para essa laje. Orifícios teriam de ser perfurados nela para permitir que o gás subisse para a Grande Galeria.

Nessa junção, e em direção a oeste, um orifício leva até o duto. A solução química gasta, saída da câmara da rainha, devia fluir ao longo da passagem horizontal, escorrer pelo duto e para a caverna artificial ou poço subterrâneo, se o duto estava ligado à parte inferior da passagem descendente.[27]

A usina de força de Gizé

Eis como a usina de força de Gizé provavelmente funcionava. A gigantesca estrutura da pirâmide coletava e concentrava as vibrações tectônicas vindas da terra abaixo dela. A Grande Galeria aprimorava a captação dessas vibrações e, por meio de seus ressoadores, convertia-as em som propagado pelo ar. O som passava por um filtro acústico, que só deixava passar uma certa frequência para a câmara do rei. Na câmara do rei, o som filtrado fazia vibrarem as paredes maciças de granito, o teto e a pilha de vigas de granito acima dele, convertendo energia mecânica em energia elétrica.

Uma vez que a câmara do rei estava repleta de hidrogênio gasoso produzido na câmara da rainha, o hidrogênio absorvia eletricidade, o que deixava seus átomos em estado excitado. Os sinais de micro-ondas eram captados pela superfície externa da pirâmide e direcionados para o duto norte, que chegava à câmara do rei. Lá, a caixa de granito refratava a radiação eletromagnética e, com a oscilação dos cristais adicionando energia ao feixe de micro-ondas, servia para ampliar o sinal em seu interior, quando ele atravessava sua primeira parede. No interior da caixa de granito, o feixe ampliado interagia, então, e estimulava a emissão de energia dos átomos energizados de hidrogênio. Ao atravessar o outro lado da caixa, a energia de micro-ondas era concentrada num dispositivo de antena, e deixava a pirâmide através do duto sul, quando já podia ser utilizada.

Infelizmente, qualquer equipamento externo que pudesse utilizar a eletricidade produzida pela usina de força foi removido há muito tempo. Depois

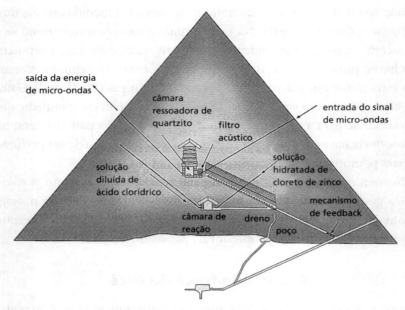

Figura 6.4. Análise mecânica da Grande Pirâmide
(de *The Giza Power Plant*, de Christopher Dunn)

da quarta dinastia, por razões desconhecidas, a necrópole de Gizé foi abandonada, para só ser redescoberta quase mil anos mais tarde pelo faraó Tutmósis IV, da décima oitava dinastia. Todavia, é espantoso pensar que todos os objetos e artefatos de precisão discutidos no capítulo 4, feitos da rocha mais dura que dispunham, fossem feitos à mão. E o que dizer das pirâmides? Elas também foram construídas de materiais trabalhados com excepcional precisão. Parece razoável especular que máquinas e equipamentos especializados tiveram de ser projetados e construídos para produzir objetos e materiais de construção tão precisos, e, também, para posicionar blocos de pedra extraordinariamente pesados. A pesquisa e as teorias de Dunn sobre a função da Grande Pirâmide são objetivas e resta ver se a Grande Pirâmide pode ser recriada (numa escala muito menor) para demonstrar que ela era, de fato, uma usina de força.

O que aconteceu à usina de força?

Uma das questões que sempre são apresentadas a Chris Dunn é: o que aconteceu à usina de força e a todo seu equipamento interno? Em resposta, ele diz acreditar que tenha acontecido uma tremenda explosão no interior da pirâmide, resultado, provavelmente, de um excesso de energia causado por um terremoto. Em *Pyramids and Temples of Gizeh*, Petrie observa que a câmara do rei foi submetida a uma força poderosa que empurrou suas paredes quase três centímetros. Para Dunn, as rachaduras nas vigas do teto não parecem ser explicadas muito bem como acomodação, e a explicação dos historiadores de que o dano foi causado por um terremoto é insatisfatória. Não há dano similar na parte inferior da Grande Pirâmide. Petrie examinou a passagem descendente e encontrou uma precisão surpreendente tanto nas partes construídas quanto nas escavadas. Não há indícios, então, de que a estrutura tenha sofrido um abalo tamanho que pudesse deslocar uma câmara localizada a 53 metros acima da rocha-mãe. Além disso, por que um terremoto faria com que a câmara se expandisse, em vez de desabar? Esse argumento, junto com a ausência de evidências na parte inferior da Grande Pirâmide que a corroborem, refuta a teoria do terremoto.

Dunn acredita que a caixa de granito escuro na câmara do rei seja a pista principal:

> Talvez a caixa fosse originalmente vermelha e extraída da mesma pedreira e na mesma época do restante do granito. Dependendo de outros elementos presentes por ocasião do mau funcionamento da usina de força, é concebível que certas mudanças possam ter sido registradas em qualquer objeto que porventura tenha sobrevivido ao acidente. Os lados e a base da caixa, comparativamente mais finos do que os imensos blocos de granito que formam o teto e as paredes, poderiam, naturalmente, ser mais suscetíveis aos níveis excessivos de energia. Sendo assim, pode ser que a caixa, incapaz de conduzir o calor a que foi submetida, simplesmente tenha sido cozida, disso resultando uma mudança em sua cor.[28]

Em 1999, Dunn retornou ao Egito e descobriu que a Grande Pirâmide havia sido totalmente limpa. A Grande Galeria, que Dunn antes pensava ser construída em calcário, era feita de granito liso, altamente polido, o que consistia uma escolha lógica para os construtores, já que esse material é mais resistente ao calor. Entretanto, a evidência mais interessante foi a de que havia marcas de chamuscado nas paredes da Grande Galeria. Havia danos severos causados por aquecimento sob cada camada chanfrada, por uma distância de cerca de 30 centímetros. É como se os danos se concentrassem no centro das marcas de chamuscado. Se uma linha reta fosse medida do centro de cada marca de chamuscado e projetada para baixo na direção da rampa da galeria, estaria alinhada com os encaixes na rampa![29]

Para Dunn, o padrão é inconfundível e bem destacado. As marcas de chamuscado no teto se aproximam do esquema e localização que ele descreveu hipoteticamente em seu livro. Além disso, há pares de marcas de chamuscado onde a estrutura de sustentação do ressoador teria sido colocada.

Espírito científico

A usina de força de Gizé é uma teoria radical, mas só do ponto de vista da tradição. Imbuído do verdadeiro espírito de investigação científica, Christopher Dunn explica cada aspecto do complexo interno de passagens e câmaras da Grande Pirâmide. Ele também insiste que uma construção tão precisa não poderia ser realizada sem ferramentas apropriadas, não só para cortar e modelar, mas também para medir precisamente. Em seu modelo, ele até previu que ela teria suportado uma séria explosão. As marcas de chamuscado na Grande Galeria atestam a exatidão de sua teoria.

Com genuíno espírito científico, Dunn lança um desafio a todos os egiptólogos para que examinem crítica e ceticamente a teoria do túmulo e apresentem evidências que sustentem essa conclusão. No passado, eles não foram capazes disso, e jamais serão capazes de fazê-lo. Há muitas evidências de que a pirâmide de Quéops foi, de fato, uma estação construída para transformar energia mecânica e vibracional em energia elétrica. Isso coloca um ponto de exclamação depois da pergunta que tem instigado amadores e profissionais por mais de uma centena de anos: quem eram os primeiros egípcios?

CAPÍTULO 7

QUEM ERAM OS PRIMEIROS EGÍPCIOS?

Um século de teorias

Evidências fornecidas por diversas disciplinas científicas pintam um quadro complexo do que pode ter ocorrido durante os tempos pré-dinásticos no Egito. Arqueólogos descobriram a existência de várias culturas antigas, algumas das quais sobreviveram e se tornaram parte do Egito dinástico e outras não. Também há evidências de que o impulso para a cultura egípcia dinástica tenha vindo da região da Mesopotâmia. A questão de quem eram os primeiros egípcios tem sido matéria de debate ao longo dos últimos 100 anos, à medida que novas evidências vieram à luz e novas ideias foram apresentadas.

Como no caso das pirâmides do Egito, teorias acerca de como a civilização egípcia começou, e de onde os primeiros egípcios vieram, abundam. Uma teoria prevalecente é a de que os primeiros assentamentos egípcios foram formados por povos autóctones da África, antigos pastores nômades que chegaram àquelas terras seguindo as chuvas, mas que foram forçados a recorrer continuamente ao suprimento de água no vale do Nilo quando o Saara retornou às condições extremamente áridas.

Durante os anos de 1950, uma equipe de arqueólogos italianos, chefiados pelo professor Mario Liverani, da Universidade de Roma, explorou o Saara líbio e, por acaso, descobriu os restos mumificados de um menino, no abrigo rochoso de Uan Muhuggiag, 160 quilômetros a oeste do vale do Nilo, que datava de 3500 AEC. Embora outras múmias não tenham sido encontradas nessa área, ela é prova de que a tradição de mumificação é bem mais antiga do que se pensava. Essa múmia líbia é mil anos mais antiga do que a primeira múmia egípcia, e a mais antiga já encontrada na África.

Na preparação do menino para o funeral, ele foi eviscerado e embalsamado com um conservante orgânico; então, envolto em peles e isolado com folhas. A sofisticação com que foi mumificado sugere que ele não foi o primeiro, e sim o resultado de uma longa tradição.

De acordo com pesquisa atual no Deserto da Líbia, agora sob direção do dr. Savino di Lernia, já existiu uma sociedade no Saara central, que se espalhou por toda a África do Norte. Durante o final da década de 1990, estudos ambientais conduzidos pelo dr. Kevin White, da Universidade de Reading, na Grã-Bretanha, forneceram prova de que a área já foi entrecortada por rios, condição para suportar uma população desse porte. Cientistas da NASA examinaram imagens do Deserto Ocidental enquanto testavam instrumentos de radar. Eles vasculharam o deserto com radares e depois compararam essas imagens com outras, mais convencionais, obtidas por satélites. O que eles descobriram foi uma série de redes fluviais que atualmente se encontra enterrada debaixo de um lençol de areia. O radar penetrou a superfície e revelou um antigo sistema de rios que já foi alimentado por vastos lagos. Segundo White, a região é densamente entrecortada por canais de rios, invisíveis numa imagem ótica.

A arte rupestre, datando de 5000 AEC, corrobora o que o equipamento de radar revelou. Na Líbia, no Egito e no Mali, petróglifos mostram não apenas animais de pasto, mas também de vida aquática, como crocodilos. Isso indica que o deserto era habitado numa época anterior a 4000 AEC, que remonta a 8000 AEC, quando o clima era úmido. Também há cenas de caçadas e rituais envolvendo homens usando máscaras de animais. Alguns acreditam que esses povos foram os responsáveis por uma série extraordinária de inovações, tais como a mumificação, que mais tarde foi adotada pelos egípcios.

Segundo di Lernia, 10 mil anos atrás, os humas, uma raça negra, vieram do sul seguindo o cinturão de monções e ocuparam a extensão central do Saara, perto das Montanhas Acacus. Entretanto, eles não foram os únicos. Por volta de 7 mil anos atrás, povos da Mesopotâmia e da Palestina também chegaram, introduzindo o gado bovino e cabras. Di Lernia destaca que a arte rupestre na área, pelo perfil dos rostos e pelo estilo, retrata um povo branco. De acordo com a teoria, foi uma cultura racial mista, a mistura desses dois povos, que mumificou o menino em Uan Muhuggiag.

Outras teorias, tanto atuais como do passado, sugerem a possibilidade de migrações ibéricas ou mesopotâmicas. Alguns teóricos pensam em termos de conquista; outros descrevem motivações mais pacíficas para as migrações. A dificuldade de deduzir precisamente quem eram os egípcios repousa na falta de evidências. A Mesopotâmia certamente mostra um histórico de desenvolvimento, enquanto o Egito, não.[1]

Há similaridades entre as culturas do Eufrates e as do Nilo, tais como sua concepção arquitetural de fachadas apaineladas. As construções importantes e os túmulos no Egito eram decorados com uma arquitetura de "fachada palaciana" apainelada, basicamente a mesma da sustentação dos templos e palácios sumérios. Mas, na comparação de estruturas desse tipo, datadas do mesmo período, é patente a superioridade dos egípcios tanto no planejamento quanto na construção, o que lança dúvidas sobre a teoria de que seu conhecimento fosse importado da Mesopotâmia. E há de se levar em conta também, é claro, a altíssima habilidade dos egípcios no uso da pedra, que não encontra paralelo na história em nenhuma outra cultura.

Seja qual for o povo que habitasse o nordeste da África durante o quarto milênio AEC, é consenso geral que eles migraram para o vale do Nilo. Entretanto, há um problema na compreensão da relação entre a atividade humana e as mudanças climáticas. Na área crucial do Delta do Nilo, depósitos contínuos de silte enterraram sítios da Idade da Pedra para além de qualquer tentativa de recuperação. A fonte de informação mais próxima deles são os vestígios arqueológicos do assentamento de Merimde beni-Salame, pertencentes ao Período Neolítico (Nova Idade da Pedra), na região oeste do Delta do Nilo, onde povos assentados criavam gado bovino, ovelhas e porcos.[2] Além disso, ao longo de muitos milhares de anos, o Nilo mudou seu curso. Os limites do Deserto do Saara também mudaram. E essa perpétua alteração da geografia continua ainda hoje.

No Sudão, o deserto invasor está destruindo a vida centenária. Segundo os agricultores locais, o movimento das areias está exaurindo seus esforços para sustentar a vida. Elas enterraram suas terras cultivadas e agora começam a invadir suas casas. Milhares de comunidades, ao longo de uma estreita faixa de terra arável que margeia o rio Nilo, vêm assistindo as areias aproximarem-se dia a dia. Estão paralisados e desamparados enquanto as margens do rio erodem, o rio muda de curso, e sua única fonte de água vai acumulando depósitos de silte e outros resíduos.

O passado remoto do Egito e do vale do Nilo e de seus habitantes

Embora os cientistas achem difícil datar sedimentos africanos em termos absolutos, a informação certa existente sugere que o Egito passou por um período de aridez no início do Pleistoceno, 2 milhões de anos atrás. Nessa época, o rio Nilo deixou de existir e um longo período de aridez se instalou, durando um milhão de anos. Ele foi interrompido por dois curtos períodos de chuvas frequentes, e o Nilo se tornou um rio vital, porém efêmero, sem ligação com quaisquer tributários da África subsaariana. Alguns cientistas afirmam que a presença humana existiu durante esses períodos menos áridos, mas as evidências não são conclusivas. Afora a Etiópia, um lugar provável para os primeiros africanos viverem teria sido ao longo do Nilo. Entretanto, o estreito vale foi varrido tantas vezes pelo rio, que pouco foi deixado no caminho dos depósitos de sedimentos que possa preservar vestígios humanos.[3]

Perto dos meados do Pleistoceno, por volta de 500 mil anos atrás, deu-se a formação do Nilo, da água que fluía do planalto Etíope. Isso criou um canal de água entre a África Oriental e a costa do Mediterrâneo, e uma rota através do Saara. Abaixo desses depósitos pré-Nilo, artefatos humanos foram encontrados, mas suas características não são distintas o suficiente para classificá-las como pertencentes ao norte ou ao sul. Na Núbia, numerosos artefatos não datados, com características tipicamente africanas, foram encontrados fora dos depósitos do vale do Nilo.[4]

O quadro que emerge do Médio Paleolítico egípcio, entre 100 mil e 40 mil anos atrás, é complexo. Para os arqueólogos, as evidências dos primeiros humanos cujas culturas podem ter levado à civilização egípcia residem na tecnologia acheuliana. Ferramentas desse período incluem machadinhas de mão e lâminas de pedra bifaces, em forma de folha, que eram criadas pelo método tipicamente nubiano, de golpear a pedra de modo a extrair uma lasca que pudesse ser usada como ferramenta. No Egito, artefatos dessa época foram encontrados espalhados por todo o deserto, mas nenhum sítio bem preservado foi descoberto. Entretanto, a grande quantidade de artefatos sugere uma densidade populacional relativamente alta.[5]

Depois de 40000 AEC, a ocupação de sítios aumentou em todo o Baixo Egito. Arqueólogos descrevem dois grupos, com base nas técnicas de fabricação de ferramentas – nubiano e denticulado. As ferramentas de ambas as culturas são musterienses, significando que são simples (machadinhas de mão, raspadores etc.), tipicamente associadas ao homem de Neanderthal. Em Bîr

Tarfawi e Bîr Saara (duas bacias no Deserto Ocidental), numerosos assentamentos de tradição nubiana existem. Os sítios nessa região eram habitáveis apenas durante os climas úmidos, que eram pouco mais do que breves episódios durante um período de aridez.[6]

De 19000 a 10000 AEC, os assentamentos da Idade da Pedra se concentraram no Alto Egito, perto do rio Nilo, mas se dispersaram para o oeste por volta de 8000 AEC, quando as chuvas se deslocaram para o Saara. Sítios da Idade da Pedra anteriores a 7500 AEC foram tipicamente encontrados em regiões onde o clima era úmido. Imagens de animais esculpidas em pedra, de culturas primitivas, foram encontradas nos penhascos ao longo de Gilf Kebir, Gebel Uwein'at, uádi Hussein e no planalto líbio perto de Dahkla, como também na rota por Abu Ballas. A diversidade de animais representados inclui girafas, leões, rinocerontes, crocodilos, hipopótamos, elefantes, óriges, ovelhas e antílopes. Embora a arte rupestre não tenha sido datada, pode ser bastante antiga. De acordo com os registros arqueozoológicos da região, os animais representados não se encontravam amplamente presentes após 10000 AEC, e existiam principalmente em áreas de microclima úmido. Além de animais, a arte rupestre representa os seres humanos como pastores, com os rebanhos de gado bovino. As necessidades dos animais e dos homens representados na arte sugerem que a média de precipitação pluvial estivesse entre 20 e 80 centímetros.[7]

Pastoralismo pré-histórico

Existem evidências de pastoralismo pré-histórico no sul da área do Grande Mar de Areia, que provavelmente mantinha pastagens durante condições mais úmidas. Numerosos agrupamentos de grandes pedras, com um entalhe ou um sulco no meio de cada pedra, existem dentro dos corredores de dunas. Eram, provavelmente, escoras projetadas para prender o gado e controlá-lo durante épocas de boa pastagem. Embora a época e a natureza exatas dessas atividades sejam desconhecidas, a distribuição difundida dessas pedras pelo sul do Egito sugere que os pastores estivessem transferindo seu gado de uma pastagem para outra.

Depois de 6100 AEC, condições úmidas chegaram a Nabta Playa, e assentamentos da Nova Idade da Pedra (Neolítico) apareceram poucas centenas de anos depois. O Neolítico começou por volta de 10000 AEC e foi caracterizado pelo desenvolvimento da agricultura e pelo aprimoramento das ferramentas de pedra. Arqueólogos descobriram que cerâmica do início do tipo Cartum já existia na camada imediatamente acima dos últimos artefatos do Paleolítico (Antiga Idade da Pedra). A Antiga Idade da Pedra é caracterizada pelas ferramentas mais antigas de pedra lascada e durou de 750.000 a 12.000 anos atrás. Os sítios neolíticos podem ter sido continuamente ocupados, e se tornaram mais sofisticados, com casas de pedra arrumadas em fileiras. No sul do Egito, na região de Kiseiba, o assentamento neolítico da playa Duas Colinas experimentou condições moderadamente chuvosas de 7100 a 5900 AEC. Na playa próxima em El Ghorab, descobriu-se em estruturas que serviam de abrigo grandes áreas subterrâneas de depósito. Muitos dos assentamentos na região de Kiseiba-Nabta tinham poços, alguns dos quais parecem ter rampas de acesso submersas.[8]

Fósseis de plantas, datados entre 6600 e 5400 AEC, encontrados em Nabta e Kiseiba consistem principalmente de espécies de grama perene, de solo seco, legumes e juncos. O mais comum eram as plantas comestíveis, inclusive sementes, frutos secos, frutas, tubérculos, sorgo e painço. Os vestígios de plantas comestíveis foram descobertos em poços de armazenamento, estruturas construídas com pedras e celeiros, e em volta de fogareiros em muitos pontos pelo Saara, como as playas de El-Kortein e El Ghorab. Há evidências claras de que os povos do Saara exploravam os cereais comestíveis locais já no oitavo milênio AEC.

Restos animais encontrados incluem lebres, gazelas, mangustos, gatos selvagens, ouriços-cacheiros e gado doméstico. Sepultamentos cerimoniais de vacas datam de 4500 AEC. Fred Wendorf interpreta as concentrações de ossos de gado como práticas rituais de sacrifícios. Vários acampamentos de pastores, localizados nos lençóis de areia perto de Nabta e Kiseiba, foram usados provavelmente até 4000 AEC.

Além da região de Nabta e Kiseiba, as condições úmidas perduraram em muitas localidades do sul do Egito, como em Monte Negro e Bîr Tirfawi. Lagos de playas também se desenvolveram no oásis de Dahkla e atraíram grupos relativamente sedentários de Masara (uma cultura neolítica que assentou-se na área de Mênfis), do mesmo modo que a playa no oásis de Siuá. Playas similares desenvolveram-se na bacia de Khârga e ao longo do planalto líbio. Um grupo cultural, o Sheikh Muftah, ocupou as planícies de Dahkla até a época do Antigo Império (2650–2152 AEC).[9]

Assentamentos no vale do Nilo

Antes de 5500 AEC, as culturas do vale do Nilo enfrentaram a transição entre caçadores-coletores a agricultores habitantes de aldeias. A maior parte da informação que se tem desse período vem de El Kab, um sítio entre a margem leste do Nilo e as Colinas do Mar Vermelho. Três grupos principais de povos foram descobertos, sendo que o mais antigo data de 6400 AEC. O arqueólogo belga dr. Pierre Vermeersch classificou mais de quatro mil artefatos, a maioria deles microlâminas artisticamente detalhadas, buris e raspadores, e também contas feitas de casca de ovos de avestruz. Ao norte do Sudão, duas culturas proeminentes foram descobertas perto do uádi Hal-fa: a arkiniana e a sharmarkiana. Os artefatos arkinianos foram encontrados num único sítio e datam de 7440 AEC. Como muitos dos assentamentos perto do Nilo, era provavelmente um acampamento sazonal. Os arkanianos faziam uso de ferramentas de pedra bem pequenas e habilidosamente fabricadas, mas também utilizavam lâminas grandes, e desenvolveram um método de extrair mais material de uma pedra. A cultura sharmarkiana cobre um longo período, de 5750 a 3270 AEC. Entretanto, sua habilidade na fabricação de ferramentas parece ter sido baixa. Ao longo do tempo, os acampamentos sazonais dos sharmarkianos se tornaram pequenas aldeias.

Evidências arqueológicas indicam que, por volta de 5500 AEC, ocorreu uma explosão demográfica, possivelmente por causa de rudimentos de agricultura. A atividade agrícola permanente começou por volta de 4800 AEC, embora, pelos 1.500 anos seguintes, seus métodos continuassem relativamente primitivos. Infelizmente, quanto ao Egito, não se sabe ao certo quando a agricultura se desenvolveu, ou por qual método, ou quem a introduziu ali. Existe um lapso de mil anos nos registros arqueológicos entre os assentamentos próximos ao rio e as verdadeiras aldeias agrícolas do Egito pré-dinástico.

Período pré-dinástico (5500–3100 AEC)

Durante os quatorze séculos de transição do período pré-dinástico para a época tinita, praticamente todas as características típicas do início da civilização egípcia surgiram. Em assentamentos permanentes, ficou claro que a caça já não era um dos principais meios de subsistência. Gado bovino doméstico, ovelhas, porcos e cabras, e também cereais (trigo e cevada) desempenhavam um papel muito mais importante na dieta. Itens fabricados com pedra e metal, cestaria, cerâmica, tecelagem, e o curtimento de peles se tornaram parte do dia a dia. Os costumes relativos a funerais também mudaram. Antes, a maioria dos sepultamentos era executada onde fosse conveniente, muitas vezes num cemitério central nas proximidades ou dentro do assentamento. Agora, eram feitos longe da aldeia e do campo, geralmente nos limites do território da aldeia. Crianças, que anteriormente costumavam ser enterradas sob os pisos, agora encontravam o repouso eterno em cemitérios.

Um sistema de crenças começou a tomar forma. Os mortos eram enterrados com provisões (cerâmicas, joias e outros artefatos) para a viagem para o além. Oferendas de cereais, carne seca e frutas eram incluídas, e também ferramentas para caça e agricultura. Curiosamente, os mortos eram enterrados em posição fetal, voltados para o oeste e rodeados pelas oferendas de seus parentes.

Sociedades pré-dinásticas logo começaram a se formar no norte e também no sul. Culturas do sul, particularmente a badariana, eram quase completamente agrárias, mas suas contrapartes do norte, tais como El Faiyûm, que eram habitantes de oásis, ainda dependiam da caça e da pesca. O trabalho em pedra, principalmente a fabricação de lâminas e pontas de lanças, alcançava elevados níveis de habilidade. O mobiliário também se tornou foco da atenção dos artesãos. O valor estético dos bens passou a ser importante. Cerâmicas eram pintadas e decoradas, particularmente os potes e vasos de argila com a parte superior negra, típicos dessa cultura. Pentes de osso e marfim, estatuetas, utensílios de mesa e joias de todos os tipos e materiais também foram encontrados, em grande número, datando entre 3300 e 3000 AEC.

Em algum momento por volta de 4500 AEC, iniciou-se o Egito pré-dinástico, com o período Amratiano, também conhecido como Naqada I, já que a maioria dos sítios desse período data da mesma época que a ocupação de Naqada. Uma mudança na decoração das cerâmicas nesse período reflete o desenvolvimento de uma cultura que avançava artisticamente. As primeiras cerâmicas eram decoradas com simples faixas de tinta, mas os novos desenhos mostravam figuras geométricas bem feitas e figuras de animais, tanto pintadas quanto entalhadas. Por razões práticas, e também estéticas, as formas das vasilhas se tornaram mais variadas. Itens decorativos também eram populares, principalmente as estatuetas de "dançarinas", pequenas peças pintadas, representando mulheres com os braços erguidos.

Entretanto, a inovação mais importante nesse período foi o desenvolvimento da arquitetura. Vários modelos de casas em argila, encontrados em sepulturas, lembram as casas retangulares, feitas com tijolos de argila, do Antigo Império. Parece que a ideia de habitações individuais, de cidades e, talvez, de planejamento urbano teve início por volta de 4500 AEC.

Cerca de 4000 AEC, cidades-estados começaram a se desenvolver em Naqada, Hierakonopolis, Gebelein e Abidos. Os arqueólogos chamam esse período de Gerzeano ou Naqada II. Ele difere enormemente do Amratiano, e é caracterizado pela crescente influência dos povos do norte sobre os povos do sul, que pode ser notada nos artefatos culturais, particularmente nas cerâmicas. Nessa época, essas cidades-estados resultaram na mistura de povos e culturas do final da era pré-dinástica conhecida como Naqada III.

A maior diferença entre os povos amratianos e os gerzeanos é sua cerâmica. A cerâmica amratiana, embora decorativa, era claramente funcional. A cerâmica gerzeana, por outro lado, obedecia mais a linhas decorativas e era adornada com motivos geométricos e representações realistas de animais e pessoas. Animais, tais como a avestruz e o íbex (cabra selvagem), incomuns perto do Nilo, fornecem a pista de que os gerzeanos devem ter caçado no subdeserto. Também a eles cabe o crédito das primeiras representações de deuses, tipicamente mostrados conduzindo barcos e portando emblemas, itens que lembram os emblemas representativos de várias províncias do Egito. Pode ser também que as descrições fossem meros registros históricos, mas uma vez que eles eram quase sempre pintados em artefatos simbólicos enterrados com os mortos, o caráter sagrado desses itens é uma explicação razoável.

Com aposentos subterrâneos mobiliados, réplicas das habitações que os mortos ocupavam em vida, os túmulos gerzeanos constituíam um prenúncio do que estava por vir. Amuletos e outros itens cerimoniais, muitos deles com representações de divindades em forma de animais, eram objetos funerários comuns. Alguns estudiosos acreditam que a visão dos gerzeanos em relação à vida após a morte acabou crescendo e resultando no culto a Osíris e nos magníficos sepultamentos da civilização dinástica do Egito.

Houve época em que se pensava que a transição da cultura pré-dinástica para a dinástica era resultado de revolução e que guerras provocaram a descoberta de metais, o desenvolvimento da metalurgia e novas estruturas sociais das cidades, habitações individuais e a escrita. Pontos de vista mais recentes sugerem um lento processo de evolução tecnológica. Acredita-se também que a escrita desenvolveu-se durante esse período. Os motivos decorativos das cerâmicas evoluíram ao longo do tempo para um inconfundível conjunto padrão de imagens que lembram os hieróglifos tradicionais. Eles apresentam uma combinação de pictogramas e fonogramas (uma figura que representa um som), o princípio básico da escrita hieroglífica. Sistemas de escrita semelhantes ainda existem hoje em dia, como é o caso do japonês.

Um êxodo geral dos povos das áreas desertas do sul do Egito, por volta de 3000 AEC, criou novos e significativos assentamentos no vale do Nilo. O ato final durante os tempos pré-dinásticos foi a unificação do Alto e do Baixo Egito – embora ainda existam mais perguntas do que respostas a respeito do estabelecimento da civilização egípcia. Ainda não se tem noção de quem conquistou quem. Diversas fontes apontam para a vitória do sul (a cultura

Naqada) sobre o norte (a cultura Maadi), ainda que o sistema social resultante se pareça mais com o norte do que com o sul. Entretanto, isso poderia ser explicado por uma teoria mista. O Egito teria sido unificado primeiramente sob o domínio do norte, mas sua estrutura de poder ruiu e foi copiada pelos reis do sul, que mantiveram a forma original de governo instituída pelo norte. Outra teoria é a de que o sul conquistou o norte mas adotou a cultura do norte. Tal cenário existiu no governo ptolomaico. Os Ptolomeus, que foram os governantes gregos do Egito depois de Alexandre, o Grande, absorveram a cultura egípcia, chamavam-se a si mesmos de faraós e eram enterrados segundo os costumes do Egito.

É difícil dizer quem foi o primeiro rei do Egito unificado, ou quando isso ocorreu. A Paleta de Narmer, uma peça triangular de basalto negro que cita um rei chamado Nar-Mer em hieróglifos, é a evidência disponível mais conclusiva. Em sua face anterior, o rei é mostrado usando a coroa branca do sul e segura uma maça, pronto para esmagar a cabeça do norte inimigo. A mesma figura também é representada usando a coroa vermelha do norte, enquanto um touro (símbolo do poder faraônico) mostra sua fúria abaixo dele, derrubando os muros de uma cidade e calcando aos pés outro inimigo.

A clava do "Escorpião", outro artefato, representa uma figura similar, só que seu nome é revelado pelo pictograma de um escorpião. Em vários documentos, essa figura real é referida, alternativamente, como Narmer ou Aha, e pode ser o lendário rei Menés. Não se sabe ao certo se o Rei Escorpião e Narmer são a mesma pessoa, mas geralmente aceita-se que sim. Se esses artefatos, bem como outros do mesmo período, realmente o descrevem como o primeiro rei do Egito unificado, então, a data da unificação encontra-se entre 3150 e 3110 AEC.

A egiptologia e as origens da civilização egípcia

Quando jovem, William Flinders Petrie (1853–1942), cuja obra discutimos anteriormente, aprendeu trigonometria e geometria como autodidata, e desenvolveu interesse pela arqueologia, particularmente pela área dos antigos pesos e medidas. Aos 13 anos, leu *Our Inheritance in the Great Pyramid* (1864) e se convenceu a ir ao Egito visitar as pirâmides. Em 1880, aos 24 anos, publicou seu primeiro livro, *Stonehenge: Plans, Description, and Theories*. No mesmo ano, iniciou uma carreira de quarenta anos como explorador no Egito e no Oriente Médio. De 1880 a 1883, ele escavou e estudou meticulosamente a Grande Pirâmide de Gizé, examinando cuidadosamente cada camada do solo e cada pá de terra removida. Por causa de seu rigor conscencioso, ele se tornou conhecido como o grande inovador dos métodos científicos de escavação. Em 1883, seu livro *Pyramids and Temples of Gizeh* foi publicado. A obra comenta a habilidade e a precisão dos antigos construtores egípcios.

Ao longo dos anos, Petrie escreveu mais de uma centena de livros e quase novecentos artigos e resenhas. Um de seus trabalhos mais significativos, publicado em 1904, *Methods and Aims of Archaeology*, define tanto a metodologia quanto as metas da arqueologia.

Invasores vindos do Oriente

À medida que a egiptologia foi se tornando uma disciplina especializada, durante o final do século XIX, os primeiros pesquisadores procuraram evidências para explicar os estágios iniciais da civilização egípcia. Escavações conduzidas por Petrie revelaram evidências de uma cultura muito mais antiga que antecedeu a primeira dinastia do Egito (2920–2770 AEC). Ele ficou perplexo com as acentuadas diferenças entre essa cultura pré-dinástica que acabava de ser descoberta e o material, mais conhecido, do Antigo Império (2650–2152 AEC). Petrie encontrou artefatos desconhecidos e estranhos para os primeiros pesquisadores, que ele acreditava tivessem sido deixados por uma nova raça que migrara para o vale do Nilo.

Em Naqada, Petrie escavou cerca de 2.100 sepulturas que continham potes de argila, espátulas e vários amuletos feitos de pedra, osso e marfim. Ele datou as tumbas mais recentes como de 3100 AEC e as mais antigas como do período pré-dinástico (5500–3100 AEC). Os objetos pré-dinásticos eram comuns a três períodos principais: o Amratiano (3800–3500 AEC), o Gerzeano (3500–3200 AEC), e o Protodinástico (3200–3100 AEC). Nos anos de 1920, um quarto período foi acrescentado, o Badariano (antes de 4000 a 3800 AEC). Usando as evidências que tinham, Petrie e outros arqueólogos concluíram que a vida antes dos faraós era primitiva, e que foi apenas antes dos tempos dinásticos que a cultura egípcia se desenvolveu.

A egiptologia do início do século XX concluiu que uma "raça dinástica" de invasores trouxe a civilização egípcia clássica para o vale do Nilo. Segundo essa teoria, tais invasores seriam cultural e politicamente superiores aos egípcios nativos e primitivos. Em consequência disso, eles se estabeleceram rapidamente como governantes dessas terras. Durante essa época, a ciência da metrologia cranial – o uso das medidas cranianas para determinar as raças – era difundida e foi usada para apoiar a teoria da raça dinástica. Os esqueletos que eram atribuídos a essa raça dinástica eram tipicamente mais robustos e exibiam um formato craniano dolicocéfalo, oblongo da frente para trás – incomum pelos padrões atuais.

Acreditava-se que a classe dominante no Egito viera do Oriente, refletindo o então comum ponto de vista de que o Oriente era a fonte dos primórdios da cultura. Acredita-se que a arte da realeza da primeira dinastia era similar à encontrada na Mesopotâmia. Durante os anos de 1930, Hans Winkler, um explorador alemão, aprofundou a teoria, a partir de sua descoberta de arte rupestre antiga no Deserto Oriental, de que a civilização egípcia era resultado de migração a partir da Mesopotâmia. Entre o vale do Nilo e o Mar Vermelho, ele encontrou diversas imagens de barcos, muito parecidos com as embarcações vistas na primitiva arte da Mesopotâmia. Ele argumentou que os invasores mesopotâmicos usaram o Mar Vermelho para ter acesso ao Egito e, a caminho do rio Nilo, deixaram traços nas rochas. Ironicamente, os petróglifos dos "barcos mesopotâmicos" que Winkler encontrou no Egito na verdade antecedem as representações de embarcações na Mesopotâmia em muitos séculos.

No início do século XX, a África era conhecida no Ocidente como o "continente negro" e pensava-se que era incapaz de produzir internamente uma cultura avançada. Desse modo, com o fascismo crescendo pelo mundo, a teoria da invasão foi um produto do seu tempo. Teorias difusionistas, envolvendo culturas superiores levando civilização aos povos indígenas, também eram populares entre muitas das potências coloniais da Europa ocidental.

O mistério do período Pré-dinástico do Egito e a solução da raça dinástica foram levados em consideração durante muito tempo antes que qualquer evidência real fosse exposta. Em 1969, arqueólogos do Museu Americano de História Natural descobriram uma estrutura que datava do período Protodinástico (4000–3000 AEC), perto do local onde James Quibell havia descoberto Nekhen. Escavações fora de Hierakonpolis levaram à descoberta de uma aldeia amratiana completa ao longo de um antigo leito seco de lago, o uádi Abul Suffian. Essa descoberta finalmente ajudou os arqueólogos a reconstruírem como a vida nessa época deveria ter sido. Segundo os arqueólogos, a população da aldeia era composta de agricultores e artesãos. Ao que parece, os líderes da aldeia administravam a fabricação e o comércio dos produtos. Durante esse período, também ficou evidente que os habitantes da aldeia começaram a construir sistemas simples de irrigação. Os primeiros sinais de uma linguagem escrita também apareceram. Os túmulos tornaram-se maiores e mais sofisticados, e já no final do período Gerzeano (3500–3200 AEC), os túmulos eram similares àqueles dos primeiros faraós.

Para a maioria dos egiptólogos, as escavações em Hierakonopolis provaram que o vale do Nilo não foi invadido por uma "raça dinástica" durante o final do quarto milênio AEC. Embora as teorias da invasão tenham persistido entre uma minoria de egiptólogos (mesmo durante os anos de 1990), a maior parte dos estudiosos começou a procurar, em vez disso, por desenvolvimento autóctone e pelas raízes do Egito dinástico dentro do próprio vale do Nilo.

Pesquisas atuais sobre a era pré-dinástica do Egito e seu conhecimento linguístico apontam para origens mistas que incluem influências do norte da África, do Oriente Médio, particularmente da Mesopotâmia e da África subsaariana. A maioria dos estudiosos acredita que os antigos egípcios provavelmente pareciam com seus modernos descendentes e eram etnicamente diversos.

A explicação permanece hipotética

Embora escavações e a publicação de descobertas arqueológicas continuem acontecendo até hoje, os estudiosos ainda não podem especificar como um estado egípcio centralizado emergiu no início do terceiro milênio AEC. A explicação para as origens do incipiente estado egípcio permanece hipotética.[10] No Alto Egito (sul do Egito), o problema é a falta de dados suficientes sobre os assentamentos para se fazer generalizações teóricas. Entretanto, evidências culturais, tanto de sociedades simples como de sociedades complexas, foram achadas no Alto Egito em centros de grandes assentamentos, como Naqada, em cemitérios pré-dinásticos. Durante o quarto milênio AEC, duas culturas baseadas na agricultura estavam se desenvolvendo: a Naqada no sul e a Maadi no norte. Os sítios dos assentamentos Maadi estão mais bem conservados. No entanto, os sítios Naqada, na maior parte cemitérios, mostram maiores evidências da evolução das hierarquias sociais, sugerindo que o estado emergente teve suas origens culturais no sul. O que falta é evidência pré-dinástica para alteração dos padrões dos assentamentos ao longo do tempo.

O Egito, mais particularmente o vale do Nilo, sempre foi um país densamente povoado, e tem sido agressivamente cultivado pelos últimos 5 mil anos.[11] Além disso, o Nilo mudou seu curso para o leste. Esses fatores, somados ao desenvolvimento habitacional moderno, limitou a escavação de sítios mais antigos. Existem relativamente poucos dados sobre a subsistência no período Pré-dinástico, com exceção do trabalho de campo recente, e não se sabe quando, por que e onde ocorreu pela primeira vez a intensificação da agricultura e a irrigação. Hierakonopolis foi importante para a compreensão da produção e distribuição de bens manufaturados durante o período Pré-dinástico, mas a maior parte das evidências técnicas é proveniente das sepulturas. Há poucas evidências que demonstrem o surgimento de elites políticas, integração regional e a formação dos primórdios do estado, bem como do processo de unificação que levou à primeira dinastia, frequentemente referida como "dinastia 0".[12]

Na área ritual Naqada II em Hierakonpolis, eram produzidos vasos de basalto e diorito e brocas para fabricação de contas. Fornos para cerâmica foram encontrados no baixo deserto onde utensílios de cerâmica amarela e vermelha eram cozidos. Grandes tonéis encontrados em dois sítios diferentes são indícios fortes de fabricação de cerveja à base de trigo. Mais tarde, outros nove cemitérios na região de Hierakonpolis foram descobertos, cobrindo todas as três fases da cultura Naqada (3800–300 AEC). Diversos animais foram encontrados enterrados na parte oeste do cemitério e incluem elefantes, hipopótamos, crocodilos, babuínos, gado bovino, ovelhas, cabras e cachorros.

Um grande túmulo continha fragmentos de contas feitas de cornalina, granada, turquesa, faiança, ouro e prata. Artefatos esculpidos em lápis-lazúli e marfim, obsidiana e lâminas de cristal, cerâmica mais antiga, e uma cama de madeira com pés de touro esculpidos também foram encontrados. Buracos de estacas são indício de que alguns dos túmulos grandes deviam ser cobertos por estruturas, e eram rodeados por cercas. De acordo com os arqueólogos, esse é, talvez, o mais antigo túmulo pertencente à elite, com uma superestrutura que simbolizava o sacrário do rei morto. De 1978 até sua morte precoce em 1990, o codiretor da expedição e chefe da equipe de pesquisa pré-dinástica em Hierakonpolis, Michael Hoffman, acreditou que as tumbas da área pertenciam aos governantes protodinásticos de Hierakonpolis (3500–3000 AEC) e que a maior delas era do Rei Escorpião.[13]

Há duas dificuldades que impedem uma conclusão apropriada baseada em fatos. Os mais importantes cemitérios do Alto Egito são representativos da riqueza conquistada por uma classe social mais alta, mas as fontes econômicas não podem ser determinadas adequadamente. Por outro lado, assentamentos no Baixo Egito permitem uma reconstrução mais ampla de sua economia pré-dinástica. Mas não sugerem grande complexidade social ou econômica.

Alguns defendem a tese de uma colonização Naqada da Núbia. Mercadorias negociáveis da cultura Naqada foram descobertas em muitos sítios na Núbia, entre Kubania, ao norte, e Saras, ao sul: cântaros para cerveja ou vinho, cerâmica, ferramentas de cobre, vasos de pedra e espátulas, linho e contas de pedra e faiança. De acordo com essa teoria, um "Grupo A" de núbios tinha contato com o Alto Egito e foi influenciado por sua cultura.[14] Os sepultamentos do Grupo A eram similares aos da cultura Naqada. Outros acreditam que esse Grupo A consistia de negociantes intermediários. Materiais luxuosos, como marfim, ébano, incenso e peles de animais exóticos, vinham do longínquo sul e passavam através da Núbia.

Outra teoria, baseada na evidência encontrada num cemitério real descoberto em Qustal, propõe que governantes núbios foram os responsáveis pela unificação do Egito e os fundadores do incipiente estado egípcio. Para alguns, isso explica melhor os dados arqueológicos – que o Grupo A na Núbia era uma cultura separada da cultura pré-dinástica do Alto Egito. Entretanto, há um conflito de evidências. Materiais da cultura Naqada com nenhum elemento núbio foram encontrados mais tarde no norte do Egito, o que colide com a ideia de uma origem núbia para o primeiro estado dinástico egípcio.

Em contraste com outras entidades políticas da época, como a Núbia, a Mesopotâmia e a Palestina, o governo do estado egípcio se estendia sobre uma grande área geográfica. A formação do antigo governo egípcio foi única. Parece que há um consenso de que o emergente estado teve suas raízes no Alto Egito, na cultura Naqada. O tipo de sepultura, de cerâmica e de artefatos mostra um avanço da primeira dinastia em relação às formas pré-dinásticas, que não se nota na cultura do Baixo Egito. Com o tempo, a cultura núbia foi desbancada pela cultura que se originava no Alto Egito. A maioria dos estudiosos concorda sobre alguns aspectos da unificação, como o tempo que ela levou para acontecer, com base nos primeiros escritos egípcios e, mais tarde, com a lista real. Entretanto, a cultura Naqada se expandiu para o norte, para a região de Faiyûm e, depois, para o Cairo e para a área do delta, o que sugere que a unificação de fato teve início muito antes do período imediatamente anterior à primeira dinastia. Também foi sugerido que a unificação das cidades-estado do sul, como Naqada, Hierakonpolis e Abidos, ocorreu mais cedo, por meio de uma sucessão de alianças. Alguns historiadores postulam que a expansão da cultura Naqada para o norte foi resultado de refugiados que abandonaram os estados em desenvolvimento no sul; outros argumentam que foi resultado de negociantes Naqada engajados no comércio com o sudoeste da Ásia.

Há pouca evidência de que a unificação do Egito foi conseguida por meio de conflitos armados e guerras. De acordo com escavações em Minshat Abu Omar, 160 km a nordeste do Cairo, conduzida pelo arqueólogo e diretor do Museu Egípcio de Berlim, Dietrich Wildung, não há indícios de conflito no Delta do Nilo do Baixo Egito. O sítio foi ocupado entre 3300 e 2900 AEC, e mostra contínua evolução cultural do sul ao norte.[15] Wildung sugere que nunca houve a conquista militar do delta por reis do Alto Egito, que alguns acreditam estar descrita na Paleta de Narmer, uma placa chata de xisto, de cerca de 64 centímetros de altura encontrada em Hierakonopolis, no Alto Egito. Outros sítios recentemente escavados no delta, como Tell Ibrahim Awad, Tell el Fara'in e Tell el'Iswid, corroboram as conclusões de Wildung.[16] Não há evidências de destruição em suas camadas. Além disso, cerâmicas em Tell el-Fara'in sugerem que o Alto e o Baixo Egito avançaram juntos pelos meios amistosos: comércio e uma crescente troca cultural. No geral, as evidências sugerem que o desenvolvimento do estado egípcio e sua expansão para as áreas do norte eram complexos demais para serem explicados somente por meio de conquista militar.

Entretanto, o abandono das terras Maadi no norte deve ser levado em conta. O ouro e vários tipos de rochas usados na confecção de vasos de pedra e contas, materiais altamente desejados no comércio de longa distância, eram recursos do Alto Egito. Um fator motivador para que a cultura Naqada se expandisse em direção ao norte seria o controle das rotas comerciais que levavam ao Mediterrâneo. A lógica é que grandes barcos eram cruciais para controlar o Nilo e para organizar o comércio dos produtos em grande escala. Uma vez que a madeira necessária para a construção de barcos não crescia no Egito, mas vinha da região da Palestina, estabelecer primeiro postos avançados no norte e depois assentamentos seria um movimento lógico. Talvez o fluxo de sulistas deslocando-se para áreas mais ao norte necessitasse de uma presença militar formal. Isso poderia explicar a razão de os Maadi terem abandonado suas terras no norte.

Qualquer que seja o caso, na altura da primeira dinastia, o norte era mais densamente habitado do que o sul. Um resultado da anexação do norte teria sido uma melhoria na administração do estado. No início da primeira dinastia, então, a escrita era necessária para propiciar uma administração adequada, selos oficiais e rótulos para os produtos do estado.

Como acontece com a maioria das culturas, o Egito não era imune à influência estrangeira. O contato com culturas no sudoeste da Ásia durante o quarto milênio AEC é inegável. Artefatos em estilo palestino foram encontrados em Maadi e, mais tarde, em Abidos. Cerâmica Naqada e vasos de pedra também eram confeccionados num estilo que se parece com o palestino. Além disso, os selos cilíndricos egípcios inquestionavelmente têm origem na Mesopotâmia, e foram encontrados em sepulturas do final do período pré-dinástico. Entretanto, não se sabe o efeito, se é que houve algum, que isso teve no estabelecimento do estado egípcio. Contudo, a cultura social, política e material, e também o sistema de crenças dos egípcios, são muito diferentes dos de seus vizinhos da Idade do Bronze. Embora esteja claro que a cultura pré-dinástica do Egito era receptiva às ideias das terras próximas, a cultura egípcia emergiu como uma civilização de caráter único. Com evidências de várias culturas locais e outras que sugerem que migrações de terras vizinhas ocorreram, é difícil afirmar que uma única cultura emergiu como "egípcios". Talvez tenha sido a diversidade de povos unidos sob uma meta comum o que proporcionou o impulso para o Egito dinástico.

Quem eram os primeiros egípcios?

Se uma máquina do tempo estivesse ao nosso alcance, poderíamos simplesmente voltar para 4000 AEC, gastar alguns meses aprendendo a língua egípcia e, depois, perguntar tudo o que queremos saber. É desnecessário dizer que as evidências fornecidas num século de pesquisa terão de fazê-lo. Embora tenha se tornado politicamente incorreto sugerir que os colonos egípcios tenham vindo de algum outro lugar, as evidências não provam que tenham sido sempre e exclusivamente da região do vale do Nilo e da África do Norte. Os seres humanos sempre foram exploradores e os geneticistas nos dizem que o homem migrou de sua terra natal na África para cada canto do planeta nos últimos 100 mil anos. Não há dúvida de que os nativos africanos desempenharam um papel na pré-história do Egito. Mas, dadas as evidências de pelo menos alguma influência estrangeira, a situação se torna mais complexa.

Alguns pesquisadores propõem que pastores que levavam uma vida nômade tenham se reunido no vale do Nilo simplesmente para garantir uma fonte segura de água, dando, assim, origem à civilização egípcia. Para os adeptos dessa teoria, muitas vezes referida como "teoria do isolamento", como pode ser possível explicar a agricultura, o magnífico trabalho em pedra, as estátuas, os templos e outras superestruturas que rivalizam com os melhores resultados alcançados pela atual engenharia? Talvez se a Esfinge, os megálitos alinhados de Nabta Playa, as tigelas de granito e diorito, os vasos e as chapas do Museu do Cairo, e as evidências apontadas por peritos de que as pirâmides foram construídas para produzir eletricidade não existissem, as batalhas teóricas sobre a história antiga do Egito também não existissem. Mas eles existem, e os anacronismos que foram verificados por cientistas e pesquisadores qualificados, e que ocorreram muito cedo na história do Egito, precisam ser explicados de alguma outra maneira.

A escrita, a arquitetura monumental, a arte e a manufatura, que se desenvolveram a um grau surpreendente, apontam para a existência de uma bem-organizada – para não dizer faustosa – civilização. Tudo isso foi atingido num período comparativamente curto, com pouco ou nenhum conhecimento (a não ser o pastoralismo) para essas conquistas verdadeiramente fantásticas. Isso é um problema, e pode ser explicado a essa altura somente com um "alguma coisa está faltando nessa história". Os precedentes do desenvolvimento que explicam as evidências foram negligenciados ou subestimados.

A Idade das Trevas da África do Norte

Escavações no vale do Nilo revelaram acampamentos que datam de 16000 a 9000 AEC, mas esses sítios refletem uma sociedade subsistindo rigorosamente da caça e da pesca apenas. Conhecidos como cultura sebiliana, esses sítios mostram claramente uma diminuição no tamanho das ferramentas. Embora cientes da domesticação animal perto do fim do período, os sebilianos não eram mais do que os tradicionais caçadores-coletores da Antiga Idade da Pedra.[17] De 9000 a 6000 AEC, acontece a "idade das trevas" na história da África do Norte, da qual pouca informação se tem. Durante esse período, os sebilianos viviam no vale. Depois disso, comunidades da Nova Idade da Pedra começaram a pontuar a paisagem com um novo conceito de viver baseado na agricultura, embora os sebilianos se agarrassem à sua caça e pesca. Alguns creem que a agricultura foi introduzida de fora a esses caçadores-coletores, que não estavam lá muito interessados em se tornarem agricultores.

Florestas do tipo mediterrâneo, como as do Crescente Fértil Mesopotâmico, eram os ambientes mais favoráveis para a domesticação do trigo e da cevada, de ovelhas e de gado bovino. A arqueologia corrobora isso. Entre 10000 e 8000 AEC, a cultura mais antiga conhecida, que desenvolvia um modo de vida baseado na coleta de cereais silvestres e depois no cultivo, encontrava-se nas regiões que hoje correspondem a Israel, Jordânia e Líbano. Esses antigos agricultores são chamados de natufianos, por causa do sítio onde foram identificados pela primeira vez, o uádi en-Natuf, ao norte de Jerusalém. Eram um povo de compleição baixa e cabeça alongada (dolicocéfalos), e que eram, sem dúvida, *Homo sapiens*. Usavam peles e adornos de cabeça feitos de conchas, e viviam em assentamentos permanentes em cavernas ou no alto de colinas, perto de fontes. Segundo James Mellaart, em *The Neolithic of the Near East*, os natufianos eram descendentes do Homem de Cro-Magnon europeu. Eram de origem euro-africana, vindos da região mediterrânea, "mediterrâneos robustos" como são definidos, com crânios dolicocéfalos.

Pode-se argumentar que a difusão de grandes mudanças sociais acontece pela comunicação das ideias de uma cultura, ou região, para outra. No caso da agricultura, sua fonte é geralmente tida como o Levante – países da margem leste do Mediterrâneo, especificamente Líbano, Síria e Israel – durante o oitavo milênio AEC. Entretanto, essa teoria, em relação ao Egito, apresenta dificuldades. Sítios da Nova Idade da Pedra ocorrem no Egito 3 mil anos depois, e muitas evidências indicam que a fonte da qual os egípcios adquiriram seu conhecimento de agricultura deve ser procurada no sul e no oeste, em vez de no nordeste. Contudo, como pode ser possível que as sociedades fortemente agrícolas do Levante, a apenas 160 km de distância, não tenham desempenhado um papel no desenvolvimento da agricultura no Egito?[18]

Em defesa da teoria da raça dinástica, entalhes no cabo de uma faca de marfim, da cidade de Gebel-el-Arak (perto de Dendera, 402 km ao sul do Cairo) e pinturas nas paredes de uma tumba do final do período pré-dinástico, datada de 3500 AEC, em Hierakonpolis, sugerem a invasão do vale do Nilo por um povo navegador. Alguns acreditam que o estilo de ornamentação do cabo da faca seja mesopotâmico ou, talvez, sírio. A cena representa, possivelmente, uma batalha naval contra invasores; o mesmo é descrito na tumba em Hierakonpolis. Ambas as representações mostram embarcações nativas do Egito e naus estrangeiras com proa alta, de origem inegavelmente mesopotâmica. Também há a descoberta de túmulos do final do período Pré-dinástico na parte norte do Alto Egito, onde os esqueletos desenterrados exibiam crânios e corpos maiores do que os dos nativos. Segundo Walter Emery, a diferença é tão patente que qualquer sugestão de que esse povo descende da linhagem mais antiga é impossível.[19]

Durante essa "idade das trevas" da pré-história da África (9000–6000 AEC), da qual pouco se conhece sobre acontecimentos humanos, os primeiros agricultores do sudoeste da Ásia, os natufianos, foram os responsáveis pelos assentamentos de Jericó e Çatalhöyük, na atual Turquia, e também foram os responsáveis pela domesticação do cão. O mais antigo cão domesticado descoberto até agora é de Ghar-i-Kamarband, na Pérsia, datado de 9500 AEC. O segundo mais antigo foi encontrado em camadas natufianas perto de Jericó, datando de 8940 AEC.

Devido à falta de evidência arqueológica, é difícil determinar precisamente o que aconteceu no norte do Egito entre 9000 e 6000 AEC. Há evidências que sugerem que a agricultura foi introduzida por culturas da Mesopotâmia. Entretanto, também há evidências que sugerem que a agricultura se espalhou para o norte vinda do sul e do oeste. Será possível que ambas as hipóteses estejam corretas e que o que ocorreu foi uma mistura de culturas?

As evidências fornecidas pelos dentes

Outra evidência sobre quem eram os primeiros egípcios vem da odontologia. Estudos do final do Pleistoceno e de dentes humanos recentes, do vale do Nilo, comparados aos de outros africanos, ingleses, espanhóis e israelenses, sugerem fortemente que o isolamento da África do Norte da Eurásia não existiu. Uma série de estudos que examinou a morfologia dental no vale do Nilo no final do período Pleistoceno e no Holoceno descobriu que uma quantidade extraordinária de mudanças ocorreu no formato dos dentes humanos desde essas antigas eras até os tempos modernos. Tantas mudanças no formato dos dentes ocorreram que a adaptação (seleção natural) claramente não é explicação suficiente. Segundo Christy G. Turner II, professor de antropologia na Universidade Estadual do Arizona, grandes e rápidas mudanças dentais, morfológicas e diacrônicas, só são encontradas em populações que receberam um grande número de imigrantes em curtos espaços de tempo. Esses estudos dentais comparativos da África do Norte mostram que houve descontinuidade genética entre o Pleistoceno (antes de 9000 AEC) e o Holoceno (depois de 9000 AEC). Na maior parte do Holoceno percebe-se continuidade.

Núbios do Baixo Egito, durante o final do Pleistoceno e do Mesolítico (período compreendido aproximadamente entre 11000 e 5000 AEC), eram dentalmente muito semelhantes aos africanos ocidentais e outros africanos ao sul do Saara. Entretanto, os núbios mais recentes assemelhavam-se mais aos eurasianos do sudoeste. O estudo dental mais recente sobre a África do Norte envolve materiais arqueológicos provenientes de Israel, especificamente de natufianos, e amostras mais recentes. As análises mostram que a dentição natufiana era similar à dos asiáticos do sudoeste, como também à dos núbios do Holoceno (era posterior). Esse estudo, conduzido por Christy Turner, concluiu que o único modo de explicar essas similaridades e diferenças seria propondo um significativo fluxo genético e/ou mesmo a migração em si do sudoeste da Ásia para o vale do Nilo no final do Pleistoceno. Os imigrantes devem ter incluído natufianos entre seus parceiros de comércio, os mushabianos, uma cultura da Nova Idade da Pedra localizada na estepe e nas zonas áridas dos desertos do Negev e do Sinai entre 12500 e 10500 AEC.[20]

Segundo Turner, há razões arqueológicas e antropológicas para se acreditar que os natufianos eram relacionados aos atuais povos de língua semítica do Levante. Ele sugere que alguns, se não todos, dos afro-asiáticos originaram o norte da África propriamente dito. Ele também acredita que a "teoria do isolamento" quanto às origens da cultura egípcia foi propagada por muitos anos como uma reação paradigmática contra o uso da migração para explicar a mudança cultural na África do Norte. Segundo Turner, alguns estudiosos chegaram ao ponto de rotular de racista qualquer pessoa que sugerisse uma influência eurasiana na evolução cultural que ocorreu perto do vale do Nilo.

Os arqueólogos geralmente nomeiam as culturas com base nos sítios onde seu estilo de vida foi identificado pela primeira vez. Do ponto de vista do pesquisador, então, diversas culturas que emergiram ao longo da história aparentam não ter relação com nenhuma outra cultura. Entretanto, na realidade, quase todas as culturas, do passado e do presente, foram influenciadas por outras culturas. Outras evidências corroboram a conclusão de Turner de que povos da Península Ibérica podem ter conexão com os progenitores da civilização egípcia. Mas existe uma conexão ainda mais misteriosa – com a cultura Maia da América do Sul* pré-histórica. Exploraremos isso no próximo capítulo.

---

* Na verdade, os maias são da América Central (Guatemala) e do sul do México (América do Norte). (N. da T.)

CAPÍTULO 8

EVIDÊNCIA TOXICOLÓGICA PARA UMA ANTIGA TEORIA

Contrabando na Antiguidade: truque ou comércio?

Em 1976, os restos mumificados do faraó egípcio Ramsés, o Grande, foram exibidos no Museu da Humanidade, em Paris. Foi uma oportunidade única para os estudiosos de toda a Europa. Como as bandagens que envolviam a múmia precisavam ser substituídas, enviaram a botânicos pedaços do tecido para que fossem analisados.

A dra. Michele Lescott, do Museu de História Natural de Paris, teve a sorte de receber uma dessas pequenas amostras para estudo. Após minucioso exame, ela descobriu o que pareciam ser salpicos grudados às fibras do fragmento. Ao microscópio, eles tinham a aparência de tabaco. Ela fez várias experiências, sempre com o mesmo resultado. Disseram-lhe que a amostra de tecido devia ter sido contaminada por um trabalhador que pitava cachimbo. Entretanto, o tabaco não foi introduzido no Egito antes dos tempos modernos.

Mais de um século atrás, o rei da Baviera levou para um museu em Munique o sarcófago ornamentado – e sua múmia – de Henut Taui.* Em 1992, pesquisadores deram início ao projeto de investigar seu conteúdo. Para as

---

* "Senhora das duas terras": múmia feminina da 21ª dinastia, cujo sarcófago era decorado com figuras de Nut, rainha do céu. (N. da T.)

análises químicas, confiavam na dra. Svetla Balabanova, do Instituto de Medicina Forense de Ulm. Os resultados obtidos pelos testes que ela conduziu foram bastante desconcertantes. O corpo de Henut Taui continha grandes quantidades de cocaína e nicotina; mas, durante a Antiguidade, o tabaco só crescia nas Américas, e a coca, nos Andes bolivianos.

Como os primeiros cinco resultados positivos foram um choque, ela enviou amostras para outros três laboratórios. Mais uma vez, os resultados deram positivo e, então, ela os publicou. A reação dos acadêmicos foi feroz, como relata Balabanova:

> Recebi uma pilha de cartas insultuosas, quase ameaçadoras, dizendo que eu estava fantasiando, que aquilo era uma bobagem impossível, porque já fora provado que antes de Colombo essas plantas não eram encontradas em nenhum lugar do mundo exceto as Américas.[1]

Contudo, os testes utilizados por Balabanova nos fios de cabelo são um método muito bem aceito para determinar o uso de drogas. Tem sido assim pelos últimos 25 anos. E não há chance de contaminação. Drogas e outras substâncias consumidas pelos seres humanos penetram nas proteínas do cabelo, onde ficam por meses, e permanecem mesmo depois da morte. Na verdade, podem permanecer ali para sempre.

Para certificar-se de que não há contaminação externa, a amostra de cabelo é lavada em álcool e, então, a própria solução usada na lavagem é testada. Se o teste da solução der negativo, mas o do cabelo der positivo, então, a droga deve estar dentro do fio de cabelo, o que significa que a pessoa consumiu droga em algum momento de sua vida. Os toxicólogos consideram a análise do cabelo uma maneira de descartar contaminação após a morte. Balabanova garante tanto seus métodos quanto os resultados obtidos:

> Não há jeito de haver erros nesse tipo de teste. O método é amplamente aceito e já foi usado milhares de vezes. Se os resultados não forem genuínos, então a explicação deve estar em outra coisa qualquer, e não nos meus testes, pois tenho absoluta certeza acerca dos resultados.[2]

A flor de lótus poderia explicar esses resultados desconcertantes. Ela contém forte nicotina e era, de fato, usada, como mostram as inscrições no grande templo de Karnak. As inscrições mostram egípcios derramando flores de lótus numa taça, cujo conteúdo – provavelmente vinho – devia reagir com a planta e liberar, assim, a nicotina. Mas há um problema com essa solução. O nível de nicotina encontrado nas múmias era letal. Balabanova acredita que o tabaco devia ser usado no processo de mumificação. Altas doses de nicotina são bactericidas, e podiam ser usadas no processo de preservação. Será esse parte do bem guardado segredo da mumificação? Outra explicação poderia ser a de que existiam espécies de tabaco que hoje estão extintas. Os botânicos nos asseguram, porém, de que se outras antigas espécies de tabaco tivessem existido, eles saberiam.

Encontrar cocaína nesses antigos restos mortais é uma outra história, completamente diferente. De acordo com a dra. Sandy Knapp, do Museu de História Natural de Londres, encontrar cocaína em múmias egípcias é quase impossível.[3] Foram realizados testes nas múmias para determinar se elas eram autênticas. Elas eram. Balabanova diz que se trata de um mistério, mas admite que seja concebível que a planta de coca fosse importada pelo Egito antes dos tempos de Colombo, a única alternativa para explicar os fatos. Poderia mesmo ter havido uma comércio de drogas internacional na Antiguidade, com conexões até as Américas? Os egiptólogos, como John Baines, da Universidade de Oxford, acham essa ideia ridícula:

> A ideia de que os egípcios viajassem para a América é totalmente absurda. Não conheço ninguém que exerça profissionalmente a função de egiptólogo, antropólogo ou arqueólogo que acredite seriamente em quaisquer dessas possibilidades, e também não conheço ninguém que perca tempo pesquisando nessas áreas, pois são encaradas como áreas sem significado real para a matéria.[4]

Mas, na verdade, há gente fazendo essa pesquisa: é o caso de Alice Kehoe, da Universidade Marquette, e de Martin Bernal, da Universidade Cornell, bem como de Robert Schoch, que apresentou sua teoria em *Voyages of the Pyramid Builders*. Kehoe acredita que há evidências tanto do contato transatlântico quanto do transpacífico entre os hemisférios oriental e ocidental, mas admite que alguns arqueólogos evitam discutir a questão. A batata-doce, afirma ela, prova isso, e há esculturas de deusas indianas segurando uma espiga de milho. Amendoins foram encontrados no oeste da China, e há outras descobertas que dão crédito a essa teoria. Bernal, professor emérito de história antiga do Mediterrâneo oriental, concorda, em teoria, e chama essas viagens às Américas de "esmagadoramente prováveis".[5]

Essas opiniões são respaldadas, em parte, por ânforas romanas encontradas em 1975 em um porto brasileiro chamado Baía das Ânforas.* Alguns estudiosos sugerem que uma galera romana afundada poderia ser a origem delas, mas essa interpretação é contestada vigorosamente. Entretanto, no Brasil também há uma inscrição que aparenta ser de uma antiga linguagem mediterrânea.** E, no México, existem estatuetas de 3 mil anos de idade que ostentam barbas, uma característica desconhecida entre os nativos americanos, e também estátuas colossais que aparentam ser africanas. Esses itens foram apontados pelo autor de *best-sellers* Graham Hancock, em *Fingerprints of the Gods*.

O problema que se apresenta àqueles que compartilham tais teorias de viagens transatlânticas é a falta de artefatos para sustentá-las. Evidências físicas, tanto na África quanto na América, são difíceis de encontrar. Pode ser que os egípcios não fossem um povo de navegadores, mais pode ser também que outros povos o fossem. A questão, então, passa a ser: quem eram os viajantes transoceânicos? As opiniões se dividem. Alguns estão totalmente convencidos de que povos exploradores cruzaram os oceanos. Outros acham essa ideia absurda. Entretanto, a ciência tem um histórico de rotular teorias como absurdas e descobrir, um belo dia, que elas eram verdadeiras.

O legado de Augustus Le Plongeon sobre as viagens maias

Alguns dos cientistas atuais acreditam que culturas antigas, tanto de exploradores quanto de comerciantes, cruzaram os oceanos à procura de novas terras. Não são os primeiros a acreditar nisso. Augustus Le Plongeon fez o mesmo, há mais de 100 anos. Sua história, o que tem de fascinante, tem de chocante.

Durante o ocaso de sua carreira, Augustus Henry Julius Le Plongeon (1826–1908) foi rotulado de "absurdo" pela comunidade científica de sua época. Tal julgamento não dizia respeito ao campo de trabalho difícil – algumas vezes perigoso – no qual transitava, mas muito mais às conclusões e teo-

---

* Baía de Guanabara. Mais tarde, descobriu-se que um mergulhador italiano havia "plantado" as ânforas ali, e que elas eram, na verdade, do século XX. (N. da T.)
** Na Pedra da Gávea, no Rio de Janeiro, há uma inscrição gravada na rocha, escrita supostamente em fenício, uma linguagem semita que os estudiosos só conhecem de inscrições. A transcrição da inscrição é "LAABHTEJBARRIZDABNAISINEOFRUZT". Como o fenício, assim como o hebraico (linguagem existente mais próxima), é escrito da direita para a esquerda, pode-se ler "TZUR FOENISIAN BADZIR RAB JETHBAAL", cuja tradução seria "Tiro, Fenícia, Badezir, primogênito de Jetbaal". Badezir governou a Fenícia por volta de 850 AEC. A Fenícia ocupava a planície costeira do que é hoje o Líbano. (N. da T.)

rias que ele apresentou a partir dos dados que recolheu. A despeito do estigma de ilegitimidade, Le Plongeon era um homem brilhante, cuja carreira passou da mineração de ouro à fotografia, medicina e arqueologia. Ele falava francês, inglês, espanhol e maia de Iucatã, que ele aprendeu vivendo e trabalhando em Iucatã por doze anos em diversas ruínas maias. Ele e sua esposa, Alice, jamais desistiram de suas convicções. Em meio a vigorosa oposição, eles morreram divulgando seu trabalho e suas teorias.

Chegando em Iucatã

Em 1873, a família Le Plongeon chegou à península de Iucatã, uma terra que estava dividida entre o governo mexicano e os rebeldes maias. Ali, eles planejavam documentar as ruínas maias pelo novo método de fotografia que Augustus ajudara a aperfeiçoar – o processo de negativo de colódio úmido. Le Plongeon levou com ele anos de experiência em explorações e fotografia (as mais recentes feitas no Peru), e um palpite que planejava testar por meio da observação sistemática. Ele acreditava que alguma cultura das Américas era a fundadora do mundo civilizado, uma especulação que ele concebera enquanto explorava as antigas ruínas em Tiahuanaco. Os fatos que eles iriam descobrir poderiam comprovar ou desmentir suas hipóteses. Ele preferia julgar por si mesmo em vez de se basear nas teorias de outros estudiosos.[6]

Uma semana depois de chegarem a Mérida, capital de Iucatã, Alice contraiu a febre amarela. Depois de sua recuperação, eles se mudaram do hotel em que estavam para acomodações melhores, e começaram a investigar a área local. Estudaram as ruínas próximas, observando as características arquitetônicas, as inscrições e os entalhes que, esperavam, apontariam o caminho para pesquisas mais profundas. Eles também gastaram um tempo considerável aprendendo a língua maia e pesquisando nos arquivos históricos de Mérida. Le Plongeon acreditava que compreender tal linguagem, bem como ser capaz de se comunicar com os maias sobreviventes, era um importante passo para interpretar o passado.

Eles primeiro visitaram a antiga cidade de Uxmal durante a temporada seca de 1873–74, uma das maiores e mais acessíveis ruínas em Iucatã. Controlada pelo governo mexicano, ela estava fora do alcance dos rebeldes maias. Foi, também, uma oportunidade de comparecerem a diversas festividades e de observar os costumes do povo. Em resultado do seu crescente envolvimento com os nativos, chegaram à conclusão de que o povo de Iucatã era descendente direto dos antigos maias, que haviam construído os outrora magníficos templos e cidades. Uxmal forneceu algumas evidências para sustentar essa teoria, mas a principal prova haveria de vir de Chichén Itzá, o maior dentre os sítios arqueológicos pré-colombianos. Entretanto, ele ficava numa região controlada pelos rebeldes. Só o fato de chegar lá já era uma aventura.

Ao chegar em Chichén Itzá, a primeira meta de Le Plongeon era encontrar a Akab Dzib (a casa da escrita escura), a fim de examinar o texto hieroglífico que Mariano Chablé, um ancião de Mérida, havia descrito. Chablé havia dito que tal texto continha uma inscrição que era uma profecia, e que um dia os habitantes de Saci (Valladolid, uma cidade de Iucatã) conversariam com os de Ho (Mérida, a capital) por meio de uma corda que seria estendida por estrangeiros. Le Plongeon descobriu a construção encoberta por vegetação e atrás de um observatório em espiral conhecido como o Caracol. A escrita que procurava foi encontrada em um lintel sobre uma porta em um aposento in-

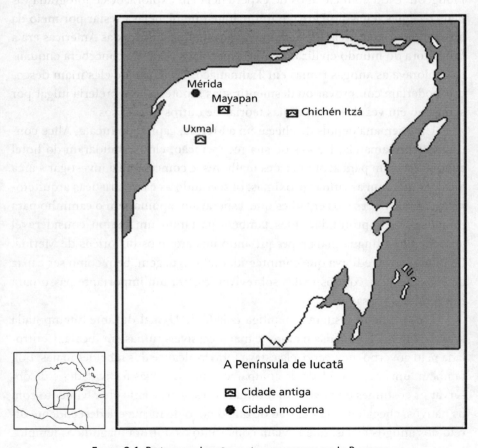

FIGURA 8.1. PENÍNSULA DE IUCATÃ E OS SÍTIOS PESQUISADOS POR LE PLONGEON

186

terno, encimando a representação de um sacerdote maia ou um governante. Tão logo a escrita foi limpa, ele começou a decifrá-la. Segundo Le Plongeon, alguns dos caracteres representavam raios ou eletricidade. A inscrição também incluía uma referência à corda da qual falara o ancião. A descoberta era tão importante que ele montou seu equipamento fotográfico e dedicou-se a uma documentação completa.

Le Plongeon escreveu sobre sua descoberta ao presidente do México e à American Antiquarian Society, observando que lhe haviam dito "ser o texto uma profecia". A American Antiquarian Society a publicou em 1877 e, assim, aqueles que se opunham ao seu ponto de vista acusaram-no de acreditar que os maias usavam o telégrafo para se comunicar. Era o início do fim de sua outrora respeitável carreira.

Desenterrando a história da rainha Móo

Em Chichén Itzá, no Alto Templo dos Jaguares, a família Le Plongeon copiou os murais remanescentes, que descreviam cenas da vida na aldeia, acontecimentos religiosos, guerras e governantes. Depois de estudar essas cenas, Le Plongeon concluiu que elas contavam a história de uma única geração de governantes e que ofereciam a resposta à questão da difusão maia. Para Le Plongeon, isso era a evidência da história em oposição ao mito, e também a origem de outras civilizações e sua mitologia.

As representações de animais nesses murais eram símbolos de seus totens, ou espíritos. Ele identificou a águia como uma arara, o símbolo de uma princesa maia. Seu nome virou Rainha Móo, da palavra maia para *arara*. O príncipe Chaacmol era seu irmão e é referido como um "guerreiro poderoso", por causa de totem de onça-pintada. O escudo pintalgado aparece no mural e em outros entalhes pelo templo.

Com base nesses murais, Le Plongeon selecionou o local onde acreditava estar enterrada uma importante estátua. Se foi devido a uma interpretação correta dos murais ou por pura sorte, o local que escolheu para escavar continha, de fato, uma estátua do príncipe Chaacmol. Segundo Le Plongeon, a figura de tal estátua e o guerreiro representado nas paredes do templo seriam o mesmo personagem:

> Ao traçar a figura de Chaacmol em batalha, reparei que o escudo usado por ele tinha pontos verdes e redondos pintados nele, e eram exatamente os mesmos ornamentos colocados entre tigre e tigre no entablamento do mesmo monu-

mento. Naturalmente, concluí que o monumento havia sido erigido em memória do guerreiro que usava o escudo.[7]

Imediatamente, ele comunicou sua descoberta aos seus colegas americanos. O editor dos relatórios de campo de Le Plongeon nos EUA, Stephen Salisbury, alterou a grafia de "Chaacmol" para "Chacmool", uma palavra maia para puma. O que Salisbury desconhecia é que Le Plongeon havia usado especificamente *chaac* e *mol*, palavras maias para "guerreiro poderoso". Entretanto, "Chacmool" se tornou a grafia usada, embora Le Plongeon tenha reafirmado sua autoridade e, mais tarde, mudado o nome em seus próprios escritos para Coh, uma palavra maia mais simples com o mesmo significado.

O Chaacmol

Enterrada fundo no local onde Le Plongeon ordenara que se escavasse, eles encontraram uma grande escultura em pedra representando uma onça-pintada reclinada, com as mesmas pintas redondas representadas nos murais das paredes do templo. Le Plongeon identificou a estátua como sendo o príncipe maia Chaacmol, irmão mais novo e consorte da rainha Móo. Junto com a estátua, eles descobriram diversos artefatos. Dezoito pontas de flecha ou lança de sílex foram encontradas na base da estátua. Sete delas eram talhadas em pedra verde; duas eram placas de cerâmica chatas. Também havia um pote de cerâmica. Le Plongeon presenteou a esposa com um broche de ouro e jade, que simbolizava a conexão espiritual entre ela e a antiga rainha maia. A joia se tornou o talismã de Alice.

No peito da figura havia uma tigela que continha uma lâmina de sílex partida, uma conta de jade e restos orgânicos que Le Plongeon acreditou serem o que sobrou do coração carbonizado do príncipe Chaacmol. Le Plongeon encomendou a análise do material a Charles Thompson, um professor de química no Worcester Free Institute. A análise de Thompson declarou que aquilo fora "um dia parte de um corpo humano que havia sido queimado com algum combustível".[8]

Com essa descoberta, Le Plongeon acreditou ter decifrado corretamente os murais. Isso lhe deu um ponto de vista interpretativo para levar adiante a reconstrução da história maia.

À luz de suas descobertas, o casal Le Plongeon retornou a Uxmal para examinar figuras esculpidas lá, e para obter uma visão mais ampla da iconografia maia. A breve visita foi longa o suficiente para convencer Augustus e Alice de que a rainha Móo e outras figuras eram históricas, uma vez que estavam presentes em ambos os sítios, Chichén Itzá e Uxmal. Eles acreditavam que o perfil da rainha Móo fora incluído na fachada do Palácio do Governo, embora a imagem não estivesse clara, nem fosse visível de todos os ângulos. Não obstante, segundo a história maia de Le Plongeon, ela havia sido gravada sob as ordens do outro irmão da rainha Móo, o príncipe Aac.

Ao documentar o trabalho deles em Uxmal, Le Plongeon fotografou a fachada e realçou alguns dos detalhes para ajudar a tornar o perfil da rainha Móo mais nítido. Isso suscitou outra onda de ataques de seus antagonistas, com grandes danos para sua reputação. Ele foi acusado de falsificar intencionalmente suas fotos a fim de divulgar sua teoria sobre a difusão cultural maia.

Príncipe Cay

Durante o final de sua temporada de trabalho de campo em Uxmal, eles descobriram uma inscrição que Le Plongeon julgou ser uma referência ao irmão mais velho de Chaacmol, o príncipe Cay (a palavra maia para peixe). Seguindo sua intuição de que a efígie do príncipe Cay estava escondida na seção inferior da Pirâmide do Adivinho, em Uxmal, ele perfurou um túnel numa parede e encontrou uma esplêndida escultura de um nobre, cuja cabeça era adornada por um peixe, seu totem.

Empolgado com essa descoberta, Le Plongeon mostrou a dois americanos de Mérida a escultura do príncipe Cay e pediu-lhes que guardassem segredo. Eles não o fizeram, e a notícia vazou para a imprensa local. Ao saber da novidade, o administrador de uma plantação das redondezas resolveu descobrir a todo custo onde Le Plongeon encontrara a escultura, não só por seu valor histórico, mas também pelos blocos de calcário que naturalmente faziam parte do sítio. Ele os queria por seu valor de revenda. Para evitar isso, Le Plongeon arquitetou um plano para assustá-lo e a qualquer outro rapinante que estivesse considerando a ideia de assaltar o sítio. Ele publicou uma notícia falsa, no *Eco de Comercio*, um jornal local, explicando que havia plantado dinamite no sítio para demoli-lo. Embora as estruturas nunca tenham sido, de fato, preparadas para explodir, Le Plongeon foi duramente criticado por isso. Sua reputação, que já estava manchada aos olhos dos eruditos e arqueólogos americanos, piorou ainda mais.

Em 1883, a família Le Plongeon retornou a Chichén Itzá para registrar os murais no Alto Templo dos Jaguares e escavar o que esperavam que fosse o mausoléu do príncipe Cay. Na porção exposta da Plataforma de Vênus havia a escultura de um peixe. Isso, é claro, levou Le Plongeon a acreditar que havia encontrado a tumba do príncipe. A similaridade da elevação adjacente à Plataforma de Vênus com outra, perto da Plataforma das Águias (onde ele havia encontrado o Chaacmol) sugeria que aquele era um bom lugar para começar a cavar. Planejaram ser meticulosos no registro dessa escavação de modo que seu trabalho, e a subsequente interpretação, não deixassem espaço para críticas.

O trabalho começou com uma trincheira aberta no canto noroeste da plataforma, onde umas poucas pedras da fachada haviam restado. Logo foram achadas pedras do miolo, agora arruinadas, mas com um pouco de argamassa ainda entre elas. Depois de oito dias, os trabalhadores finalmente descobriram uma escultura, 1,20 metro ao norte da plataforma, no nível do chão. Alice relatou os resultados dessa escavação em *Scientific American*: "A figura estava coberta por uma camada espessa de argamassa. Uma perna estava quebrada abaixo do joelho, mas nós a encontramos sob a figura e, depois, a ajustamos no lugar para tirarmos uma foto".[9]

A estátua repousava sobre pequenos pilares cônicos, localizados em suas laterais. Era parte de um esquema que incluía 182 cones que cobriam mais de sete metros quadrados. Dois terços eram pintados de azul; o outro terço, em vermelho. Variavam em altura entre 0,90 e 1,20 metro. Doze cabeças de serpentes, orientadas em várias direções, estavam no mesmo nível dos pilares. Sua decoração e colorido haviam sobrevivido intactos, embora tenham sido quebradas antes de serem enterradas. Eis aqui uma descrição de *A Dream of Maya*, a biografia de Desmond e Messenger sobre o casal Le Plongeon (o texto entre aspas são as próprias palavras de Le Plongeon):

"Do alto de cada cabeça sai um espécie de pluma ou, talvez, uma chama, e de cada lado da parte frontal da cabeça, ornamentos perpendiculares, como chifres". As cabeças eram pintadas de verde e tinham plumas na parte superior. A parte inferior era coberta com escamas de serpente. As bordas da boca também eram amarelas, enquanto a língua bifurcada e as gengivas eram vermelhas. Os dentes eram brancos. O contorno dos olhos e a parte "sobre as sobrancelhas" eram azuis e os olhos eram preenchidos com uma "concha" branca. Os chifres ou apêndices do nariz que se projetavam do focinho eram verdes, salpicados de vermelho, da mesma forma que a "pluma" do alto.[10]

Na área dos cones de pedra, também foi encontrada uma urna no chão que continha um objeto achatado e trapezoidal, duas metades de contas de jadeíta, um cilindro de jade, uma pequena esfera de cristal e os restos de um mosaico.

A escavação continuou, atravessando três andares, e eles encontraram mais artefatos, inclusive uma ponta de flecha de obsidiana, fragmentos de cerâmica, e ossos de pequenos animais. Depois de atingirem o piso final, sobre a rocha-mãe e pintado de vermelho, Le Plogeon direcionou os trabalhos para o sudoeste. Lá, eles descobriram várias pedras achatadas, esculpidas em baixo-relevo. Mais ao sul, encontraram uma pedra com um peixe entalhado nela, e envolta pelo corpo sinuoso de uma serpente. A essa altura, Le Plongeon estava convencido de que havia encontrado a câmara mortuária do príncipe Cay. Tudo que precisava fazer era publicar seu trabalho e suas teorias.

Desenvolvendo a história maia ao estilo de Le Plongeon

Usando murais, esculturas e baixos-relevos de Uxmal e Chichén Itzá, Le Plongeon recriou e narrou uma história de vários governantes maias de fundamental importância e sua conexão com outras culturas. A história, de acordo com Le Plongeon, ocorreu há 11.500 anos. Ele a desenvolve por completo em seu livro *Sacred Mysteries Among the Maya and Quiches*, e fala do amor entre a rainha Móo e o príncipe Coh, e da morte dele, pelas mãos do invejoso irmão Aac. Segundo a interpretação de Le Plongeon, durante um período de desordem civil após a morte do príncipe Coh, a rainha Móo foi forçada a fugir para o Egito e ao chegar lá foi reconhecida como uma irmã há muito perdida. A história é respaldada, como pensa Le Plongeon, não somente pela riqueza de artefatos recuperados durante as escavações em Uxmal e Chichén Itzá, mas também pelo que ele interpreta como os restos carbonizados do coração do príncipe Coh. Le Plongeon nos diz que essa é a história que foi narrada graficamente nas paredes do Alto Templo dos Jaguares e na história do Códice Troano.

Entretanto, alguns acreditam que ele tinha outros motivos para desenvolver a conexão entre o Egito e os Maias. Ele desejava encontrar a origem da Maçonaria, uma fraternidade secreta, que alguns gostariam de ligar ao Egito. Sendo ele mesmo maçom, Le Plongeon estava familiarizado com seus simbolismos e acreditava ter descoberto ampla evidência disso em Uxmal. Ele decidiu que os maias eram os antecedentes diretos dos fundadores da Maçonaria, o que implicaria que suas origens seriam mais antigas do que se ela houvesse começado no Egito.

A caveira e os ossos cruzados entalhados na Pirâmide do Adivinho e o torso esculpido com uma mão invertida sobre um avental, ambos símbolos maçônicos, eram convincentes. Ele mostrou o torso a dois amigos em Mérida, mas a escultura mais tarde desapareceu sem deixar vestígios. Sem essa evidência para respaldar a conexão com a Maçonaria, alguém mais cauteloso abandonaria essa linha de raciocínio, sabendo que poderia ser controversa. Mas Le Plongeon persistiu e até usou certas características arquitetônicas, inclusive arcos chanfrados, como evidência adicional da conexão. Foi outro golpe contra ele.

Desenvolvendo o alfabeto maia

Em novembro de 1880, quando a família Le Plongeon estava na antiga capital de Mayapan, eles procuraram pela chave que decifraria os hieróglifos maias. Era uma reação contra os eruditos que aparentemente descartavam a existência de um alfabeto desse povo. O suposto alfabeto fora registrado no século XVI, após a conquista espanhola, e acreditava-se ser uma invenção do bispo de Iucatã, Diego de Landa. Le Plongeon esperava provar que o alfabeto era autêntico. Ao estudar os antigos monumentos, e por meio do seu conhecimento detalhado da vida e da linguagem dos maias, ele esperava ser capaz de reconstruir o alfabeto. Com sua experiência e conhecimento da linguagem e cultura dos maias, poderia haver alguém melhor do que ele para essa tarefa? Le Plongeon achava que não:

> Meu conhecimento sobre eles deve ser, necessariamente, maior do que o dos cavalheiros que ficam escondidos atrás de suas escrivaninhas, ignorantes dos fatos verdadeiros.[11]

Le Plongeon não só arrumou os fonemas maias em um alfabeto, como os ligou ao Egito, à Grécia e a culturas acadianas da antiga Mesopotâmia.

Segundo Le Plongeon, muitas sílabas-chave dessas linguagens têm um significado idêntico ou quase idêntico. Por exemplo, o caractere maia *ma*, ⌁, é composto por dois símbolos diferentes, ⊓ e ⊚. O símbolo ⊓ representa a silhueta do seu território, a península de Iucatã (veja fig. 8.2). Os dois símbolos *imix*, ⊚, representam as massas d'água de cada lado da península – o Golfo do México e o mar do Caribe. O símbolo ⊚ representa a mama de uma mulher, com mamilo e auréola, significando seio. Mas seio pode significar mais do que um peito de mulher. É também ambiente, como em "seio da nação". Assim, Le Plongeon acreditava que o símbolo para *ma*, ⌁, a chaminé angulosa entre dois *imix*, significava a "terra" deles, ou "lugar" – uma área de terra entre duas massas d'água. Os Acadianos usavam essa mesma sílaba, *ma*, para expressar a ideia de localização física.[12]

Os egípcios também tinham um símbolo parecido para a letra M, ⌐, que também significava lugar ou sítio. A palavra grega τοπος (lugar ou sítio) do texto em grego inscrito na Pedra de Rosetta (uma laje de granito com inscrições em hieróglifos, em demótico e em grego, com textos idênticos de um decreto de um conselho de sacerdotes) é expressa na parte hieroglífica da inscrição por uma coruja para o M e um braço estendido para o A, o que forma a palavra copta μα (ma) – "sítio" ou "lugar". Le Plongeon comenta:

> Ninguém jamais nos explicou por que os estudiosos hierogramáticos do Egito deram ao sinal ⌐ o valor de *ma*. E ninguém o fará, pois ninguém conhece a origem dos egípcios, de sua civilização, nem do país em que cresceram da infância até a maturidade.[13]

Le Plongeon apresenta outras coincidências, como o nome para água. Em maia é *ha*; em egípcio e caldeu, *a*.[14] Os egípcios chamavam sua terra de "lugar dos crocodilos", já que era, naturalmente, infestado por esses répteis. *Ain* era a palavra que eles usavam em monumentos e nos hieróglifos. Ela descreve o rabo do animal que representa. Também é a palavra maia para crocodilo. Como o rabo do animal funciona como um leme para ele, a palavra serve para designar tanto um barco como um crocodilo.[15]

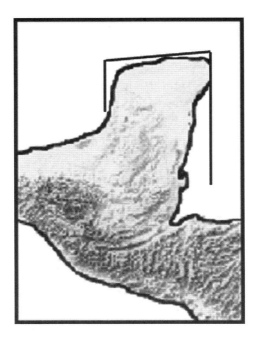

FIGURA 8.2. PENÍNSULA DE IUCATÃ E SEU SÍMBOLO MAIA

O Egito sempre foi uma terra relativamente sem árvores. Durante as cheias, as árvores eram desenraizadas, carregadas pelas águas e depositadas por toda a parte. Os agricultores, a fim de arar o solo, precisavam limpar o terreno dos destroços delas. Os assírios chamavam esse terreno de Misur e Muzur. Coincidentemente, *miz* na linguagem maia significa "limpar a terra dos destroços de árvores" e *muuzul*, "desenraizar árvores".[16]

Segundo os eruditos contemporâneos de Le Plongeon, a palavra grega para mar, *thalassa*, é de origem desconhecida. Fossem os eruditos especialistas em grego também íntimos da linguagem maia, acredita Le Plongeon, eles poderiam facilmente estabelecer uma conexão com a palavra *thallac*, que significa uma "coisa instável". O verbo grego *tarasso* ou *thrasso* significa "agitar".[17]

Em 403 AEC, durante a magistratura de Eucleides,* os gramáticos gregos deram ao alfabeto grego a presente forma. Para os nomes de suas letras, eles adotaram palavras formadas pelas combinações de vários sons que compõem cada linha do épico maia de Le Plongeon. Nesse fato filológico e histórico de grande interesse, como se refere a ele Le Plongeon, ele descobriu a razão pela qual certas letras que possuem o mesmo valor foram separadas, em vez de justapostas, como seria o natural. O que mais teria levado Eucleides e seus colaboradores a separar o Épsilon do Eta, o Teta do Tau, colocar o Ômicron no meio e o Ômega no final do alfabeto?[18]

Em agosto de 1882, Le Plongeon publicou, na *Revista de Merida*, um periódico de Mérida, uma tradução para o espanhol do épico maia formado pelos nomes das letras do alfabeto grego. Ele convidou estudiosos dos maias para revisar e corrigir o texto, no caso de alguma palavra ter sido empregada incorretamente. Ele também estava ávido por apresentar sua descoberta à comunidade científica. Nenhuma correção foi necessária, embora na ocasião o texto tenha atraído a atenção de estudantes em um país onde o espanhol e o maia eram os idiomas falados.

Segundo Le Plongeon, a tradução mostrada no quadro 8.1 (p. 196) pode ser encarada como absolutamente correta, sendo a versão para o inglês do texto em espanhol publicado em Merida.[19] Le Plongeon acreditava que o alfabeto maia, lido do começo ao fim, era a narrativa da história da Atlântida ou Mu, que afundou no mar. A versão de Le Plongeon da história, que ele descreve como "traduzida livremente", é mostrada no quadro 8.2 (p. 197).[20]

Isso corresponde a uma passagem descritiva no diálogo *Timeu*, de Platão:

---

* Eucleides foi arconte de Atenas durante um ano apenas, de 403 a 402 AEC. (N. da T.)

Mas depois ocorreram ali violentos terremotos e inundações; e num único dia e noite de infortúnio, todos os seus guerreiros afundaram na terra e a ilha de Atlântida desapareceu nas profundezas do mar. Por essa razão o mar nessa parte é impenetrável e não pode ser cruzado, porque há um banco de lama no caminho; e isso foi causado pelo afundamento da ilha.[21]

As coincidências apontadas por Le Plongeon entre as linguagens não param por aí, e se estendem pela cosmologia antiga. Segundo o bispo Eusébio de Cesareia (c.265–340) na lenda caldeia sobre a criação do mundo, no início dos tempos uma mulher governava todas as bestas monstruosas que habitavam as águas. Seu nome era Thalaatth. Os gregos traduziram o nome para Thalassa, e o aplicaram ao próprio mar. Os filólogos acreditam que a etimologia dessa palavra se perdeu. Le Plongeon, novamente, encontra a resposta na língua maia. Thallac indica "uma coisa sem estabilidade", como o mar.[22] Ele acrescenta que os nomes Tiamat e Bel-Marduk constituem outras evidências que confirmam sua teoria, uma vez que nenhuma língua, com exceção da maia, oferece um étimo natural e uma explicação simples para o seu significado. Tiamat, "as profundezas", é uma palavra maia composta por quatro primitivas, *ti, ha, ma, ti* (ou seja, *ti* – "lá"; *ha* – "água"; *ma* – "sem; *ti* – "terra"). *Tiamat*, por conseguinte, significa "água por todo lado, nenhuma terra por perto", ou "oceano".[23]

A mesma evidência aparece nos estudos do hebraico. Em um artigo publicado pela *Century Magazine* em janeiro de 1894, Morris Jastrow Jr. explica que a palavra *tehom* aparece tanto nos tabletes cuneiformes como no Gênesis com o significado de "oceano", que tem o mesmo significado na linguagem maia.[24]

As migrações maias

Com base nessa evidência linguística, Le Plongeon mapeou as migrações pré-históricas dos primeiros maias. Eles viajaram de seu lar, nas "terras do Ocidente", através do Pacífico, ao longo das costas do Oceano Índico, em direção ao Golfo Pérsico, e, então, subiram o Eufrates – em cujas margens fundaram assentamentos. Le Pongeon não afirma que os maias foram a única força que construiu as cidades e sociedades da Mesopotâmia. As populações locais obviamente desempenharam um papel, do mesmo modo que a mistura de ideias e tradições culturais, mas deve-se aos exploradores maias, ele argumenta, o impulso para o crescimento civil. A mitologia sumeriana empresta crédito a tal ideia na lenda dos sete sábios, na qual criaturas com aspecto de peixe, sob o comando de Enki (o Ea Acadiano), chegaram do mar, cheios de sabedoria, para servir como conselheiros para os reis. Eles foram os responsáveis pela invenção e construção das cidades.[25]

Quadro 8.1. ALFABETO GREGO E VOCABULÁRIO MAIA
(COM A TRADUÇÃO DO SEU SIGNIFICADO)

alfa	al (pesado) paa (quebrar) ha (água)
beta	be (caminhar) ta (lugar)
gama	kam (receber) ma (terra)
delta	tel (profundidade; fundo) ta (onde)
épsilon	ep (obstruir) zil (fazer bordas) on-om (redemoinho; girar)
zeta	ae (golpear) ta (lugar; solo)
eta	et (com) ha (água)
teta	thetheah (estende) ha (água)
iota	io (tudo que vive e se move) ta (terra)
capa	ka (sedimento) paa (quebrar; abrir)
lambda	lam (submerge) be (ir; caminhar) ta (onde; lugar)
mu	mu (um)
ni [nu]	ni (ponto, cume)
xi	si (subir; aparecer no alto)
ômicron	om (redemoinho; girar)
pi	pi (colocar pouco a pouco)
rô	la (até) ho (chegar)
sigma	zi (frio) ik (vento) ma (antes)
tau	ta (onde) u (bacia; vale)
ípsilon	u (abismo) pa (tanque) zi (frio; congelado) le (lugar) on (circular)
fi	pe (chegar; forma) hi (argila)
qui	dhi (boca)
psi	pe (sair) zi (vapor)
ômega	o (lá) mee (girar) ka (sedimentos)

QUADRO 8.2. TRADUÇÃO DE LE PLONGEON DO AFUNDAMENTO DA ATLÂNTIDA
(OS ITÁLICOS SÃO DE LE PLONGEON)

alfa	Pesadamente quebra – *a* – água
beta	estendendo-se – *sobre as* – planícies.
gama	Ela – cobre – *a* – terra
delta	*em* locais baixos onde
épsilon	*há* – obstruções, as margens formam os redemoinhos que
zeta	golpeiam – *a* – terra
eta	com água.
teta	*A* – água se espalha
iota	*por* tudo que vive e se move.
capa	Sedimentos cedem.
lambda	Submersa está – a – terra
mu	*de* Mu.
ni [nu]	Os cumes – *apenas*
xi	aparecem acima – *da água*.
ômicron	Torvelinhos sopram em volta
pi	pouco a pouco
rô	até chegar
sigma	ar frio. Antes
tau	onde – *existiam* – vales
ípsilon	*agora*, abismos, tanques congelados. Nos lugares circulares
fi	argila se formou.
qui	*A* – boca
psi	abre; vapores
ômega	saem – e sedimentos *vulcânicos*.

Alguns desses povos de língua maia, seguindo os instintos de exploração e migração que herdaram de seus ancestrais, deixaram a planície mesopotâmica e atravessaram a Síria, em direção ao poente, à procura de novas terras. Alcançaram o istmo de Suez e continuaram até entrar no fértil vale do

Nilo. Seguindo as margens do rio, escolheram a região da Núbia, onde se estabeleceram. Deram-lhe o nome de Maiu, em honra de suas raízes culturais em terras ocidentais. Lá, estabelecendo seus cultos e maneiras, criaram um novo país.[26]

A história maia ou a heresia de Le Plongeon

Le Plongeon afirma que, segundo a própria história e lendas dos maias, durante os tempos pré-históricos os maias chegaram a Iucatã conduzidos por Itzamná, seu herói e líder mais antigo, até onde se sabe. Seguindo um caminho aberto misteriosamente por entre as águas, vieram do longínquo Oriente além do oceano. Uma segunda migração ocorreu tempos depois, durante o século II EC, conduzida por Kukulcán, um professor e sacerdote miraculoso que se tornou o fundador do reino e da civilização maia.[27]

Durante o século V EC, invasores vindos do sul, os Nahuatl, destruíram as principais cidades maias, inclusive os baixos-relevos representando seus heróis, governantes e mulheres célebres que adornavam os prédios públicos. Filósofos e sacerdotes esconderam cuidadosamente os livros que continham os registros da história e das tradições antigas, textos que remontam ao assentamento na península pelos seus ancestrais. Le Plongeon afirma que esses livros permanecem ocultos até hoje.[28]

Segundo Le Plongeon, os Itzaes (uma cultura local maia que habitava a planície), que preferiam o isolamento à submissão, abandonaram seus lares e universidades, preferindo vagar pelo deserto.[29] As artes e ciências logo entraram em declínio, do mesmo modo que a civilização. Disputas políticas e dissensão religiosa levaram à guerra civil. Não demorou muito e o reino estava desmantelado e a capital, Mayapan, destruída. Durante essa época tenebrosa, as antigas tradições e o conhecimento foram esquecidos. Misturadas com as tradições, superstições e fábulas dos Nahuatls, suas próprias tradições e história assumiram a forma de mitos. Os grandes homens e mulheres dos tempos primitivos foram transformados em deuses dos elementos e dos fenômenos da natureza. Já que suas bibliotecas haviam desaparecido, novos livros – entre os quais, ao que parece, o Códice Troano e o Códice de Dresden – precisaram ser escritos para registrar esses mitos. O Códice Troano e o Códice de Dresden são textos hieroglíficos maias pré-colombianos conservados pelo Museo de América, em Madri, e pela Sächsische Landesbibliothek, em Dresden. O Códice de Dresden contém um calendário que mostra quais deuses são responsáveis por quais dias do ano, e explica os detalhes do calendário maia e do seu sistema numérico. O Códice Troano (ou de Madri) lida com horóscopos e mapas astrológicos e, conforme se acredita, foi escrito por oito escribas.

Com o desaparecimento do antigo sacerdócio foi-se também o conhecimento de sua escrita sagrada. Le Plongeon explica que as lendas entalhadas nas fachadas dos templos e dos palácios, escritas nesses caracteres, já não eram compreendidas, exceto, talvez, por uns poucos que guardavam esse segredo a sete chaves. Os nomes dos construtores, sua história e os fenômenos da natureza que testemunharam constituíam um mistério tão grande para o povo de então quanto o são para nós agora.

Terra do escorpião

De especial interesse para Le Plongeon era a história contida no Códice Troano, que falava de um terrível cataclismo natural, provavelmente um terremoto. Segundo sua pesquisa, alguns autores deixaram descrições do mesmo acontecimento em linguagem maia. Um se encontra no Códice Cortesiano, agora considerado parte do Códice Troano; outro aparece no entalhe sobre a entrada do Templo dos Jaguares em Chichén Itzá; e um último relato faz parte de um poema épico encontrado em Atenas. Entretanto, Le Plongeon não apresentou uma tradução símbolo por símbolo do entalhe em Chichén Itzá.

A descoberta de parte de um mural, pintado em uma construção em Kabah (uma cidade logo ao sul de Uxmal), incitou Le Plongeon a devotar muitos meses ao estudo do Códice Troano. Muitas páginas no início da segunda parte eram dedicadas a contar sobre os "terríveis fenômenos" que ocorreram durante o cataclismo que fez com que dez países submergissem. Entre eles estava a enorme ilha chamada "terra de Mu", situada entre a linha estranhamente tortuosa formada pelas ilhas historicamente conhecidas como Índias Ocidentais. Para os maias, era a "terra do escorpião". Le Plongeon ficou surpreso e gratificado por encontrar um relato dos acontecimentos escrito durante a vida dos personagens que ele descobriu nas ruínas. A história deles, descrita nas pinturas dos murais, também era contada nas lendas e esculturas que ainda adornam as paredes de seus palácios e templos. Ele também sentiu-se satisfeito por descobrir que essas antigas celebridades já haviam sido convertidas, na época do Códice Troano, em deuses dos elementos. Para os novos maias, esses seres se tornaram os agentes que produziram os terríveis terremotos que sacudiram violentamente as "terras do Ocidente", como conta a narrativa de Akab-cib, e fizeram com que a ilha encontrasse repouso sob as ondas do Oceano Atlântico.[30]

A viagem da rainha Móo

Com a decifração do Códice Troano, a história da rainha Móo continuou. Saindo de Iucatã, ela buscou refúgio na terra do escorpião (Índias Ocidentais), mas descobriu que Mu, o coração daquela terra, havia desaparecido. Sem alternativa, ela continuou navegando em direção ao Oriente e conseguiu chegar ao Egito. Le Plongeon reforça essa tese sugerindo que ela é mencionada nos monumentos egípcios e nos papiros, sempre referida como Rainha Mau (Móo). Para os egípcios, ela é mais conhecida como a deusa Ísis, que usa vestimentas de cores variadas que imitam a plumagem da arara, da qual seu nome deriva, na língua maia.[31] Segundo Le Plongeon, Ísis era o apelido carinhoso aplicado a ela pelos seus seguidores e novos súditos, uma corruptela ou possivelmente uma pronúncia dialética da palavra maia *icin* (pronuncia-se *idzin*), que significa "irmãzinha".

Antes de deixar a península de Iucatã, a rainha Móo ordenou a construção de um monumento, o Templo dos Jaguares, que era dedicado à memória do príncipe Coh. Os principais acontecimentos da vida dos dois foram descritos em cores vivas nas paredes da câmara mortuária. Não satisfeita com isso, ela também ergueu sobre seus restos mortais um mausoléu equivalente às esplendorosas estruturas em mármore modernas, de propósito similar.

Todos os quatro lados do monumento eram decorados com painéis em *mezzo relievo*.* Um friso representa um guerreiro moribundo deitado de costas, joelhos dobrados, as solas dos pés firmemente plantadas no chão. Sua cabeça, jogada para trás, está coberta por um capacete. De seus lábios entreabertos o sopro da vida escapa na forma de uma delgada chama. Sua postura é a mesma dada pelos maias, durante aquela época, a todas as estátuas de seus grandes heróis, uma posição que representava o contorno do império maia, na medida em que o corpo humano pode imitá-lo.[32]

A parte superior do corpo, em vez de estar ereta, é representada reclinada, e sua cabeça jogada para trás simboliza o chefe da nação sendo morto. Em sua mão direita, que repousa sobre o peito, ele segura um cetro partido composto por três lanças, as armas que lhe infligiram os ferimentos mortais. Um ferimento encontra-se embaixo da escápula esquerda, mirando o coração pelas costas, indicando que a vítima foi morta traiçoeiramente. Os outros dois estão localizados na parte inferior das costas. Seu braço esquerdo está posicionado sobre o peito, com a mão esquerda repousando sobre o ombro direito, um sinal de respeito entre os vivos. Le Plongeon interpreta isso como uma

---

* Meio-relevo, em italiano. (N. da T.)

atitude de humildade, com a qual as almas dos mortos devem comparecer diante do trono do juízo de Yum-cimil, o "deus da morte". Le Plongeon especulou que se tratava do mesmo costume mostrado nas inscrições e papiros egípcios, onde as almas, postadas diante do trono de Osíris em Amenti, aguardavam sua sentença.

"Os egípcios", diz o egiptólogo pioneiro *sir* John Gardner Wilkinson, "posicionavam os braços das múmias estendidos ao longo do corpo, com as palmas voltadas para dentro, ou à frente, sobre a virilha, algumas vezes cruzados sobre o peito; e, ocasionalmente, um braço na primeira posição descrita e o outro na última".[33] O bibliotecário e paleógrafo Champollion Figeac (1788–1867), tecendo considerações sobre o monumento ao príncipe Coh, observa que a extremidade superior do cetro com o qual ele é representado é ornamentada com uma flor dipétala, com um botão no centro da corola apenas meio aberto.[34] Isso deve representar o fato de que o guerreiro morto foi assassinado na flor da idade, antes de atingir a maturidade. A porção inferior do cetro é esculpida para representar uma pata de jaguar e lembrar o nome do herói morto, Coh, ou Chaacmol, "jaguar".

> O étimo da última palavra é Chaac, "trovão", "tempestade"; daí, "força irresistível"; e mol, "a pata de qualquer animal carnívoro". O jaguar, sendo o maior e mais feroz entre as bestas que habitam as florestas e Iucatã e a América Central, os maias, que, como já foi dito, nomeavam todas as coisas por onomatopeia, chamaram seu mais famoso guerreiro de Chaacmol; ou seja, "a pata veloz como o trovão", "a pata com uma força irresistível como a tempestade".[35]

Nos painéis que adornam a arquitrave foram entalhadas duas figuras. Uma é um jaguar e a outra uma arara no ato de lamber (ou comer) corações. Segundo Le Plongeon, a primeira é o totem do guerreiro em cuja memória o mausoléu foi erguido. A outra é o de sua esposa, a rainha Móo, sendo representada no ato de lamber os corações de seus inimigos derrotados em batalha, de modo a herdar seu valor.

Aos pés da balaustrada, grandes cabeças de serpentes com bocas abertas e línguas salientes adornam a escadaria que conduz ao topo do mausoléu. Essas cabeças de serpente, totens dos Can (família dominante), eram usadas em todas as edificações erigidas por eles para anunciar que haviam sido construídas por ordem deles. A língua saliente era o símbolo da sabedoria entre os maias, e era usada com frequência nas representações de sacerdotes e reis, que eram dotados de grande sabedoria.

A Esfinge maia

Uma estátua muito interessante encima o mausoléu do príncipe Coh: um jaguar moribundo com uma cabeça humana. Para Le Plongeon, essa era a "autêntica esfinge", e, possivelmente, o protótipo da misteriosa Esfinge egípcia. Essa esfinge maia, como o jaguar nas esculturas, possui três orifícios profundos em suas costas, simbolizando os ferimentos infligidos em Coh por seu irmão Aac.

Esse valoroso guerreiro maia, a quem os inimigos não conseguiriam matar em uma luta justa, foi traiçoeiramente assassinado por seu covarde irmão, justamente como Osíris, no Egito, foi morto por seu irmão Seth, e pelo mesmo motivo – inveja. Na história egípcia, Osíris nos chega como um mito. Entretanto, de acordo com Le Plongeon, o príncipe Coh, o amado Ozil, era uma realidade tangível – os restos do seu coração carbonizado foram encontrados, bem como as armas que causaram a sua morte.

FIGURA 8.3. MAUSOLÉU DO PRÍNCIPE COH
(DE *QUEEN MOO AND THE EGYPTIAN SPHINX*, DE AUGUSTUS LE PLONGEON)

Desde a sua descoberta, a Esfinge egípcia foi um enigma em relação à sua cultura e antiguidade, que permanece insolúvel até hoje. Ela ainda é, nas palavras do Barão Christian Karl Josias Bunsen, autor de *Egypt's Place in Universal History* (1848), "o enigma da história".[36] Bunsen observa que o nome mais visível na estela (uma laje de pedra vertical antiga, com inscrições ou marcas) no templo entre as patas da Esfinge é o de Armais, que foi faraó entre 1298 e 1394 AEC, segundo a lista dos reis compilada pelo sacerdote e historiador grego Maneton. De acordo com William Osburn, autor de *The Monumental History of Egypt, as Recorded on the Ruins of Her Temples, Palaces, and Tombs* (1854), a Esfinge foi obra de Quéfren; mas Osburn ainda tinha dúvidas, pois acrescenta:

> Por outro lado, o grande enigma da Esfinge barbada gigante ainda permanece insolúvel. Quando e por quem a estátua colossal foi erguida, e qual era seu significado? [...] Estamos acostumados a encarar a Esfinge no Egito como um retrato do rei, e, de fato, geralmente como um rei em particular, cujas feições dizem que ela reproduz.[37]

Nos caracteres hieroglíficos, a Esfinge é chamada Neb, "o senhor".[38] Richard Lepsius (1810–1884), considerado o fundador da moderna egiptologia, observa:

> O faraó Quéfren foi citado na inscrição [na estela entre as patas da Esfinge], mas não parece razoável concluir, por isso, que foi ele o responsável pela construção do leão, já que uma outra inscrição nos diz que o faraó Quéfren já havia visto o monstro, ou, em outras palavras, que a estátua já existia antes dele, obra de outro faraó. Os nomes de Tutmósis IV e Ramsés II, e também o de Quéfren, estão inscritos na base.[39]

Plínio, o primeiro autor a mencionar a Esfinge, refere-se a ela como o Túmulo de Amasis.[40] Como já foi discutido no capítulo 1, a idade da Esfinge não pode ser determinada com certeza. Jacques de Rougé (1842–1923), em seu *Six Premiere Dynasties*, supõe que a Esfinge pertença à quarta dinastia (2575–2467 AEC), mas que tem a mesma idade das pirâmides, se não for mais antiga do que elas. Quanto ao seu significado, Clemente de Alexandria simplesmente nos diz que a Esfinge era um emblema da "união da força com a prudência ou sabedoria"[41] – ou seja, de força física e intelectual, supostos atributos dos reis egípcios.

Le Plongeon aponta certas analogias que existem entre a Esfinge egípcia e o jaguar com cabeça humana que está agachado no alto do mausoléu do príncipe Coh. Para entendermos melhor essas analogias, é necessário levarmos em consideração não só os nomes da Esfinge, como também sua posição em relação ao horizonte e às construções à sua volta.

A Esfinge egípcia contempla o leste e encontra-se na frente da segunda pirâmide (a de Quéfren), sobranceira ao Nilo. Ela representa um leão (possivelmente um leopardo) agachado ou em repouso, com uma cabeça humana. Piazzi Smyth nos diz que "pela cabeça e pelo rosto, embora em nenhuma outra parte, muito da superfície original da estátua ainda está pintada de vermelho desbotado".[42]

O mausoléu do príncipe Coh, em Chichén Itzá, encontra-se em frente e a leste do Templo dos Jaguares. A estátua em seu topo era a de um jaguar com cabeça humana. A cor sagrada dos maias era o castanho avermelhado, a julgar pelos afrescos na câmara mortuária; e, segundo o bispo de Iucatã, Diego de Landa, mesmo durante a época da conquista espanhola os nativos tinham o hábito de cobrir o rosto e o corpo com pigmento vermelho.[43]

Acerca da Esfinge egípcia, Henry Brugsch-Bey, egiptólogo e autor de *A History of Egypt under the Pharaohs* (1881), escreve:

> Ao norte dessa forma gigantesca encontra-se o templo da deusa Ísis; um outro, dedicado ao deus Osíris, está localizado do lado sul; um terceiro templo foi dedicado à Esfinge. A inscrição na pedra sobre esses templos diz o seguinte: Ele, o Hor vivo, rei do alto e baixo país, Quéops, ele, o dispensador de vida, fundou um templo para a deusa Ísis, a rainha da pirâmide; ao lado da casa do deus da Esfinge, a noroeste da casa do deus e da cidade de Osíris, senhor do lugar dos mortos.[44]

A Esfinge, localizada entre templos, dedicada a Ísis e a Osíris por seu filho, Hor, parece indicar que a pessoa representada por ela era intimamente ligada a ambas as divindades.

Uma outra inscrição mostra que ela foi especialmente consagrada ao deus Ra-Atum, ou o "Sol no Ocidente", ligando-a, dessa maneira, às "terras na direção do sol poente", ao "lugar dos mortos" e ao país de origem de seus ancestrais. Os antigos egípcios acreditavam que era para lá que retornariam após a morte e apareceriam diante de Osíris, que estaria sentado em seu trono no meio das águas. Então, ele os julgaria por suas ações enquanto estavam na terra.

Samuel Birch, fazendo anotações na obra de Sir Gardner Wilkinson, *Manners and Customs of the Ancient Egyptians*, diz que "a Esfinge era chamada de Ha ou Akar".[45] Na linguagem maia, essas palavras significam "água" e "lago" ou "pântano". Nesses nomes, Le Plongeon sugere, está a pista de que o rei, representado pela Esfinge, habitava um país rodeado pela água.

> Sua posição, com a cabeça voltada para o Oriente e sua parte posterior para o Ocidente, não pode ser desprovida de significado. Não poderia ser o de que o povo que a esculpiu viajou do Ocidente em direção ao Oriente? Do continente ocidental onde Ísis era rainha, quando ela abandonou sua terra natal e navegou em busca de um novo lar, na companhia de seus seguidores? Não pode ser que o leão ou leopardo com cabeça humana seja o totem de algum personagem famoso na pátria-mãe, intimamente relacionado à rainha Móo, altamente venerado por ela e por seu povo, cuja memória ela desejava perpetuar na sua terra de adoção e entre as futuras gerações?[46]

FIGURA 8.4. HIERÓGLIFO DE OSÍRIS
(DE *QUEEN MOO AND THE EGYPTIAN SPHINX*, DE AUGUSTUS LE PLONGEON)

Le Plongeon questiona: "Seria a Esfinge o totem do príncipe Coh?" Na linguagem maia, no entablamento do Templo dos Jaguares, e nas esculturas que adornam o mausoléu do príncipe Coh, ele era representado por um jaguar. No Egito, Osíris, como rei de Amenti (rei do Ocidente), era representado por um leopardo, segundo Le Plongeon (fig. 8.4). Seus sacerdotes usavam uma pele de leopardo sobre suas vestes cerimoniais, e uma pele de leopardo sempre estava pendurada perto de suas imagens ou estátuas.[47]

Ao procurar explicar o significado dos nomes inscritos na base da Esfinge, Le Plongeon faz uso da linguagem maia e suas coincidências fonéticas com o antigo Egito. Ele cita a obra *History of Egypt* de Henry Brugsch-Bey:

> No texto, a Esfinge é chamada de *Hu*, uma palavra que designa o leão com cabeça de homem, enquanto o nome real do deus representado pela Esfinge era *Hormakhu*, que significa "Hórus no horizonte". Era também chamado de Khepra, Hórus em seu lugar de descanso no horizonte onde o sol se põe.[48]

Heródoto nos diz que Hórus foi o último deus a governar o Egito antes do reinado de Menés, o primeiro rei terreno.[49] Hórus, o filho mais novo de Ísis e Osíris, veio ao mundo logo depois da morte do seu pai. Ele dispôs-se a vingá-lo, combatendo Seth e defendendo sua mãe contra ele.

Na linguagem maia, Hormakhu é uma palavra composta de três primitivas: *hool*, "cabeça" ou "líder"; *ma*, "país" (ou radical de Mayach, que se torna sincopada pela perda da inflexão *yach*, que forma o nome composto); e *ku*, "deus". Hormakhu poderia então significar "o deus chefe em Mayach". Vale a pena acrescentar que as inscrições maias, entre outras, eram lidas da direita para a esquerda, assim com as egípcias. Le Plongeon afirma que *ma* significa Mayach nesse caso, pois o sinal ⊓, que tem a forma da península de Iucatã, forma parte do hieróglifo egípcio que representa o nome da Esfinge.[50]

Ele deduz que se isso não fosse intencional, os hierogramáticos teriam usado qualquer outro dentre os vários sinais para representar a letra latina *M*. Le Plongeon nos lembra de que a escrita hieroglífica era primordialmente pictórica. Ele vai além e afirma que o sinal egípcio ⌣, o "sol se pondo no horizonte ocidental", torna evidente que o hieróglifo ⊓ tinha a intenção de representar um país, com um contorno geográfico parecido, situado no Ocidente. Os maias faziam uso do mesmo sinal para designar regiões situadas na direção do poente (o sinal forma parte da palavra Alau no Códice Troano, na parte 1, quadros 2 e 3 de Le Plongeon).[51] Em maia, Khepra seria lido Keb-la – *keb* significa "inclinar", *la* é a "verdade" eterna – o deus, em outras palavras, o sol. Então, Kebia ou Khepra é o sol inclinando-se no horizonte. Quanto ao nome Hu, usado em textos para designar a Esfinge, pode ser uma contração da palavra maia *hul*, que significa "flecha", "lança".

Como símbolos de seus atributos, os gregos sempre colocavam armas ofensivas nas mãos dos seus deuses. Assim também faziam os egípcios. Eles representavam Neith, Sati ou Khem, segurando um arco e flecha. Dotaram Hórus com uma lança, hul, com a qual ele matou Seth, o assassino de seu pai. Às vezes, Hórus é representado de pé em um barco, trespassando a cabeça de Seth, que está nadando na água.[52] Será que isso era para indicar que a tragédia teve lugar em um país rodeado de água, que só podia ser alcançado por meio de barcos? Eles também representavam Hórus na terra, perfurando a cabeça de uma serpente com uma lança. Le Plongeon pergunta retoricamente: Seria a serpente no Egito um dos totens de Seth, o assassino de Osíris, assim como a ponta de uma lança era o totem do príncipe maia Aac, assassino do príncipe Coh? Le Plongeon acredita que a resposta seja sim.

Na celebração da festa de Osíris, os adoradores costumavam jogar uma corda para a assistência, que a despedaçava, como se vingasse a morte de seu deus. A corda representava a serpente, o emblema de seu assassino. O que leva Le Plongeon a perguntar novamente: "Seria isso uma reminiscência da tragédia ocorrida na terra natal, onde um membro da família Can (serpente) assassinou seu irmão?"

A partir dos retratos de seus filhos entalhados na entrada da câmara mortuária do príncipe Coh, sabemos que seu filho mais novo chamava-se Hul. O totem de Hul era uma ponta de lança, gravada acima de sua cabeça. "Hul, Hu, Hor e Hol não são palavras cognatas?", pergunta Le Plongeon.

Em *Sacred Mysteries Among the Maya and Quiches*, Le Plongeon se esforça para mostrar, por meio da identidade de suas histórias e dos nomes e dos totens, que os egípcios adoravam Geb, Nut e seus filhos (Osíris, Seth, Ísis e Néftis) como deuses. Le Plongeon argumenta que esses eram os mesmos personagens da família real maia: rei Canchi; sua esposa, Zoc; e seus cinco filhos, Cay, Aac, Coh, Móo e Niké.

Não encontrando a terra de Mu, a rainha Móo foi para o Egito, onde se tornou a deusa Ísis e era adorada por todo o país. Ela sabia que, séculos atrás, colonos maias, vindos da Índia e das margens do Eufrates, já tinham se estabelecido no vale do Nilo. Ela buscou refúgio entre eles, e eles a receberam de braços abertos, aceitando-a como rainha. Eles a chamaram Icin, "a irmãzinha", uma palavra carinhosa que com o tempo mudou para Ísis. Com o passar do tempo, seu culto se tornou até superior ao de Osíris.[53] O poeta e filósofo Lúcio Apuleio (123–170 EC), em sua obra "Metamorfoses" (também conhecida como "O Asno de Ouro"), escreve o que Ísis diz: "Mas os etíopes e os egípcios, que o sol ilumina, com reconhecida sabedoria ancestral, adoram-me com as cerimônias devidas, e chamam-me pelo meu verdadeiro nome, Ísis".[54]

O historiador grego Diodoro Sículo (c. 90–21 AEC), *em Biblioteca histórica*, descreve a sua fala:

> Eu, Ísis, rainha do país, educada por Tot, Mercúrio. O que eu decretei, ninguém pode anular. Sou a filha mais velha de Saturno (Seb), o mais jovem dos deuses. Sou irmã e esposa do Rei Osíris. Ensinei os homens a plantar. Sou a mãe de Hórus.[55]

No *Livro dos Mortos* (Papiro de Ani, de 1240 AEC), traduzido por Wallis Budge), Ísis diz: "Sou a rainha dessas regiões; fui a primeira a revelar aos mortais os mistérios dos grãos. Sou aquela que está na constelação do cão".

Terá sido a rainha Móo, para perpetuar a memória do seu marido na terra de sua adoção, quem construiu a Esfinge egípcia em honra ao seu falecido marido em Chichén Itzá – similar ao mausoléu do príncipe Coh? Ali, ela o representou como um jaguar moribundo com uma cabeça humana, suas costas perfuradas três vezes por uma lança. No Egito, ela o representou também por um grande felino com uma cabeça humana, mas o imortalizou como uma alma altiva e glorificada, velando pelo país que garantiu a segurança dela.

Segundo Le Plongeon, depois de morta a rainha Móo foi deificada, adorada e referida como a "boa mãe dos deuses e dos homens". Os gregos a chamam de Maia, os indianos, de Maya, e os mexicanos, Mayaoel. Será que ela incumbiu seu filho Hul da supervisão da construção dessa maravilha do mundo remanescente? Será por essa razão que vários textos egípcios se referem à Esfinge como Hu? Augustus Le Plongeon acreditava que sim.

O reino do Escorpião

Os antigos egípcios, eles próprios, lembravam de sua história apenas de maneira vaga, mítica. Por milhares de anos, o rei Menés foi tido como o primeiro rei do Egito. Ele é identificado assim claramente nos antigos registros egípcios, mas isso foi antes da descoberta da tumba do Rei Escorpião em Abidos, e um elaborado tablete protodinástico chamado Placa do Escorpião. A história desse homem, cujo símbolo era o escorpião, passou de mítica a histórica durante os últimos 110 anos.

Em 1898, em Hierakonopolis, a antiga capital egípcia pré-dinástica, um conjunto de objetos sagrados relacionados a um rei desconhecido foi encontrado. Um desses objetos era a famosa Paleta de Narmer (ou Menés), uma paleta cerimonial para cosméticos. Um outro era a cabeça da clava ritualística do Rei Escorpião. A princípio, esse rei foi relegado ao mundo da mitologia, como outros deuses pré-dinásticos. Contudo, uma centena de anos mais tarde, o arqueólogo alemão Gunter Dreyer descobriu a evidência requerida para tornar o mito do Rei Escorpião em história factual. Dreyer encontrou sua tumba, e entre os artefatos estava seu cetro de marfim. Dreyer também descobriu no interior da tumba pequenas plaquinhas, do tamanho de um selo, feitas de marfim e osso. Cada uma delas trazia imagens simples entalhadas; possivelmente uma espécie de hieróglifos, que antecede a data aceita como a do nascimento da escrita em mais de 200 anos.[57]

Mais surpreendente ainda é a descoberta, por John e Deborah Darnell, de um tablete pré-dinástico conhecido como Placa do Escorpião. Embora obscurecida por 5 mil anos de erosão, muito de suas inscrições ainda está visível. Descreve o familiar símbolo do falcão (Hórus) sobre o escorpião, que identifica o tema como Rei Escorpião. Os Darnell acreditam que ela foi entalhada por ordem do Rei Escorpião para comemorar sua vitória sobre Naqada-A, uma cidade que adorava Seth, o deus do caos.[58]

Essas recentes descobertas jogaram alguma luz sobre a pré-história do Egito. Entretanto, envolta em um tempo mítico, a pré-história do Egito ainda é tão misteriosa quanto a Esfinge. Sabemos comparativamente muito pouco sobre esses anos arcaicos, quando o Saara era verde e as chuvas abundantes. O toucado da Esfinge parece obra de escultores da quarta dinastia, mas os sinais de erosão climática nela e em seu entorno sugerem que sua origem data de antes, de uma época mítica e remota.

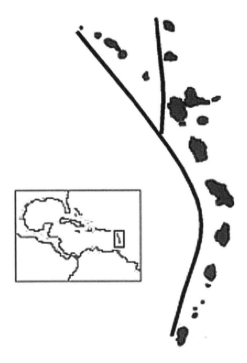

FIGURA 8.5. ANTILHAS DO CARIBE

As Antilhas do Caribe eram conhecidas pelos maias como "terra do escorpião", Zinaan, e eram representadas nos hieróglifos maias pela figura do aracnídeo, ou em estilo cursivo pelo seu símbolo. Le Plongeon acreditava que isso é evidência de que os maias eram bem familiarizados com a linha geral do arquipélago. A rainha Móo descobriu que a Terra do Escorpião maia havia desaparecido sob as ondas do Atlântico. O que vemos hoje, para ela eram somente restos. Em honra aos seus compatriotas das ilhas, será que ela ou seus descendentes deram continuidade ao nome no Egito Antigo com o Rei Escorpião? Le Plongeon acreditava nisso.

Novas evidências para uma antiga teoria

O trabalho que Augustus e Alice Le Plongeon realizaram, e o registro que eles criaram em Iucatã, eram tão bons quanto os de seus contemporâneos, mas não havia outros pesquisadores trabalhando na região para que os resultados possam ser comparados. Augustus era um estudioso dedicado e um homem brilhante e empreendedor, mas sem evidências que as comprovassem, suas teorias e ideias não passaram de um exercício de desmoralização para seus adversários que já haviam aceitado uma datação mais recente para as civilizações das Américas. Se Le Plongeon houvesse refreado suas teorizações, seu trabalho teria sido saudado como uma grande conquista arqueológica. Em vez disso, com a história da rainha Móo e a disseminação da civilização maia, seu trabalho foi deixado de lado e esquecido. O nome de Le Plongeon raramente é citado em textos atuais sobre estudos maias.

Mais de cinquenta anos depois da publicação de *Queen Moo and the Egyptian Sphinx,* Thor Heyerdahl, um homem que acreditava firmemente que as civilizações antigas, separadas por oceanos, mantinham contato, provou que era possível atravessar o Pacífico e o Atlântico na mais simples das embarcações. Quarenta anos depois, Svetla Balabanova também encontrou evidências (em sua descoberta de nicotina e cocaína em múmias egípcias) de que o Oriente conhecia o Ocidente, e que eles comercializavam mercadorias. E, é claro, há também o dr. Robert Schoch, que apresentou provas positivas de que a Esfinge é mais antiga do que a civilização dinástica egípcia. Esses fatos chegaram com um século de atraso para Le Plongeon. Infelizmente, ele estava muito à frente do seu tempo para o seu próprio bem.

Embora o caso da rainha Móo e sua viagem para o Egito permaneça, na melhor das hipóteses, circunstancial, com esses novos fatos podemos agora especular de um ponto de vista muito diferente. Le Plongeon jamais propôs coisa alguma que estivesse fora do âmbito das possibilidades.

Por último, há a questão das pirâmides, difícil de não mencionar quando se trata de Egito Antigo. É claro que Quéops, Quéfren, Miquerinos e outros das primeiras dinastias construíram as pirâmides. Também é evidente que na Antiguidade, se alguém desejasse construir algo realmente grande, o formato teria de ser piramidal – isso é uma questão de física. Ainda que pirâmides de vários tipos e estilos tenham sido encontradas por todo o mundo, é um engano comum acreditar que a terra do Nilo contém mais pirâmides do que qualquer outro lugar. As culturas do antigo México e da América Central detêm essa honra. Elas construíram mais pirâmides do que qualquer outra civilização. Com cada lado da base medindo 800 metros e seis vezes maior do que a Grande Pirâmide, a Pirâmide Danta, na Guatemala, é a maior que já foi construída pela humanidade. Foram os maias que a ergueram.[59]

Será a conexão maias-egípcios sugerida por Le Plongeon um exagero? Talvez não. Como veremos mais adiante, há evidências nas tradições autóctones egípcias que sustentam a ideia de que os maias, de algum modo, tiveram contato com o Egito.

CAPÍTULO 9

RAÍZES PRÉ-HISTÓRICAS DO EGITO
O legado do Cro-Magnon

A história, definida como a época em que a humanidade começou a escrever, constitui uma pequena percentagem em relação ao tempo conhecido em que os humanos existem em sua forma anatômica moderna (bípede, postura ereta, testa alta e vertical e caixa craniana redonda). Um consenso entre paleoantropólogos e arqueólogos diz que nós, os humanos (*Homo sapiens sapiens*), existimos há aproximadamente 200 mil anos. Além disso, de acordo com estudos do DNA mitocondrial, todos os atuais humanos são descendentes de uma única mulher que viveu na África. Logicamente, então, todas as civilizações que se desenvolveram e saltaram da pré-história para a história têm uma ancestralidade que remonta à África.

Embora não haja um registro escrito de como as culturas pré-históricas viviam, a paleociência descobriu uma considerável quantidade de evidências de onde e como elas viviam e quando migraram para novas terras. A primeira cultura anatomicamente moderna que se tem notícia, a Cro-Magnon, data de 40 mil anos atrás e floresceu na Europa ocidental por 30 mil anos. Contudo, há fortes evidências que sugerem que ela não se originou lá, e sim, na África.

Hoje, entre as populações do mundo, os traços físicos que caracterizavam o homem de Cro-Magnon quase já desapareceram. O que lhes aconteceu, e por que eles parecem ter sumido dos registros arqueológicos, tem sido matéria de discussão entre os antropólogos há algum tempo. Entretanto, quase não resta margem para dúvida de que descendemos deles.

Assim como qualquer outro povo, os antigos egípcios que formaram a primeira dinastia em 2920 AEC também tinham ancestrais. No capítulo 7, ficamos sabendo que eles eram os badarianos, os naqada, os amratianos, os gerzeanos, os maadi e os núbios, que viveram em diversas regiões da África do Norte, perto do vale do Nilo. Neste capítulo, investigaremos quais devem ter sido os ancestrais dessas culturas pré-dinásticas. As evidências sugerem que as culturas que levaram à civilização e ao nascimento do Egito dinástico no passado distante começaram com o homem de Cro-Magnon.

Cro-Magnon das Ilhas Canárias

Pode parecer que esse seja um lugar improvável para procurar pistas dos antigos habitantes do Egito, mas as peças do quebra-cabeça estão bastante espalhadas. O Museu das Canárias, na ilha Grã-Canária, se orgulha de possuir a maior coleção do mundo de crânios do homem de Cro-Magnon. Interessante também é o terraceamento para agricultura em torno de elevações arredondadas pela erosão, de origem desconhecida, que se encontra por todas as ilhas. Na ilha de Tenerife existe um complexo piramidal feito de pedra negra vulcânica. As técnicas de arquitetura e engenharia empregadas na construção dessas pirâmides de seis "degraus" são similares àquelas encontradas no México, no Peru e na antiga Mesopotâmia.

Os céticos acreditam que as pirâmides são pilhas de pedra aleatórias, mas os arqueólogos da Universidade de La Laguna e o dr. Thor Heyerdahl (famoso pela expedição *Ra*) provaram que as estruturas são obra humana. A escavação revelou que elas foram erguidas sistematicamente com blocos de pedra, cascalho e terra. Escadas construídas cuidadosamente no lado oeste de cada pirâmide levam ao cume, uma plataforma perfeitamente plana, coberta de cascalho. Descobriu-se que o principal complexo piramidal, inclusive as esplanadas diante delas, é astronomicamente orientado para o poente no solstício de verão da mesma maneira que as pirâmides do Egito foram orientadas segundo os pontos cardeais.

Quem as construiu é um mistério, e nenhuma teoria é empurrada à força aos visitantes da cidade de Guimar e suas pirâmides. Um cartaz com um único ponto de interrogação rotula a exposição. Os habitantes conhecidos mais antigos de Tenerife são os guanches (hoje em dia, extintos como cultura), que não sabiam dizer quando as pirâmides foram construídas nem por quem. Entretanto, como veremos, os guanches provaram ser um elo cultural entre sociedades antigas e modernas.

Quando os primeiros europeus modernos chegaram às Ilhas Canárias durante o início do século XIV, ficaram surpresos com as características físicas de seus habitantes guanches, que não eram muito diferentes daquelas das populações brancas nas regiões ao sul do Mediterrâneo. Investigadores do século XIX ficaram ainda mais surpresos pela similaridade entre o esqueleto do homem de Cro-Magnon de 40 mil anos encontrado na Dordonha, França, e os restos mortais dos guanches. Alguns pesquisadores acreditam que as similaridades não eram apenas físicas, mas também culturais, como evidenciam as pinturas nas cavernas em Gáldar, Belmaco, Parque Cultural La Zarza e Los Letreros, por exemplo. Assim como as culturas Cro-Magnon, os guanches adornaram as cavernas com zigue-zagues, quadrados e símbolos espirais usando tinta vermelha ou preta. Os guanches continuaram pintando cavernas até o século XIV.

De acordo com a antropóloga alemã Ilse Schwidetzky, as Ilhas Canárias oferecem um extraordinário campo para investigações antropológicas. A população pré-histórica que vivia lá enterrava seus mortos em cavernas, o que proporcionou um material extraordinariamente abundante no que diz respeito a esqueletos. A despeito do fato de que os guanches não existem mais como cultura, grupos pré-hispânicos sobreviveram até o presente, mesmo depois do processo de cristianização e aculturação. Vários estudiosos dedicaram-se a identificá-los nos séculos XVIII, XIX e XX.

Em um estudo de 1984, o professor Gabriel Camps, da Universidade de Provença, foi bastante explícito quanto à questão de identificar corretamente os naturais das Ilhas Canárias e seus predecessores. Nessa pesquisa, ele concentrou-se na antiga população Cro-Magnon da África do Norte, à qual ele se referia especificamente como iberomaurusianos. Esses iberomaurisianos eram uma cultura de 16 mil anos de idade do noroeste da África, que habitavam a planície costeira e o interior do que são hoje a Tunísia e o Marrocos. Viviam da caça do gado selvagem, gazelas, antílopes e carneiros-da-Barbária, e da coleta de moluscos. Hoje em dia, características físicas Cro-Magnon são raras nas populações da África do Norte. As características gerais ali pertencem a diferentes variedades de tipos mediterrâneos. No máximo, o grupo com características semelhantes às do homem de Cro-Magnon representa 3% da atual população do Magreb (Marrocos, Argélia e Tunísia). Mas são muito mais numerosos nas Ilhas Canárias.[1]

O termo "iberomaurusiano" se refere à fabricação de implementos no final da Idade do Gelo caracterizados por ferramentas e armas de pedra menores, se comparadas às das culturas anteriores, e que apresentam pequenas lâminas com uma das extremidades sem corte, para que fosse possível segurar o instrumento daquele lado, ao manuseá-lo. Os fabricantes dessas ferramentas estavam presentes em muitos pontos do Magreb africano, como Afalou-Bou-Rhummel, La Mouillah, Caverna Taza I e Taraforalt, entre 20 mil e 10 mil anos atrás. Muitos desses sítios encontravam-se aglomerados em cavernas e abrigos rochosos ao longo do litoral do Magreb. Muitos contêm sepulturas. No passado, os iberomaurusianos eram chamados de Mechta-Afalou, Mechta el-Arbi e/ou tipos mechtoides. Tinham esqueletos fortes que se pareciam com o do Cro-Magnon europeu, embora tivessem as feições mais duras e outros tipos de diferenças. As origens do Cro-Magnon da África do Norte são desconhecidas. Estudiosos sugerem que eles tenham vindo da Europa, oeste da Ásia, ou de outro ponto da África, ou que tenham se desenvolvido na própria África do Norte. Eram relativamente altos (1,73 m para os homens e 1,62 m para as mulheres), e possuíam feições muito marcantes, rosto largo e forte, e um crânio alongado e estreito. Esse tipo de conformação craniana é referido como dolicocéfalo.

De acordo com um estudo de 1996 realizado por Dotour e Petit-Maire, a população pré-histórica da costa do Atlântico saariano pode ser classificada em três grupos.[2] Um grupo possui um certo número de características específicas e é referido como Mechta. São um tipo de Cro-Magnon da Tunísia. Suas características únicas não são encontradas na atual população. Um segundo grupo apresenta características protomediterrâneas (descritas no próximo parágrafo) e que podem ser vistas nos atuais argelinos. O terceiro grupo apresenta características atenuadas e particularidades similares às do primeiro grupo. Segundo Dotour, esse terceiro grupo não é bem definido e apresenta grandes variações. Embora haja três grupos, uma vez que o terceiro não é bem definido e é similar ao primeiro, nos referiremos apenas a dois grupos gerais, baseados no tipo de esqueleto: Cro-Magnon e Mediterrâneo.

Em contraste com as características esqueletais do Cro-Magnon, o tipo Mediterrâneo normalmente tinha um rosto longo e delicado, e crânio curto e largo. Com base em depósitos em Gafsa, Tunísia, restos do tipo Mediterrâneo datam de cerca de 10 mil anos atrás. Alguns pesquisadores acreditam que esses dois tipos de grupos humanos, Cro-Magnon e Mediterrâneo, representam uma adaptação regional e, em resultado, existem como espécies de grande variabilidade antropológica. O estudo de sepulturas no litoral, de Rabat, no

Marrocos, em direção ao sul, até a Mauritânia, sustenta a evidência de dois grupos humanos diferentes. Um corresponde a túmulos localizados entre 20 e 30 graus ao norte. Dotour caracterizou os esqueletos encontrados lá como do tipo Cro-Magnon (Mechta). O outro grupo corresponde a uma área ao norte do paralelo 33, perto de Rabat. Uma vez que sua estrutura esqueletal é graciosa, foram classificados como do tipo Mediterrâneo.

A população Cro-Magnon (robusta e arcaica) sempre foi relacionada à cultura iberomarusiana e é, provavelmente, autóctone. O mais gracioso é atribuído à cultura capsitana neolítica (da Argélia), que não se pensa ser indígena. Acredita-se que tenham vindo do Oriente e, pouco a pouco, tenham se integrado à população Cro-Magnon (Mechta). A princípio, ao longo da costa mediterrânea.

Outros estudos confirmam que a população Cro-Magnon (Mechta) viveu na África do Norte por um longo tempo. De acordo com uma pesquisa genética recente, publicada em 2004, parte da moderna população apresenta um marcador genético que é característico de uma transição do tipo Cro-Magnon (Mechta) para o tipo Mediterrâneo, e é restrito à África do Norte. Isso sugere que uma expansão do grupo mediterrâneo teve lugar na África do Norte por volta de 10.500 anos atrás e espalhou-se para as populações vizinhas.

O que os estudos antropológicos dos povos pré-históricos demonstram é que o povo do tipo Cro-Magnon (Mechta) eram os únicos habitantes das regiões do Mediterrâneo e da África do Norte, inclusive das Ilhas Canárias, antes de 10.500 anos atrás. Posteriormente, um tipo humano diferente (o tipo Mediterrâneo) começou a ocupar essas regiões, deslocando-se do nordeste para o sudoeste. Outros estudos também indicam que uma migração e miscigenação dos tipos Cro-Magnon e Mediterrâneo ocorreu durante um longo período. Estrategicamente posicionado, em sua maior parte, no nordeste da África, o vale do Nilo seria uma área de refúgio bem como de convergência para ambos os tipos de povos.

Padrões históricos das populações na África do Norte

A primeira evidência de populações humanas na África é classificada como *Homo erectus*, 200 mil anos atrás. Durante a primeira parte da Idade do Gelo, entre 200 mil e 100 mil anos atrás, o *Homo sapiens* surgiu como Neandertal na Europa. O homem moderno apareceu na Europa muito mais tarde, cerca de 40.000 anos atrás. Na África do Norte, o homem moderno (*Homo sapiens sapiens*) apareceu como iberomaurusianos (uma variação africana do Cro-Magnon) entre 19 mil e 10 mil anos atrás. O tipo protomediterrâneo apareceu mais tarde como a cultura Capsitana entre 10 mil e 5 mil anos atrás, aparentemente vindo do Oriente. Esses dois grupos constituem os tipos humanos que foram a origem dos berberes, que geneticamente são uma minoria, bem como do segmento não berbere da atual população norte-africana.

Antropólogos associam os norte-africanos com o tipo Cro-Magnon europeu. Entre outras características físicas, eles eram de elevada estatura (média de 1,70 m entre os homens), tinham o rosto largo e um crânio dolicocefálico (oblongo), e grande capacidade craniana (1.650 centímetros cúbicos). O Cro-Magnon norte-africano era o tipo humano dominante na África do Norte até a chegada das culturas protomediterrâneas (capsitanas).

Segundo Francisco García Talavera, por volta de 5000 AEC, o tipo Cro-Magnon começou a diminuir demograficamente e retirou-se para o oeste, para as montanhas do Mediterrâneo, para a costa do Atlântico e para as Ilhas Canárias, bem como para o sudoeste do Saara e para o Sudão. Contudo, eles não desapareceram de fato no Magreb. Acredita-se que 8% da população dessa área eram do tipo Cro-Magnon durante o século III AEC, e que a percentagem foi minguando progressivamente.

O tipo protomediterrâneo, similar às populações atuais do Mediterrâneo, fez seu aparecimento na parte oriental do Magreb 9 mil anos atrás. Esse novo tipo era composto por duas variedades, uma que era robusta e de elevada estatura (1,72 m para os homens) e a outra, de aspecto mais esbelto, que vivia nas montanhas. Ao que tudo indica, o tipo esbelto veio do Oriente Próximo, e também é o predecessor de populações norte-africanas mais antigas, como os natufianos,[3] que eram nativos das margens orientais do Mediterrâneo.

Segundo Camps, esses protomediterrâneos poderiam muito bem ser chamados de protoberberes por sua cultura e propensão ao uso de motivos decorativos geométricos; seus adornos corporais e cerâmicas também eram muito semelhantes às tradições berberes. No início dos tempos históricos, ao longo da costa norte-africana, túmulos e monumentos megalíticos começaram a aparecer, junto com a expansão geográfica do tipo Mediterrâneo. Entretanto, essa cultura megalítica parece ter vindo da Europa, da região oeste do Mediterrâneo, e, mais provavelmente, de culturas Cro-Magnon. O que é claro é que a influência Cro-Magnon na antropologia física da região é muito menor do que a contribuição genética das populações do Mediterrâneo oriental.[4]

A população e a cultura norte-africana também foram influenciadas, do Oriente, pelos fenícios, que estabeleceram colônias nos séculos IX e X AEC, e por conquistadores islâmicos dos séculos VII e XI EC. É de se pensar que essas invasões poderiam, de alguma maneira, alterar a genética norte-africana, especialmente a última – um contingente de cem mil pessoas contribuiu para uma rápida arabização da região. Outras invasões e conquistas por parte de europeus do Mediterrâneo oriental incluem os romanos (146 AEC a 439 EC), os vândalos (439 a 533), os bizantinos (533 a 647) e, mais tarde, também aconteceram invasões de otomanos, turcos, portugueses, espanhóis, franceses e italianos. Ironicamente, os povos invasores contribuíram muito pouco na demografia e na genética dos atuais norte-africanos. A grande maioria dos norte-africanos é descendente dos protomediterrâneos (capsitanos).

As Ilhas Canárias têm os mesmos componentes pré-históricos que a África do Norte: o tipo Cro-Magnon e o protomediterrâneo. O primeiro e mais primitivo tipo humano chegou às ilhas, segundo alguns autores, entre 2500 AEC e 1000 EC. Entretanto, devido à proporção numérica do tipo Cro-Magnon (Tenerife, 34%; Grã-Canária, 33%; e Gomera, 45%), uma chegada anterior às Ilhas Canárias a partir do continente é mais provável quando o tipo Cro-Magnon dominava a África do Norte há mais de 10.500 anos atrás.[5]

Simultaneamente, ou possivelmente mais tarde, os protomediterrâneos chegaram. Entretanto, nas Ilhas Canárias, apenas o robusto tipo Mediterrâneo é encontrado. Eles também tinham elevada estatura e rosto alongado e estreito, de contorno pentagonal ou quadrangular. Esse tipo é associado, pelo menos na Grã-Canária, com a "cultura dos túmulos", uma vez que eles enterravam seus mortos em monumentos funerários, enquanto os homens de Cro-Magnon o faziam em cavernas. Recentemente, sugeriu-se que uma clara separação racial entre os dois não existe, como havia parecido aos primeiros antropólogos. A despeito de sua peculiar insulação, a linguagem e a cultura dos nativos das canárias se parecem com a berbere inicial, como atestam a arqueologia, a toponímia e a antropologia. Exceto por contatos esporádicos com fenícios, cartagineses e romanos (geralmente com interesses comerciais) e mais recentemente com árabes europeus, a população das Ilhas Canárias permaneceu isolada até a conquista espanhola durante o século XV.

Há duas questões persistentes acerca desse povo. Primeiro, qual é a conexão genética entre os iberomaurusianos (12 mil anos atrás) e os habitantes do noroeste da África dos tempos históricos – os capsitanos, os berberes e os guanches? Segundo, seriam os esqueletalmente robustos iberomaurusianos e núbios do nordeste da África variações da mesma população? Estudos dentais ajudam a solucionar essas questões.

Estudos dentais

Joel D. Irish, um antropólogo da Universidade do Alaska, em Fairbanks, vem investigando a questão da continuidade genética na África do Norte por meio da análise das características dentais. Em 1993 e 1998, ele comparou os dentes dos norte-africanos com os dos europeus, usando amostras de diferentes períodos. Em seus resultados, ele descreve como treze amostras dentais norte-africanas posteriores à Idade do Gelo mostram semelhanças com as dos europeus. Características desses povos mostram simplificação e redução de massa na dentição. A homogeneidade desse padrão, chamada "complexo de características dentais norte-africanas", foi encontrada, a despeito de vastas expansões de tempo e de geografia, dos capsitanos de 8 mil anos atrás até os recentes berberes, e das Ilhas Canárias ao Egito e à Núbia (sul do Egito e norte do Sudão). Irish também descobriu que qualquer desvio dos norte-africanos desse padrão dental simples é na direção das características subsaarianas, o que sugere que houve alguma mistura entre esses povos. Além disso, suas descobertas estão de acordo com estudos genéticos que ligam os norte-africanos aos europeus e aos asiáticos ocidentais, mas também mostram influência genética dos povos subsaarianos. Ele também observou que a frequência de características dentais iberomaurusianas sugerem que a escala de tempo para esse padrão evolucionário norte-africano pode ser mais antiga do que se acreditava anteriormente.[6] Num estudo mais recente (2001), ele comparou os dentes dos iberomaurusianos, dos capsitanos, dos berberes (Shawia e Kabyle), dos guanche das Ilhas Canárias, dos núbios, dos egípcios, dos cartagineses e dos beduínos.

O que Irish descobriu foi que os tipos Cro-Magnon, os iberomaurusianos de 12 mil anos atrás, são relacionados com os norte-africanos que viveram mais tarde na história, durante os tempos dinásticos egípcios. Entretanto, a despeito das aparentes similaridades culturais e das características craniais robustas, os iberomaurusianos são completamente diferentes dos núbios de 12 mil anos atrás ou mais. As amostras iberomaurusianas mostram uma semelhança com todos os norte-africanos posteriores, como sugerem os aspectos encontrados no complexo de características dentais norte-africanas. A extrema divergência entre os iberomaurusianos da Idade do Gelo e os núbios sugere que eles não são intimamente relacionados. Os núbios exibem um padrão dental de adição de massa, como o encontrado nos povos subsaarianos. Estes últimos possuem um conjunto de onze características que Irish chama de "complexo dental dos africanos subsaarianos".

Irish também afirma que os natufianos (uma cultura nativa das margens orientais do Mediterrâneo, que se originou por volta de 8000 AEC) são significativamente diferentes dos iberomaurusianos e outros norte-africanos. Eles carecem de semelhança com os capsitanos e são contrários a uma suposta relação ancestral/descendente.

A evidência dental sustenta a teoria de que o mais antigo dos dois tipos gerais de povos eram os Cro-Magnon da África do Norte, que existiam por toda essa região e na Península Ibérica. Entretanto, por alguma razão desconhecida, parece que eles quase desapareceram na África do Norte, permitindo que o tipo Mediterrâneo se tornasse mais proeminente.

Cro-Magnon

Cro-Magnon é o nome dado a todos os humanos anatomicamente modernos que viveram na Europa e no Oriente Médio durante a Idade do Gelo, entre 40 e 10 mil anos atrás. Em contraste com os primeiros neandertais, que se acredita serem mais primitivos, o Cro-Magnon é classificado como *Homo sapiens sapiens*, o que significa que eles são nossos ancestrais. Embora algumas de suas características sejam exibidas nos atuais humanos, eles são considerados extintos como um tipo distinto.

Desde a invenção da câmera cinematográfica, os filmes de Hollywood e a televisão influenciaram dramaticamente a percepção geral do homem de Cro-Magnon, muitas vezes chamado de "homem das cavernas". Ele é retratado como musculoso e grande, um bruto vestindo peles de animais, arrastando sua companheira pelos cabelos. "Uga", ele diria aos companheiros de caverna enquanto segura um naco de carne diante da cara. Como uma criança, ele pintava as paredes de sua caverna. Essa tem sido a percepção geral, mas não poderia estar mais distante da verdade.

Se acontecesse de você encontrar um Cro-Magnon hoje em dia, vestindo jeans e camiseta, não saberia distingui-lo das demais pessoas. Embora se acredite que os homens Cro-Magnon não construíam cidades e não escreveram literatura, eles tinham um comportamento tão moderno como qualquer pessoa nos dias de hoje, com a mesma afinidade por simbolismos, tecnologia, arte e família.

O homem de Cro-Magnon era alto, com postura ereta, queixo bem definido, nariz proeminente e cabeça arredondada que era curiosamente alongada. Durante sua época, ele vestia trajes feitos de couro amaciado que era costurado com agulhas de osso e fio de intestino seco de um animal. Enfeitava-se com colares, pulseiras e amuletos criados com conchas, flores, dentes e ossos. Ele também construía assentamentos permanentes que eram projetados para resistir aos invernos rigorosos.

Viviam em cabanas escavadas, similares às tendas cônicas dos índios das Grandes Planícies. Um buraco servia de piso, com paus erguidos como uma moldura revestida por peles de animais que funcionava como uma concha isolante, enquanto pedras posicionadas ao longo da borda inferior proporcionavam estabilidade. Durante os meses de verão, eles viviam em tendas leves e portáteis, enquanto seguiam as manadas de animais, e cavavam fossos na camada subterrânea de gelo que servia como refrigeradores naturais. Candeeiros e lareiras eram usados para iluminar e preparar alimentos. Os acampamentos eram complexos e demonstram previsão em sua construção. Tipicamente, eram voltados para o leste para receber o calor do sol da manhã.

A descoberta

Desde a aurora da moderna civilização, e do que chamamos de história, ninguém sabia que esse tipo de humano já existira. As forças da natureza enterraram as evidências de sua vida profundamente no solo. Nossa história, até onde sabemos, começa em algum ponto em torno de 4000 AEC. Entretanto, descobertas na França e na Espanha durante o século XIX mudaram tudo.

Em março de 1868, operários que assentavam os trilhos de uma estrada de ferro perto de Les Eyzies, no vale de Cro-Magnon, ao cavarem na região encontraram depósitos de um antigo abrigo rochoso e expuseram suas camadas. Os arqueólogos Edward Lartet e Henry Christy logo descobriram que os estratos continham restos de esqueletos de cinco indivíduos: três homens adultos, uma mulher e uma criança. Enterrados com eles foram encontradas ferramentas de pedra, galhadas de rena entalhadas, pingentes de marfim e conchas marinhas. Um povo desconhecido, certamente muito antigo, e os primeiros restos humanos desse tipo que haviam sido descobertos. Desde então, os restos desse tipo levam o nome de Cro-Magnon e muitos achados como esse se seguiram. À medida que anos de trabalho foram se acumulando e muitos sítios mais foram descobertos, tornou-se claro que 40 mil anos atrás, esse povo se instalou na região oeste da Europa, que hoje corresponde à Espanha e à França.

As culturas da Idade do Gelo

O Cro-Magnon tem sido visto, com frequência, como a fonte de estudo do que seria, teoricamente, o progenitor do homem moderno, não só por sua anatomia, mas também por sua capacidade de expressão artística. Em seus acampamentos e cavernas, a arte era expressa em quase tudo o que fazia. Os arqueólogos separaram o Cro-Magnon em cinco culturas que existiram em diferentes épocas durante a Idade do Gelo e baseados na confecção de suas ferramentas: aurignaciano, gravettiano, solutreano, magdaleniano e aziliano. Todos esses grupos são subgrupos do Cro-Magnon, mas cada qual tinha sua própria e distinta cultura, com base no tipo de ferramentas que fabricavam e nos materiais que usavam para isso, e na época em que viveram. Os iberomaurusianos norte-africanos (do tipo Cro-Magnon) eram provavelmente parentes das culturas magdaleniana e aziliana que floresceram no mesmo período.

Batizada segundo o sítio de Aurignac, nos Pireneus, onde foi encontrada pela primeira vez, a sociedade Cro-Magnon mais antiga é conhecida como aurignaciana. Sua cultura prosperou entre 40 e 28 mil anos atrás e era um fenômeno geograficamente difundido. Cobria terras da Espanha (na região de Santander) até Gales do Sul, com concentrações no Alto Danúbio, na região da Alemanha e da Áustria, e na Morávia, região da Eslováquia. Na França, ocupavam pequenos vales na Dordonha em torno de Les Eyzies-de-Tayac e no sopé dos Pireneus.

As ferramentas e afins da cultura aurignaciana apresentam padronização. Ao longo do tempo, elas incluíram raspadores para a preparação de peles de animais e cinzéis para entalhes. As ferramentas eram feitas de lâminas de pedra em vez de lascas. Pontas de setas (para caça) eram feitas de galhadas, osso e marfim. Entre as inovações que introduziu estava o desenvolvimento da ornamentação corporal, inclusive conchas perfuradas, dentes de animais, pingentes de osso entalhado, pulseiras e contas de marfim. A repentina explosão de arte refinada descoberta na caverna de Chauvet-Pont-d'Arc encontra-se, certamente, entre suas conquistas mais notáveis.

Batizada segundo a caverna de La Gravette em Dordonha, no sudoeste da França, a cultura gravettiana existiu entre 28 e 22 mil anos atrás. Como seus predecessores, sua cultura se espalhou. Assentamentos estendiam-se do sudoeste da França ao País de Gales e à Europa oriental. Artefatos também foram encontrados em acampamentos de caçadores de mamutes na Rússia. Embora diferenças regionais existam, o modo de vida gravettiano era notavelmente similar onde os artefatos foram encontrados. É de se supor que houvesse comunicação entre os assentamentos, o que explicaria tais semelhanças.

Quando a cultura gravettiana surgiu, uma mudança comportamental significativa aflorou. Assentamentos grandes e organizados, compostos principalmente de tendas simples, foram encontrados em terrenos abertos. Restos de animais sugerem que alguns assentamentos eram ocupados a maior parte do ano. Outros eram bastante elaborados, como o de Dolni Vestonice, no que corresponde atualmente à República Tcheca. Ali, cabanas eram construídas com ossos de mamute e incluíam poços de armazenagem para conservar a comida.

Análises das escavações também sugerem que a função das cabanas podia variar. Uma cabana separada do assentamento principal era usada provavelmente para a fabricação de pequenas estatuetas de argila, que eram então "cozidas" num fogareiro próximo. As famosas estatuetas femininas conhecidas como "Vênus", e que normalmente destacam seios e nádegas, são de origem gravettiana.

Para que vivessem em tal cooperação, é provável que existisse uma hierarquia social, que incluísse regras de comportamento. A tecnologia na confecção de armas e os métodos de caça se tornaram mais complexos. Lâminas de pedra pequenas e pontiagudas, com um dos lados cego, tornaram-se sua marca. Dignas de nota, foram encontradas pontas de setas uniformes, de pedra e osso, o que sugere que eles eram artesãos altamente hábeis.

Suas práticas funerárias marcam uma revolução no pensamento e o início de um sistema de crenças. Determinados indivíduos, possivelmente os principais caçadores, eram cobertos com ocre vermelho (que, segundo se acredita, representava o simbolismo de um retorno ao útero) e enterrados em cavernas com restos de grandes herbívoros. A "Dama Vermelha de Paviland" (na verdade, um jovem macho que morreu há 27 mil anos), no País de Gales, estava coberta por um crânio de mamute. Um enterro triplo em Dolni Vestonice continha uma fêmea ladeada por dois machos; a mão de um deles estava estendida sobre a região pélvica dela. Dois adolescentes em Sungir, na Rússia, foram enterrados cabeça com cabeça, usando milhares de contas de marfim feitas com as presas de um mamute e um toucado confeccionado com caninos de raposa do Ártico.

A cultura solutreana, assim chamada por causa do sítio de Solutré, e conhecida por seu estilo único de fabricação de ferramentas, floresceu entre 17 e 21 mil anos atrás, no sudoeste da França. Destaca-se por seus implementos bifaces lascados, belamente simétricos, em formato de folha de louro. A origem dessa manufatura ainda está em discussão, mas há evidências que sugerem que foi uma invenção autóctone da Dordonha. Outros atribuem seu súbito aparecimento à chegada de um novo povo.

O formato de folha de louro e de folha de salgueiro na confecção de lâminas e de pontas de setas, devido aos detalhes e ao fino acabamento que exigem, é altamente considerado e distingue a cultura solutreana como grande fabricadora de ferramentas. Essas técnicas seriam usadas por milhares de anos ainda, e marcam a transição entre pontas de uma única face (lascadas apenas de um lado) para bifaces (lascadas dos dois lados). As de face única eram comuns no início do período Solutreano. As lâminas em formato de folha de louro e pontas bifaces as substituíram aos poucos.

A tecnologia solutreana também usou pela primeira vez a técnica de lascar chamada de *outre passé*. Alguns dos itens que eram produzidos dessa maneira destinavam-se a adornos. Eram bem acabados demais para serem utilizados como ferramentas (sugerindo sua confecção apenas para enfeites). Também foram encontradas agulhas de ossos, o que indica o uso de roupas ajustadas ao corpo, bastante úteis num clima próximo ao glacial. Embora pulseiras, colares de contas, pingentes, alfinetes de ossos e pigmentos coloridos sejam indícios evidentes de ornamentação pessoal, exemplos de arte solutreana são raros. Consistem de esculturas em baixo-relevo e lajes de pedra entalhadas.

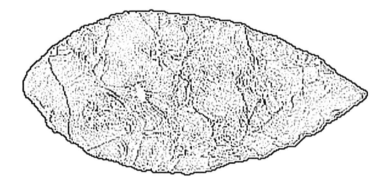

FIGURA 9.1. PONTA DE LANÇA EM FORMATO DE FOLHA DE LOURO
(A PARTIR DE UMA FOTOGRAFIA DE BRUCE BRADLEY)

A cultura magdaleniana, assim chamada por causa de um abrigo rochoso em Le Madeleine, na França, existiu entre 17 e 13 mil anos atrás. Talvez seja a cultura mais impressionante da Antiga Idade da Pedra. Durante essa época, a manufatura envolvendo ossos atingiu seu mais alto nível. Arpões elaborados, tridentes e até agulhas eram comuns. Ferramentas feitas de ossos geralmente traziam imagens de animais entalhadas, e incluíam enxós, martelos, pontas de lança, arpões e agulhas. As ferramentas magdalenianas confeccionadas em pedra incluíam lâminas, buris (implementos parecidos com cinzéis, com ponta chanfrada), raspadores, perfuradores e setas. Algumas ferramentas, que iam desde micrólitos a instrumentos de grande extensão, atestam técnicas avançadas de fabricação. As armas eram bastante sofisticadas e variadas, e uma espécie de propulsor de dardos foi usado pela primeira vez durante essa época. Ao longo da borda sul do lençol do manto gelado, pequenos barcos e arpões foram desenvolvidos, o que reflete uma sociedade de pescadores e caçadores.

O avanço mais extraordinário da cultura magdaleniana foram suas espetaculares pinturas em cavernas, que alcançaram seu pico no final de sua época. A pintura do início era caracterizada por desenhos grosseiros em negro. Mais tarde, porém, incluía belas figuras em cores variadas. A famosa arte rupestre nas cavernas de Altamira e Lascaux pertence a esse período, o estágio de desenvolvimento humano mais intrigante (ou, pelo menos, da região franco-cantábrica). Depois de visitar Lascaux, o próprio Picasso declarou que "nada com essa qualidade foi pintado desde então".

Reconhecida pela primeira vez em Le Mas d'Azil (uma caverna em Arige, na França), a cultura aziliana foi uma remanescente decadente das comunidades magdalenianas dispersas. Durou de 11.500 a 11.000 anos atrás. Concentrada na região dos Pireneus, espalhou-se para a Suíça, a Bélgica e a Escócia, e é uma das primeiras culturas representativas do Mesolítico (Idade da Pedra Intermediária) na Europa. Objetos de osso e sílex eram menos refinados, centrados em ferramentas pequenas, de formas geométricas, comumente usadas em ferramentas compostas chamadas micrólitos. O trabalho em osso se limitava a pontas toscas, achatadas e crespas. Seixos pintados esquematicamente também foram encontrados em diversos sítios azilianos. Alguns acham que eram os rudimentos de um alfabeto simples. Os azilianos, o último povo da Idade do Gelo, foram seguidos pela cultura tardenoisiana, que cobriu a maior parte da Europa depois da era glacial.

Arte e expressão

De pinturas em cavernas a estatuetas, o homem de Cro-Magnon expressou-se de maneira criativa, especialmente seu interesse em caçar e a essência da feminilidade. Algumas pinturas em caverna, que se pensava serem um esforço posterior do período magdaleniano, sabe-se agora com certeza terem 30 mil anos de idade. Uma caverna descoberta recentemente (1994) em Chauvet apresenta trezentas ou mais imagens de animais em suas paredes. Estatuetas "Vênus" (pequenos ídolos femininos, de argila endurecida pelo cozimento), embora predominantes na cultura gravettiana, foram encontradas em todos os períodos da cultura Cro-Magnon e por toda Europa.

A arte também era usada como uma expressão de respeito pelos mortos. Pingentes talhados, pulseiras e outros artefatos funerários acompanham a maioria dos restos esqueléticos. Em um sítio funerário de 28 mil anos de idade na Rússia, dois jovens e um homem de cerca de 60 anos foram enterrados e adornados com pingentes, pulseiras e colares. Seus trajes fúnebres continham mais de três mil contas de marfim, cada uma das quais levava uma hora para ser feita. As presas de mamute perfeitamente retas que jaziam ao lado dos jovens haviam sido endireitadas por meio de água fervente. Entretanto, nem todos os mortos eram enterrados de um modo tão suntuoso. Alguns corpos eram dispostos modestamente, indicando uma estrutura de classes e hierarquia social. Não importa a escala, cerimônias fúnebres eram parte natural de sua cultura.

Espetaculares itens de valor artístico sugerem um aprofundamento cultural e pensamento multifacetado. Foram encontradas placas de osso e pedra com marcas complexas. Pensa-se que uma delas, em particular, seja um calendário lunar. Outras placas foram interpretadas como registros de expedições de caça. Uma das descobertas menos conhecidas, porém mais impressionantes é a de que o Cro-Magnon tocava música. Flautas de osso, instrumentos de percussão e até um xilofone foram encontrados em alguns dos sítios aurignacianos mais antigos, e foram datados de mais de 30 mil anos.

É claro que um intelecto capaz de tamanha arte, especialmente quando encontrada em todas as facetas da vida, não pode, de maneira alguma, ser tido como primitivo, e deve ser considerado, na verdade, altamente inteligente. Expressão artística e inteligência caminham juntas; talvez a primeira seja resultado da segunda. Sejam quais forem as razões para a sua arte, era uma importante parte da sua sociedade como o é na nossa.

Atualmente, possuir grandes obras de arte é um símbolo de realização e riqueza. Embora nem todo mundo seja um artista, todos nós temos essa capacidade. A arte faz parte de nós. Pintura a dedo é com frequência um dos primeiros atos de autoexpressão que ensinamos às nossas crianças. Alguns continuam essa tradição de expressão ao longo da adolescência e da vida adulta; outros nunca param. É esse conceito de autoexpressão, a relação entre arte e intelecto que é encontrada tão majestosamente pintada nas cavernas dos Cro-Magnon da Idade do Gelo.

Estatuetas de Vênus têm sido de grande interesse para os pesquisadores, possivelmente por possibilitarem uma visão das crenças religiosas do homem de Cro-Magnon. Ao longo dos anos, diversas teorias têm sido oferecidas para explicar a ocorrência difundida dessas estatuetas. A teoria mais recente é a de que elas representam a "Deusa-Mãe" da qual nasce toda vida, a barriga inflada representando a gravidez. Outros acreditam que as estatuetas simbolizem a fertilidade. Mas não está clara a razão pela qual esses caçadores-coletores precisariam de ajuda quanto à fertilidade, a menos que eles já estivessem domesticando animais e cultivando plantações. Alguns acreditam que as estatuetas tenham base em cultos; outros discordam. Segundo os estudiosos, simplesmente não há evidência suficiente acerca das sociedades da Idade do Gelo para que se possa desenvolver uma teoria sólida.

A moda na Idade do Gelo

A professora Olga Soffer, da Universidade de Illinois, uma perita em moda que virou antropóloga, seguiu uma nova abordagem no estudo das estatuetas Vênus. Depois de descobrir impressões de fibras de tecido em fragmentos de argila da Europa central, ela acreditou que se encontrariam evidências de acessórios têxteis. Soffer e sua equipe completaram e publicaram um estudo de duzentas estatuetas Vênus da época gravettiana. Embora suas interpretações sobre o significado das estatuetas sejam discutidas por seus colegas, a quantidade de evidências que ela reuniu constitui uma inovação. Vale a pena mencionar que Soffer e sua equipe estudaram os originais – uma abordagem importante, já que alguns dos mais intricados desenhos sobre a superfície das estatuetas são muito pouco profundos para permitir que reproduções satisfatórias sejam obtidas por meio de moldes.

 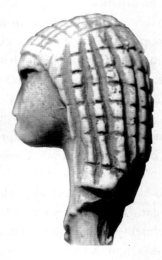

Figura 9.2. À esquerda, a Vênus de Willendorf, e à direita, a Dama de Brassempouy (cortesia de Olga Soffer)

Ela descobriu que gorros, cintos, fitas e saias (originalmente feitas de fibras de tecido) eram encontrados gravados intrincadamente nas estatuetas. Alguns itens apresentam representações realistas de construções baseadas em fibras. Outras consistem de linhas horizontais circulando o corpo, como é o caso da Vênus de Dolni Vestonice.[7]

O que antes se pensava ser um penteado do Paleolítico, os padrões em torno da cabeça de algumas estatuetas representam uma rede de cabelo ou touca, tal como apresenta a escultura de 22 mil anos chamada de Dama de Brassempouy. Segundo Soffer, a Vênus de Willendorf é o melhor exemplo de adorno de cabeça que representa um gorro ou chapéu tecido. Um exame mais atento revela um item tecido à mão, que começa em um nó central e cresce em espiral, no estilo de alguns tipos de trançados de cestas.[8] Embora bastante distantes da Europa da Idade do Gelo, adornos de cabeça em forma de rede foram encontrados em corpos de mulheres nos pântanos dinamarqueses.

Soffer também descobriu diferenças regionais entre os figurinos da Europa ocidental, central e oriental. Fitas estão presentes em quase todas as estatuetas da Europa oriental que usam adornos de cabeça. Pulseiras e colares são encontrados nas Vênus da Europa oriental e central, mas não existem na

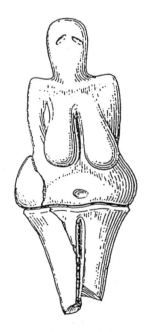

FIGURA 9.3. A VÊNUS DE DOLNI VESTONICE
(CORTESIA DE OLGA SOFFER)

Europa ocidental. Saias de corda aparecem na Europa ocidental, às vezes associadas a um cinto. Chapéus trançados frequentemente são encontrados junto com faixas tecidas, cintos, colares e pulseiras na Europa central e oriental.

Tudo isso aponta para diferentes culturas, e complementa as análises das estatuetas feitas anteriormente pela arqueóloga soviética Maria Gvozdover. O seu estudo concluiu que os europeus ocidentais favoreciam a acentuação do quadril e das coxas, ao passo que os orientais escolhiam os seios e a barriga, com uma mistura de ambos nas áreas centrais.

Uma das evidências mais intrigantes é que estatuetas masculinas são raras e apenas estatuetas femininas do Paleolítico Superior apresentavam peças de vestuário. Soffer acredita que cada estatueta tinha seu próprio papel na sociedade com base no tipo de corpo. Em conjunção com dois estudos prévios (Gvozdover 1989 e Kloma 1991), Soffer acredita que as mulheres do Paleolítico Superior preocupavam-se com a moda. Seu conjunto de dados (e de Leisure em 1997) sugere que entre 18 e 28 mil AEC, as mulheres do Paleolítico Superior na Europa estavam falando do que era importante para elas: roupas tecidas e trançadas, adornos de cabeça, e outros acessórios feitos de material vegetal.[9]

Evidências de quais roupas eram usadas de fato, entretanto só são encontradas em sepulturas. E são esparsas, já que o material biodegradável empregado não sobrevive, ao longo do tempo, às forças corrosivas da natureza. Três sepultamentos completos em Sungir (perto de Vladimir, 150 km a leste de Moscou), datando de 25 mil anos atrás, contêm um claro posicionamento de contas sobre os indivíduos. A disposição única dessas contas e deformações das costas são evidências de vestimenta superior com capuz, calças unidas a calçados, chapéus, gorros e capas. Os três indivíduos enterrados são um homem idoso, uma adolescente e um menino entre 7 e 9 anos de idade. Eles usavam muitas pulseiras, amuletos, colares e anéis.[10]

Em conclusão, Soffer sugere que os trabalhos femininos, como a confecção de cestos trançados e produtos tecidos, eram símbolo do progresso e parte de uma economia tida em alta conta nas sociedades paleolíticas. Portanto, elas usavam trajes tecidos para representar a mulher da época corretamente e acessórios trançados eram entalhados nas estatuetas. Alguns dos seus colegas sugerem que sua abordagem pode ser feminista demais, mas há que se lembrar que diferenças entre os sexos, ao longo da história, foram descritas sempre em papéis sociais opostos.

Sua pesquisa sugere que uma cultura altamente sofisticada e social existia há mais de 20 ou, possivelmente, 40 mil anos. Isso também sugere uma cultura muito diferente da que se desenvolveu posteriormente em tempos históricos, uma cultura que era centrada na mulher e em seu papel na vida.

O Cro-Magnon e a Deusa-Mãe da Velha Europa

Por ter crescido na Lituânia, Marija Gimbutas familiarizou-se com as tradições da Deusa Laima, a "fiandeira", ou a tecelã da vida. Ela se lembra que as mulheres costumavam fazer-lhe oferendas de toalhas e artigos tecidos. À noite, a Deusa sempre fiscalizava seus seguidores espiando-os pela janela.

Embora a Lituânia tenha sido cristianizada durante o século XIV, ela permaneceu predominantemente pagã por muitos séculos ainda, devido à falta de habilidade dos missionários com a língua. A Deusa permaneceu como parte da cultura da Europa oriental em algumas áreas até o século XIX ou mesmo o XX. Fascinada pela cultura com a qual cresceu, Gimbutas concentrou seus primeiros estudos em linguística, etnologia e folclore.

Em 1942, Gimbutas completou seu mestrado pela Universidade de Vilnius, na Lituânia ocupada pela Alemanha; quatro anos mais tarde, ela doutorou-se pela Universidade de Tubingen, na Alemanha. Ambas as graduações foram em Arqueologia. Sua dissertação centrava-se nas religiões antigas e pagãs, no simbolismo, nos ritos fúnebres e nas crenças da vida após a morte. Foi publicada na Alemanha em 1946.

Nascida numa época em que a Lituânia era tão pagã quanto católica, Gimbutas possuía um ponto de vista único sobre a Europa e sua história. Durante anos, ela trabalhou em escavações no sudeste da Europa e no Mediterrâneo, e começou a desenvolver a teoria sobre a existência de uma cultura que um dia, em uma época remota, prevaleceu na região. Desse modo, quando sua equipe de escavações começou a descobrir pequenas esculturas de mulheres, por toda a Europa, ela não teve dificuldades em avaliar sua importância. Gimbutas sozinha descobriu pelo menos quinhentas esculturas; à medida que o trabalho continuava na Iugoslávia, na Grécia e Itália, as evidências aumentavam, do mesmo modo que sua confiança na teoria que estava considerando.

Em 1955, ela foi nomeada Membro Pesquisador do Museu Peabody de Harvard. Um ano depois, na Filadélfia, ela apresentou sua teoria ao mundo pela primeira vez. Em 1956, ela publicou o primeiro de muitos livros, *The Prehistory of Eastern Europe* e, em 1958, *Ancient Symbolism of Lithuanian Folk Art*. Em 1963, ela aceitou um posto na UCLA e continuou a dirigir escavações em vários sítios europeus. Em 1974, já com as evidências que precisava reunir, publicou *Gods and Goddesses*. O título original era *Goddesses and Gods of Old Europe*, mas o editor (provavelmente por razões de marketing) ordenou a alteração. Oito anos mais tarde, saiu uma segunda edição do livro com o título original. Em 1991, ela publicou seu último livro, *Civilization of the Goddess*, o apogeu do trabalho de toda uma vida. Ela faleceu em 2 de fevereiro de 1994, em sua casa em Los Angeles.

Sua visão dos povos da pré-história europeia é também um conto sobre o choque entre culturas e, especificamente, sobre a que um dia foi proeminente: a cultura da Deusa-Mãe. Atualmente, a Europa é composta por diversos grupos étnicos com idiomas variados. Entretanto, há uma teoria bastante difundida de que todos esses grupos étnicos um dia já formaram um só grupo chamado indo-europeu, com uma única linguagem. A pesquisa de Gimbutas fornece evidências de que antes dos indo-europeus dominarem a região, uma cultura completamente diferente existiu ali, uma cultura à qual ela se refere como cultura da "Grande Deusa" ou da "Deusa-Mãe". Era uma cultura igualitária, embora centrada no materno como fundamentação para sua cosmologia. Segundo a dra. Gimbutas:

> As primeiras civilizações do mundo eram todas matricistas. A adoração da Deusa estava lá. Na China, no Oriente Próximo, na Europa, nas Américas, de modo que podemos dizer que era uma Deusa universal bem no início. E, talvez, deveria acrescentar que a soberania da maternidade decidiu o começo do desenvolvimento de estruturas sociais e da religião.[11]

Gimbutas se refere a essa cultura como "matricista" ou "matrifocal", e não como "matriarcal" (por causa das implicações de dominação que possui o último termo). Tratava-se de uma sociedade equilibrada. As mulheres não eram tão poderosas a ponto de usurpar o papel do homem. Os homens tinham seu próprio poder e posição, e executavam seus próprios deveres para benefício da família e do clã. Segundo Gimbutas, era uma sociedade comunal e comunista no melhor sentido da palavra. As Deusas eram verdadeiramente criadoras, e, de fato, criavam por si mesmas, quer fossem itens domésticos, quer fosse uma criança.[12] Ela se refere à divindade que esses povos adoravam como a "Grande Deusa-Mãe".

Durante a década de 60, novos métodos de datação proporcionaram a ela uma perspectiva melhor sobre qual foi a duração real da cultura de sua teoria. Os símbolos e as esculturas sugerem que sua existência perdurou 35 mil anos, e existiu até 3000 AEC. Partes do corpo feminino, especificamente as partes criativas ou que "dão vida", são típicas da arte da Idade do Gelo.

Gimbutas acredita que eles tinham uma visão do mundo completamente diferente e que sua expressão artística natural nada tinha a ver com pornografia. Por exemplo, a vulva foi um dos primeiros símbolos a serem entalhados. Era simbólica em sua relação com crescimento e semente. Em alguns objetos artísticos, ao lado da imagem da vulva encontra-se uma imagem de um ramo ou outro desenho de planta, ou dentro dela há uma semente ou planta. Esse estilo de simbolismo durou muito tempo e continuou por 20 mil anos ou mais.[13]

As culturas europeias da Idade do Gelo esculpiam o que os arqueólogos chamam estatuetas Vênus. Gimbutas acreditava que o termo "Vênus", usado para descrever essas estatuetas, é uma escolha pobre. Vênus evoca a ideia de beleza. Elas não eram beldades e tipicamente carecem de feições faciais. Ela acreditava que tais estatuetas eram o epítome da Deusa-Mãe e representavam o nascimento, a regeneração e a morte.

Diversos tipos de estatuetas de deusas apareceram na Idade do Gelo, mas elas não formam um panteão. Em essência, elas representavam diferentes funções da mesma Deusa. A divindade era a própria natureza: a natureza que dá a vida, tira a vida, regenera-a. Essas eram as três importantes funções da Deusa, e elas compunham o ciclo vital natural. Talvez essa seja a origem do termo comum que usamos para os fenômenos que ocorrem naturalmente: "Mãe Natureza".

As estatuetas posteriores à Idade do Gelo, com seios acentuados, eram esculpidas tipicamente com uma cabeça de pássaro. As estatuetas da Idade do Gelo também tinham seios grandes e cabeças de pássaro. A partir disso, ficou claro para Gimbutas que elas eram do mesmo tipo e que sua cultura continuou até os tempos históricos. O abutre, a coruja e o corvo também eram comuns. Eram, entretanto, símbolos da morte, assim como também o eram as estatuetas das "deusas brancas", que representavam a rigidez *post-mortem*. Algumas das estatuetas "mortas" eram esculpidas como se estivessem usando uma máscara, e eram associadas com o abutre.

No curso da história, nas sociedades de culto à Deusa houve um desenvolvimento cultural estonteante, do simples ao realmente sofisticado, especialmente na arquitetura e na construção de templos. Algumas construções tinham dois andares de altura e paredes decoradas. Perto de 140 pinturas adornavam as habitações de 8 mil anos em Çatalhöyük na atual Turquia. Elas foram finalmente expostas em 1989, 25 anos após a escavação. A princípio, os arqueólogos não acreditaram na sofisticação do assentamento.[14] As pinturas atestam o contrário.

Para Gimbutas, a enorme quantidade de belas cerâmicas e esculturas descobertas durante anos de escavações é inacreditável. Surpresa pelos complexos projetos dos assentamentos da cultura da Deusa, ela estava convencida de que a civilização mais antiga era mais avançada do que culturas mais recentes. À medida que seu trabalho continuava, ela começou a reconhecer padrões de repetição na iconografia daquela cultura, especialmente na deusa pássaro e cobra. A religião dessa cultura se tornou clara.

A religião sempre desempenhou um importante papel em qualquer cultura, tanto modernas quanto antigas. A cultura da deusa não era diferente. Sua cosmologia era baseada no "pássaro d'água" e no "ovo cósmico". No início, o mundo começou quando o pássaro d'água trouxe o ovo. O ovo rompeu e uma parte se tornou terra e a outra parte, céu.

Para a cultura da Deusa-Mãe, o templo era o centro da vida religiosa. Belos artefatos eram produzidos para seus altares e para a deusa. As evidências sugerem que esse povo era grato pelo sustento que a terra proporciona, e dava graças à Deusa. A alta sacerdotisa e a rainha eram a mesma pessoa nessa hierarquia de sacerdotisas. As mulheres eram mais prestigiadas pela vida nova que nascia delas e, em resultado, tinham mais influência na vida religiosa. Elas comandavam o templo e executavam rituais nos nascimentos, mortes e na mudança das estações.[15]

Gimbutas também acreditava que a cultura da deusa incorporava o uso de cogumelos ou outras plantas alucinógenas em seus rituais. De acordo com as suas pesquisas, esse conhecimento ainda existia nos rituais como o de Elêusis, na Grécia, nos quais o culto à deusa Deméter claramente usava psicodélicos quando os membros executavam os "mistérios eleusinos" em sua honra. Da representação dos cogumelos na cultura da Deusa pode-se concluir que eles eram sagrados. Em gravações minoicas em selos, por exemplo, papoulas sempre eram mostradas. Sementes de papoula também foram encontradas em assentamentos neolíticos. Ao que parece, então, eles tinham consciência do que estavam colhendo e usando. Possivelmente, eles plantavam papoulas assim como cultivavam outras plantas.

Alguns estudiosos acreditam que a religião da Deusa era um simples rito de fertilidade. Gimbutas achava essa ideia uma tolice. Ela acreditava que as pessoas que diziam isso não conheciam o assunto e nunca o haviam estudado. Não há dúvida de que a fertilidade era importante para a continuidade da vida na Terra, mas a religião girava em torno da vida, da morte e da regeneração. Embora eles existissem em um ambiente primitivo, não eram um povo primitivo.[16]

Não há dúvida de que o nascimento de uma criança é um verdadeiro milagre da vida, e quem era capaz de dar à luz era muito especial. O mistério do nascimento, e da própria mulher, deve ser a origem do xamanismo e da cosmologia da Deusa. Geoffrey Ashe, um britânico estudioso do xamanismo, acredita que a forma mais antiga da palavra *xamã* se referia às mulheres. O grupo feminino, segundo crê, praticava o antigo xamanismo.[17]

As descobertas da dra. Gimbutas, baseadas nos vestígios físicos e no que se pode deduzir da mitologia (a mitologia reflete a estrutura social), sugerem que a vida política era regulada por um sistema avuncular (derivado da palavra "tio"). Os governantes da comunidade eram a rainha, que também era a alta sacerdotisa, e seu irmão ou tio. O homem (seu irmão ou tio) dividia com ela a autoridade. A existência desse sistema era expressa na mitologia clássica, na qual casais de irmãos, deusas e deuses, são encontrados com frequência.

Seria presunção sugerir que essa era apenas uma cultura de mulheres e que não existiam deuses homens. Em sua arte, o masculino é menos representado, mas os deuses homens, de fato, existiam. Em todas as mitologias – por exemplo, a germânica, celta e báltica – a mãe terra (ou Deusa terra) existe com seu companheiro masculino ao lado.

Há outros "casais de deuses", como a deusa grega da natureza (Ártemis, a regeneradora, que aparece na primavera e dá vida aos animais e plantas) e sua contraparte, o Mestre dos Animais. Segundo Gimbutas, essas representações aparecem em Çatalhöyük 8 mil anos atrás e por toda a pré-história. Em sua cultura e religião, havia um equilíbrio entre os sexos.

A cultura da Deusa da Velha Europa não era desprovida de uma forma escrita de comunicação. Essa civilização pacífica e agrária desenvolveu uma linguagem quase uniforme de símbolos que se estendeu da Irlanda à Turquia. Elementos de uma "escrita sagrada" foram descobertos na Europa central e oriental. Têm sido feitas tentativas para decifrá-la, mas a estrutura das sentenças e frases ainda não foi estabelecida. Durante a Idade do Bronze, em Chipre e em Creta, a escrita persistiu, e era similar à que existia no quinto milênio AEC. Ainda que tenha restado um pouco dela, não há conexões claras. Gimbutas acreditava que era uma escrita baseada em sílabas e que acabaria se desenvolvendo em algo mais estruturado se não houvesse acontecido a destruição da cultura. Atualmente, os estudiosos continuam a pesquisar essa escrita com esperança de que um dia ela seja decifrada.[18]

A dificuldade reside no fato de que essa linguagem pré-indo-europeia é muito pouco estudada. Substratos de linguagens são estudados na Grécia e na Itália, mas as únicas palavras que podem ser reconstruídas são nomes de lugares como Cnossos, que é, na verdade, um antigo nome europeu. A palavra *apple*, por exemplo, também é pré-indo-europeia. Pouco a pouco, os linguistas descobrem quais palavras não são indo-europeias. Nomes de sementes, de várias árvores, plantas e animais são facilmente decifrados. Também existem diversos nomes pré-indo-europeus para uma mesma coisa, como porco, e ambos os nomes eram usados. Algumas linguagens usam nomes pré-indo-europeus, outras usam nomes indo-europeus, ou ambos.[19]

Raízes pré-históricas dos egípcios

Alguns pesquisadores especulam que os guanches das Ilhas Canárias descendem do Cro-Magnon europeu e tiveram influência na fundação das primeiras civilizações na região do Baixo Egito pré-dinástico por volta de 4000 AEC. A terra natal dos guanches, as Ilhas Canárias, era conhecida como Campos Elísios e Jardim das Hesperíades pelos gregos clássicos, e era considerada um lugar misterioso. Segundo as próprias tradições dos guanches, sua terra submergiu na costa noroeste da África e eles migraram para o leste. Alguns teóricos argumentam que não é coincidência que os egípcios pré-dinásticos também mantivessem a tradição de quase afundamento e migração de uma terra distante do oeste (a terra de Amenti). De acordo com essa teoria, os protoguanches, descendentes do povo Cro-Magnon, migraram para as Ilhas Canárias do noroeste da África em algum momento antes de 10000 AEC. Em *History of Iberian Civilization*, o historiador português Oliveira Martins teoriza que os descendentes do povo Cro-Magnon no noroeste da África chamam a si mesmos por nomes com o sufixo *tani*, como Lusitani, Aquitani e Mauritani.

Frédéric Falkenburger compilou e analisou medidas cranianas de 1787 de antigos egípcios do sexo masculino e os dividiu em quatro grupos principais, com os seguintes resultados: 36% negroides; 33% mediterrâneos; 11% Cro-Magnon; e 20% que não se encaixam em nenhum desses grupos, mas relacionados tanto aos Cro-Magnon quanto aos negroides.[20]

Um antropólogo britânico, George M. Morant, produziu um estudo abrangente de crânios egípcios de sepulturas comuns e reais, de todas as regiões do Egito e de todos as épocas. Ele concluiu que a maioria da população do Baixo Egito era de membros de um tipo mediterrâneo hoje quase extinto. No Alto Egito, o padrão da população era repetido, exceto que mostravam um certo percentual de mistura negroide, provavelmente devido à vizinhança dos assentamentos núbios ao sul. Morant descobriu que com o passar do tempo, a diferenciação nos tipos de crânios entre o Alto (ao sul) e o Baixo (ao norte) Egito se tornou menos visível e, finalmente, os tipos acabaram indistintos.[21]

Aqueles que defendem a tese de que os guanches são os progenitores do Egito dinástico acreditam que uma elevada percentagem dos faraós egípcios, dos tempos pré-dinásticos ao Novo Império, compartilha genes guanches. De acordo com essa teoria, uma migração de guanches veio do oeste, conduzida pelo mítico Toth, durante os tempos pré-dinásticos, e eles trouxeram sua religião para o Baixo Egito. Para sustentar suas afirmações, esses teóricos citam a prática guanche de mumificar os mortos, que algumas vezes inclui a remoção dos órgãos internos; a domesticação de cães para a caça; e a similaridade dos seus mitos e religião com os do Egito pré-dinástico e tinita.

Embora essa seja uma ideia interessante, é mais provável que o elemento Cro-Magnon nos antigos egípcios seja resultado de uma população autóctone que também habitava as Canárias. Essa questão tem confundido os pesquisadores há uma centena de anos.

África: um foco mais amplo para a cultura Cro-Magnon

Não se sabe de onde veio o Cro-Magnon, mas, de acordo com alguns estudiosos, eles não são indígenas da Europa.[22] Mudanças repentinas na cultura Cro-Magnon, mais notável em suas ferramentas, sugerem que eles migraram durante um longo tempo e apareceram em ondas sequenciais durante um período de 30 mil anos. Com base na presença de ferramentas inovadoras na Europa oriental, o pensamento ortodoxo é o de que o Cro-Magnon originado na Europa oriental e oeste da Ásia, seguindo a teoria geral de que o homem se originou na África, deslocou-se para o norte e leste, e, então, mais tarde, para o oeste. Entretanto, recentes descobertas da época aurignaciana na península espanhola antecedem o mais antigo dos sítios ao leste, o que sugere que uma origem oriental pode não corresponder à verdade.[23] L'Arbreda, El Castillo e Abric Romani datam entre 37 e 41 mil anos atrás. É óbvio que uma origem no norte não é possível devido ao manto de gelo da Escandinávia, que tornava o norte da Europa praticamente inabitável. Isso nos deixa apenas o sul e o oeste como possíveis fontes.

Há assentamentos Cro-Magnon na África, e a tecnologia de ferramentas existia ali claramente bem antes de 40 mil anos atrás. A tecnologia para confecção de lâminas é patente, mais de 80 mil anos atrás. Setas serrilhadas de osso encontradas no Zaire foram datadas entre 60 mil e 80 mil anos de idade. Também há evidências na África de trocas de longa distância de matérias-primas 140.000 anos atrás, bem como de mineração de superfície 100 mil anos atrás.

A estrutura craniana africana moderna, mais parecida com a do Cro-Magnon do que os europeus posteriores, também sugere que a população Cro-Magnon pré-histórica se originou no sul e migrou para o norte. Entretanto, as evidências arqueológicas que sustentem a existência de uma cultura avançada na África antes de 3000 AEC são esparsas. Sítios Cro-Magnon contêm pouco da evidência simbólica e comportamental tão característica nos sítios europeus, que é o requisito para ser ela a cultura anfitriã para uma migração tão maciça.[24] Se fosse para um povo tão bem definido culturalmente migrar de uma área geográfica em particular, seria de se esperar encontrar raízes substanciais de sua cultura, tanto tecnológica como comportamental, nessa área. Contudo, na África isso não acontece.

O professor emérito de arqueologia cognitiva na Universidade de Witwatersrand, na África do Sul, David Lewis-Williams discorda. Ele argumenta que, embora tenha havido um comparativamente repentino surto de atividade simbólica, a explosão da arte na Europa durante a Idade do Gelo não foi universal, e tampouco um "pacote fechado" indivisível. A ideia de que todos os diversos tipos de arte, e o comportamento simbólico totalmente desenvolvido, tenham subitamente surgido ali, segundo ele, é uma ilusão. Insiste que os acontecimentos precisam ser colocados numa perspectiva mais ampla. Se a mente e o comportamento modernos evoluíram esporadicamente na África, sucede que o potencial para toda a atividade simbólica que vemos no Paleolítico Superior da Europa ocidental existia antes que as comunidades *Homo sapiens* alcançassem a França e a Península Ibérica.[25] Ele acredita em um foco mais amplo ao se considerar as origens da inconfundível e artística cultura Cro-Magnon.

A Europa ocidental é uma região bem documentada de atividade humana pré-histórica. Centenas de cavernas na França e na Espanha apresentam milhares de imagens verdadeiramente magníficas. Cerca de 45 mil anos atrás, humanos anatomicamente modernos chegaram na Península Ibérica e trouxeram com eles estruturas sociais complexas, planejamento sofisticado, caça, comportamento simbólico diferente e – pelo que são mais reconhecidos – arte. A velocidade com que eles substituíram o modo de vida Neandertal, e seu surgimento repentino, são notáveis. De nosso ponto de vista, sem condições de conhecer os detalhes de como o Cro-Magnon chegou e de onde veio, não é de admirar que os autores contemporâneos escrevam sobre uma "explosão criativa" ou "revolução humana". Embora seja compreensível que eles descrevam esse período nesses termos, não deveriam ignorar as evidências de precursores culturais da África e do Oriente Médio.

O plano geral se mostra muito menos explosivo, e é nas regiões da África e do Oriente Médio que se encontram as sementes da "explosão criativa". Segundo Lewis-Williams, a África contém a mais antiga evidência da evolução humana. Alguns estudiosos argumentam que o comportamento humano moderno *foi* um pacote fechado, que apareceu por toda parte de 40 a 50 mil anos atrás, e se atribui essa aparentemente súbita mudança a alterações neurológicas da espécie. Lewis-Williams acredita que essa visão resulta no foco concentrado nas evidências da Europa ocidental.

A fim de se conseguir uma versão menos tendenciosa da transição humana na Europa ocidental, Lewis-Williams faz uma distinção entre o que nós podemos ver como uma característica anatomicamente moderna do corpo humano e as características comportamentais modernas da vida humana.[26]

O primeiro conceito, a modernidade anatômica, é fácil de definir. Há um consenso geral sobre as características que distinguem os esqueletos humanos modernos de espécies mais antigas. Entretanto, o segundo conceito, modernidade comportamental, não é tão fácil de definir. Os arqueólogos derivaram sua noção de comportamento humano moderno das evidências da Europa ocidental. Em consequência, elaboram listas para caracterizar o comportamento humano moderno como a que se segue:

> Pensamento abstrato – a capacidade de agir com referência a conceitos abstratos que não estão limitados no tempo e no espaço.
> Profundidade de planejamento – a capacidade de formular estratégias baseadas na experiência passada e de agir a partir delas num contexto grupal.
> Comportamental – inovação econômica e tecnológica.
> Comportamento simbólico – a capacidade de representar objetos, pessoas e conceitos abstratos com símbolos arbitrários, vocais ou visuais, e perceber tais símbolos na prática cultural.[27]

De acordo com Lewis-Williams, essa lista é bastante razoável, mas é injusto esperar que todas as primeiras populações modernas expressem essas características precisamente da mesma maneira. Por exemplo, todos os primeiros humanos anatomicamente modernos não confeccionavam ferramentas de ossos, não comiam peixe, nem usavam tinta para pintar imagens em cavernas. Quando as evidências africanas para o surgimento dos modernos humanos e seu comportamento são consideradas, a importância dessa questão fica clara.

Hoje em dia, os pesquisadores geralmente aceitam a teoria "a partir da África" para as origens da humanidade. As evidências fósseis demonstram conclusivamente que os precursores das populações humanas anatomicamente modernas se desenvolveram na África e deixaram o continente em duas ondas migratórias. Isso explica por que os humanos arcaicos, os neandertais, ocuparam a Europa ocidental por milhares de anos antes que o *Homo sapiens* chegasse à Europa. Alguns acreditam que a segunda onda que deixou a África era de populações modernas que ainda não tinham um comportamento totalmente moderno, e adquiriram-no em algum momento entre 40 e 50 mil anos atrás.

As evidências africanas questionam esse ponto. Segundo Lewis-Williams, a transição para o comportamento moderno começou na África entre 250 mil e 300 mil anos atrás, e possivelmente ainda mais cedo. Ele também afirma que deveríamos falar de "comportamentos modernos", no plural, em vez de "comportamento moderno". Além disso, o comportamento moderno não surgiu repentinamente como um pacote fechado. Não houve uma "revolução" comportamental.

As quatro características do comportamento moderno que ele enumera manifestaram-se de várias maneiras e apareceram em diferentes épocas e em regiões bastante afastadas do continente africano. A confecção de lâminas e o processamento de pigmentos, por meio de trituração, têm 250 mil anos. O comércio de longa distância e pesca de mariscos começaram há 140 mil anos atrás. Ferramentas de ossos e mineração têm cerca de 100 mil anos. A confecção de contas de casca de ovo de avestruz começou entre 40 mil e 50 mil anos atrás. Contudo, a arte que chamamos de figurativa data de 30 mil a 40 mil anos apenas.

Entretanto, entalhes em estilo geométrico descobertos recentemente foram datados de 77 mil anos atrás. Em uma caverna chamada Blombos, perto do ponto mais ao sul da África do Sul, Chris Henshilwood e seus colegas encontraram um pedaço de ocre entalhado cuidadosamente com cruzes, sendo que uma é central, demarcadas por uma linha. Muito embora não seja figurativa, tal datação a torna a "arte" mais antiga do mundo. Para Lewis-Williams, isso mostra um comportamento humano inegavelmente moderno em uma data muito antiga.[28] Ainda que os detalhes dessa evidência sejam discutíveis, para Lewis-Williams está claro que o comportamento humano moderno estava surgindo de maneira pouco sistemática na África muito tempo antes de a transição acontecer na Europa ocidental.

Sem outras evidências, Lewis-Williams se limita a dizer que mudanças comportamentais nos primeiros africanos eram episódicas, e o contato entre grupos espalhados era, provavelmente, intermitente. A explosão de arte nas culturas Cro-Magnon, de fato, foi importante, mas deveria ser posicionada em uma perspectiva mais ampla, que possibilite novas linhas de explicação.[29]

Segundo Lewis-Williams, se a mente e o comportamento modernos evoluíram esporadicamente na África, segue-se que o potencial para todas as atividades simbólicas que vemos na Europa ocidental 40 mil anos atrás existia *antes* que o *Homo sapiens* alcançasse a Península Ibérica. Esse potencial preexistente significa que um acontecimento com base neural, como o mecanismo de gatilho que deflagrou a "explosão criativa" na Europa ocidental, não deveria ser procurado.[30] Mas, há outras possibilidades que deveriam ser consideradas?

Diversos estudiosos no passado relacionaram as culturas Cro-Magnon que surgiram na Europa ocidental a "ondas de invasões". A razão para isso é que as ferramentas e a arte dessas culturas não mostram estágios de desenvolvimento; elas simplesmente aparecem, completamente desenvolvidas. Isso sugere fortemente que uma cultura anfitriã, em alguma outra parte, já existia anteriormente. Mas onde está essa evidência? A África sofreu enormemente desde 4000 AEC com um ambiente cada vez mais árido e hostil. Os ventos e a areia apagaram e enterraram as evidências que pudessem ter existido.

Em um estudo de dentes antigos, Joel Irish descobriu que os africanos subsaarianos expressam características similares, quanto à forma, àquelas de outras populações modernas (veja p. 220). Para ele, é evidente que a heterogeneidade dentro da população, e uma alteração dental gradual e mundial, originaram-se do subcontinente africano. Sua pesquisa fornece evidência consistente com um modelo da origem africana. Evidências genéticas e fósseis apontam para a África como a fonte da cultura humana, mas faltam evidências de um desenvolvimento cultural contínuo. Alguns conjeturam a hipótese de que essas evidências de fato existem, mas foram identificadas e/ou datadas erroneamente.

A despeito da arabização e de uma mudança fundamental na religião durante o século VI, o Egito nunca perdeu sua antiga herança. Ela foi transmitida de geração para geração ao longo de milênios. Evidências cumulativas – genética e também arqueológica – sugerem que o Egito Antigo, na África, é o berço da cultura original do homem moderno. Não foram os guanches que estimularam a civilização egípcia, nem outro povo qualquer. Da África espalharam-se todas as outras culturas, inclusive aquelas responsáveis pela explosão criativa na Europa ocidental há 40 mil anos. Como pudemos ver pela Esfinge, Nabta Playa e a Grande Pirâmide, as evidências sempre estiveram lá. A cultura anfitriã que produziu as magníficas e artísticas culturas Cro-Magnon não poderia ser de outro lugar senão da África. As tradições Cro-Magnon não só sustentam o modelo "a partir da África", mas também trazem uma compreensão totalmente nova da história da humanidade.

CAPÍTULO 10

O EGITO DOS SIMBOLISTAS
Um legado de conhecimento

Embora os fatos físicos sejam elementos importantes para a determinação de quando, onde e para quem as antigas cidades e túmulos foram construídos, a história é mais que um paradigma levantado pela arqueologia. A evidência histórica também é encontrada na cultura e nas crenças; arte, filosofia, religião e ciência fornecem uma ideia da natureza e da mente dos povos do passado – no que acreditavam e qual era sua visão de mundo. Quanto ao Egito, nessa questão de cultura parece haver duas histórias diferentes. Há a versão com base arqueológica que aprendemos na escola, com a qual a maioria das pessoas está familiarizada. Entretanto, também existe uma outra, uma versão mais sutil, baseada não nas ciências forenses, mas nos escritos sagrados dos próprios egípcios antigos. Pelos hieróglifos gravados nos templos e nos monumentos, fica evidente que na mente deles existia um nível de conhecimento tão sofisticado quanto o nosso próprio pensamento moderno. Usando ciência e teologia, os antigos egípcios se esforçaram para explicar o universo físico, assim como nos esforçamos para explicá-lo hoje.

De acordo com os egiptólogos, mais de dois mil deuses foram venerados ao longo dos 3 mil anos de história do Egito. Esse avantajado panteão de divindades tem sido explicado tipicamente como adoração animal, e uma forma primitiva de relacionamento com as forças da natureza. Referida como *animismo*, derivado da palavra latina *anima*, que significa alento ou alma, é considerado o sistema de crença mais antigo da humanidade, cujas origens se perdem na Idade do Gelo. Na crença animista, existe uma alma ou espírito em cada objeto, viventes e inanimados. Contudo, em um estado futuro, a alma de um objeto existirá como parte de uma alma imaterial, e considerada universal.

Os povos primitivos acreditavam que a vida humana emanava da alma. Eles representavam essas almas como vapores ou sombras passando de um corpo para outro, entre os seres humanos, as plantas, os animais e os objetos inanimados. Durante o século XIX e começo do XX, estudiosos deduziram que o homem primitivo chegou a essas crenças animistas para ajudá-lo a explicar as causas do sono, dos sonhos e da morte. Outros estudiosos estavam convencidos de que a religião antiga era mais emocional e intuitiva em sua origem. De acordo com essa teoria, o homem primitivo reconhecia alguns objetos inanimados porque eles tinham alguma característica particular ou se comportavam de uma maneira incomum que, misteriosamente, os fazia parecer vivos.

Essa visão primitiva do mundo se encaixa bem com o atual modelo evolucionário da humanidade, mas houve e há ainda estudiosos que acreditam que essa visão é muito simplista e que as doutrinas filosóficas dos antigos egípcios nada tinham a ver com animismo. Segundo esses estudiosos, conhecidos como *simbolistas*, a ciência, a arte e a filosofia do Egito Antigo não estavam separadas, mas, em vez disso, faziam parte de um sistema holístico de pensamento. Sua ciência, que abrangia a religião e também a filosofia, e que era expressa por meio da arte nos templos e na arquitetura, foi estabelecida não só para benefício coletivo, mas também para responder a questão milenar a respeito da natureza da humanidade. Era uma ciência sagrada. John Anthony West explora isso em seu documentário *Magical Egypt*:

> A ciência sagrada que alimentava ou sustentava esses templos envolvia matemática, filosofia, religião, arte e, de fato, o Egito Antigo, talvez a maior dentre as civilizações da Antiguidade, ou, em todo caso, a civilização antiga à qual temos mais acesso, deixou-nos um grande legado de arte e arquitetura sagradas. Tratava-se de uma doutrina profunda que fundia arte, religião, filosofia e ciência em um todo inextricável, ao passo que, em nossa sociedade, a arte, a religião, a filosofia e a ciência são disciplinas separadas com pouca ou nenhuma relação entre elas.

No Egito Antigo, elas estavam de tal modo entrelaçadas, que não havia arte que não fosse religiosa, religião que não fosse filosófica, filosofia que não fosse científica e ciência que não fosse arte. Quando estamos diante de um desses templos egípcios, somos postos, voluntária ou involuntariamente, na presença da divindade, ou do princípio ao qual o templo era consagrado, e, gostemos ou não, sempre respondemos com reverência e admiração. Essa reverência não é, devo dizer, fruto de nossa imaginação suscetível ou romantismo de nossa parte. É um exemplo do alto grau atingido pela ciência sagrada dos antigos.[1]

Na escola simbolista de pensamento, a teologia e a filosofia antigas egípcias eram puras e completas, e respondem por uma civilização tão duradoura e com conhecimento sofisticado do mundo físico. Mesmo nos primórdios da civilização egípcia, há mais de 5 mil anos, as ideias que eles tinham de Deus e do homem eram altamente sofisticadas. Para quem se propõe a entender a vida sagrada dos egípcios, é inconcebível que uma sociedade recém-saída da Idade da Pedra pudesse desenvolver uma visão de mundo tão erudita, completada com linguagem e simbolismo, e tão rápido.

O monoteísmo egípcio

Um dos primeiros egiptólogos a mergulhar na visão de mundo religiosa e filosófica dos antigos egípcios foi Ernest Alfred Thompson Wallis Budge (1857–1934). Budge foi o curador das antiguidades egípcias e assírias no Museu Britânico de 1894 a 1924, e também catedrático da Christ's College, da Universidade de Cambridge e na Tyrwhitt. Seus interesses eram vastos e ele reuniu um grande número de papiros manuscritos cópticos, gregos, árabes, sírios, etíopes e egípcios. Ele também se envolveu com pesquisa arqueológica no Egito, na Mesopotâmia e no Sudão. Mas ele é mais famoso por sua tradução do *Papiro de Ani*, mais conhecido como *O Livro Egípcio dos Mortos*.* Os trabalhos de Budge foram os primeiros livros voltados para os estudantes e consistiam de textos traduzidos e um dicionário completo de hieróglifos. Ele também tinha um grande interesse pela cultura, pela religião, pela mitologia e pelas práticas mágicas do Egito.

Em seu *Egyptian Ideas of the Future Life*, publicado em 1901, baseado em um estudo dos textos egípcios antigos, Budge concluiu que os egípcios "acreditavam em Um Deus, que era autoexistente, imortal, invisível, eterno, onisciente, todo-poderoso e inescrutável; o criador dos céus, da terra e do mundo subterrâneo; o criador do céu e do mar, dos homens e mulheres, animais e

---

* Publicado pela Editora Pensamento, São Paulo, 1985.

pássaros, peixes e criaturas rastejantes, árvores e plantas; e dos seres incorpóreos que eram os mensageiros que faziam valer seus desígnios e palavra".[2] Entretanto, também é verdade que durante certos períodos da história egípcia, eles desenvolveram crenças que podiam ser percebidas como politeístas, especialmente por estrangeiros e nações vizinhas. Segundo Budge, essa ideia transcendente nunca se perdeu e foi reproduzida na literatura religiosa deles durante todos os períodos.

Pode parecer contraditório, ou, pelo menos, confuso, que os egípcios acreditassem num único Deus, e mesmo assim aceitassem a ideia de deuses múltiplos. Entretanto, com um melhor entendimento de sua linguagem, é possível determinar como isso era possível. A palavra que os estudiosos traduziram como "deus" é *neter*, e de acordo com o egiptólogo e pesquisador independente do século XX, René Schwaller de Lubicz (1887–1961), que discutimos anteriormente, *neter* é um princípio ou um atributo do divino. Outros pesquisadores concordam.

Segundo o egiptólogo Moustafa Gadalla, os antigos egípcios acreditavam num único Deus que era autocriado, autoexistente, imortal, invisível, eterno, onisciente e todo-poderoso, e era representado por meio das funções e atributos do "seu" domínio. Esses atributos eram referidos como *neteru* (masculino singular: *neter*; feminino singular: *netert*). Em sua opinião, o uso dos termos *deuses* e *deusas* pelos estudiosos é uma interpretação errônea da palavra *neteru*.

Os egípcios não definiam Deus como uma pessoa – questionando "quem" é Deus. Em vez disso, questionavam "o que" Deus é, em termos de seus múltiplos atributos, qualidades, poderes e ações. À luz da ciência e do entendimento filosófico de hoje, essa é uma linha de raciocínio realmente adequada. Deus, por definição, a fonte onipotente do universo físico, de fato nunca poderá ser descrito em termos humanos. Deus não é homem nem mulher, embora geralmente seja referido como "ele", devido à tradição patriarcal. É um conceito além da compreensão. Muito apropriadamente, os egípcios nunca representavam Deus, apenas descreviam-no por meio das funções e atributos do seu domínio.

Apenas conhecendo as inúmeras qualidades de Deus se pode conhecer Deus. Assim, quanto mais se aprende sobre tais qualidades, ou *neteru*, mais perto se chega da origem divina do homem. "Longe de ser um sistema de crenças primitivo, politeísta", afirma Gadalla, "era a mais alta expressão do misticismo monoteísta."[3] Neter, desse modo, é um aspecto de Deus, mas não o conceito inteiro. Outra maneira de descrever neter é frisar que compreende tanto características do ambiente natural, como também traços do ser humano. Em sua escrita sagrada (os hieróglifos), os egípcios representavam neteru de maneiras altamente simbólicas, como Toth (Tehuti em egípcio), que era representado como um homem com cabeça de íbis, simbolizando a escrita, a sabedoria e o tempo.

Os antigos egípcios usavam o simbolismo – tipicamente animais e plantas – para expressar seu conhecimento do mundo natural. Por meio de cuidadosa observação, eram capazes de identificar certos animais com qualidades específicas que simbolizavam determinadas funções divinas e princípios de um modo puro e impactante. Em outras palavras, um animal simbolizava um aspecto em particular da divindade. É uma forma de expressão eficaz, e consistente com todas as culturas. Citemos os modernos exemplos "quieto como um ratinho" ou "esperto como uma raposa" para ilustrar o princípio. É o cerne da expressão "uma imagem vale mais do que mil palavras". De acordo com o simbolista John Anthony West, "O símbolo é um meio brilhante e sofisticado de transmitir significados muito complexos. O simbolismo permite que a mente perceba intuitivamente o que não é diretamente visível no mundo material à nossa volta. O símbolo contém em si não apenas um objeto específico ou conceito, mas também um conjunto de qualidades e tendências invisíveis que ele personifica".[4]

Os símbolos mobilizam uma parte diferente do cérebro da que é usada pela escrita comum ou pela linguagem. Eles apelam para o hemisfério direito do cérebro, intuitivo, não verbal, de base visual, e que lida com as relações espaciais e abstratas, a intuição e o subconsciente. É a parte do cérebro que não é limitada pelo pensamento racional e linear, e talvez seja a sede do eu superior, que instintivamente aspira pelo divino. A linguagem do simbolismo funciona como uma ponte entre os dois tipos de inteligência humana, a racional e a intuitiva. Dessa maneira, o símbolo transcende a linguagem, promovendo a cooperação entre os dois hemisférios do cérebro e sua unificação.[5]

Com essa visão simbolista das crenças egípcias, pode-se compreender como o neteru animal e o neteru com cabeça de animal expressam um profundo entendimento espiritual. O animal inteiro representava uma determinada função ou atributo em sua forma mais pura. A imagem de um homem com cabeça de animal representava determinada função ou atributo no ser humano.[6]

Por exemplo, Anbu (Anúbis) representa o sentido de direção correto – em outras palavras, "o guia divino". Ele é geralmente representado como um chacal, ou um homem com cabeça de chacal. O chacal é famoso por seu sentido de orientação e é útil em buscas. Assim, é uma escolha acertada para guiar a alma dos mortos pelas regiões do Duat, o lugar onde os seres humanos passam a habitar após a morte.

O papel metafísico do chacal é refletido em sua dieta; o chacal se banqueteia com carne putrefata, que se torna alimento para ele. Assim, Anbu representa a capacidade de transformar restos em comida útil para o corpo e a alma. Ele também representa a lealdade absoluta, e como tal é representado pesando um coração, supervisionando a justeza do procedimento. Em termos humanos, Anbu representa o sentido de direção correto em tudo que fazemos, lealdade absoluta, e a capacidade de transformar chumbo (carniça) em ouro (algo de valor).[7]

Outro exemplo do uso simbólico de animais pelos egípcios é a representação da alma, conhecida como *ba*, por um pássaro com cabeça humana – o oposto da representação normal do neteru (ser humano com cabeça de animal). Representa o aspecto divino do terreno. O ba era representado por uma cegonha, que era conhecida por sua capacidade instintiva de migrar e retornar mais tarde ao ponto de partida, e também como a ave que entrega os bebês recém-nascidos. Retornando sistematicamente ao seu próprio ninho, essa ave migratória é a perfeita escolha para representar a alma.[8]

No cerne do simbolismo e da filosofia dos egípcios estava a ideia de que no homem reside a consumada representação do universo criado. De acordo com isso, seu simbolismo e medidas eram simultaneamente dimensionados para o homem, a terra e o universo. Schwaller se refere a essa filosofia como *antropocosmo**, ou "cosmos do homem". Isso se refere à ideia de que o universo foi criado para a percepção do homem, e para Deus, como consciência pura e absoluta, experimentá-lo por meio do homem (consciência, nesse caso, seria a percepção da experimentação, e a essência da divindade que não é limitada pelo tempo). O antropocosmo é provavelmente a fonte da crença judeu-cristã de que o homem foi criado à imagem de Deus.

Misticismo numérico pitagórico

Durante os meados do século XX, o estudioso e pioneiro René Schwaller de Lubicz encarou o desafio de entender por que os egípcios usavam símbolos em seus escritos sagrados. Embora originalmente publicados em francês, todas as suas obras agora estão disponíveis em inglês. Em livros como *Esotericism and Symbol*, *Symbol and the Symbolic*, *The Egyptian Miracle*, e o monumental tra-

---

* Do grego "ánthropos", homem + "kósmos", universo. (N. da T.)

balho *The Temple of Man*, ele argumenta que os egípcios eram altamente sofisticados em sua maneira de pensar, compreender certos princípios geométricos naturais e perceber os números e a linguagem como sagrados.

Schwaller, como pai da abordagem simbolista, via a linguagem egípcia não apenas como um meio de comunicação, mas também como um ponto de conexão entre o homem e o divino. O uso das proporções harmônicas em sua arte e arquitetura, e também a base numérica que está por trás dos mitos egípcios, levaram-no a considerar o misticismo numérico pitagórico na reconstituição do seu sistema de pensamento. Com base em anos de pesquisa, ele acreditava que a visão de mundo dos egípcios era uma combinação das abordagens filosófica e teológica em que existiam relações entre os números, os sons e as formas. Ele concluiu que o filósofo grego Pitágoras não inventou o misticismo numérico, mas apenas aperfeiçoou um conhecimento que foi parte integrante da civilização egípcia por milhares de anos. De um certo modo, o "misticismo numérico" pode ser interpretado como a primeira tentativa da humanidade de explicar o mundo físico mediante o uso de números.

Pitágoras (560–480 AEC) nasceu na ilha de Samos, na costa da Ásia Menor. Segundo alguns relatos, aos 20 anos ele visitou Tales de Mileto, que o encorajou em seus interesses pela matemática e pela astronomia, e o aconselhou a viajar para o Egito para aprender mais. Embora alguns estudiosos acreditem que tais visitas sejam criações estereotipadas nas biografias dos sábios gregos, mais lendas do que fatos, a civilização egípcia, então com 2 mil anos de idade já, era um famoso centro de aprendizagem na Antiguidade. Seja lá como for, Pitágoras foi responsável por importantes desenvolvimentos na matemática, na astronomia e na teoria musical. Mais tarde, ele se mudou para Crotona e fundou uma escola filosófica que atraiu numerosos seguidores.

Pitágoras sabia – assim como os egípcios antes dele (o que sugere que ele de fato visitou o Egito e lá estudou) – que qualquer triângulo cujos comprimentos dos lados tenham a proporção 3:4:5 é um triângulo retângulo. Uma de suas mais importantes descobertas foi a de que a diagonal de um quadrado não é um múltiplo racional do comprimento de seus lados (um número que pode ser expresso como a razão de números inteiros) – sugerindo a existência de números irracionais. Nessa época, isso era uma ideia revolucionária para os matemáticos.

No centro da filosofia numérica de Pitágoras está a crença de que todas as relações podem ser reduzidas a relações numéricas, e que todas as coisas são números. Essa abordagem implica que o mundo pode ser compreendido por meio da matemática, o que foi extremamente importante para o desenvolvimento da ciência. No mundo pitagórico dos números, cada dígito expressa um conceito metafísico que não é nem uma abstração nem uma entidade em si. Os números são nomes aplicados a funções e princípios sobre os quais o universo é criado e mantido. Como os números progridem de um para o outro, cada número não apenas simboliza e define a função específica a ele atribuída, como também incorpora todas as combinações das funções que levaram a ele.

Um

O número um é o Absoluto e a unidade de todas as coisas. Esse princípio absoluto pode ser visto como a onipotência de Deus, ou, de maneira científica, como a energia pura da qual o universo físico é feito. É o "Tudo".[9] Encarar o número um dessa maneira acrescenta um significado às escrituras hebraicas, onde é anunciado em Deuteronômio 6:4, "Ouve, Israel, o Senhor, nosso Deus, é o único Senhor". Em outras palavras, Deus é absoluto, ao contrário das interpretações mais modernas de que "um" se refere a um único deus.

Dois

Com o Absoluto tomando consciência de si, a dualidade, ou polaridade, é criada e, em resultado, o número dois passa a existir. Expressa a oposição que é fundamental a todos os fenômenos naturais. Schwaller se refere a essa separação como "cissão primordial". Dois não é a soma de um mais um, mas um estado de tensão primordial. É o conceito metafísico de opostos para sempre irreconciliáveis. Um mundo de dois, e nada mais, é estático, de modo que nada pode acontecer. Por natureza, é divisível, e se deixado livre, é o caos. Dois é "a queda do homem", representando tensão espiritual; não a queda da perfeição para um estado de pecado, mas a criação de uma consciência humana do divino, ou consciência suprema.[10]

A unidade é a consciência eterna, indiferenciada. Quando ela se torna consciente e cria diferenciação, então existe polaridade. Polaridade, ou dualidade, assim, é a expressão dual da unidade.

Três

Quando o Absoluto criou a dualidade, o número três foi criado simultaneamente, proporcionando um princípio conciliador entre forças opostas. O três, assim, é o princípio da relação. Teólogos escreveram volumes e mais volumes na tentativa de explicar o três como o Deus trino, a trindade. Contudo, até hoje esse conceito é um mistério. Entretanto, de uma maneira mais prosaica, o princípio é fácil de entender. Por exemplo, homem/mulher por si não é uma relação, mas passa a existir por meio do intangível (o espiritual). Nos assuntos humanos, o amor, o desejo, ou a amizade constituem a terceira força entre duas pessoas. Aqui, pode-se especular que a dualidade da existência é Deus e o homem, e que a terceira força, uma relação, fornece a força conciliadora que completa o deus – Pai (Deus), Filho (homem), e Espírito Santo (relação).[11]

A nossa sociedade foi construída com base na lógica e na razão científica. No entanto, isso não pode justificar a faceta mais importante da experiência cotidiana. Seja nas ligações de caráter sexual, nas relações de amizade, ou nos vínculos familiares, os relacionamentos humanos tecidos pelos laços do amor são o motor da experiência humana. O princípio conciliador do três, então, é uma relação espiritual.

Quatro

A ideia de substância não pode ser explicada em dois termos ou em três. No exemplo do amor há 1) o amante; 2) a amada; e 3) o desejo. Apenas por meio do número quatro o exemplo adquire substância, que, no nosso caso provavelmente seria, a princípio, um romance e, se tudo corresse bem, mais tarde, um lar. Então, substância ou matéria é um princípio além da dualidade e da relação. De certo modo, quando o quatro é alcançado, uma nova unidade passa a existir, análoga à unidade absoluta.[12]

Vemos o conceito do quatro nascer nos "elementos" do mundo antigo: terra, água, ar e fogo. Entretanto, esses não são elementos físicos em si, como os da tabela periódica, mas princípios nos quais o universo físico opera. Os antigos filósofos usavam esses quatro fenômenos comuns e naturais para descrever os papéis funcionais do princípio da substância. Terra, fogo, ar e água representavam os princípios abstratos de recepção, ativação, mediação e composição. A terra é o princípio receptivo e formativo. O fogo é o princípio ativo, coagulador. O ar é o princípio sutil, mediador; e a água, o princípio material ou compositor.

Tudo o que existe fisicamente opera por pelo menos um desses princípios, e a maioria envolve uma combinação. Por exemplo, sem exceção, tudo no universo físico é ativo, em movimento. Nosso planeta gira, desloca-se em torno do sol. Do mesmo modo, o nosso sistema solar e a galáxia. Isso também é verdadeiro no nível quântico. Na verdade, a ação define a existência. Um átomo, a unidade básica da matéria, nada mais é do que energia vibrante com determinada carga. Por exemplo, um átomo de urânio é composto de 92 elétrons orbitando um núcleo de 146 nêutrons e 92 prótons (se fissionado, esse átomo libera uma tremenda quantidade de energia). Numa escala ligeiramente maior, tudo que é físico, com exceção do ar, também é formativo. Em outras palavras, tudo que vemos foi formado a partir de algum processo. O ar, o aspecto mediador, separa todos os objetos físicos. Os objetos físicos também são uma composição de vários elementos e precisam dos princípios formativo, ativo e mediador para existirem. A água é a única substância que pode funcionar como uma combinação desses três princípios. Serve como fator mediador da mesma maneira que o ar; contudo, ela também é formativa (combina em uma forma) e ativa (ela flui).

Esse quarto princípio é a ideia de matéria ou os métodos que definem como a matéria será formada, ao contrário da própria matéria. É insubstancial, embora contenha os quatro elementos que descrevem a realidade física. Manifestos, esses princípios formam o número cinco, que é a vida.

Cinco

O número cinco também pode ser derivado da união do primeiro número fêmea (dois) e do primeiro número macho (três) para representar a vida (ou o amor). Lembre-se de que o dois representa polaridade, um estado de tensão, e o três, relação, o ato de conciliação. Ao combinar dois e três, ocorre a manifestação do universo físico no cinco. Todos os fenômenos que ocorrem naturalmente são polares por natureza e trinos por princípio. Sendo o princípio da vida, o cinco explica o ato da criação.[13]

Os números fêmeas, aqueles que são pares, representam um estado passivo. Os números machos, aqueles que são ímpares, representam as funções que são iniciativas, ativas, positivas, agressivas e racionais. Os números fêmeas, por outro lado, são receptivos, passivos, criados, sensíveis e mantenedores. O conceito pitagórico de macho/fêmea não diz respeito aos papéis sociais do homem e da mulher, mas aos estados e ações do mundo natural. Além disso, de acordo com Pitágoras, o número um (o Absoluto) não é par nem ímpar, nem um número propriamente dito, mas a fonte tanto dos números pares como dos ímpares. Dois é o primeiro número par e três é o primeiro ímpar.

Todas as proporções harmônicas e relações derivam do número dois, do três e do cinco, e com a troca de comandos formam matéria e todos os processos de crescimento. Lembre-se de que o quatro explica a ideia de matéria, mas não a criação. O cinco, a união dos princípios masculino e feminino, é sua criação. Vemos exemplos disso no dia a dia. O marido e a esposa, macho/fêmea, constituem uma polaridade, ainda que unidos pelo desejo em uma relação da qual resulta um lar. Tanto o homem quanto a mulher desempenham papéis ativos, masculinos, iniciativos, passivos, femininos e receptivos simultaneamente. Ambos são ativos em relação ao outro e receptivos ao desejo. O interessante é que, nesse exemplo, o casal geralmente acaba criando matéria física na forma de um bebê.

Seis

Os primeiros cinco números ainda não descrevem a estrutura na qual todos os acontecimentos naturais têm lugar – a estrutura do tempo e do espaço. Os princípios dos números um ao cinco são aspectos intangíveis (metafísicos ou espirituais) do mundo natural ao qual estamos submetidos. O número seis cria tempo e espaço e é o número do mundo. Vivemos em um produto do seis, o mundo que é definido pela interpretação sensorial do tempo e do espaço, que definimos como realidade e chamamos assim. Embora alguns interpretem tempo e espaço como criação, em sua essência, o tempo e o espaço são efeitos da criação, e uma medida de movimento. Experimentamos e, por conseguinte, percebemos o tempo como uma corrente, enquanto o espaço é aquilo que contém.[14]

Sete

O número sete explica o fenômeno do crescimento, que é um princípio que envolve todo o mundo observável, físico. É um aspecto intrínseco da criação. Entretanto, o sete não pode ser relacionado à experiência. Em outras palavras, não podemos, por nós mesmos, iniciar o crescimento. A causa fundamental do crescimento – do esperma e óvulo ao feto, depois o bebê, depois o ser humano adulto, por exemplo – é um mistério. Como tal, o sete significa a união do espírito (três) com a matéria (quatro).[15]

No mundo físico, há numerosos exemplos em que o sete se manifesta em sistemas crescentes ou ativos, como os sete tons da escala harmônica. Entre a nota original e sua oitava há sete intervalos que, a despeito de sua inequivalência, o ouvido interpreta como harmoniosos.

Nos sistemas biológicos, o crescimento está incorporado, mas provavelmente no DNA, embora isso ainda seja um tanto misterioso. O crescimento, entretanto, não é um processo contínuo. Tudo tem um ciclo. Nascemos, crescemos e, depois, morremos. Não é apenas um fenômeno natural da Terra; tudo no universo físico existe em ciclos. O Sol, por exemplo, durará mais 4 bilhões de anos; então, irá se expandir, transformando o nosso planeta em cinzas, e depois encolherá, tornando-se uma estrela branca anã. Nossa galáxia, a Via Láctea, um dia, no futuro distante, colidirá com a galáxia vizinha mais próxima, Andrômeda, e cessará de existir. Contudo, a síntese das duas galáxias combinadas prosseguirá como uma nova galáxia.

O número sete é a combinação do quatro e do três, que é a união da matéria e do espírito. Mas é também a combinação do cinco e do dois, a dualidade unida pela ação, e do seis com o um, a nota fundamental, *dó*, tornada real pelo seis. Em outras palavras, nossa realidade física de tempo e espaço produz um tom da oitava, que é em si uma nova unidade.

Oito

O número oito é uma nova unidade análoga à primeira unidade. É a renovação ou a autorreplicação e o mundo físico como nós o experimentamos. É Toth (o Hermes grego e o Mercúrio romano), que é "mestre da cidade dos oito"* e o mensageiro dos deuses. Ele é o neter da escrita, da linguagem, do conhecimento e da magia, e permite que o homem acesse os mistérios do mundo, que é simbolizado pelo oito.[16]

O número nove será discutido mais tarde, neste capítulo. É um caso especial.

Mitologia egípcia como misticismo numérico

De acordo com Schwaller de Lubicz, os antigos egípcios usavam deliberadamente a proporção harmônica em sua arte e arquitetura, com base no sistema numérico de pensamento previamente descrito. Era uma visão de mundo abrangente, que incluía a filosofia, a matemática, o misticismo e a teologia. John Anthony West, um simbolista contemporâneo nos mesmos moldes de Schwaller de Lubicz, acredita que o que atualmente é conhecido como misticismo numérico pitagórico é, na verdade, de origem egípcia, e antecede até mesmo o Egito Antigo.

Quando o misticismo numérico é aplicado aos mitos egípcios, torna-se claro que as histórias e a mitologia egípcias são baseadas na compreensão dos números e não no animismo. É uma filosofia, mas não no nosso sentido do termo. Não existem textos explicativos. Mesmo assim, é sistemático, autoconsistente e organizado em princípios que podem ser expressos de maneira filosófica.

---

* Khemenu, a Cidade dos Oito Deuses. (N. da T.)

Por exemplo, na mitologia egípcia, Atum (ou Tum) representa a causa transcendente, o absoluto ou o tudo, o Um, o primeiro e verdadeiro Deus e criador que fez o mundo e tudo que nele há. Dentro dele estava o potencial para toda a vida. O nome Atum vem de uma palavra que significa "completude" ou "totalidade". Ao considerar a si próprio, ele criou Shu (macho, o neter do ar) e Tefnut (fêmea, o neter da água). Consciente de sua solidão, ele se masturbou, fertilizou a si mesmo com seu próprio sêmen, e deu à luz os gêmeos Shu e Tefnut. Atum geralmente era mostrado na forma humana segurando ou sugando seu pênis ereto, simbolizando o ato da criação. Embora desagradável para alguns, o ato de autossatisfação é uma maneira acertada de comunicar o conceito da criação a partir de um só.

Os antigos egípcios acreditavam que a própria vida manifestava grandes ciclos de existência. No início e no fim de cada ciclo, Atum tomava a forma de cobra ou enguia nas águas primordiais. Alguns egiptólogos interpretaram Atum e a serpente Apófis como as forças positiva e negativa do caos – o estado de desordem da matéria não formada e da consciência infinita que existia antes do universo ordenado.

Em mitos posteriores, Ra-Atum e sua filha guerreira enfrentaram uma grande batalha contra as forças do caos para matar a serpente Apófis debaixo da árvore *ished*, que era uma árvore sagrada em Heliópolis conectada com o destino de todos os seres. Acreditava-se que os nomes dos reis eram escritos nessa árvore ao serem coroados para lhes assegurar que suas vidas seriam perpetuadas. Durante a guerra contra as forças do caos, Ra-Atum geralmente assumia a forma de um gato, mangusto ou outro predador de cobras.

A oposição fundamental, a dualidade ou a polaridade da vida, é descrita no mito que conta o conflito entre Seth e Hórus, resumida adiante. Essa alegoria ilustra a natureza do homem propensa ao conflito, e também simboliza o conceito filosófico dos egípcios sobre o número dois.

Osíris, o deus da terra, ensinou a agricultura para a humanidade, que, aos olhos das pessoas, fez dele o maior de todos os deuses. Em resultado disso, ele governava o mundo. Furioso de ciúmes de sua popularidade, o irmão de Osíris, Seth, assassinou-o e atirou seu corpo no rio Nilo. A esposa de Osíris, Ísis, recuperou o corpo com a intenção de lhe dar um funeral apropriado. Irado, Seth roubou o corpo, cortou-o em pedaços, e os espalhou por toda a terra. Entretanto, Ísis encontrou os restos de Osíris, e com a ajuda do deus Anúbis, trouxe-o de volta à vida. Depois disso, Osíris e Ísis deram à luz um filho chamado Hórus, que estava destinado a suceder Osíris como governante.

A fim de evitar que seus inimigos matassem seu filho, Osíris o escondeu em um pântano onde foi amamentado por uma vaca, que era a deusa Hator. Depois que cresceu e virou um homem, Hórus deixou o pântano para assumir seu lugar de direito como governante. Entretanto, o deus sol e líder do conselho dos deuses preferiu Seth para o papel. Discussões irromperam no conselho e a indicação do governante foi adiada. Finalmente, Osíris enviou uma carta para os deuses em desacordo afirmando que Hórus devia ser o governante. Foi o fator preponderante na decisão sobre quem seria o novo rei. Seria Hórus. Entretanto, Seth recusou-se a aceitar a decisão e desafiou Hórus.

Na batalha que se seguiu entre Seth e Hórus, ambos saíram gravemente feridos. Hórus perdeu um olho e Seth, seus testículos. O deus da sabedoria, Toth, encontrou o olho de Hórus e o restaurou e, mais tarde, Hórus o entregou a Osíris. Seth também recuperou sua parte faltante e suas lutas continuaram. Mas eles também se ajudaram mutuamente, como revelam outros mitos.

A história mítica de Hórus e Seth caracteriza as estruturas rítmicas da dualidade. Das menores parcelas da realidade – o próton e o elétron – à vida orgânica e a nós, humanos, homens e mulheres – há um ritmo constante de dualidade na vida natural. É assim que o mundo físico funciona, tanto o animado quanto o inanimado. O próton atrai o elétron para criar uma realidade física. O macho e a fêmea, de toda a vida animal, são atraídos um pelo outro para assegurar a continuidade da vida. A dualidade está contida dentro da unidade absoluta. Eis o significado do número dois. Todo ser humano experimenta essa dualidade já que o mundo natural reflete isso com a divisão em macho e fêmea de toda vida orgânica. Contudo, essa divisão deve encontrar conciliação, como fizeram Hórus e Seth. Essa conciliação é representada no número três.

O número três representa a relação e a conciliação entre a causa absoluta (um) e a dualidade (dois) que ela cria de si mesma. Existe meramente em um plano espiritual. Com esse decreto filosófico existe uma inegável associação entre causa e dualidade. Podemos entender isso como o que poderíamos chamar de "efeito". Esforçamo-nos a valer para afetar pessoas e acontecimentos, muitos de nós por meio de preces ou pensamento positivo quando as ações diretas não são ou não podem ser bem-sucedidas. Alguns usam medalhas como a cruz de São Cristóvão para obter o que acreditam ser proteção ou segurança durante suas viagens. Os antigos egípcios comportavam-se do mesmo modo. Em vez de chamar de prece ou pensamento positivo, eles chamavam a isso de magia. Em vez de usar medalhas, usavam amuletos para obter proteção ou para se tornarem completos. Eles também lançavam feitiços ou recitavam encantamentos para ajudar os mortos em seu caminho para o além. A magia dos antigos egípcios era baseada na relação e conciliação entre nossa causa e nossa dualidade.

O número quatro, representando a ideia do mundo material, era recorrente no simbolismo egípcio – as quatro regiões do céu, os quatro filhos homens de Hórus, os quatro filhos de Geb, os quatro canopos nos quais os órgãos dos mortos eram depositados no funeral. Segundo o mito egípcio, Geb se casou com sua irmã Nut, a deusa do céu, sem a permissão do poderoso deus sol, Rá. Rá ficou tão zangado com Nut e Geb que forçou o pai deles, Shu, o neter do ar, a separá-los: por isso a terra é separada do céu. Além disso, Rá proibiu que Nut tivesse filhos em qualquer mês do ano. Felizmente, Toth, o divino escriba, decidiu ajudar e induziu a Lua a jogar damas com ele, sendo que o prêmio era a luz da Lua. Toth ganhou tanta luz que a lua foi obrigada a acrescentar cinco novos dias ao calendário oficial. E Nut e Geb tiveram quatro filhos:

> Osíris: deus dos mortos, também conhecido como o mundo subterrâneo.
> Seth: deus do caos, da confusão, das tempestades, do vento, do deserto e das terras estrangeiras.
> Ísis: esposa e mãe amorosa, também era uma grande feiticeira.
> Néftis ou Nebt-het: a "amante da casa", sendo que "casa" se refere à porção do céu que era a morada do deus Sol.

O entendimento do número cinco, ou vida, pelos egípcios, pode ser visto no conceito do homem consciente, unido com o Absoluto e alcançando unidade com a Causa (Deus). Ele se tornaria uma estrela, e "se tornaria um na companhia de Rá".[17] Nos hieróglifos, o símbolo para estrela era desenhado com cinco pontas. Visto como sagrado em diversas culturas, o pentagrama e o pentágono também refletem o valor místico do cinco.

Schwaller de Lubicz descobriu que as proporções do santuário interno do Templo de Amun-Mut-Khonsu (originalmente construído por Amenófis III, da décima oitava dinastia) eram derivadas da raiz quadrada de cinco. Ele também descobriu que as proporções de certas câmaras eram ordenadas pelo hexágono produzido de um pentágono.

Os egípcios escolheram simbolizar os fenômenos temporais e espaciais com o número seis, o número do mundo material, do tempo e do espaço. O seis representa as divisões básicas temporais, como as 24 horas do dia, os trinta dias do mês, e os doze meses do ano, todos múltiplos de seis. O seis também é visto no cubo egípcio, o símbolo de volume, com suas seis direções de extensão (para cima, para baixo, para a frente, para trás, para a esquerda, para a direita). O faraó assentava-se em seu trono, que era um cubo, onde o homem é colocado inequivocamente na existência material. Segundo Schwaller, as dimensões de certos corredores no Templo de Luxor eram determinadas pela geração geométrica do hexágono a partir do pentágono, uma expressão simbólica da materialização da matéria a partir do ato espiritual criativo.

O número sete, significando a união entre o espírito e a matéria, é expresso na pirâmide, que é uma combinação da base quadrada – simbolizando os quatro elementos – e os lados triangulares – simbolizando os três modos de espírito. Não é apenas simbólica, mas também matematicamente prática. A importância mística do sete também é prevalecente em outras culturas do antigo Oriente.

O xamã da Ásia central acreditava que a "árvore cósmica" tinha sete ramos e que também havia sete céus planetários. Era um conceito em que o xamã, em sua busca ritualista, subiria ao céu ao longo do eixo do mundo. Segundo Mircea Eliade, em *Shamanism: Archaic Technigues of Ecstasy*, a árvore cósmica é uma ideia arcaica e universal. O mito do arco-íris, com suas sete cores, sendo a estrada dos deuses e a ponte entre o céu e a terra, existia tanto nas crenças religiosas da Mesopotâmia quanto na tradição japonesa. As sete cores do arco-íris também foram incorporadas na ideia e no simbolismo dos sete céus. Tradições como essas são encontradas na Índia e na Mesopotâmia, e também no judaísmo. O simbolismo do arco-íris circundando o trono do ser supremo persistiu até o Renascimento, na arte da era cristã.

Durante o Médio Império, o número oito era retratado na Ogdóada – oito entidades que formam outra variação da mitologia egípcia da criação. Embora esses seres fossem adorados principalmente em Heliópolis, aspectos da criação eram combinados com alguns mitos. Cada entidade ou aspecto é um membro de um par masculino/feminino (ou marido/mulher), e cada par representa um aspecto do caos primordial do qual o mundo físico foi criado.

Nun e Naunet representam as águas primordiais; Kuk e Kauket, a escuridão infinita; Hu e Hauhet, o espaço vazio; e Amum e Amaunet, os poderes secretos da criação. Os deuses eram normalmente representados como homens com cabeças de cobras, e as deusas como mulheres com cabeças de rãs. Eles construíram uma ilha no vasto vazio em que o ovo "cósmico" foi colocado. Desse ovo veio Atum, o deus sol, que iniciou o processo de criação do mundo, que corresponde ao mundo físico como a humanidade o experimenta.

Às vezes, a Ogdóada era representada como babuínos anunciando o primeiro nascer do sol, mostrando sete dos deuses da Ogdóada e Hórus, o falcão representando o deus Sol Ra-Harakhty. O lugar referido como "ilha da chama" viu o nascimento do deus Sol e também era chamado de Khemenu, ou Cidade dos Oito. Os gregos a chamavam de Hermópolis.

"Transformação" e o número nove

Para os antigos egípcios, o maior mistério de todos era a "transformação" do Criador de Não visto para Visto, o Um que se manifesta como muitos. Essa transformação foi revelada através de sucessivos estágios: Atum (ou Rá) em Heliópolis, Ptah em Mênfis, Toth em Hermópolis e Amun em Tebas. Segundo o Papiro de Qenna do Museu de Leyden, escrito durante a décima oitava dinastia:

> Os deuses ao todo são três: Amun, Rá e Ptah, que não têm iguais. Aquele cuja natureza [literalmente, "cujo nome"] é misterioso, sendo Amun; Rá é a cabeça, Ptah o corpo. Suas cidades na terra, estabelecidas para sempre são: Tebas, Heliópolis e Mênfis [estáveis] para sempre. Quando uma mensagem vem do céu, é ouvida em Heliópolis, repetida em Mênfis para Ptah, e transformada em carta escrita com as letras de Toth [em Hermópolis] para a cidade de Amun [Tebas].[18]

Essa ideia de uma mensagem representa o progresso da "transformação" de Céu para Terra. Porque Heliópolis era considerada o "ouvido do coração", foi lá que a mensagem foi ouvida.[19] Nos textos esotéricos, como o Sol era tido como o coração do sistema solar, então Heliópolis era o coração do Egito, a cidade do Sol. O nome Heliópolis, como é usado nos textos funerários, significa "a origem absoluta das coisas",[20] o que não quer dizer que isso se referia estritamente à cidade física de mesmo nome. Quando se diz em textos egípcios: "vim de Heliópolis" ou "vou para Heliópolis", significa que "eu procedo do início" ou "estou retornando para a Fonte".

Segundo os ensinamentos em Heliópolis, o Um que iniciou a "transformação" é Atum, cujo nome significa "tudo" e "nada" e representa o potencial de criação imanifesto. Atum é "um" com Nun, que é o oceano cósmico e indefinível. O primeiro ato de Atum foi se distinguir de Nun, conforme é descrito na mitologia egípcia. Assim que Atum (o Todo ou Absoluto) tomou consciência de si, emergiu de Nun como a colina primordial e criou Shu, o princípio de espaço e ar, e Tefnut, o princípio do fogo, que, segundo os textos da Pirâmide de Saqqara, ele cuspiu para a existência (os textos da Pirâmide de

Saqqara são um conjunto de hieróglifos, datando da quinta e da sexta dinastias do Antigo Império, aproximadamente 2350 a 2175 AEC, e que foram inscritos nas paredes das pirâmides, embora se acredite que tenham sido compostos muito antes, por volta de 3000 AEC).

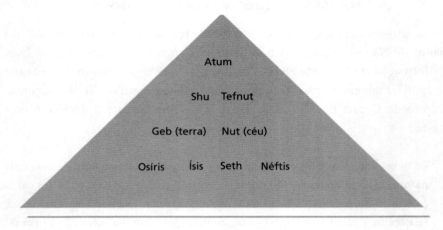

FIGURA 10.1. A GRANDE ENÉADE

Em outra versão, mencionada anteriormente, Atum reproduziu-se sozinho, masturbando-se, e criou Shu e Tefnut. Em uma terceira versão, ele se autocriou projetando o seu coração,[21] formando os oito princípios primários conhecidos como a Grande Enéade de Heliópolis. A Grande Enéade era composta pelos nove grandes deuses osirianos: Atum, Shu, Tefnut, Geb, Nut, Osíris, Ísis, Seth, e Néftis. O termo também é usado para descrever o grande conselho de deuses e também como uma designação coletiva para todos os deuses. Osíris, Ísis, Seth e Néftis representam a natureza cíclica da vida, morte e renascimento, sendo que nada disso é dissociado de Atum, segundo os Textos da Pirâmide.

Atum representa a "Causa" inescrutável. Pode ser pensado em termos do conceito ocidental de deus. A partir dele tudo foi criado. Está no topo da Enéade. Dele, todos os demais princípios do universo emanam. De Atum nasceram Shu (ar/vento) e Tefnut (água/umidade), os elementos mais importantes para a vida, representando o estabelecimento da ordem social. Shu apresenta o princípio da Vida e Tefnut, o princípio da ordem. De Shu e Tefnut, foram criados Geb e Nut, terra e céu. De Geb nasceu o Sol. Quando Nut e Geb encontraram Tefnut, ocorreu a escuridão. De Nut e Geb nasceram Osíris, Ísis, Seth e Néftis.

Ao aplicar os quatro princípios (unidade, dualidade, conciliação e o conceito de matéria), Osíris representa encarnação e reencarnação, vida e morte, que é renovação. Ísis é o aspecto feminino de Osíris. Seth é o princípio de oposição, ou antagonismo, e Néftis, o aspecto feminino de Seth.

Esses acontecimentos da criação têm lugar fora dos limites do tempo terreno, além da esfera temporal. Ocorrem no céu, não na terra. De acordo com Schwaller, esses mistérios não são para serem entendidos pelos processos de raciocínio da inteligência mental.[22] É um mistério esotérico que não é compreendido pela mente racional e só pode ser percebido pelo que os simbolistas chamam de "inteligência do coração". Trata-se, de fato, do mistério primordial de deus e sua criação, Atum, que se tornou um, dois, e assim por diante até chegar a oito.

> Eu sou Um que se transforma em Dois
> Eu sou Dois que se transforma em Quatro
> Eu sou Quatro que se transforma em Oito
> Depois disso eu sou Um
>   – sarcófago de Pentamon, Museu do Cairo, [artefato] nº 1160[23]

Essa manifestação ou proliferação de um em muitos, que ocorreu em Heliópolis, é o princípio abstrato da criação. Em Mênfis, Ptah leva mais longe essa abstração e traz para a Terra fogo do céu. Em Hermópolis, o fogo divino começa a interagir com o mundo terreno. Em Tebas, a reiteração desses três processos é combinada em um, representado pela tríade de Amun.

Segundo John Anthony West, em *Serpent in the Sky*, a Grande Enéade emana do Absoluto, ou "fogo central". Os nove neteru (princípios) são contidos pelo Um (o Absoluto), que se torna tanto um e dez, e é a simbólica semelhança da unidade original. A Grande Enéade é a repetição e um retorno à fonte, que é vista na mitologia egípcia como Hórus, o divino filho que vinga o assassinato e desmembramento do seu pai, Osíris.

Os egípcios propugnavam uma filosofia holística, natural, que descrevia a criação do homem não como um ser lançado num mundo perigoso e violento, mas como a encarnação do divino num sentido espiritual. O homem *era* o Cosmos e o papel do indivíduo era perceber isso, para alcançar a eternidade. Pitágoras compreendeu essa filosofia e descreveu-a de maneira muito coerente em seus escritos e ensinamentos. Os egípcios falavam disso na forma de mitos que encerravam uma verdade esotérica.

O dez e a tetraktis sagrada

Para Pitágoras, o número mais importante de todos era o dez, constituído da soma de um, dois, três e quatro. Isso é expresso geometricamente como um triângulo referido como "*tetraktis* sagrada". A *tetraktis*, também conhecida como *década*, é uma figura triangular que consiste de dez pontos distribuídos em quatro fileiras: um, dois, três e quatro pontos em cada uma.

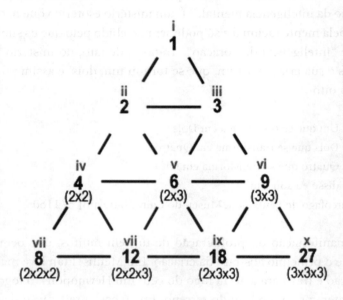

Figura 10.2. Tetraktis
(cortesia de John Opsopaus)

Os pitagóricos acreditam que as maravilhosas propriedades da *tetraktis* são a fonte e a raiz da natureza eterna. Em essência, é a expressão da realidade metafísica e o "mundo ideal" de Platão. O juramento pitagórico inclui uma referência à *tetraktis*; eles juram por "ele que deu à nossa família a *Tetraktis*, que contém a Fonte e a Raiz da Natureza eterna".[24] De acordo com West, a *tetraktis* grega pode ser vista como a Grande Enéade egípcia manifesta e demitologizada. Embora não seja necessariamente um avanço em relação ao conceito egípcio da Enéade, a *tetraktis* grega é uma forma de tentar entender os diversos significados por trás da Enéade.

A forma triangular da *tetraktis* representa a progressão aritmética da criação do abstrato e absoluto ao concreto e diferenciado. O lado esquerdo do triângulo (1, 2, 4 e 8) simboliza o movimento da vida a partir da unidade absoluta. O lado direito (27, 9, 3 e 1) representa a elevação da consciência e o retorno à unidade absoluta. Em essência, é a descrição de tudo (o universo) surgindo do nada. Antes de qualquer coisa existir havia o um, um ponto geométrico, uma existência adimensional. Quando o ponto se moveu, uma reta foi criada e o adimensional se tornou unidimensional. Quando a reta se moveu, um plano (ou superfície) emergiu e, então, existiam duas dimensões. Quando a superfície se moveu, um sólido emergiu e com ele uma realidade tridimensional. Por essa razão, representado na *tetraktis* estão quatro planos da existência, do adimensional ao tridimensional.

Platão trabalhou em cima das primeiras interpretações da *tetraktis*. Ele acreditava que os objetos do mundo natural eram parte de uma realidade maior que incluía um mundo abstrato, ao que ele se referia como "Forma" (no pensamento moderno, essa forma seria o mesmo que uma ideia). A natureza de um objeto não era seu formato ou a matéria da qual era constituído, mas sua essência – sua verdadeira Forma. Para Platão, essas formas eram o conhecimento que existe fora da mente humana.

Interpretando a *tetraktis* segundo sua teoria da Forma, os planos dois ao quatro representam níveis da existência. O segundo plano representa a existência absoluta de formas no qual as ideias são divinas e eternas, no qual o "ser" acontece. O quarto plano representa a manifestação física das formas, no qual uma forma se torna uma coisa, e era referido como o "âmbito do tornar-se". O terceiro plano é um intermediário ou "estado entre" os planos dois e quatro. O plano três é onde as almas existem, misturando, assim, estados de abstração com o mundo concreto. Entretanto, o plano um, a fonte de tudo, é indescritível. Esse nível da realidade é a base da progressão do abstrato para o concreto.

Embora a *Tetraktis* Sagrada seja claramente uma elucidação de Pitágoras, não é exclusivamente um conceito pitagórico. Como o mais sábio entre os antigos sábios, Pitágoras, segundo várias histórias, viajou o mundo à procura de sabedoria. Depois de aprender tudo que podia dos sábios gregos, foi ao Egito, por volta de 535 AEC, com uma carta de apresentação de Polícrates, o tirano de Samos. De acordo com o neoplatônico Porfírio, do século II, foi negada continuamente a Pitágoras admissão nos "Mistérios de Ísis", o currículo de ensinamentos elevados para sacerdotes e nobres. Entretanto, um sacerdote em Tebas finalmente aceitou Pitágoras e ele completou os ritos necessários.

Recentemente, houve considerável pesquisa histórica sobre a relação entre os gregos e os egípcios durante o primeiro milênio AEC. Em sua monumental obra *Black Athena*, vol. 1 (1987), Martin Bernal apresenta a história de como os acadêmicos ocidentais forjaram para a Grécia o papel de progenitora da civilização. No volume 2, ele descreve as evidências arqueológicas e documentais mostrando que a verdadeira fonte do conhecimento e civilização foi o Egito Antigo. Embora nem todos os eruditos concordem com sua tese, está claro que existiu de fato uma relação e que os antigos egípcios exerceram influência durante a construção do estado grego.

O simbolismo da serpente

A filosofia e a mitologia egípcias explicavam os mundos físico e espiritual mediante um sistema de números e da matemática. Seu ensinamento era esotérico, reservado aos nobres e aos instruídos, ainda que chegasse ao homem comum disfarçado de mitologia. Uma interpretação simbolista da mitologia egípcia explica seus conceitos filosóficos sofisticados de maneira convincente. Mesmo hoje em dia, certos símbolos sobreviveram e permanecem como ícones de expressão religiosa, particularmente a serpente e a pomba (ou pássaro) – símbolos cristãos das forças do bem e do mal.

Curiosamente, mais de 2 mil anos antes do cristianismo, a coroa do faraó expressava esses dois símbolos. Ela ostentava uma cobra, em atitude de ataque, e um abutre. Era o símbolo máximo de poder no Egito Antigo. Um dos títulos do faraó era "senhor da coroa do abutre e da serpente". Era um símbolo do homem divino, que consistia na reunião da serpente (representando a inteligência divina) e o abutre (representando a conciliação). Segundo John Anthony West, um pensamento paralelo está por trás da união da cobra e do abutre na coroa real usada pelo faraó, que seria a representação da união do Alto e do baixo Egito. Ela, ao mesmo tempo, simboliza a triunfal união das faculdades de discernimento e assimilação, que é a marca do homem aperfeiçoado, da realeza.

A serpente representa o intelecto, a faculdade pela qual o homem pode quebrar o todo em suas partes constituintes, da mesma maneira que a serpente que engole a presa inteira e então a parte em pedaços mais razoáveis para poder digeri-la. O homem divino deve ser capaz tanto de distinguir como de conciliar. Uma vez que esses dois poderes residem no cérebro humano, a forma do corpo de serpente na coroa segue a fisiologia do cérebro. Essa função dual do cérebro é vívida em seus dois lados. A parte da coroa colocada no meio da testa representa o "terceiro olho" e suas faculdades intelectuais.[25]

Os egípcios escolheram a cobra como representação da autoridade porque seu poder em si é dual em sua expressão. A serpente, que parece ser uma unidade é, na verdade, dual em sua expressão. É verbal e sexual, dual e dividida por natureza. É simultaneamente criativa e destrutiva no sentido que a multiplicidade é criada da unidade, e que a criação representa a destruição da perfeição do Absoluto. Uma vez que a serpente possui tanto uma língua bifurcada e um pênis duplo, a inteligência da escolha é óbvia. Neheb Kau, que significa provedor de formas e atributos, era o nome dado à cobra que representava a serpente primordial. Neheb Kau é representado como uma serpente de duas cabeças, indicativa da natureza espiral dual do universo.

Entretanto, dualidade e intelecto não são apenas função humana, são também cósmica. Existe um intelecto mais alto e um mais baixo. A serpente representa tanto o baixo como o alto. O alto intelecto permite ao homem conhecer Deus, e é representado pela serpente celestial, a "serpente no céu" – geralmente representada pelos egípcios como um homem cavalgando o dorso de uma serpente em direção às estrelas. A serpente alada também era um símbolo comum entre as primeiras civilizações.

Entretanto, a dualidade sem controle resulta em caos, e nada mais é do que destruição. Adquirir conhecimento sem dar o próximo passo e produzir algo novo é, como West coloca, parodiar Deus. Nesse sentido, a serpente representava as forças caóticas e destrutivas inerentes ao cosmos. Em geral, todos os animais eram designados por um só nome, com exceção da serpente, com seu papel de "separadora" ou obstrutiva das obras de Rá, ou o Absoluto. Na mitologia egípcia, a serpente era aviltada sob diversos nomes, possivelmente para qualificar um tipo específico de obstrução ou negação. O conceito original de "dualidade sem controle", ou "caos", um aspecto do universo, mais tarde, por meio da tradição cristã, veio a ser conhecido simplesmente como mal – com relação às pessoas que não estão reconciliadas com Deus. É por isso que a serpente é vista como a personificação do mal.

Segundo West, o símbolo da serpente tem outro significado mais científico. Energia, substância da qual toda matéria é formada, é na verdade outro nome para a "consciência desespiritualizada. Consciência é o impulso criativo para a energia, e, portanto, para toda matéria existir. Assim, por meio da energia, o espiritual é tornado físico".[26]

Energia é vibração, ou o movimento entre os polos negativo e positivo, e é exemplificada pela senoide. A senoide é única no que ela representa a energia inteiramente concentrada numa única frequência (o número de ciclos completos por segundo), e é um movimento de onda produzido por simples movimento harmônico. Uma senoide pode ser construída mecanicamente ao se deslocar um ponto em torno de um círculo. No lado esquerdo do círculo um raio é traçado a partir do centro até o ponto no círculo. Desloque o ponto para cima do círculo até uma certa distância, e trace um raio até ele. A altura do segundo ponto sobre o raio original é o seno do ângulo formado por ambos os raios. Se o círculo gira a uma taxa constante, a representação gráfica da altura do ponto *versus* o tempo resulta numa senoide, e é expressa como uma fração do raio, e deve recair entre 1 e −1.

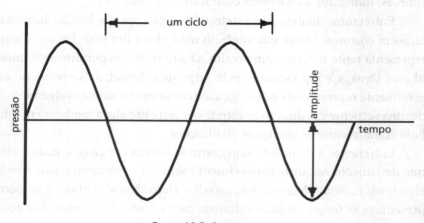

Figura 10.3. Senoide

A senoide também se aplica à corrente alternada em eletricidade, pois ela está em constante movimento do negativo para o positivo e depois novamente para o negativo, causando uma onda análoga de picos e baixas de voltagem. Contudo, ondas de som e luz também são criadas simplesmente pela vibração. Ironicamente, esse simples movimento entre polos opostos é a base para nossa realidade física em nível quântico.

Segundo West, as antigas civilizações representavam a vibração (energia) como uma cobra, que se move pelo solo ou na água. Seu movimento, como se sabe, produz um "S" – uma senoide, no final das contas. A cobra, então, é um símbolo perfeito e universal para representar o ato de a unidade se transformar em dualidade, que é a base cosmológica para todos os sistemas filosóficos válidos. Além disso, essas vibrações são os meios pelos quais as artes são transmitidas para nós por meio das nossas faculdades emocionais. É óbvio no caso da música, com a qual somos familiarizados – as ondas sonoras orquestradas pelo volume, pela intensidade e pelo tom. O som produz um efeito emocional que varia conforme a música.

A arquitetura tem um efeito similar, ao que alguns se referem como "música congelada". A arte da música e a arte da arquitetura são similares de muitas maneiras. Ambas contêm a ideia das proporções, dos compassos, do ritmo e da criatividade para combinar notas ou ideias estruturais, aspectos que podem ser vistos sob o mesmo ponto de vista.

West acredita que essa analogia não é meramente poética ou metafórica, mas que corresponde, de fato, à verdade.

> Um grande templo, ou mesmo um shopping, comunica seu significado ou a falta dele, conforme o caso, inteiramente por meio da vibração. Temos a tendência de não pensarmos nisso desse modo, pois se trata de uma vibração visual; é claro que a cor se manifesta para nós como uma vibração visual. Admitimos isso e estamos acostumados a percebê-la dessa maneira, mas não pensamos na arquitetura do mesmo jeito. Como vibração ela pode ser estática, mas ainda assim é, de fato, vibração e se comunica exatamente, ou de modo análogo, pelo menos, como a música, por meio da harmonia, da proporção, da medida e da geometria, que é a interação dos números.[27]

Um legado de conhecimento

No cerne da filosofia holística dos egípcios encontra-se o papel do homem no universo, suas origens e a natureza da consciência – um tema sofisticado e complexo mesmo para os padrões de hoje, e ainda o maior mistério de todos. A teoria geralmente aceita para a formação do universo físico diz que toda matéria resultou de uma grande explosão [o *big-bang*] cósmica. De modo inequívoco, isso constitui um paradoxo, no qual algo é criado do nada. Todos os físicos entendem que a matéria nada mais é do que a energia configurada ou "moldada", ainda que a energia permaneça sem definição. É simplesmente movimento, mas movimento do "quê"? Por ora, essa questão não pode ser respondida – e talvez jamais seja.

Os antigos egípcios aparentemente entendiam as implicações dessa adivinhação e percebiam o papel da humanidade em tal nível de sofisticação que rivaliza com a moderna mistura do que há de melhor em termos de ciência, filosofia e teologia. Eles encaravam tanto a humanidade quanto a natureza como o último ato de uma consciência suprema, sua manifestação de metafísica para física. Enquanto os modernos físicos se esforçam para explicar o universo físico por meio da matemática, os antigos egípcios misturavam números e filosofia para fazer o mesmo. De acordo com John Anthony West, "é possível dizer que o Egito encarava todo o universo como um gigantesco passe de mágica, a transformação da consciência num mundo material".[28] Mesmo hoje em dia, cientistas notáveis, como o astronauta da Apollo e físico Edgar Mitchell, o físico Stuart Hameroff e o biólogo evolucionário Bruce Lipton, dão duro para tentar desvendar os mistérios da consciência humana.

Mais de 5 mil anos atrás, o Egito atribuiu ao mítico Tehuti (Toth) a invenção da escrita e a revelação ao povo de todos os conhecimentos acerca da astronomia, da arquitetura, da geometria, da medicina e da religião.[29] Ele foi venerado como o deus da sabedoria e como o mensageiro divino que colocou por escrito a natureza do universo físico. Embora nunca canonizados pelos egípcios, os escritos atribuídos a ele se tornaram parte integral da tradição esotérica que foi descrita pela arte nos templos e pela arquitetura e ensinada pelos sacerdotes aos iniciados. Mais tarde, com a Grécia emergindo como uma potência "mundial", esse conhecimento foi aceito pela *intelligentsia* como sabedoria ancestral, e seu lendário autor recebeu o nome de Hermes Trimegisto (Hermes três vezes grande). Já no século III, com a civilização greco-egípcia de Alexandria, um conjunto de tratados gregos foi reunido para formar o que é conhecido como *Corpus Hermeticum*, ou simplesmente Hermetismo. Embora os estudiosos discutam sua origem egípcia, o historiador grego Heródoto (484–432 AEC) é claro sobre a antiguidade e originalidade das ideias espirituais egípcias:

> Os egípcios são religiosos ao extremo, mais do que qualquer outra nação do mundo [...] São meticulosos em tudo o que diz respeito à religião [...] Foi apenas, se é que posso me expressar assim, anteontem que os gregos vieram a conhecer a origem e a forma de vários deuses [...] Os nomes de todos os deuses são conhecidos no Egito desde o início dos tempos.[30]

Os gregos, que o mundo ocidental tem como fonte da moderna sociedade, derivaram a palavra deles para natureza da palavra egípcia *neter*, reconhecendo o antigo ensinamento egípcio de que não há separação entre a natureza e o divino.

Em 1952, o renomado egiptólogo e professor de línguas semíticas, Samuel Mercer (1879–1969) compôs a primeira tradução completa dos Textos das Pirâmides de Saqqara. Embora haja dificuldades na datação das inscrições em si, elas levantaram muita especulação a respeito de sua origem. Elas parecem ter surgido como uma coleção completamente formada de textos fúnebres sem precedentes nos registros arqueológicos. Já que os textos são compostos de frases distintas, sem qualquer sequência narrativa rígida que as una, os estudiosos acreditam que não foram compostos especificamente com o propósito de serem inscritos nas pirâmides, mas sim que tinham utilidade anterior. O que está claro é que esses hieróglifos de 4.300 anos contêm doutrinas idênticas às apresentadas pelo Hermetismo, das quais a essência é a consciência como a verdadeira natureza do homem.[31]

De acordo com os ensinamentos herméticos, o mundo físico é temporal, e cada pessoa, mediante sua consciência, tem a capacidade de alcançar a imortalidade por meio do conhecimento do divino. O tema subjacente dos ensinamentos é a crença de que o que está acima encontra paralelo naquilo que está embaixo. Em outras palavras, o que antes existe no espiritual, mais tarde se manifesta no físico. Assim, o espiritual e o material estão interligados e devem ser buscados juntos. É uma filosofia que é pura e simples, sem a sobrecarga de rituais e do pensamento dogmático.

Na obra de Michael Maier, *Symbola aureae mensae duodecim nationum* (The Symbols of the Golden Table of the Twelve Nations), publicado em Frankfurt, Alemanha, em 1617, Hermes é representado no que se acreditava serem as vestes de um sacerdote egípcio (veja figura 10.4). Ele segura um globo terrestre em sua mão direita enquanto gesticula com a esquerda apontando o Sol e a Lua unidos pelo fogo, uma alusão à Tábua Esmeralda. Um dos documentos-chave da alquimia (uma ciência antiga e sagrada, precursora da química), a Tábua Esmeralda era tida em alta conta pelo pai da física moderna, *sir* Isaac Newton. Uma redescoberta do Hermetismo durante o século XV ajudou a inspirar o Renascimento e o impulso em direção à ciência moderna. Os que reconheceram um débito de gratidão para com ela formam uma espécie de lista "quem é quem" entre as mentes mais brilhantes da civilização ocidental, que inclui Leonardo da Vinci, Nicolau Copérnico, Roger Bacon e *sir* Walter Raleigh.

A despeito da incrível tecnologia e da riqueza de conhecimento que acumulamos no século XXI, não nos saímos melhor do que as lições ensinadas no Hermetismo e nas antigas escolas de mistérios do Egito quando se trata de explicar por que estamos aqui. Embora gerem controvérsias, as modernas pesquisas científicas sobre a natureza do universo físico, em particular a física quântica, sugerem que as antigas ideias têm seu mérito, apesar da aversão natural que a *intelligentsia* científica tem das matérias metafísicas. Parece também que o "Cosmos do Homem" dos egípcios é, provavelmente, a fonte dos ensinamentos religiosos e filosóficos que são familiares ao mundo moderno.

Um ensinamento dessa tradição esotérica antiga é que a história humana é cíclica. Civilização, consciência, entendimento e capacidade técnica alcançaram notáveis alturas no passado e, então, despencaram no barbarismo repetidas vezes. De acordo com esse antigo ponto de vista da história, um vasto acúmulo de conhecimento e capacidade era dominado em épocas anteriores. Os egípcios herdaram um legado de conhecimento e tecnologia que foi a fonte de conquistas poderosas e inexplicáveis, como as pirâmides de Gizé. Mesmo para os padrões atuais, elas parecem milagres da construção.

Os simbolistas reconheceram que a cultura egípcia parece ter começado do auge e, então, gradualmente entraram em declínio ao longo de sua história de 3 mil anos. Está claro que o Egito, com sua longevidade e também sua capacidade técnica, foi uma civilização que não encontrou paralelo em nenhuma outra nação desde então, e nos deixou mais perguntas do que respostas. Como é possível que a cultura egípcia surja aparentemente completa no começo de sua civilização? De onde veio seu conhecimento? Onde eles aprenderam sua ciência?

Embora seja concebível que os egípcios tenham desenvolvido suas técnicas de construção durante um longo período até a primeira dinastia, segundo a lenda, os "seguidores de Hórus" governaram o Egito antes da primeira dinastia, e antes deles houve reis que eram referidos simplesmente como "os deuses". Tradicionalmente, esses reis pré-dinásticos foram vistos como mitológicos, mas nem todos os estudiosos e pesquisadores pensam assim. Existem evidências que sustentam a teoria de que os mesopotâmios migraram para o Egito, ou, talvez, o invadiram, antes do terceiro milênio AEC. No Deserto Oriental do Egito, petróglifos nos falam de um povo que chegou à região em barcos de proa alta, diferente das embarcações de papiro usadas pelas comunidades pré-dinásticas que viviam ao longo do Nilo. Além dessas pedras gravadas, foram achadas estatuetas da "Deusa-Mãe" e também um falcão, o símbolo de Hórus, um dos deuses mais famosos do Egito.

Pelos padrões modernos, a descrição dos primeiros reis egípcios como deuses certamente indica o papel de mito em sua história. Entretanto, no contexto das antigas crenças egípcias, existe uma explicação plausível. De acordo com a visão hermética, os homens podiam ser considerados deuses. Quando a tradição hermética se referia a homens como deuses, não estava falando de governantes egocêntricos que acreditassem estar em pé de igualdade com o Deus absoluto, ou de Deus encarnado em um único indivíduo. Em vez disso, essa tradição se referiria a alguém como um "deus" se ele fosse espiritualmente iluminado e se trabalhasse pela causa do bem.

FIGURA 10.4. Hermes, representado como um sacerdote egípcio
(de *Symbola Aureæ Mensæ Duodecim Nationum*, de Michael Maier)

Aqueles que compartilham esse ponto de vista acreditam que onde quer que exista vida, existe também alma – o princípio motriz e fundamental da vida, imbuído com as faculdades do pensamento, da ação e da emoção. Nos animais irracionais, a alma é desprovida de uma consciência superior. As almas humanas que não atingiram uma consciência superior (espiritualidade) com a qual se orientar na vida são afetadas pelos instintos da mesma maneira que as almas dos animais. Existem irracionalmente, movidas pelos apetites e desejos, o que leva à irracionalidade. E como animais desprovidos de razão, nunca saciam sua raiva e desejo, e nunca têm o bastante do mal (os prazeres instintivos de suas funções físicas).

Uma consciência elevada provém da essência de Deus, e nos humanos esse estado de existência pode ser considerado uma manifestação de deus por meio da reconciliação espiritual. Descrever uma pessoa nesse estado de existência é chamá-la de deus. Então, entre os seres humanos, aqueles que alcançam tal espiritualidade são deuses. E sua humanidade se aproxima do divino. Desse modo, pode-se dizer que os deuses são humanos imortais, e que os humanos são deuses mortais.[32]

Sectários das religiões modernas e ortodoxas tendem a receber essas afirmações como blasfêmias, mas essa não é a intenção. Aquele que está sendo descrito como um deus humano é alguém que "renasceu" ou "renasceu no espírito" – para tomarmos emprestadas expressões da tradição cristã – ou quem "atingiu a iluminação", "alcançou a transcendência", "despertou" ou se "tornou um com o todo" – para usar termos mais orientais e místicos. Nos termos de Schwaller, a ideia do ser humano como deus se refere àqueles indivíduos que se deram conta de que dentro deles, dentro de sua consciência, existe o cosmos, e que eles, junto com todos os outros que também perceberam isso, são a expressão física do próprio Deus absoluto repartindo Sua Consciência.

À luz dessa espiritualidade ancestral redescoberta e da visão simbolista da cultura egípcia, é difícil aceitar que uma cultura tribal e pastoril se transformou numa nação de tamanha sofisticação e esplendor num tempo tão curto. Será que o Egito pré-histórico foi comandado por governantes iluminados? A resposta pode estar nas tradições orais dos próprios egípcios.

CAPÍTULO 11

BU WIZZER
A terra dos neteru

Tradições orais existem em praticamente todas as culturas, antigas e modernas. O estudo das tradições orais não é coisa que renda notícia na mídia, nem é uma área muito destacada; entretanto, é uma disciplina acadêmica promissora, particularmente nos campos clássico e literário. O Centro de Estudos de Tradições Orais da Universidade de Missouri, Columbia, publica, desde 1986, um periódico intitulado *Oral Tradition*. Seus artigos abrangem folclore, estudos bíblicos e tradições antigas gregas, inglesas, irlandesas, espanholas, portuguesas, iugoslavas, chinesas, francesas, alemãs, africanas, afro-americanas, persas, norueguesas, italianas, galesas, romenas, maias, indianas, árabes, húngaras, finlandesas, japonesas, tibetanas, da Ásia central (Quirguiz) e do Pacífico Sul. Números especiais incluem tópicos sobre os índios americanos, os épicos da rota da seda e tradições das mulheres da Ásia meridional.

Antes do advento da escrita, a história era uma arte oral e, em certo sentido, ainda é. Considere, por exemplo, a história de um soldado raso que sobreviveu às campanhas na África do Norte, na Itália e na França durante a Segunda Guerra Mundial. Ele nunca escreveu sobre isso e nem contou a ninguém suas experiências, exceto para a esposa e os filhos, que, anos mais tarde, contam-nas para os próprios filhos. Se a história é importante de alguma maneira, provavelmente continuará passando de geração em geração. Talvez um dia um tataraneto ou tataraneta dele, emocionados pela participação que o tataravô teve na guerra, a passe para o papel.

Contar histórias faz parte da experiência humana, e nos distingue de outras formas de vida. Compartilhamos nossas memórias com os descendentes para que eles saibam de onde vieram e por quê. Pode ser que um dia alguém as julgue importante o suficiente para registrá-las por escrito. Para os egípcios, durante o reinado de Ramsés, o Grande (1314–1224 AEC), um escriba desconhecido criou uma lista de reis do Egito, até onde a memória alcançava. A lista foi escrita em onze rolos de papiro, descobertos em Deir el-Medina, na antiga Tebas, por Bernardino Drovetti, em algum momento antes de 1824. O primeiro rolo contém o nome de dez governantes que viveram antes do Egito dinástico, uma época para a qual não há registros históricos. Esses governantes eram considerados muito especiais, e eram referidos como Reis do Deus Hórus.

Com o passar dos anos, fragmentos da Pedra de Palermo (uma grande pedra entalhada com inscrições, datando de aproximadamente 2500 AEC, que detalha as práticas culturais egípcias e é considerada o livro de história mais antigo do mundo) foram sendo reunidos, e revelaram uma outra lista de reis pré-históricos. Embora os dois primeiros reis listados nos papiros de Turim não constassem das gravações na Pedra de Palermo, os outros oito sim.

TABELA 11.1. ANTIGOS REIS EGÍPCIOS

Segundo a Pedra de Palermo e a Lista de reis de Turim	
Pedra de Palermo	Papiros de Turim
–	Ptah
–	Rá
Shu	Su
Keb	Seb
Ausar	Osíris
Sht	Seth
Hwr	Hórus
Djehuti	Toth
Mch	Ma
Hwr	Hórus

De acordo com os egiptólogos, acredita-se que a Pedra de Palermo seja um documento histórico porque os nomes estão em ordem cronológica correta. Quem quer que tenha feito as inscrições na pedra teve acesso a outros documentos históricos e oficiais, que mantinham os registros desde a primeira dinastia.

Esses registros apontam para a existência de uma tradição oral que foi mantida desde 3000 AEC e durou, pelo menos, até o duodécimo século AEC. Já que não há outra civilização antiga tão grande quanto a egípcia que tenha durado 3 mil anos, é caso de se suspeitar que a tradição oral não perdeu seu lugar para a história.

De acordo com o egiptólogo independente Stephen Mehler, esse é, de fato, o caso. Em seu livro *The Land of Osiris*, Mehler esboça a tradição oral egípcia como lhe foi explicada por um "mestre" egípcio, guardião das tradições, chamado Abdel'El Hakim Awyan. Segundo Mehler, além do treinamento tradicional, Hakim recebeu uma instrução formal e é formado em arqueologia e egiptologia pela Universidade do Cairo. Embora a história egípcia segundo a tradição oral de Hakim seja uma matéria totalmente subjetiva do ponto de vista acadêmico e certamente tem seus opositores, é um relato instigante da pré-história egípcia.

Mehler descreve a história oral do Egito como "Kemetologia", um termo que se refere ao antigo nome do Egito. Os antigos símbolos egípcios para o nome de seu país correspondem às consoantes KMT, que têm sido transcritos como, Kemet, Kemit, Khemet, Khemit, Khem e Al Khem. Literalmente, significa "a terra negra", uma referência ao fértil solo negro depositado pelo rio Nilo. A tradição indígena do Egito explica que sua civilização e sua língua eram conhecidas como Souf. Segundo Hakim, os povos núbios, especialmente a tribo Matokke, falam uma língua semelhante ao antigo kemetiano.[1] A antiga população egípcia consistia de 42 tribos que, juntas, formaram o Sesh, que significa "o povo".

Al Khem, o termo que os primeiros egípcios usavam para designar o Egito, também é, segundo se acredita, a origem da palavra *alquimia*, indicando que aqueles que posteriormente criaram a palavra *alquimia*, os árabes, tinham consciência da tradição em alquimia dos antigos egípcios. Não está claro como a palavra *alquimia* derivou do Egito Antigo. De acordo com os *teosofistas* (aqueles que acreditam na unidade da vida e na busca espiritual independente), existe uma outra definição: *Al* significa "sol poderoso" e *chemi*, fogo. Entretanto, a origem mais provável da palavra *al-chemi* é a cultura árabe do século VIII. Embora o significado de *klmya* (a palavra árabe original para chemi) seja questionável, provavelmente é proveniente da Grécia Antiga. *Kemia*, em grego, pode significar duas coisas: "a terra negra" (segundo Plutarco), e nesse caso alquimia poderia ser "a ciência do Egito"; ou simplesmente "a negra", uma referência à "Matéria-Prima" alquímica, que é negra e serve como base para transmutação em vários elementos do mundo físico. *Klmya* também pode derivar do grego *khymeia*, que significa fusão. Em todo caso, parece que a alquimia, um processo de alteração da matéria para benefício da humanidade, tem suas origens no Egito Antigo.

Abdel'El Hakim Awyan, o professor egípcio de Stephen Mehler, vive no Egito e é um guardião da sabedoria de uma longa tradição oral nativa, cujos ensinamentos remontam a milhares de anos, antes da introdução da escrita. É esotérica, o que significa que só é passada para alguns privilegiados. De acordo com essa antiga tradição, a civilização kemetiana durou quase 70 mil anos, era baseada no matriarcado e centrada num antigo sistema fluvial, distante cerca de 13 km a oeste do vale do Nilo, chamado Ur Nil.

Abdel'El Hakim Awyan relata que a Esfinge foi construída há 50 mil anos, e não é masculina, e sim, feminina.[2] Segundo sua tradição oral, ele também frisa que as pirâmides, as genuínas (ou seja, aquelas que são sólidas e possuem câmaras escavadas), não eram tumbas mas estruturas para gerar, transformar e transmitir energia – uma tradição que apoia a teoria de Christopher Dunn sobre a usina de força de Gizé. As pirâmides foram construídas há mais de 10 mil anos, e não na ordem que crê a moderna egiptologia.[3]

Então, por que a história proposta por Heródoto, na qual a moderna egiptologia se baseou no início, é tão diferente? Heródoto era considerado parte de uma cultura invasora e patriarcal e, como um intruso, não lhe contaram a verdade sobre a história e a cultura egípcias. O sacerdote grego Maneton, servindo sob o patriarcal governo ptolomaico do Egito, escreveu a história egípcia baseado nas dinastias masculinas. Ele assim o fez como se esse fosse o genuíno epítome da estrutura social e da história do Egito. Foi levado a acreditar nisso pois os egípcios consideravam os gregos uns bárbaros. Como tais, os gregos não tinham uma noção verdadeira sobre sua própria história. É interessante observar que os gregos viam o Egito como fonte de todo conhecimento. A palavra filosofia [em grego: *philosophía*] é derivada de *phílos*,* que é relacionado com o termo egípcio que significa "filho da cultura egípcia".

---

* Em grego, designativo de amizade, amor, inclinação, tendência. (N. da T.)

A Esfinge

De acordo com a tradição antiga, como foi observado anteriormente, a Esfinge tem cerca de 50 mil anos. Foi escavada do solo antes de quaisquer per-neters ou per-bas (pirâmides ou templos) terem sido construídos, e representa a expressão feminina de uma combinação leão/humano. A Esfinge representa Tefnut, Sekhmet, Men-Het e Nut, que mais tarde foi chamada pelos egiptólogos de deusa-leoa. A Esfinge é identificada, em particular, com Tefnut, cuja tradução é "a úmida". Tefnut geralmente era representada como uma mulher com cabeça de leão ou uma leoa inteira. A netert Nut (uma deusa) representava o céu, a consciência feminina do espaço que existia antes da criação do mundo físico. Tefnut significa literalmente "o cuspe de Nut" e representa a primeira manifestação física. Quando Nut cuspiu na Terra, Tefnut apareceu, e, então, a Esfinge foi esculpida – a primeira estrutura erguida em Gizé.

Embora a Esfinge estivesse associada com Hator (uma deusa personificada como a vaca celestial) na época tinita, ainda assim conservava uma associação com o feminino. Foi só muito mais tarde, durante a décima oitava dinastia do Novo Império, que uma interpretação patriarcal foi imposta à Esfinge, identificando-a com o princípio masculino Hor-em-akhet, ou "Hórus no horizonte". De acordo com isso, alguns estudiosos acreditam que a Esfinge originalmente não tinha barba, que foi acrescentada posteriormente para representar um faraó homem. A antiga tradição ensina que as estruturas diante dela não eram templos, mas foram erguidas como parte do complexo da Esfinge. É possível que um rei tenha construído essas estruturas como um monumento aos descendentes em honra de sua mãe.[4]

As pirâmides

A egiptologia ortodoxa sustenta que o termo para pirâmide era MR. Entretanto, antigas fontes tradicionais afirmam que Mer (MR) significava "amado/a", e nada tinha a ver com as pirâmides. A palavra *pirâmide* é derivada das palavras gregas *pyramis* e *pyramidos*. Embora *pyramis* seja uma palavra obscura e possa se referir à forma piramidal, *pyramidos* foi traduzida como "fogo no centro",[5] um significado que remete de modo assombroso à teoria sobre a usina de força de Dunn. Segundo Abdel'El Hakim Awyan, os antigos kemetianos usavam, sem sombra de dúvida, a palavra *per-neter* para designar pirâmide.

Per significa simplesmente "casa", e *neter*, conforme vimos, significa "princípio ou atributo divino", que chamamos natureza. Então, à luz da tradição nativa, *per-neter* significa "casa da natureza" ou "casa da energia". Um templo era referido como per-ba, que significa "casa da alma"; e um túmulo era referido como per-ka, que significa "casa da projeção física". Com essa tradução em mente, é fácil perceber por que nenhum vestígio funerário foi encontrado nas pirâmides. Elas não foram construídas com esse propósito. Mehler sustenta isso enfaticamente, e afirma que o principal objetivo delas era gerar, transformar e transmitir energia. Segundo Hakim, essa versão é sustentada pelos egípcios guardiões do conhecimento indígena.

Saqqara

Como foi discutido anteriormente, acredita-se que a pirâmide escalonada de Saqqara foi a primeira pirâmide construída pelos egípcios. Começou como uma mastaba (um túmulo retangular, com o topo achatado) e, então, foi remodelada duas vezes e convertida para uma forma piramidal. Entretanto, segundo a antiga tradição kemetiana, ela era originalmente uma per-ka, um túmulo ao qual foram acrescentados degraus e que foi aumentado para parecer uma per-neter. Hakim diz que ela é, na verdade, mais recente, e não mais antiga do que as verdadeiras pirâmides, ou pe-neters. A tradição também mantém que ela tem pelo menos 6 mil anos, 1.300 anos mais antiga do que sua datação oficial como pertencente ao Antigo Império. Entretanto, a depressão que a circunda, de acordo com a tradição, foi construída há mais de 12 mil anos.[6]

Mehler examinou um elaborado sistema de túneis em Saqqara, que havia sido exposto por escavações anteriores. Os egiptólogos comentam pouco ou nada sobre esses túneis. Mark Lehner se refere às câmaras subterrâneas ou passagens sob a pirâmide de degraus como parte do culto funerário de Djoser, mas não faz menção em parte alguma à miríade de túneis.[7]

As observações de Mehler em Saqqara parecem confirmar a antiga tradição de que os túneis foram escavados como canais para a água corrente:

> Parece-nos que a água foi canalizada do oeste, a direção da antiga Ur Nil, não do atual rio que se localiza a 13 ou 16 km a leste de Saqqara. A inclinação do terreno é do oeste para o leste, e os túneis também parecem vir do oeste. Os túneis e canais que observamos situavam-se em camadas diferentes da rocha-mãe sob a superfície, passagens escavadas de paredes retangulares e lisas, que serpenteavam, ao que parece, por quilômetros sob e através do leito rochoso calcário. Essas passagens todas parecem ser obra humana, não formações naturais.[8]

O único modo de esses túneis terem sido escavados seria com a utilização de máquinas, não com cinzéis e "batedores de pedra".

Mehler conta a história da juventude de Hakim, quando ele investigou pela primeira vez os túneis de Saqqara. Durante horas ele perambulou pelos túneis, praticamente perdido. Quando, por fim, ele encontrou uma saída, estava no planalto de Gizé, cerca de 13 km de distância. Curiosamente, uma laje de concreto hoje cobre o túnel no qual ele se aventurou quando era jovem. Embora isso constitua, provavelmente, uma medida de segurança para os turistas, outras entradas para os túneis em Saqqara são protegidas por meras cercas, e algumas nem isso têm. Se os kemetianos perfuraram esses túneis para trazer água do antigo Ur Nil, a oeste, então, há mais de 10 mil anos Saqqara deve ter sido um local ativo, cheio de vida, não uma necrópole.

Em torno do pátio, fragmentos de pedra esculpida que jazem na areia do deserto são vestígios do pavimento original, em alabastro. A antiga tradição afirma que Saqqara era um local de cura. De acordo com isso, diz-se que o grande sacerdote-médico Imhotep, o último dos antigos mestres que conheciam e ensinavam a medicina, praticava nessa região.

Abusir

Foi feita uma extensão de Saqqara, em uma área chamada Abusir, um pouco mais de 3 km ao norte. Sua estrutura originalmente consistia de quatorze pirâmides, mas apenas quatro ainda estão de pé. Das quatro, a primeira que se encontra ao chegar do complexo principal de Saqqara é a pirâmide de Neferefre. Nunca foi terminada e está em péssimas condições.

Em Abusir, Mehler novamente encontrou evidências de canais de água e vestígios de antigos leitos de lagos. O Lago Abusir ainda existe, a leste do sítio, e os egiptólogos acreditam que ele foi formado devido ao rio Nilo de hoje. Contudo, a oeste do lago parece haver uma quantidade de leitos de lagos e canais de água. O atual lago deve ser tudo que restou de um sistema de lagos e canais muito mais extenso, indo do oeste para o leste, a partir do antigo Ur Nil.

No que restou de uma pirâmide atribuída ao rei Sahura, canais de calcário levam a um antigo leito de lago. A área em frente à pirâmide tinha pisos de basalto e paredes de granito, e o que parecia ser uma série de docas para barcos. Mehler também encontrou vestígios de aquedutos que vinham do leito do lago. A evidência mais reveladora é a de que a área se inclina do oeste para o leste para a água fluir naturalmente. Uma vez que o Nilo dos dias de hoje está entre 13 e 16 km ao leste, esses aquedutos também parecem ter sido construídos para uma fonte no Deserto Ocidental, como o antigo Ur Nil. Esses canais parecem passar sob a pirâmide, sugerindo que a per-neter foi construída depois dos aquedutos e canais de água.[9] Mehler propõe que o lago Abusir é o que restou de um sistema de lagos muito maior, derivado do antigo Ur Nil, o que faz com que as estruturas originais datem de mais de 10 mil anos.

Gizé

De acordo com a antiga tradição, a pirâmide do meio, no planalto de Gizé, foi construída primeiro, e não por ordem de um rei. Foi erguida no ponto mais alto do platô, que seria o local provável para se construir a primeira per-neter. Também há evidências entre os egiptólogos ortodoxos de ser esse o caso. Segundo John Baines e Jaromir Maiek, a pirâmide do meio era conhecida na Antiguidade como "a grande pirâmide" e a atual Grande Pirâmide era designada por outro título. Mehler acredita que a pirâmide do meio foi erguida no alto do monte a fim de se fundir com a terra e funcionar como um difusor sísmico, ressoando com a vibração da terra – um oscilador conjugado, como propôs Dunn em sua teoria.

Diante da pirâmide do meio está o que os egiptólogos chamam de templo mortuário, construído pelo faraó Quéfren. Entretanto, de acordo com a antiga tradição, trata-se de uma via navegável que ia da pirâmide até o lago da Esfinge. Grandes banquetas, construídas de lajes de calcário maciço, formavam a passagem por onde a água fluía. Incluía docas para barcos ao longo de sua extensão até a pirâmide. A frente das pirâmides era pavimentada com gigantescos blocos de pedra, alguns pesando mais de uma centena de toneladas, com 90 cm de comprimento. No lado leste da Grande Pirâmide, lajes de basalto cobrem o pavimento de calcário, possivelmente com a intenção de aumentar a ressonância.

Abu Rawash

Não se sabe se a pirâmide em Abu Rawash, 8 km ao norte de Gizé, não foi terminada ou teve seus blocos de pedra extraídos em época mais recente. Pouco resta dela. Estimativas calculam que sua base originalmente medisse quase 116 metros. As pedras de revestimento indicam um ângulo de 60 graus. Já que um cartucho com o nome de Djedfré foi encontrado, presumiu-se que esse faraó tenha ordenado a construção da pirâmide. Quando comparada à Grande Pirâmide, a de Abu Rawash parece bem pequena. Por que o filho, depois de se tornar rei e dispondo dos mesmos recursos, material e mão de obra que seu pai (que ergueu a Grande Pirâmide), teria escolhido construir um monumento inferior para si?

Segundo a antiga tradição, a pirâmide de Abu Rawash foi completada. A pequena elevação em que se encontra assentada foi escavada para formar o interior da pirâmide. Há evidências de que as pedras do miolo ainda estão unidas ao leito de rocha calcária da colina. Uma vez que as pedras ainda estão no lugar, a pirâmide, provavelmente, foi concluída; porém, mais tarde, foi dilapidada por causa de suas pedras externas. Mehler desceu mais de 30 metros no interior da colina e observou as paredes escavadas em seu interior, que o fizeram lembrar dos túneis que inspecionou em Gizé e Saqqara. Ele acredita que o mesmo povo que perfurou os túneis em Gizé e Saqqara escavou o interior da colina em Abu Rawash e construiu a pirâmide ali. Enquanto visitava o sítio, Mehler o encontrou:

> Praticamente deserto, e não havia lá vivalma para interferir com as investigações minhas e de Hakim. Tivemos condições de localizar as pedras de "encaixe" que marcam o traçado da pirâmide e encontrar as pedras do pavimento. Também vimos muitos vestígios de blocos de granito que indicam o antigo estilo de construção Bu Wizzer dos kemetianos.[10]

Bu Wizzer

Bu Wizzer é o que os antigos kemetianos originalmente chamavam de sua terra. *Bu* significa terra e *wizzer* é o título kemetiano correto para "deus", que os gregos nomeiam Osíris, também chamam Osar ou Ausar. Bu Wizzer também pode ser traduzido por "terra de Osíris". Era a terra entre Abu Rawash ao norte e Dahchur ao sul, limitada pelo Deserto da Líbia a oeste e Helwan a leste, e englobava Gizé, Saqqara, Dahchur, Zawiyet el Aryan, Abusir e Abu Gurab (sítio de um antigo obelisco arruinado). A antiga tradição oral afirma que foi uma das primeiras áreas Kemet assentadas, e remonta a 70000 AEC.

Houve muita especulação acerca da figura mítica de Osíris. Entretanto, segundo a antiga tradição, Wizzer (Osíris) era considerado um dos primeiros líderes Kemet. Fosse ele um mito ou um homem de verdade, tornou-se modelo para todos os reis posteriores. Ensinou ao povo a agricultura, a arquitetura em alvenaria de pedra, a engenharia, o direito, a espiritualidade, a ciência, a ética e todos os outros elementos da moderna civilização.

A civilização de Bu Wizzer é responsável pelas evidências anômalas encontradas no Egito Antigo, por toda a alvenaria de pedra que os peritos dizem ter sido feita com ferramentas e máquinas de precisão, e pelos trinta mil artefatos encontrados em Saqqara e Gizé.

A civilização de Bu Wizzer construiu a Esfinge, seu templo ciclópico e as pirâmides. Sua civilização era baseada num antigo rio a oeste, o Ur Nil, agora coberto pelas areias do deserto.

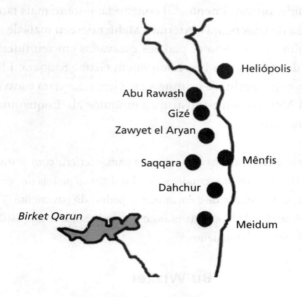

FIGURA 11.1. ÁREA GEOGRÁFICA DE BU WIZZER

O antropólogo Karl Butzer estudou extensamente os depósitos sedimentares no solo a fim de traçar a antiga história geológica da África do Norte. De acordo com as evidências, ferramentas e sítios de ocupação humana no Deserto Ocidental datam de mais de 700 mil anos atrás, durante o período de chuvas. Como já foi discutido, períodos alternados de chuva e seca castigaram a África do Norte ao longo da história. As atuais condições áridas no Deserto Ocidental não têm mais do que 6 mil anos.

Embora alguns egiptólogos e geólogos acreditem que o Nilo ocidental desapareceu há mais de 100 mil anos, há base climática para sustentar que esse rio do oeste esteve ativo mais recentemente, em particular durante um período entre 25 e 35 mil anos atrás. Atualmente, ele ainda pode ser a fonte de água para os oásis Bahariya, Farafra, Dakhia e Khârga, no Deserto Ocidental. Um agrônomo egípcio contou a Mehler que, durante os tempos pré-históricos, um rio corria nessa área e que a água subterrânea que existe no local atualmente é remanescente desse rio. O agrônomo se refere à antiga região do rio ocidental como o "antigo vale". Segundo ele, o lençol freático foi bastante abundante durante milhares de anos, e a maior fonte de água para os humanos nessa área.

A nordeste do oásis Khârga, na direção da cidade de Assut, há uma paisagem deslumbrante de vales e formações rochosas que se estende por centenas de quilômetros. Do alto, pode-se ver como um oceano ou mar e, mais tarde, o rio Ur Nil, cavaram os vales e outras formações. Para Mehler, parece o contorno de um antigo leito de rio, com muitos quilômetros de largura e centenas de quilômetros de extensão. Fotografias da NASA corroboram as observações de Mehler.

FIGURA 11.2. O VALE DO NILO VISTO DA ÓRBITA DA TERRA. REPARE NOS ANTIGOS LEITOS DE LAGOS, RIOS E AFLUENTES, ATUALMENTE PREENCHIDOS COM AREIA BRANCA, QUE CIRCUNDAM O RIO NILO E DESEMBOCAM NELE.

A Depressão de Qattara, uma grande bacia do deserto, no noroeste do Egito, parece uma enorme cratera na terra que deve ter sido um leito de lago em remotas eras. Ao pesquisar a possibilidade de água no Deserto Ocidental, Mehler descobriu um relatório de 1963 sobre um encontro internacional de geólogos.[11] O relatório afirmava que havia água subterrânea suficiente, sob o Deserto Ocidental do Egito, para abastecer todo o Oriente Médio com água potável durante anos. Isso mostra quão grande os cientistas julgavam o lençol freático, o que confirma as observações em campo.

Mehler acredita que o lençol freático sob o Deserto Ocidental é um rio em movimento, não um depósito aquífero. A água, fluindo através de passagens subterrâneas naturais, deu aos antigos kemetianos a ideia de criar suas próprias passagens, para ligá-las às naturais e levar água a pontos mais distantes a leste. Quando o clima mudou durante o final da última era glacial, e as precipitações pluviais quase desapareceram, o Ur Nil secou, permitindo a formação do Saara e do Deserto Líbio. Apenas o rio subterrâneo permaneceu. Segundo Hakim, os antigos kemetianos "seguiram a água" do oeste e a canalizaram para o leste, até o atual vale do Nilo. Numa área que vem sofrendo pela seca há milênios, e sabendo que a água é a base de toda vida, seria lógico para qualquer civilização, em qualquer época, investir muita mão de obra e material para assegurar uma fonte de água.

De acordo com antigos ensinamentos, zinco anidro e ácido clorídrico diluído não eram as fontes originais do hidrogênio usado no transformador da Grande Pirâmide; era a água.[12] Mehler apresenta a hipótese de que a água corrente, amplificada pela rocha ígnea e aquecida pela energia solar, adentrava a Grande Pirâmide na câmara subterrânea que chamam de poço. Ele argumenta que a água era decomposta por eletrólise, ou conversão catalítica, em seus componentes, oxigênio e hidrogênio. Como Dunn afirmou, o hidrogênio gasoso, energizado pela Grande Pirâmide atuando como um oscilador conjugado, poderia ser convertido em uma fonte de energia para os antigos kemetianos, e produzindo também energia eletromagnética e de micro-ondas. Com isso, Mehler cria um novo paradigma para a razão de o símbolo *asgat nefer* aparecer tão frequentemente nos sítios Bu Wizzer. Refere-se à "harmonia da água" que fornecia a principal fonte de energia utilizada pelas pirâmides.

O Osireu

Em Abidos, no sul do Egito, há um templo construído em honra de Osíris. Os egiptólogos ortodoxos afirmam que Seti I o construiu por volta de 1250 AEC.

Entretanto, de acordo com as antigas tradições, não houve um governante sequer chamado Seti; era um título ostentado por muitos reis. Mehler relata que o templo de Osíris foi construído muito antes de 1250 AEC. Dedicado a Wizzer, é um per-ba (templo) sagrado.

O Templo de Osíris é uma das estruturas mais bem conservadas em todo o Egito. Possui relevos com a pintura original ainda visível. Segundo Hakim, estilos diferentes de relevo atestam sua idade. Com poucas exceções, alto-relevos são mais antigos dos que os baixo-relevos (aqueles que são cinzelados na pedra).[13] Os entalhes do Templo de Osíris em Abidos são belos exemplos de antigos alto-relevos e são muito anteriores a 1250 AEC, data a eles atribuída pelos egiptólogos ortodoxos.

FIGURA 11.3. OSIREU EM ABIDOS

Abidos era um antigo sítio dedicado a Wizzer, e o per-ba (templo) – o Osireu – foi erigido ao neter, não a um rei qualquer. De acordo com Hakim, o Templo de Osíris é milhares de anos mais antigo do que os assim chamados Textos da Pirâmide encontrados em Saqqara.

Não muito longe do Templo de Osíris, encontra-se um templo ainda mais antigo, conhecido como o Osireu. É composto por blocos megalíticos de granito, uma construção diferente da maioria das outras no Egito. A arquitetura lembra muito uma outra estrutura, o Templo do Vale, diante da Esfinge e próximo à Grande Pirâmide. Também dedicado a Wizzer, o Osireu, hoje em ruínas, é 15 metros mais baixo do que o Templo de Osíris. A despeito de sua óbvia idade estratigráfica, os egiptólogos o dataram como contemporâneo das primeiras dinastias. Uma vez que não há colinas ou penhascos erguidos naturalmente por perto, a estrutura inferior deve ser de uma camada arqueológica mais antiga e, assim, mais velha do que o Templo de Osíris. Além disso, os egípcios dinásticos, que os egiptólogos dizem ter construído o templo, usavam tipicamente pedras macias, como o arenito, para construir seus templos, não granito, como faziam os antigos kemetianos.

FIGURA 11.4. A FLOR DA VIDA

A antiga tradição sustenta que o Osireu tem mais de 50 mil anos, e que foi construído durante a mesma época que a Esfinge e as estruturas a ela relacionadas. Existem umas poucas inscrições no Osireu, mas elas foram cinzeladas e, provavelmente, gravadas posteriormente, durante os tempos dinásticos. Um dos símbolos mais intrigantes no Osireu é a "flor da vida". É um símbolo que alguns acreditam representar um padrão da criação e do movimento da nossa consciência na esfera física. Ninguém sabe de fato quão antigo é ele, nem quem o criou.

Entretanto, sendo ele traçado com tinta vermelha, não há dúvida de que não era parte da estrutura, originalmente. Hakim julga que o símbolo foi pintado entre 300 AEC e 300 EC. Mehler acredita que os seguidores do grande matemático grego Pitágoras devem tê-lo desenhado. Pitágoras e seus seguidores eram iniciados nos ensinamentos egípcios da geometria sagrada.[14]

Zep tepi

Zep tepi, que significa "a primeira vez", é um mito da criação, de acordo com a tradição egípcia. O mito explica como os neteru foram criados e conta a história de uma época em que nada havia, exceto um poderoso ser chamado Nun. Nun era tão prodigiosa que um brilhante ovo brotou dela, e era Rá. Acreditava-se que Rá era de tal modo poderoso que seus filhos nasceram por um esforço de sua vontade. O primeiro foi Shu, que era considerado o deus do espaço e da luz entre o céu e a terra. Em seguida, Rá criou Tefnut, que era a personificação da umidade no céu. Então, foi criado o deus da terra, Geb, e depois Nut, deusa do céu diurno. Por último, foi criado o deus Hapi, o antigo deus do Nilo. Depois que os deuses foram criados, Rá criou os homens e desceu à terra na forma humana para governar o Egito como o primeiro faraó.

Em *The Orion Mystery*, Robert Bauval mostra o zep tepi datando de cerca de 10000 AEC. Entretanto, segundo Mehler, nas antigas tradições egípcias não havia uma "primeira vez". Não havia um início ou um fim da criação. Acreditava-se que a existência era uma série de ciclos, com o presente ciclo tendo começado há 65 mil anos. Zep tepi era considerado um período de Wizzer, uma era antiga, e nada mais.

Em *The Mythological Origins of the Egyptian Temple*,[15] o egiptólogo britânico E. A. Reymond sugere uma variação do significado de *zep tepi*, que ele diz ser oriundo das paredes do Templo de Hórus em Edfu. Segundo Reymond, o texto completo do zep tepi é *ntr nti hpr m sp tpy*, que é traduzido como "O Deus Santificado que veio à existência na Primeira Ocasião", no qual *zep tepi* se refere à "Primeira Ocasião". Reymond acredita que isso deve ser entendido no contexto da mitologia da criação no qual os neteru se manifestaram aos humanos pela primeira vez.

A antiga tradição oral apresenta um significado que concorda no geral com a tradução de Reymond. Zep tepi corresponde à época em que o povo (o Sesh) alcançou um novo nível de consciência. Ela começou há mais de 65 mil anos. Mehler acredita que essa época se refere a uma era entre 20 e 60 mil anos atrás, quando os kemetianos atingiram um nível mais elevado da consciência e do conhecimento. Isso lhes permitiu construir grandes estruturas e escavar túneis. Em essência, permitiu-lhes criar sua civilização. Mais tarde, tudo isso formou a base de sua mitologia da criação.[16]

Alguns estudiosos acreditam que os textos que falam em *seshu hor* nas paredes do templo de Hórus em Edfu, 65 km ao norte de Assuã, referem-se a um avançado povo que entrou em Kemet em tempos pré-históricos, trazendo conhecimento e civilização. R. A. Schwaller de Lubicz concorda com Wallis Budge quando traduz o termo *seshu hor* por "seguidores de Hórus" e interpreta isso como um registro dos governantes pré-históricos. De atlantes a extraterrestres, muitos já foram considerados como possíveis progenitores da civilização egípcia. Entretanto, a antiga tradição tem uma interpretação mais prosaica. O povo chegou à plena consciência por ele mesmo, de acordo com os ciclos cósmicos preordenados. Hor (ou Hórus) era o macho humano consciente. Antes do conceito de realeza no Egito, Hor era usado como o termo para o macho humano que havia alcançado um florescimento dos sentidos, um grau de iluminação.[17] Esse "florescimento" era importante naquela época porque a sociedade era organizada por matrilinearidade, com a mulher escolhendo o homem para ser seu consorte. Pode-se deduzir disso que um homem consciente haveria de ser o parceiro mais desejável, e que isso desempenhou um papel significativo no progresso da civilização egípcia.

A Idade da Fábula antecede o nosso atual período histórico. Isso é patente para todas as culturas. Segundo Erich Neumann, em *The Origins and History of Consciousness**, o que aconteceu durante a era mitológica é que o ego humano (a capacidade de se ver em separado da natureza) começou a se desenvolver. Os processos mentais da humanidade começaram a se separar dos processos meramente instintivos. No início, instintivamente, a comunicação e a disseminação do conhecimento eram simbólicas e tomaram a forma de mitos. Os mitos contêm verdades absolutas concernentes aos processos do mundo natural. À medida que o ego continuava a se desenvolver, crescia o nível de consciência da humanidade, e isso trouxe uma sofisticação da linguagem cada vez maior, e também das artes, da filosofia e da ciência. O que Mehler defende, creio, é que o zep tepi – a primeira vez – tem relação com o desenvolvimento inicial do desenvolvimento do ego e com uma nova visão do mundo. Não pode haver dúvida de que essa civilização foi a progênie da Idade da Fábula; qualquer livro sobre a história mundial traz isso. A razão para que os antigos gregos tenham tido um papel tão decisivo na formação da civiliza-

---

* *História da Origem da Consciência*, publicado pela Editora Cultrix, São Paulo, 1990.

ção ocidental, e por que eles são vistos como seus fundadores, é por que seus filósofos e sábios foram capazes de cobrir a lacuna de comunicação que havia entre a linguagem do mito e a nova linguagem do ego.

Mehler acredita que as referências dos textos de Edfu ao zep tepi (a primeira vez) e a seshu hor (seguidores de Hórus) contam a história de quando os humanos atingiram um elevado estado de consciência e começaram a construção em pedra em larga escala para erguer a civilização Bu Wizzer. Ele sugere que as "preces" nos textos são de fato salmos funerários, uma vez que a estrutura do templo de Edfu não era uma pirâmide verdadeira, mas um túmulo. Ele acredita que o significado dos textos de Edfu mais tarde foram deliberadamente distorcidos pelos sacerdotes egípcios, chamados os Hanuti, durante os tempos dinásticos. Esses sacerdotes obscureceram a verdadeira sabedoria kemetiana durante o Antigo Império a fim de criar uma religião que lhes permitisse controlar a informação e o conhecimento dos mistérios interiores. Os sacerdotes identificaram o rei com a sabedoria de Wizzer – como Sahu, o símbolo do Alto Iniciado e o Iluminado – pois o rei era aquele que detinha a riqueza para sustentar os Hanuti em sua ganância e seu poder recém-descoberto. Em vez de revelar o conhecimento e a consciência ao povo, para que pudessem atingir a iluminação, os sacerdotes restringiam o aceso a esse conhecimento e o entesouravam para si próprios. Os sacerdotes, então, se tornaram os porta-vozes para os neteru, aos quais apenas eles e as famílias reais tinham acesso. O antigo conhecimento, e sua conexão com As-Ptah (Sírius), foi ofuscado. A ascensão do patriarcado, a "era de Amen", ocorreu entre 4 e 6 mil anos atrás.[18] O rei homem se tornou de suma importância, em vez da verdadeira per-aa, a matrilinear "alta casa". Dessa maneira, os Hanuti começaram a manter os ensinamentos kemetianos ocultos do povo e distorceram esse conhecimento.

A conexão com os maias

A pouco mais de 1,5 km ao sul da pirâmide escalonada de Saqqara, existe o que restou de um pequeno templo do Antigo Império, construído durante a décima oitava dinastia (1539–1295 AEC), segundo a cronologia ortodoxa. Os estudiosos acreditam que era dedicado a um indivíduo de nome Maia, mas, de acordo com as antigas tradições, *maia* era um título, não um nome. Embora a origem da palavra seja incerta, Hakim sugere que Maia era, de fato, um título, não o nome pessoal de um indivíduo que pode ter viajado para o Egito, partindo da América Central. *Maia* é um dos termos usados hoje em dia no Egito para designar água. Em Kemet, *maia* pode se referir à expressão "do outro lado da água". Pode parecer pura especulação sugerir que os antigos egípcios tiveram contato com pessoas do outro lado de um vasto oceano; entretanto, existem algumas intrigantes evidências disso.

No teto do recinto de uma pequena capela de um suposto templo maia há alguns hieróglifos geométricos incomuns, que, por seu estilo, não aparentam ser tipicamente kemetianos. Mehler fotografou os hieróglifos e os enviou a Hunbatz Men, um xamã/astrólogo maia (conhecido como "guardião do dia"), em novembro de 1997. Uma vez que Men reconheceu especificamente dois dos hieróglifos, e também o estilo geral, os padrões e cores, Mehler acreditou que fossem de origem maia. Em fevereiro de 1998, Mehler mostrou as fotos para outra anciã maia, Flordemayo. Embora ela não tenha podido confirmar que os hieróglifos fossem, de fato, maias, sua primeira impressão foi a de que as fotografias fossem do México ou da América Central. Ela as mostrou a um professor seu, o ancião maia Don Alejandro Cirilo Oxiaj Peres, um líder e guardião da sabedoria da tradição maia quiché guatemalteca. Ele confirmou que os hieróglifos eram maias. De acordo com a mitologia maia, os antigos ancestrais do seu povo vieram "das estrelas" para quatro regiões do mundo. Uma dessas regiões era o antigo Kemet, onde eram chamados de Naga Maia. Hakim acredita que a palavra *naga* vem da antiga palavra Kemet *ng* ou *nag*, que significa tribo. Naga Maia, assim, significa, possivelmente, "a tribo que veio do outro lado da água".

Além das evidências físicas apresentadas por Mehler ligando os maias aos antigos egípcios, existem as evidências nas correlações entre as crenças filosóficas de ambas as culturas. A antiga cosmologia maia, em princípio, era similar à dos antigos egípcios. A natureza, toda a vida física, era uma manifestação de uma consciência abstrata, ou vontade, como os maias escolheram chamar isso.

Segundo Augustus Le Plongeon, os maias acreditavam que seu universo era a infinita escuridão na qual habitava a incognoscível, a enigmática Vontade, chamada Uol. Eles também acreditavam que na natureza o círculo é a suprema fonte (divina) da qual toda vida provém, de modo que eles concebem a Vontade, o Eterno Ser único, como um círculo, que eles também chamam de Uol, cujo centro está em todo lugar e a circunferência em lugar nenhum.[19]

Acreditavam que essa Vontade seria andrógina, dois em um e um em dois, e nela, a vida pulsava inconscientemente. Com o despertar da consciência, quando o Infinito Assexual parou de ser assexuado, o princípio masculino, permanecendo distinto, fertilizou o útero virgem da natureza (o ovo cósmico), representado no quadro da criação em Chichén Itzá.[20]

Essa nova manifestação do "Ilimitado" era visualizada pelos maias como um círculo com um diâmetro vertical, e eles o chamavam de Lahun, "aquele que a tudo domina". O nome é derivado de *Lah*, que significa "aquele que está em toda parte", e de *hun*, ou "um". Isso veio a simbolizar o universo crescendo da escuridão sem fim.

A partir desse diâmetro vertical (símbolo do princípio masculino fecundando o útero virgem da natureza) originou-se a ideia do falo como o emblema do Criador. O círculo dividido em quatro partes, vertical e horizontalmente, formando a *tetractys*, o símbolo do "sagrado quatro". A cruz, encerrada no círculo, simbolizava o universo sob a jurisdição dessas quatro poderosas inteligências ou princípios, similar ao princípio pitagórico do quatro: o absoluto, a dualidade, a relação e a ideia de matéria. A essas forças foram confiadas a construção do mundo físico e a guarda dos pontos cardeais (norte, sul, leste e oeste). Para distinguir essas forças, ou energias naturais, que Le Plongeon define como gênios ou espíritos guias, do norte e do sul, asas eram acrescentadas ao círculo com seus diâmetros cruzados. O conceito metafísico do círculo alado é evidente nas inscrições que adornam a fachada do santuário em Uxmal e no Códice Troano e em outros manuscritos maias.

FIGURA 11.5. CÍRCULOS ALADOS DA GUATEMALA (EM CIMA) E EGITO (DE *QUEEN MOO AND THE EGYPTIAN SPHINX*, DE AUGUSTUS LE PLONGEON).

Tanto os egípcios como os maias escolheram o círculo alado para simbolizar o divino no homem (fig. 11.5). Nas inscrições hieroglíficas, nos cartuchos reais, e nas entradas dos templos, o círculo alado aparece por toda a arquitetura egípcia. No Egito era originariamente um par de asas de falcão, simbolizando o etéreo, mas durante a quinta dinastia duas serpentes e um disco solar foram inseridos entre as asas, representando Hórus de Behdet. Embora a representação artística do círculo alado seja ligeiramente diferente para os antigos maias e egípcios, os princípios e o significado subjacentes, assim como sua representação artística são quase idênticos.

A civilização que um dia existiu

Pode-se facilmente supor que a antiga civilização de Bu Wizzer, que se acredita ter existido entre 65 e 10 mil anos atrás, seja mera especulação sem fundamentos. Ela vai contra as teorias estabelecidas acerca da humanidade e da civilização. Então, o que poderia levar alguém a acreditar que a civilização egípcia é muito mais antiga do que jamais se imaginou? Em uma palavra: evidência. Se dois metros e meio de erosão por água não existisse nas paredes da depressão em torno da Esfinge, se os alinhamentos de Nabta Playa não existissem, se milhares de artefatos de pedra de alta precisão nunca houvessem sido encontrados no complexo de Saqqara, e se a Grande Pirâmide não pudesse ser explicada de maneira eficaz como uma máquina transformadora de energia, então, a ideia geralmente aceita de que a civilização egípcia começou pouco tempo antes do terceiro milênio AEC poderia ser admitida. Mas não é o caso.

Para que as evidências descritas façam sentido, deve ter existido uma civilização antes do final da era glacial que alcançou um alto grau de conhecimento e de tecnologia, exatamente como a tradição egípcia nativa sugere. Se essa civilização de fato existiu, isso explicaria o lapso na história da humanidade entre 12 e 5 mil anos atrás. Sabe-se muito pouco sobre esse período, referido como Mesolítico ou Idade da Pedra Intermediária, por causa dessa falta de evidências. Muitos acreditam que a humanidade, durante esse período, estava começando a se organizar pela primeira vez e tornando-se "civilizada". Entretanto, também pode ser postulado que a humanidade estivesse se recuperando de uma catástrofe regional de grande envergadura.

Como já foi discutido, as culturas Cro-Magnon surgiram do nada na Península Ibérica há 40 mil anos. Conforme a versão da maioria dos estudiosos, eles apareceram como humanos modernos com uma cultura já definida. Lewis Spence, em seu *History of Atlantis*, afirma que as diversas culturas Cro-Magnon foram ondas de invasões a partir de um mítico país insular chamado Atlântida. Embora essa seja uma metáfora válida para descrever os assentamentos da Europa ocidental, há uma explicação mais realista para essas evidências.

O professor David Lewis-Williams ressalta que as evidências de culturas humanas na África sugerem que o homem já demonstrava comportamentos modernos há muito tempo atrás. Ele sustenta que a fonte das culturas Cro-Magnon na Europa estava na África, a despeito da ausência de uma "cultura anfitriã" que seria o requisito para explicar de maneira suficiente seu surgimento na Península Ibérica. Pesquisadores como David Hatcher Childress, Graham Hancock e John Anthony West destacam que as estruturas megalíticas mais antigas são as mais magníficas, e para erguê-las foi necessária a movimentação muito precisa de pedras gigantescas, algumas das quais pesam mais de 50 toneladas. Eles questionam como essas estruturas podem ter sido construídas por culturas "primitivas", quando a humanidade estava apenas começando a se organizar em civilização. Faz pouco sentido que seu conhecimento tecnológico tenha se deteriorado à medida que a civilização evoluía. Faz mais sentido que essas estruturas grandiosas sejam ruínas de uma outrora inteligente, palpitante e próspera civilização que viveu nas imediações do Mediterrâneo e na África do Norte – mas que foi dizimada por algum acontecimento catastrófico. E também faz sentido que os sobreviventes dessa civilização tenham se reorganizado e começado a reconstruir a sociedade que um dia haviam tido.

Eu apresentei a teoria de que o misterioso aparecimento do Cro-Magnon na Europa ocidental não foi uma súbita manifestação de humanidade em seres primitivos. Na verdade, a criatividade Cro-Magnon não constitui, de modo algum, um mistério, mas corresponde à expansão natural de uma cultura que já existia na África do Norte e no Mediterrâneo. Os restos do homem de Cro-Magnon (caracterizado por uma estrutura esquelética elevada e um crânio dolicocefálico) são a evidência mais antiga conhecida de humanos anatomicamente modernos. São abundantes na Europa, mas também são comuns na África.

Uma civilização que existisse antes do fim da era glacial poderia achar a região do Mediterrâneo convidativa. A Europa próxima às geleiras teria sido um ambiente inóspito e a maior parte da África do Norte era um deserto, mas o Mediterrâneo proporcionava um clima temperado, se não cálido, a maior parte do ano. Entretanto, o Mediterrâneo não era o mar que vemos hoje. Durante a era glacial, o nível do mar estava quase 122 metros abaixo do atual.

Desse modo, o Mediterrâneo seria significativamente menor do que é hoje, deixando expostos milhões de quilômetros quadrados que agora estão submersos. É provável que existissem quatro ou cinco lagos grandes na área, nos moldes dos Grandes Lagos que existem hoje na América do Norte. E foi por perto desses lagos e dos rios que desciam das terras altas continentais que uma civilização se estabeleceu por causa de suprimentos fáceis de água e comida, e também de transporte.

Com o término da era glacial, vastas geleiras derreteram no hemisfério norte, alimentando o mar, cujo nível subia. A certa altura, o dique natural em Gibraltar, que separava o Oceano Atlântico da bacia do Mediterrâneo, cedeu, permitindo que o oceano invadisse o vale. Uma parede de água deslocou-se para o leste, destruindo tudo em seu trajeto. O nível do mar continuava a subir e, finalmente, o novo Mar Mediterrâneo irrompeu na bacia do Mar Negro por volta de 5600 AEC. A civilização que um dia existiu foi varrida do mapa violentamente, mas houve quem sobrevivesse. Os kemetianos do vale do Nilo e os oásis do Deserto Ocidental foram poupados da destruição por causa de sua posição favorável no continente africano. Estavam sós para dar continuidade à civilização e foi o que fizeram. Com o passar do tempo, refugiados e exploradores de regiões ao leste mudaram-se para o Egito e juntaram-se ao povo de Bu Wizzer, que se esforçava para sobreviver. A cultura mais antiga, nativa, conservou a liderança e continuou a vida. As tradições indígenas egípcias falam, de fato, de uma antiga civilização que já existia bem antes de um grande cataclismo que ocorreu há mais de 10 mil anos.[21]

A teoria da raça dinástica sofreu duras críticas durante os últimos 20 anos, mas é quase certo que tenha existido uma raça dinástica. Entretanto, essa raça de gente forte compreendia os habitantes originais do Egito, não invasores. A raça dinástica era nativa da África, e os recém-chegados (aqueles que foram identificados como tipos mediterrâneos) eram estrangeiros que, provavelmente, formaram o povo comum nos primeiros tempos da sociedade egípcia. Com o passar do tempo, os integrantes do povo, mais numerosos, misturaram-se com os nativos, o mesmo acontecendo com sua cultura. Já pelo início dos tempos históricos, uma cultura com base patriarcal havia substituído o matriarcado de Bu Wizzer. A despeito da diluição de sua cultura, seu conhecimento e tecnologia perduraram, formando a grande civilização do Egito histórico, embora esta também tenha entrado em declínio e finalmente terminado durante o primeiro milênio EC.

CAPÍTULO 12

EMBARCANDO EM UMA NOVA HISTÓRIA
A civilização mediterrânea

Se tamanha catástrofe, como a que descrevemos, ocorreu no Mediterrâneo, sobrariam muito poucas evidências para as gerações posteriores descobrirem e investigarem. A força das águas não tem rival na natureza, e pode, literalmente, mover montanhas. Apenas os assentamentos e, talvez, as cidades que estivessem localizadas em pontos elevados na bacia do Mediterrâneo teriam sobrevivido. Foi o que aconteceu com as ilhas gêmeas de Malta, que possuem templos megalíticos construídos por uma cultura pré-histórica desconhecida.

Um oficial dos Engenheiros Reais, o senhor J. C. Vance, foi o primeiro a escavar as ruínas de Malta, em 1939. Em poucos meses, ele apresentou suas descobertas: estatuetas, uma laje entalhada, duas figuras em argila e um crânio monstruoso. Infelizmente, ele não fez um relatório detalhado e descartou o "lixo" na encosta do lado de fora das ruínas. É mais do que provável que se tratasse de material valioso que poderia fornecer pistas sobre a cultura que ergueu o templo.

Uma outra escavação começou em 1906, o que levou a uma maior compreensão dessa cultura pré-histórica maltesa e de suas estruturas. A revista *National Geographic* relatou as descobertas em um artigo de 33 páginas em maio de 1920. Nele, a descrição da maior parte das salas das estruturas dizia que estavam com muita terra, ossos humanos e cerâmica quebrada. Estima-se que as ruínas contivessem perto de 33 mil indivíduos, a maioria dos quais adultos, embora esse número tenha sido reduzido para sete mil em época recente. Os restos esqueléticos foram encontrados em completa desordem, sem traço de enterro formal. Com essa evidência, resta pouca dúvida de que os cidadãos de Malta encontraram a morte num desastre de proporções monumentais. O autor do artigo da *National Geographic* também comentou que a grande habilidade apresentada na construção das edificações pré-históricas de Malta revela que, mesmo em eras remotas, os humanos já haviam alcançado um alto grau de conhecimento.

Malta pré-histórica

O Egito não foi o único a construir templos megalíticos durante a pré-história. O estilo ciclópico de arquitetura das estruturas egípcias mais antigas, como o Osireu, o templo da Esfinge e as pirâmides de Gizé, também existe em Malta. Na verdade, Malta é famosa por suas estruturas megalíticas e arquitetura ciclópica.

Existem 35 ruínas megalíticas nas ilhas de Malta e Gozo. Sete dos sítios mais impressionantes estão em Gozo, formando o complexo Ggantija e, em Malta, encontram-se os templos de Hagar Qim, Mnajdra e Tarxien; os complexos Ta' Hagrat e Skorba; e o Hipogeu de Hal Saflieni (uma enorme câmara

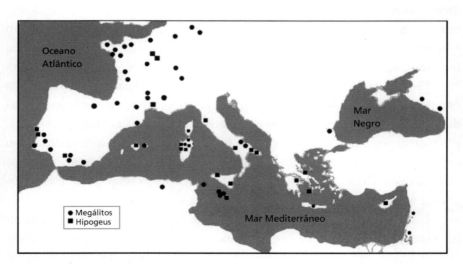

FIGURA 12.1. ESTRUTURAS NEOLÍTICAS NA EUROPA E NO MEDITERRÂNEO

subterrânea de dois níveis, sob um santuário na superfície). O estilo desses templos não é encontrado em nenhum outro lugar, ainda que suas paredes e tetos, decorados com espirais pintadas com ocre vermelho, sugiram uma conexão com as culturas Cro-Magnon dos Pireneus.[1] Embora estruturas similares existam em outras partes da Europa, alguns estudiosos insistem que elas têm pouca ou nenhuma relação com suas contrapartes maltesas.

No Hipogeu de Hal Saflieni, estimado em 22 mil toneladas de rocha, há longos poços escavados no arenito sólido, que descem a mais de 9 metros abaixo da superfície. Esses poços levam a numerosos e estranhos aposentos, que incluem um altar, um longo corredor e uma cripta do tesouro.[2] Toda a estrutura parece ter sido iluminada com espelhos de pedra polida arrumados como periscópios na entrada dos poços lá em cima. Uma câmara, descoberta entulhada com ossos de uma época anterior, dá para o exterior através de um longo poço por onde cobras e animais selvagens um dia caíram para encontrar a morte. Também há um reservatório e um captador de chuva profundo, que vai se afunilando. Em outra câmara, existe um buraco na parede por onde um sacerdote talvez falasse. Suas palavras poderiam ser ouvidas em qualquer sala do templo. Um tanto fantasmagoricamente, a estrutura inteira parece vibrar com sons. O curioso é que apenas tons graves podem ser ouvidos através da estrutura; notas agudas não vão mais longe do que o próprio cômodo onde forem emitidas.[3]

Marcas de carroça

Por toda a ilha, nos lugares em que a rocha nua está exposta, sulcos profundos e paralelos, chamados de "marcas de carroça", seguem seu caminho, não importando as estruturas ou as formações do terreno. Algumas vão dar em penhascos, outras continuam por baixo de um braço de mar, reaparecendo na margem oposta. Contudo, em outros casos, os sulcos são interrompidos por uma falha geológica e prosseguem num nível diferente. Muitos sulcos agora estão cobertos por muitos centímetros de terras; formaram-se campos em seus sítios.[4] Essas marcas de carroça são, provavelmente, a mais antiga evidência da civilização de Malta. Embora encontrados em abundância nas ilhas de Malta, elas também existem na Sicília, na Sardenha, na Itália, na Grécia, no sul da França e na Cirenaica.

FIGURA 12.2. MARCAS DE CARROÇA

Na extremidade sudeste da ilha de Malta, na baía de Marsa Scirocco, existem perto de sessenta poços redondos, de boca estreita, provavelmente poços de água, escavados na rocha. Uma parte deles encontra-se atualmente sob o mar. Sobre as bocas de alguns desses poços correm dois sulcos profundos, que vão até o mar e reaparecem na margem oposta, cerca de 400 metros de distância.[5]

Se todos os sulcos das marcas de carroça fossem traçados e inseridos em um mapa, os sítios dos centros de habitação nos tempos pré-históricos seriam, sem dúvida, revelados. Uma teoria proposta por Claudia Sagona, da Universidade de Birmingham, explica que eles são acéquias (canais) de irrigação da Idade da Pedra. Ela sugere que chuvas torrenciais carregaram a camada superior do solo, forçando os antigos agricultores a inventar novas maneiras de cultivar suas plantações. Nas Ilhas de Aran, na costa oeste da Irlanda, os agricultores criaram solo com areia e algas e, então, o protegeram com muros de pedra. Em Malta, Sagona acredita que os habitantes escavaram canais tanto para coletar água da chuva como para proteger o solo da erosão. Embora interessante, a teoria não explica por que os sulcos são paralelos e podem variar de tamanho, mas conservam uma distância constante entre eles.

Outra explicação é a de que pesadas carroças ou trenós, deslocando toneladas de blocos de pedra pela terra, fizeram as marcas. Em Misrah Ghar il-Kbir (também conhecido como Clapham Junction), o grande número de sulcos no sólido calcário formam um engarrafamento em uma faixa aberta do terreno. De acordo com os pesquisadores Joseph Magro Conti e Paul Saliba, as marcas de carroça ali destacam uma área em que a extração de pedra era intensa. Os blocos eram cortados da superfície e levados para as estradas em diferentes direções e em muitos veículos, e, então, transportados para áreas em que as estruturas estavam sendo construídas. Duas pedreiras que são interligadas pelos sulcos são evidência clara da associação entre as pedreiras e as marcas de carroça. Como os egípcios, os habitantes de Malta usavam a pedra de maneira assombrosa para construir a infraestrutura de sua sociedade. Os historiadores tradicionais defendem a tese de que as civilizações de Malta e do Egito desenvolveram sua tecnologia independentemente. Eu sustento que a tecnologia foi desenvolvida previamente por uma civilização mais antiga e comum a ambas. O cataclismo que ocorreu destruiu muito do que existia, de modo que não há uma conexão óbvia, tal como uma linha de cidades se estendendo do Egito a Malta.

As ruínas de Hagar Qim

Por muitos anos, o pai de Joseph S. Ellul foi o zelador de Hagar Qim, que significa "pedras em pé ou verticais", em Malta. Em 1988, Ellul publicou suas experiências e observações de toda uma vida em *Malta's Prediluvian Culture*.[6] Uma de suas observações mais reveladoras diz respeito ao estado original das ruínas em Hagar Qim. Quando foi erguido, acredita-se que em 3200 AEC, um muro protetor circundava todo o complexo do templo. Hoje, uma grande parte ainda está em pé nos lados noroeste, norte e leste das ruínas principais. Entretanto, o muro do lado oeste não só despencou, como também foi arrastado. Enormes blocos do muro externo foram erguidos e atirados dentro do templo. A maior parte dos blocos grandes foi arrastada e o que não foi, foi deixado exposto ao vento e à chuva.

Na construção do muro exterior circunvizinho, gigantescas pedras foram ajustadas lado a lado. Hagar Qim ostenta o maior muro de pedra dentre todas as ruínas de Malta: mais de 5 metros de altura. Embora de aparência natural, na base de cada laje há uma cavidade deliberadamente escavada. Essas cavidades eram cortadas enquanto as pedras de escoramento ainda estavam na pedreira, de modo que uma tora de madeira podia ser usada como uma alavanca para mover, deslocar e, então, posicionar a pedra na base do muro.

A maioria dessas cavidades hoje em dia já não são visíveis, já que o templo foi reconstruído. Entretanto, antes da década de 1950, um desses blocos de escoramento ainda estava quase um metro fora de sua posição correta e, na ocasião, a cavidade era claramente visível. O que há de intrigante nisso é: como um enorme bloco como esse pode ter sido deslocado a tal distância do muro? Entre a pedra mais alta, onde ela encontra os outros blocos, e sua vizinha mais próxima à direita, há um espaço de 22,5 centímetros. O muro foi, evidentemente, atingido por alguma coisa com tamanha força que deslocou a pedra na base e atirou o bloco de escoramento a uma distância de quase um metro.

Figura 12.3. Ruínas em Hagar Qim

Como o restante do muro do lado oeste, uma capela, referida como Câmara H por Ellul, foi descoberta em ruínas, mas foi reconstruída durante os anos de 1950. Grandes blocos que antigamente formavam o portal para essa câmara hoje encontram-se empilhados um sobres os outros, quase bloqueando a entrada para a Capela Principal. Esses blocos, que pesam várias toneladas cada um, foram atirados na atual posição por uma força que aparentemente veio do lado oeste. Segundo Ellul, uma olhada de perto nessas pedras permite perceber que algumas delas estão agora unidas com argamassa petrificada. Para Ellul, esse simples fato envolve uma quantidade de verdades relacionadas e fundamentais. Primeiro, quem construiu o templo dispunha de argamassa e a usava para cobrir falhas ou buracos indesejáveis nos muros. Mas, o mais importante é que a argamassa, que hoje se encontra petrificada, prova que depois do cataclismo, toda a área esteve submersa durante certo tempo. Sob condições secas, a argamassa teria se esfarelado e virado pó, sem voltar a se solidificar. Há tanta argamassa que parte dela foi depositada nas laterais das pedras antes de petrificar. Na aparência, parece fazer parte da superfície da pedra.

Fora da capela, o muro externo, com sua base horizontal de blocos de escoramento, encontra-se em avançado estágio de erosão, resultado de estar exposto ao clima por tanto tempo. O posicionamento desses blocos de escoramento mostra que em certa época um muro foi erguido ali. Segundo Ellul, blocos como esses são encontrados em volta de todos os muros remanescentes do templo.

O que aconteceu a esse templo e às pessoas que o habitavam no passado remoto? Alguns sugerem que um terremoto destruiu Hagar Qim, mas até o mais forte dos tremores de terra não teria conseguido atirar enormes blocos de pedra a uma distância de 6 metros. Precisaria ser a força maciça de uma onda, um paredão de água. O muro do lado oeste foi apanhado em cheio pela onda de maré que veio daquela direção. Apenas ele foi completamente destruído.

Ellul acredita que um terremoto foi o responsável pela destruição do dique natural em Gibraltar. De acordo com o mapeamento subaquático do Mediterrâneo, um vale de profundidade incomum corre muito perto da costa argelina da África, em linha reta de Gibraltar à Sicília e, então, se ramifica do sudeste para o sul de Malta. Ele acredita que essa seja a fissura que ocasionou a subsidência (o rebaixamento de parte da crosta terrestre) da bacia do Mediterrâneo.

A grande inundação do Mediterrâneo

Quarenta anos atrás, análises por sonar do fundo do Mar Mediterrâneo revelaram uma estranha camada, possivelmente rochosa, entre 90 e 180 metros abaixo do fundo, junto com inesperadas camadas de sedimentos. Também foram detectados domos de sal enterrados. Isso chamou a atenção do *Deep Sea Drilling Project* (DSDP), uma investigação que estava sendo conduzida pelo navio *Glomar Challenger* durante a década de 70. Na costa de Barcelona, as primeiras amostras de material retirado na perfuração revelaram gipso, basalto, pequenas conchas fossilizadas e limo oceânico endurecido. Esperava-se encontrar areia, cascalho e lodo. O que subiu à superfície do buraco perfurado foram fósseis mais condizentes com aqueles encontrados em lagoas rasas e salgadas ou num lago de evaporação superficial. Outras perfurações em diversas áreas mostraram que o fundo do Mediterrâneo possuía camadas subjacentes de "evaporito", um depósito sedimentar resultante da evaporação da água do mar. Segundo o diretor associado do projeto, Kenneth Hsu, os fósseis datam do fim do Mioceno, cinco milhões de anos atrás.[7]

Os pesquisadores concluíram que o Mar Mediterrâneo secou e encheu-se uma dúzia de vezes em um milhão de anos. Estudos subsequentes descobriram profundos desfiladeiros na camada de rocha sólida sob os rios Nilo e Ródano, o que sugere que esses rios já foram grandes torrentes que escorriam pelas vertentes despejando água na bacia mediterrânea vazia.

Um cientista russo chamado I. S. Chumakov foi membro da equipe soviética de engenharia que construiu uma barragem no rio Nilo, perto de Assuã, no Egito. Ele era encarregado de perfurar buracos na rocha-mãe núbia de margem a margem, a fim de escolher uma fundação segura para a barragem. Ao fazer isso, a equipe descobriu o desfiladeiro profundo e estreito de um antigo rio. Também encontraram limo marítimo no fundo da garganta entre o lodo do Nilo e o leito rochoso granítico, quase 280 metros abaixo da superfície. Curiosamente, o limo tinha a mesma idade do sedimento trazido à superfície pelo *Glomar Challenger*.[8] Chumakov concluiu que a superfície do Mediterrâneo sofreu um rebaixamento de mais de 1,5 km – evidência de que, numa determinada época, um grave terremoto baixou a região à sua atual posição.

Chumakov percebeu que o antigo rio sob o Nilo era um delgado braço do Mediterrâneo como ele era cerca de 5 milhões de anos atrás. Entretanto, a garganta encontrava-se a mais de 965 km da costa atual. Como o limo continha pequeninas conchas de plâncton marinho, e também dentes de tubarão, não resta dúvida de que ela tinha conexão com o Mediterrâneo. Para explicar a presença de água do mar tão adentrada no continente, Chumakov sugeriu que, enquanto o Mediterrâneo secava, o Nilo ia escavando um vale profundo, ajustando-se continuamente à linha da costa cada vez mais baixa. Quando finalmente a inundação preencheu o Mediterrâneo, o desfiladeiro foi submerso, o que ocasionou que se tornasse um braço do mar que se estendeu pela terra adentro para encontrar com a embocadura de um rio. Isso aconteceu de modo tão rápido que a água do mar penetrou o interior da África, e nem mesmo o Nilo foi capaz de bloquear o seu caminho. A água do mar chegou até Assuã. Chumakov confirma que o que agora é um mar profundo, um dia já foi um deserto que voltou a ser mar.

Tempos depois, a Phillips Petroleum Company, junto com uma empresa petrolífera italiana e outra egípcia, vasculhavam o Delta do Nilo à procura de petróleo. Suas tentativas foram infrutíferas, mas suas buscas forneceram uma explicação para a camada "reflexiva" identificada pelo *Glomar Challenger*. As companhias petrolíferas encontraram um cenário de vales de rios enterrados diretamente sob Alexandria, no Delta do Nilo, estendendo-se terra adentro e para além do planalto de Gizé. O antigo leito do Nilo e seus principais tributários podiam ser discernidos. Isso mostra que toda a borda da África do Norte que hoje se encontra submersa já foi terra exposta e que sofreu severa erosão. Rios e riachos carregaram todas as formações de terreno que poderiam ter sido reservatórios ou armadilhas para os hidrocarbonetos que são os precursores do petróleo.[9]

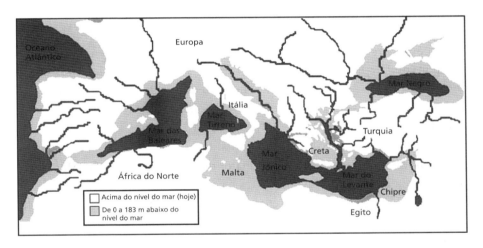

FIGURA 12.4. MAPA HIPOTÉTICO DO MEDITERRÂNEO ANTES DA INUNDAÇÃO

Muitos geólogos poderiam argumentar que a inundação da bacia do Mediterrâneo aconteceu cerca de um milhão de anos atrás e, uma vez que a bacia tem quase 4.900 metros de profundidade, o fundo do mar antes da inundação foi um tórrido deserto durante um longo período. Entretanto, nem todos acreditam que tenha ocorrido uma catástrofe. Embora as diversas formações rochosas do fundo do Mediterrâneo possam ter de fato milhões de anos, pensar que o dique natural de Gibraltar tenha rompido nessa época não passa de conjetura. A história, entretanto, fornece um outro tipo de evidência: testemunhas oculares.

Relatos sobre a grande inundação estão presentes na mitologia de povos geográfica e culturalmente diversos: gregos, arcadianos, samotráceos, escandinavos, celtas, galeses, lituanos, ciganos da Transilvânia, turcos, sumérios, egípcios, babilônios, assírios, caldeus, hebreus, persas zoroastrianos, camaroneses, masais (leste da África), os komililo nandi, os kwaya (lago Vitória), os tanzanianos do sudoeste, pigmeus, os ababua (norte do Zaire), os kikuyu (Quênia), os bakongo (oeste do Zaire), os bachokwe (sul do Zaire), os baixo-congueses, os basonge, os bena-lulua (rio Congo, sudeste do Zaire), os ioruba (sudoeste da Nigéria), os efik-ibibio (Nigéria), os ekoi (Nigéria) e os mandinga (Costa do Marfim), e também na Bíblia. Esses épicos sobre o dilúvio provavelmente têm como fonte a catástrofe do Mediterrâneo.

Em *Noah's Flood*, os autores William Ryan e Walter Pitman sugerem que o recente preenchimento do Mar Negro, há 7 mil anos, confirmado pelo explorador Robert Ballard, foi a fonte do relato bíblico sobre o dilúvio de Noé. Ballard vasculhou o fundo do Mar Negro à procura de vestígios de habitações, o que poderia reforçar a teoria que uma inundação cataclísmica atingiu a região por volta de 7 mil anos atrás. Sua expedição de 1999 revelou uma antiga linha costeira. Ele descobriu conchas de água doce e de espécies de moluscos de água salgada. Sua datação por radiocarbono apoia a teoria de um lago de água doce inundado pelo Mar Mediterrâneo há 7 mil anos atrás. A inundação da bacia do Mediterrâneo teria ocorrido antes do Mar Negro ser inundado e teria causado uma devastação muito maior do que a inundação do Mar Negro por causa da enorme área afetada. Para os povos estabelecidos no Mediterrâneo e em seu entorno, teria parecido um dilúvio global. A inundação do Mediterrâneo é a fonte mais provável para o mito do dilúvio universal, não a inundação do Mar Negro, que teria afetado muito menos culturas.

Walt Brown, um adjunto da Fundação Nacional da Ciência do Instituto de Tecnologia de Massachusetts, apresenta a teoria de que as formações do fundo do Mediterrâneo se desenvolveram em curto tempo. Ele sugere que a inundação foi resultado de uma ruptura muito rápida da crosta terrestre causada por um terremoto. Como resultado do terremoto, a água superaquecida dentro da crosta terrestre irrompeu e se misturou com a água mais fria do oceano. Essa mistura de água quente e fria deve ter causado a precipitação das camadas de sal encontradas sob o Mediterrâneo. Em consequência, os organismos vivos da superfície devem ter morrido subitamente e seus corpos se depositaram no fundo do mar, juntando-se aos depósitos de sal que estavam sendo criados.[10]

Já se sabe que a bacia do Mediterrâneo tem um passado de intensa atividade vulcânica. Durante os anos em que a terra estava se recuperando da inundação, é possível que o que chamamos de "fumaça negra" (uma espécie de fonte hidrotermal encontrada no fundo do oceano) estivesse presente por todo lado sob o mar Mediterrâneo. Isso pode ter sido a razão dos enormes depósitos de cobre embaixo de Chipre e as extensas camadas de sal sob o fundo do Mediterrâneo. É claro que, provavelmente, rápidas mudanças na temperatura e no clima deviam estar acontecendo ao mesmo tempo.[11]

Vimos que as evidências geológicas indicam que houve época em que o Mar Mediterrâneo não existia como o conhecemos hoje. Testes de sonar também demonstraram que o Egito já apresentou uma linha costeira diferente da atual, bem como um outro sistema de rios, que ia bem além do planalto de Gizé. Ligar as mudanças geográficas devidas a uma catástrofe a um período mais recente, em vez de milhões de anos atrás, respalda a antiga e multicultural tradição de uma inundação "global". Embora não seja possível que uma inundação global tenha ocorrido algum dia – para isso, seria necessário um volume de água cinco vezes maior do que a quantidade total que há em todos os oceanos juntos – a inundação da bacia do Mediterrâneo certamente teria sido percebida dessa maneira pelos povos da época.

A misteriosa cultura de Malta

Os crânios de Malta

Em uma câmara em Hagar Qim, entre a maior pedra e o muro sul, um crânio foi encontrado. Ele agora está desaparecido, mas em certa época esteve em exposição permanente no Museu Nacional de Arqueologia, em Valetta, Malta. A única imagem que se tem dele é o registro que o meticuloso pintor Schranz fez na ocasião da descoberta.

A forma do crânio era incomum, e parece pertencer a uma raça bastante peculiar, porém humana, que viveu em tempos pré-históricos. É dolicocefálico, ou oblongo, e lembra o crânio do homem de Cro-Magnon. Segundo o dr. Themistocles Zammit, em seu relatório "Os crânios humanos em Hal Saflieni", o crânio não pertence ao mesmo tipo daqueles encontrados no hipogeu. Tampouco é como o Crânio de Borreby, da Dinamarca, que lembra o do homem de neandertal. Embora o crânio do tipo negroide seja considerado dolicocefálico, também não se parece com o de Hagar Qim.

Segundo Ellul, ele é muito parecido em suas características com o protossemítico: crânio alongado, face angulosa e queixo recuado – possivelmente natufiano. Não se achou nenhum osso do restante desse esqueleto, e nenhum resto esquelético desse tipo foi encontrado, exceto o esqueleto completo de um bebê descoberto dentro de uma pequena cabana, em uma cama de pedra esculpida, em Mnajdra, um complexo de templos não muito distante de Hagar Qim, e datando do mesmo período, aproximadamente.[12]

Até 1985, uma quantidade de crânios Cro-Magnon que foram encontrados nos templos de Taxien, Ggantja e Hal Saflieni era mantida no Museu Nacional de Arqueologia, em Valetta. A maioria dos crânios foi achada no hipogeu de Hal Saflieni, junto com uma pequena estátua de uma deusa adormecida e uma relíquia gravada com o símbolo da cobra. Esse hipogeu, próximo a um poço dedicado à Deusa-Mãe, era um lugar sagrado. Recentemente, entretanto, os crânios foram retirados de exposição, e nunca mais foram vistos pelo público. Restaram apenas as fotografias tiradas pelos pesquisadores malteses dr. Anton Mifsud e o dr. Charles Savona Ventura para testemunhar a existência dos crânios.

Os pesquisadores italianos Vittorio Di Cesare e Adriano Forgione visitaram Malta à procura de pistas do seu passado remoto. Os livros escritos por Mifsud e Ventura forneceram uma ideia do que seria o foco de sua pesquisa, em particular uma coleção de crânios com anomalias peculiares. Com a cooperação do ministro da cultura, Michael Refalo, Di Cesare e Forgione obtiveram a permissão do diretor do museu para verem os crânios. O arqueólogo do museu, Mark Anthony Mifsud (irmão de Anton), supervisionou o exame em uma sala privada. De acordo com Di Cesare e Forgione, esses crânios Cro-Magnon não apresentavam fontanelas craniais mediais (suturas naturais, da frente até atrás, que se solidificam unidas à medida que a criança cresce), tinham partições temporais anormalmente desenvolvidas e occipícios (a parte posterior do crânio) perfuradas e abauladas, possivelmente devido à recuperação de um trauma. Os crânios também se apresentavam acentuadamente dolicocefálicos (em outras palavras, a parte posterior da cabeça era anormalmente alongada). Também eram maiores do que o normal (veja fig. 12.5).[13]

Peritos médicos consideram essa ausência de fontanelas craniais mediais impossível, pois não há casos patológicos similares na literatura médica internacional. Vale a pena acrescentar que esses crânios não são resultado de deformações resultantes de amarrações com bandagens ou de moldes de madeira, que algumas civilizações pré-colombianas praticavam. A não ser pela ausência das fontanelas, eles parecem naturais.

Outros crânios que também exibiam anomalias foram examinados. Alguns eram mais normais, mas ainda assim eram natural e pronunciadamente dolicocefálicos, característica típica do Cro-Magnon. Di Cesare e Forgione estão certos de que os traços incomuns dos crânios são características de uma raça de Cro-Magnon distinta e diferente, nativa de Malta e Gozo, e mais antiga do que os outros tipos de Cro-Magnon. Mark Anthony Mifsud e outro arqueólogo maltês, Anthony Buonanno, concordam que esses crânios pertencem a uma raça maltesa distinta, embora testes com carbono-14 ou de DNA ainda não tenham sido feitos.

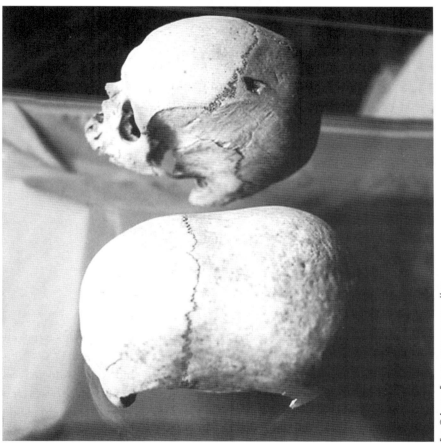

FIGURA 12.5. CRÂNIOS DOLICOCEFÁLICOS ENCONTRADOS EM MALTA.

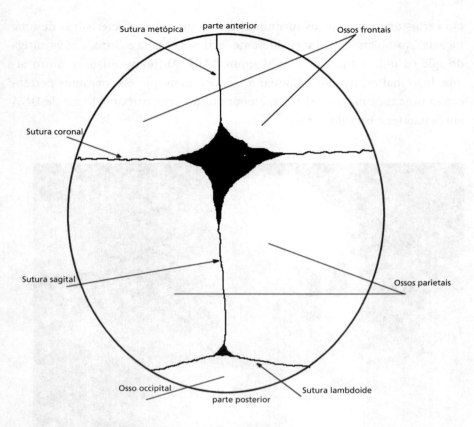

Figura 12.6. Estrutura normal do crânio de um bebê humano. Repare nas suturas mediais (metópica e sagital).

Do ponto de vista médico, outro aspecto incomum dos crânios é que alguns deles apresentam sinais óbvios de cirurgias na região occipital. Os contornos de três pequenos orifícios no osso occipital, chamado *ínio*, eram visíveis e tinham tido tempo de cicatrizar. Em outras palavras, o paciente sobreviveu à operação e o osso em torno dos orifícios começou a sarar. A capacidade de realizar tais procedimentos é, para dizer o mínimo, surpreendente em uma cultura que se pensava ser primitiva.

De acordo com o dr. Themistocles Zammit, que examinou uma quantidade de esqueletos em 1921, uma boa parte, mas não todos, dos crânios escavados mostravam sinais de deformação artificial. Os que eram resultado de deformação artificial haviam usado bandagens ou moldes de madeira, possivelmente pessoas do tipo mediterrâneo tentando parecer com o tipo Cro-Magnon. Outras deformações do esqueleto pareciam ser resultado de rituais ou castigos: incisões, perfurações, remoções parciais ou totais, cauterizações, abrasões, inserções de corpos estranhos no tecido muscular.[14] Di Cesare e Forgione especulam que um grupo dessas modificações era para propósitos mágicos, médicos ou cosméticos, e eram praticadas com a melhor das intenções para com a comunidade. Porém, eles se perguntam se populações posteriores desejaram deformar as cabeças de suas crianças a fim de torná-las parecidas com essa raça mais antiga, talvez de governantes ou de sacerdotes.

Malta e Egito

Os crânios Cro-Magnon que Di Cesare e Forgione examinaram foram datados oficiosamente de aproximadamente 2500 AEC, mas podem ser mais antigos. A história megalítica de Malta termina por essa época, sem outras evidências de ocupação humana até a chegada dos fenícios, que eram um povo do Mediterrâneo, 300 anos depois. Em Malta, os fenícios também construíram templos à Deusa-Mãe, chamando-a Astarte, a deusa com rosto de cobra, que era associada com poderes curativos.

Um aspecto intrigante dos habitantes pré-históricos de Malta é que crânios com um formato incomum, similar ao do Cro-Magnon foram encontrados no Egito e na América do Sul. A edição de maio de 1920 da revista *National Geographic* informava que os mais antigos habitantes de Malta tinham cabeças alongadas e eram similares à primeira população do Egito, que se espalhou pela costa norte da África em direção ao oeste. Alguns desses povoadores foram para Malta e para a Sicília, outros para a Sardenha e a Espanha. De acordo com esse artigo, parece haver poucas dúvidas de que a primeira população maltesa pertencia ao mesmo tipo de gente que os ibéricos, os bascos dos Pireneus, os gauleses da França, e os homens baixos e morenos da Cornualha, sul de Gales e da Irlanda – os quais são todos tipos Cro-Magnon.[15]

Para alguns pesquisadores, a datação dos crânios em 2500 AEC pode ser uma pista para se entender quem eram essas pessoas. Como já foi discutido, os primeiros egiptólogos se referiam a uma "raça dinástica" que era diferente do egípcio típico. Restos encontrados em sepulturas dos períodos pré-dinástico e tinita, datando de 3000 a 2500 AEC, eram do mesmo tipo humano Cro-Magnon achado em Malta. Apresentavam crânios dolicocefálicos, e eram maiores do que os do grupo étnico local. Um crânio, descoberto em 1902, em uma mastaba em Beith Khallaf, pertencia a um governante da terceira dinastia que media aproximadamente 1,90 metros. Os restos podem ser do faraó Sanakht, cujo nome foi achado na tumba.

Em 1992, o guardião da tradição oral egípcia que conhecemos no capítulo 11, Abdel'El Hakim Awyan, acompanhou o egiptólogo Stephen Mehler a uma sala no Museu do Cairo na qual eram guardados vários sarcófagos. O que havia de incomum em todos eles é que tinham entre 3 e 4,5 metros de altura. Estava claro que haviam sido confeccionados para seres humanos pois seus fabricantes os haviam moldado na forma antropoide. "Você acha que eram simbólicos?", Mehler perguntou a Hakim. Segundo ele, não eram. Mehler perguntou onde estavam os corpos, mas Hakim, que afirma que eles foram encontrados com corpos em seu interior, disse que ninguém sabe.[16]

De acordo com Walter Emery, a raça dinástica não era nativa do Egito, ainda que governasse como elite, desempenhando os papéis sacerdotais e administrativos, e se misturasse apenas com a aristocracia egípcia. Alguns estudiosos associaram a raça dinástica com os Shemsu Hor, os "discípulos de Hórus", que foram reconhecidos como a casta sacerdotal dominante no Egito pré-dinástico até aproximadamente 3000 AEC. A teoria é sustentada pela descoberta de indivíduos com crânios maiores e estrutura robusta, significativamente maior do que os da população nativa. Eram tão diferentes que excluem qualquer hipotética linhagem racial comum. Uma mistura dessas duas raças surgiu no milênio seguinte, que começou com a unificação do Baixo e do Alto Egito. Durante essa época crítica, imediatamente antes do nascimento da civilização dinástica egípcia, o que aconteceu em Malta, parece que também aconteceu no Egito. Indivíduos do tipo Mediterrâneo infiltraram-se na população e começaram a substituir (geneticamente) a população mais antiga Cro-Magnon.

Devo ressaltar aqui que discordo de Emery. Creio que a raça dinástica era nativa da África. Meu argumento é o de que os indivíduos com crânios maiores e constituição robusta eram representantes de uma cultura nativa, mais antiga, uma vez que é fato arqueológico que esse tipo humano era dominante na África do Norte e no Mediterrâneo antes de 10000 AEC, e que as migrações de tipos mediterrâneos não aconteceram até muito tempo depois.

Cesare e Forgione apresentam a teoria de que os Shemsu Hor (que se acredita ser a raça dinástica do Egito) tinham relação com a antiga cultura de Malta, e que ambas seguiam a religião solar. Em Malta, o Sol ainda é chamado de Shem-shi. Shem, uma palavra acadiana, é derivada do termo babilônico para Sol, que é *shamash*. Cesare e Forgione acreditam que isso prova que os Shemsu Hor vieram do Crescente Fértil do Oriente Médio (atuais Iraque, Síria, Líbano e Israel). Outra correlação é a de que essa raça sacerdotal de cabeça alongada desapareceu no Egito, e também em Malta, aproximadamente no mesmo período, entre 3000 e 2500 AEC.

Outro fato interessante sobre Malta é que sua língua não tem palavra para *mãe*. A palavra mais próxima, *missier*, literalmente significa instrumento de geração, sugerindo uma origem numa época em que a descendência era calculada pelo lado maternal.[17] De acordo com a antiga tradição oral do Egito, a cultura original do vale do Nilo também era matricista, e no capítulo 9 ficamos sabendo que a arqueóloga Marija Gimbutas chegou à conclusão de que as primeiras sociedades Cro-Magnon também eram matricistas.

Por meio de comparações esqueletais e dentais, fica claro que os tipos Cro-Magnon eram o grupo humano dominante na África do Norte e no Mediterrâneo antes de 10000 AEC. Estudos, tanto do Egito quanto de Malta, demonstram isso, e atestam a probabilidade de que o tipo mediterrâneo se misturou lentamente com a população nativa. Os tipos Cro-Magnon começaram a diminuir por volta de 5000 AEC. Por fim, os tipos mediterrâneos se tornaram o tipo humano dominante na região. Uma vez que os tipos Cro-Magnon foram alguns dos primeiros faraós, como observaram alguns estudiosos, entre os quais Emery, é lógico concluir que eles eram membros de uma cultura anfitriã, que ocupava a terra do Egito.

A misteriosa Baalbek

Nos capítulos 2 e 11, e também neste, vimos que a arquitetura das primeiras sociedades era caracteristicamente ciclópica – megalítica (construída com pedras enormes) e desprovida de inscrições. O Mediterrâneo oriental tem, talvez, as ruínas ciclópicas mais misteriosas. Em um lugar chamado Baalbek, cerca de 65 km a leste de Beirute, há um antigo sítio cujos construtores são desconhecidos. Ele ostenta os maiores blocos extraídos de pedreira do mundo. Três colossais fundações de blocos de granito vermelho, referidos em conjunto como Triliton, pesam quase 1.100 toneladas cada e formam uma imensa plataforma chamada o Grande Terraço. Em cima desse sítio os gregos construíram um templo, e em cima dele, os romanos ergueram, mais tarde, outros três – um dedicado a Vênus, a deusa do amor; outro a Baco, o deus da fertilidade e do vinho; e um terceiro a Júpiter.

O peso dessas pedras é tão grande que hoje em dia não existem máquinas modernas que possam movê-las. O maior bloco mede 19,81 metros de comprimento, por 4,45 metros de altura e 3,65 metros de largura. Os outros dois têm a mesma altura e largura, mas são ligeiramente mais curtas: 19,75 metros e 19,25 metros. Uma quarta pedra, chamada Hajar-el-Hibla, ou "pedra da mulher grávida", nunca foi removida da pedreira. É maior, pesando 1.200

toneladas. Surpreendentemente, esses blocos eram extraídos a mais de 365 metros de distância do seu destino final – nada menos que um vale – e, então, colocadas em sua posição. Como isso foi conseguido permanece um mistério. A base de pedras sob o Triliton consiste de seis megálitos, medindo entre 9,14 e 10,05 metros de comprimento, 4,26 metros de altura e 3,05 metros de profundidade; calcula-se que pesem 450 toneladas cada.

FIGURA 12.7. TRILITON DE BAALBEK (SETAS BRANCAS);
PARA UMA NOÇÃO DA ESCALA, REPARE NAS DUAS PESSOAS (SETAS NEGRAS)

A técnica usada pelos construtores para posicionar essas pedras, lado a lado, com tamanha precisão que nem mesmo uma agulha pode ser inserida entre elas, aumenta o mistério. Quem eram as pessoas por trás desse projeto monumental? Infelizmente, permanecem anônimas. Os registros romanos nada mencionam sobre os arquitetos e engenheiros dessa estrutura. Os historiadores e estudiosos romanos da época também não. Entretanto, os habitantes locais do vale de Beqa'a preservam lendas sobre a origem de Baalbek. O nome Baalbek é derivado da palavra cananeia para "Senhor"; Baalbek significa "cidade de Baal".

De acordo com a tradição oral, o bíblico Caim construiu Baalbek antes do Grande Dilúvio. A tradição diz também que a cidadela caiu em ruínas na

FIGURA 12.8. HAJAR-EL-HIBLA, O QUARTO BLOCO, NA PEDREIRA DE BAALBEK

época do dilúvio, e foi mais tarde reconstruída por uma raça de gigantes sob o comando do bíblico Nimrod, o rei de Shinar no livro do Gênesis. A razão pela qual os habitantes locais contam essa história talvez seja porque não conhecem outra explicação plausível, uma vez que os romanos não tinham a capacidade de deslocar pedras tão inacreditavelmente pesadas, nem precisassem fazê-lo. A arquitetura romana era sofisticada, mas eles sempre usavam pedras menores, mais fáceis de manejar. Sem uma explicação lógica, eles se apoiam nas lendas bíblicas. Entretanto, os estudiosos sustentam que foram os romanos que construíram o sítio, inclusive o Grande Terraço. Mas, teria isso sido possível para os romanos?

O uso de pedras desse tamanho em construções não tem precedentes nos projetos da época clássica. Não há razões lógicas para que os arquitetos romanos, que já eram construtores e planejadores experientes, tenham querido usar blocos tão gigantescos. Além disso, a parede externa do "pódio" foi deixada inacabada, o que sugere que algo deu errado, levando o projeto a ser abandonado, razão pela qual o bloco final de 1.200 toneladas foi deixado na pedreira. Também, de acordo com os padrões romanos arquitetônicos do século I AEC, o templo deveria ter sido situado em uma extremidade do pátio, mas permaneceu em seu interior. Não é o caso. O pátio termina na fachada do templo.

313

Mesmo se o método de "enterrar e escavar" (colocar terra ou areia continuamente em torno da estrutura para que, à medida que as pedras fossem colocadas em níveis mais altos, os trabalhadores continuassem no "nível do chão") tivesse sido usado para construir essa estrutura maciça, quantos homens seriam necessários para mover um bloco de 1.000 toneladas? Embora ninguém saiba ao certo, um estudioso calculou que seriam necessários quarenta mil homens para arrastar o bloco. Do ponto de vista logístico, parece impossível para qualquer pessoa, em qualquer época, coordenar tal feito.

Escavações perto do pátio de Júpiter revelaram a existência de uma camada de ocupação da Antiga Idade do Bronze, datando entre 2900 e 2300 AEC. Mais tarde, um átrio elevado foi construído em torno de um poço vertical, que levava a uma greta natural 50 metros abaixo da superfície, onde um pequeno altar esculpido na rocha era usado para rituais de sacrifício. Quando a calçada superior inacabada do Grande Terraço foi desobstruída dos escombros, os trabalhadores descobriram, gravada em sua superfície, o desenho do frontão triangular presente no Templo de Júpiter. O desenho era tão preciso que parecia que os arquitetos e pedreiros haviam posicionado seus blocos baseados nele. Isso significa, também, que a plataforma megalítica existia antes da construção do templo.

Embora tenham tentado buscar justificativas – como a tradição fenícia de usar três camadas de pedra para um pódio, ou uma coluna romana que suporta parte do pódio – para datar as porções mais baixas de Baalbek como uma construção de um período posterior, a extração dos blocos e a construção do nível mais baixo estão além de qualquer explicação. Sua arquitetura plana, precisa e de ângulos retos pertence a uma história da qual os pesquisadores sabem muito pouco. A teoria de que gigantes sobre-humanos de uma era remota tenham construído as estruturas não soluciona o mistério: se gigantes a tivessem erguido, eles precisariam ter sido dez vezes mais altos e mais fortes do que nós. A melhor explicação para a construção megalítica de Baalbek é a de que sua cultura era parte de uma civilização tecnicamente avançada, como aquelas que levantaram estruturas similares em Malta e no Egito.

A civilização mediterrânea como modelo para Atlântida

Com base em uma história que seu tio Sólon ouviu de sacerdotes egípcios em Sais, Platão escreveu que a grande civilização insular da Atlântida afundou no mar depois de um grande terremoto. A existência e o destino da perdida

Atlântida têm sido debatidos por quase 400 anos, e cada novo pesquisador alardeia evidências de que finalmente a encontrou, a despeito da vastidão geográfica das supostas localizações incluir lugares como a Grã-Bretanha, a Espanha, o Mediterrâneo e até as Américas.

O que fica claro, com base nas hordas de pesquisadores que se esforçaram para encontrar a lendária cidade, é que Atlântida é provavelmente o que Aristóteles, em seu tratado *Meteorologia*, disse que era – um lugar mítico em uma história.[18] Ainda que até mesmo um cético como o autor de *Imagining Atlantis*, Richard Ellis, depois de estudar aqueles que buscaram a ilha afundada, acredita que há um fundo de verdade no mito.

Os estudiosos sugerem que uma erupção vulcânica devastadora na ilha de Thera (atual Santorini, no Mediterrâneo, próxima de Creta) é a fonte da história contada por Platão. Embora destruidora o suficiente para ter arrasado, de fato, uma cidade, esse incidente vulcânico parece ter acontecido muito recentemente para ter servido de fonte para Platão. Segundo ele, o acontecimento ocorreu 9 mil anos antes do seu próprio tempo. Mesmo que esse número seja apenas uma estimativa, sugere que o acontecimento cataclísmico descrito na história teve de ocorrer muito antes da erupção em Thera. Além do mais, outras histórias sobre inundação, em particular da Mesopotâmia, antecedem a erupção em Thera.

O tamanho da Atlântida de Platão também constitui um problema. Ele afirma que a massa de terra era tão grande quanto a África e a Ásia Menor somadas. Tal tamanho simplesmente descartaria todas as ilhas que se sabe terem existido no Mediterrâneo e na costa da África. Entretanto, existe certa discussão sobre a interpretação dessa passagem específica do texto. Alguns estudiosos afirmam que o real significado é "entre Ásia Menor e África" (referindo-se à localização, não ao tamanho). E o que existe entre essas duas massas de terra é o Mar Mediterrâneo.

Nos Penhascos de Dingli, que formam a costa sul de Malta, íngremes recifes despencam verticalmente no mar, em acentuado contraste com a costa norte, mais inclinada. Parece que, em resultado de um terremoto, o eixo da ilha girou sobre si mesmo, submergindo a maior parte da costa de frente para a Sicília.

Alguns arqueólogos malteses, inclusive Anton Mifsud e Charles Savona Ventura, consideram esse terremoto a fonte do nascimento da lenda da Atlântida. Assim como o homem de Cro-Magnon ao fim da era glacial, a população que criou as extraordinárias estruturas em Malta simplesmente desapareceu em determinado ponto da história. Mais tarde, a chegada de novas populações estimulou a agora dizimada cultura maltesa.[19] A história parece a mesma no vale do Nilo.

De acordo com os Papiros de Leningrado (egípcios), que se acredita datarem de 1450 AEC ou, possivelmente, 2000 AEC, uma "estrela caída dos céus" destruiu uma população serpentina (descrita assim, talvez, devido à aparência de seus crânios sem suturas, oblongos). Apenas um grupo de humanos sobreviveu, em uma ilha. Trata-se de um mito bizarro, mas poderia essa história representar a verdade histórica sobre a "Atlântida", repassada pelos antigos e posteriormente registrada por escribas?

Uma tradição egípcia

A história de Platão sobre a Atlântida, encontrada em *Timeu* e em *Crítias*, pode ser interpretada como uma parábola do bem triunfando sobre o mal, antigos atenienses sobre os invasores atlantes. Platão era escritor e filósofo, e a história serviu a um propósito filosófico maior. A história da Atlântida descreve os males de uma sociedade outrora altamente bem-sucedida destruindo-se por sua própria corrupção. Simplesmente não é possível aceitar o relato como fato histórico sem evidências que o corroborem. Embora haja elementos nessa lenda que lhe deram um tom realista aos olhos do século IV AEC, assim como para nós, hoje.

De acordo com Heródoto e Aristóteles, Sólon – legislador ateniense e um dos sete sábios da Grécia (c. 638–539 AEC) – que originalmente contou a história, de fato visitou o Egito, mas em época posterior à relatada por Platão. Sólon ouviu a história da Atlântida de sacerdotes egípcios em Sais, que a tiraram de uma gravação em uma coluna de um templo. Além disso, os egípcios contam uma história tradicional sobre uma terra que afundou no mar. Na época da visita de Sólon, a história era familiar para a maioria dos egípcios, já que todas as suas lendas contêm uma referência à cidade que afundou.

O arqueólogo grego Spyridon Nikolaou Marinatos, descobridor de um porto minoico na ilha de Thera, talvez tenha apresentado a maior contribuição entre todos os outros pesquisadores para a busca da Atlântida. Em 1939, ele publicou *The Volcanic Destruction of Minoan Crete*, que levou a uma associação entre a ilha de Creta e a Atlântida. Segundo Marinatos,

> A imaginação de Platão simplesmente não poderia ter conjurado um relato tão único e incomum na literatura clássica [...] Por essa razão, o relato é normal-

mente chamado por Platão de uma "tradição". Gostaria de acrescentar também que se algumas partes do relato parecem merecer o rótulo de fábula, isso deve ser atribuído aos egípcios e não a Platão.[20]

Marinatos acrescenta adiante que a história de uma ilha que acabou desaparecendo no mar era bastante familiar aos egípcios. Os sacerdotes em Sais confundiram-na com outros relatos tradicionais acerca da Atlântida por causa das similaridades. Marinatos acredita que eles inventaram o mito a partir de sua própria e errônea interpretação da explosão de Thera.[21]

O que é digno de nota aqui é que a história sobre a Atlântida não é um mito grego, e sim, egípcio. E se os egípcios confundiram o cataclismo de Thera com outra história mais antiga, então, significa que o caso da versão original era bastante significativo para ser lembrado através de tantas gerações – da mesma maneira que o dilúvio bíblico foi transmitido por milhares de anos por meio da tradição oral. Platão chamou muita atenção para a lenda, mas, dadas as circunstâncias, é provável que ele tenha dourado uma tradição muito antiga, como qualquer bom escritor faria para transmitir suas ideias. Esse é um tema comum no antigo Oriente Próximo. O sumério *Épico de Gilgamesh*, a Bíblia hebraica e a passagem em sânscrito do Mahabharata contam a história de uma grande inundação.

A maior cultura mediterrânea

Em junho de 2004, Rainer Kühne, da Universidade de Wuppertal, Alemanha, afirmou ter encontrado o que podia ser a cidade perdida da Atlântida numa região de pântanos salgados na costa sul da Espanha. O estudo se baseia em imagens de satélite que mostram ruínas antigas. Elas parecem se encaixar nas descrições fornecidas por Platão – estruturas retangulares cercadas por círculos concêntricos. Até as dimensões são corretas.[22]

Não importando se esses relatos sobre a Atlântida são ou não exatos, a existência de uma antiga civilização no Mediterrâneo é sustentada por muitas evidências. Além disso, sua existência e também sua destruição explicariam o porquê de as culturas Cro-Magnon da Europa Ocidental parecerem ter surgido do nada. Esses antigos humanos migraram do sul da África em direção ao norte, para a região do Mediterrâneo e da Europa. Se a inundação do Mediterrâneo nunca houvesse acontecido, haveria abundantes evidências arqueológicas para se afirmar com confiança que o Cro-Magnon deslocou-se para a Europa vindo do sul. Entretanto, uma vez que a inundação de fato ocorreu, todas as evidências dessa migração foram varridas do mapa ou encontra-se enterrada no fundo do Mar Mediterrâneo.

O cerne da civilização mediterrânea foi destruído quando esse vale outrora abundante virou um mar. Aqueles que viviam no vale do Nilo também ficaram órfãos de seus parentes, mas mesmo assim continuaram, de um modo majestoso, da mesma maneira que haviam feito por milhares de anos. Com o influxo de uma multidão de recém-chegados de outras terras, sua cultura aos poucos se desenvolveu no que conhecemos como o Egito dinástico, uma cultura que havia sido matricista foi substituída pelo patriarcado. Não foi um desenvolvimento único. Outras áreas, em particular na Mesopotâmia, enfrentaram o mesmo destino (como foi descrito no meu livro anterior, *Sons of God – Daughters of Men*).

FIGURA 12.9. BANCO ADORNADO COM CHIFRES DE TOUROS EM ÇATALHÖYÜK, TURQUIA (DE *THE NEOLITHIC OF THE NEAR EAST*, DE JAMES MELLAART)

Mais recentemente, em 2001, no Irã, uma inundação relâmpago perto do rio Halil abriu antigas sepulturas recheadas com belas cerâmicas. Os moradores do local começaram a saquear o sítio, forçando a polícia a confiscar centenas de recipientes de pedra finamente trabalhados, entalhados com imagens de animais e decorados com pedras semipreciosas. Uma vez que o achado desses recipientes não resultou de uma busca científica, sua idade e origem ainda são matéria de discussão. Entretanto, o arqueólogo iraniano encarregado do sítio, Yousef Madjidzadeh, está plenamente convicto de que a maioria deles foi confeccionada há mais de 4 mil anos, e que a sociedade que os criou antecede a antiga Mesopotâmia.[23] Isso pode ser visto como mais um sinal revelador de Bu Wizzer, a Terra de Osíris, e da maior cultura do Mediterrâneo.

FIGURA 12.10. BANCO ADORNADO COM CHIFRES DE TOUROS EM SAQQARA, EGITO
(DE *ARCHAIC EGYPT*, DE WALTER EMERY)

Há outros indícios de sua existência na Turquia. No assentamento de 8 mil anos em Çatalhöyük, evidências indicam que o touro era adorado e que seu crânio era transformado em relicários, uma prática reconhecidamente existente no Egito. A adoração de touros estava entre os cultos animais mais importantes, e já aparecia em escritos egípcios que remontam à primeira dinastia. Paletas de ardósia, datando de até 3100 AEC, chegam a representar reis como touros. Diferente de outros aspectos dos neteru, o espírito do touro jamais era representado como um humano com cabeça de animal. O touro Ápis estava intimamente ligado a Ptah, e seu centro de culto era Mênfis. Fundamentalmente uma divindade da fertilidade, ele era representado como um touro coroado com o disco solar e a serpente uræus.* As evidências indicam

---

* Uræus ou ureus é o termo comum aplicado ao adorno em forma de serpente ostentado em coroas dos deuses e faraós do antigo Egito. (N. da T.)

que o touro era venerado por uma cultura (ou culturas) geograficamente mais ampla durante os tempos pré-históricos.

Há um ponto de vista mais amplo?

O diretor de origens humanas do Museu de História Natural de Londres, Chris Stringer, disse que acredita que a maioria dos seres humanos pré-históricos era dolicocéfala, não importa sua origem.[24] Ele se referia ao esqueleto de 13 mil anos de uma mulher Peñon encontrado por Silvia Gonzalez perto da Cidade do México, que tinha um crânio dolicocefálico. Stringer, diferente de outros pesquisadores, não está convencido de que esse formato de crânio prova a origem dela como europeia. Seu ponto de vista provavelmente está correto, o que justifica uma explanação.

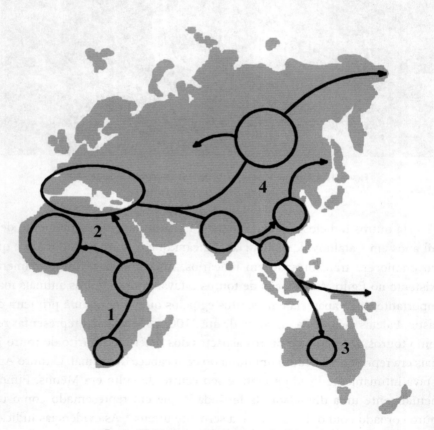

FIGURA 12.11. PRIMEIRAS MIGRAÇÕES DO CRO-MAGNON

É geralmente aceito por antropólogos e arqueólogos que a raça humana, *Homo sapiens sapiens,* desenvolveu-se pela primeira vez na África, entre 100 mil e 150 mil anos atrás. Alguns afirmam que isso ocorreu há mais tempo, cerca de 200 mil anos atrás. Seja lá como for, em algum momento por volta de 100 mil anos atrás, grupos de humanos deslocaram-se para o norte ao longo do vale da Grande Fenda Africana e do rio Nilo, depois através da península do Sinai para o Oriente Médio. Por volta de 60 mil anos atrás, eles já haviam migrado para a costa da Índia e do sudeste da Ásia e, depois, navegaram para a Austrália. Cerca de 40 mil anos atrás, eles migraram para a Europa e do sudeste da Ásia para a Ásia oriental. Finalmente, por volta de 10 mil anos atrás – embora o dr. James Adovasio, da Mercyhurst College, acredite que a data seja mais próxima de 20 mil anos atrás – eles atravessaram a vasta planície unindo a Sibéria ao Alasca e espalharam-se pelas Américas do Norte e do Sul.

Stringer sustenta que todos os povos pré-históricos eram dolicocéfalos pois os traços humanos demoram um longo tempo para mudar em uma população. Por exemplo, a explicação aceita para as variações de cor de pele é que o homem primeiro se desenvolveu em uma região tropical. Uma vez que o sol é mais forte em latitudes equatoriais, a pele precisava de proteção contra a radiação ultravioleta, que é fornecida pela melanina, nosso protetor solar natural. Isso é o que faz a pele escura. Quando os humanos alcançaram o hemisfério norte, há 40 mil anos, o sol não era tão forte durante a maior parte do ano. Uma vez que o sol nos ajuda a sintetizar a vitamina D que precisamos para o crescimento adequado dos ossos, tivemos que perder um pouco da pigmentação para permitir que uma quantidade suficiente de sol passasse. Segundo a geneticista dra. Nina Jablonski, do Instituto de Tecnologia da Califórnia, leva cerca de 20 mil anos para uma pele pigmentada se tornar clara.

Alguns cientistas também acreditam que um crânio dolicocefálico, oblongo, é mais efetivo em dissipar calor – quanto maior a superfície, mais fácil o resfriamento num clima quente, o que seria vantajoso. Da mesma maneira, uma cabeça mais compacta e redonda conservaria o calor em ambientes mais frios. Embora isso não explique totalmente por que alguns dos europeus do norte mantiveram o formato craniano dolicocefálico por milênios, ajuda a explicar por que os primeiros humanos tinham conformações cranianas específicas. Sua origem era a África. Tanto para a cor da pele quanto para o formato do crânio. Quaisquer adaptações como resultado de mudanças climáticas levariam uma substancial quantidade de tempo.

Um dos meios de que dispõem os peritos forenses para determinarem a raça de um indivíduo é pelo formato do crânio. Segundo o autor investigativo

Andrew Muhammad, em seu artigo "African Origins in the U.K." [As origens africanas do Reino Unido], ainda hoje o crânio de pessoa da raça negra é geralmente descrito como dolicocéfalo. Com essa evidência, ele argumenta que os povos aborígenes da Europa ocidental eram negros. Por exemplo, em 1865, Samuel Laing descobriu restos humanos perto de Kiess no condado de Caithness, Escócia, e escreveu que esses nativos da Grã-Bretanha deviam ter grande semelhança com os aborígenes australianos ou tasmanianos. Os restos foram, então, enviados ao Professor Thomas Huxley (1825–1895), um dos primeiros a aderirem às teorias de Charles Darwin, que escreveu, em sua obra de 1881, *Early History of Scotland*, que os primeiros habitantes da Grã-Bretanha tinham crânios como aqueles dos nativos africanos ou aborígenes australianos.

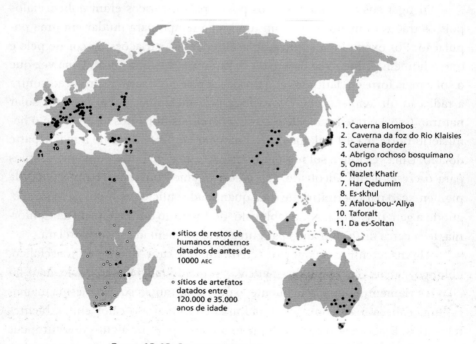

FIGURA 12.12. SÍTIOS DE SEPULTURAS E ARTEFATOS CRO-MAGNON

Crânios encontrados em *câmaras tumulares* (túmulos retangulares de pedra, não megalíticos, com restos humanos depositados em pequenas câmaras chamadas *cistos*) neolíticas (8000–5000 AEC) na Grã-Bretanha, foram identificados como representantes da mais antiga raça nessa região, de acordo com o antropólogo *sir* Daniel Wilson (1816–1892). Todos os crânios eram dolicocéfalos, o que provou aos cientistas que eles pertenciam ao grupo racial negroide. Um outro crânio, encontrado em uma câmara tumular de pedra em forma de caixa, descoberta na Ilha de Uist, na Escócia, foi identificada como pertencente a um tasmaniano.

Segundo Andrew Muhammad, enquanto os povos ibéricos que um dia habitaram os atuais países Espanha, Portugal e Itália desenvolviam sua civilização na Europa, a "nação negra" de Buda, na Índia, espalhava sua filosofia oriental. Essas nações eram ligadas à cultura-mãe kemetiana pelo sistema da "Escola de Mistérios", cujo centro ficava às margens do Nilo, perto de Luxor. Essa Escola de Mistérios se tornou famosa nos tempos históricos por intermédio do intelectual grego Pitágoras, que, como já foi mencionado, estudou no antigo Egito. Muhammad acredita que esses povos originais – os aborígenes australianos, os ibéricos, os indianos e os egípcios – viajaram aos quatro cantos do mundo e chegaram até a costa do Reino Unido.

As culturas humanas se expandem, exploram e migram para novos territórios a partir de uma cultura ou civilização anfitriã. Como sabemos de tempos históricos, estabelecer colônias em outras terras é uma tarefa árdua e quase sempre requer ajuda do "país de origem" e contato contínuo com ele. Uma vez que a África é geralmente aceita como a terra natal da humanidade, a partir de onde todas as outras culturas e civilizações se espalharam, ela deve ter tido a população e a infraestrutura para sustentar tal empreendimento. As pessoas se mudam para novas terras por uma razão. Normalmente, estão em busca de uma vida melhor. Aqueles indivíduos que se mudaram da África do Norte e do Mediterrâneo para a Europa Ocidental entre 40 e 20 mil anos atrás era esse tipo de gente, procurando por terras novas. As evidências genéticas e arqueológicas sustentam essas ondas de migração para a Península Ibérica. O país anfitrião desses imigrantes deve ter existido em algum lugar. Embora a tradição oral de Abdel'El Hakim Awyan sobre Bu Wizzer seja subjetiva, suas afirmações acerca da idade e da sofisticação de uma cultura ultra-antiga cabem bem na esfera do razoável. E também se encaixam nas evidências de uma extensa civilização no Mediterrâneo.

A Esfinge grega

A montanhosa ilha grega de Kea (Tzia) localiza-se na extremidade oeste das Cíclades, um grupo de ilhas no Mar Egeu. Devido à sua proximidade com a costa de Ática, a história da ilha é estreitamente ligada a Atenas. Já foi chamada de Ilha da Água (Ydroussa) e, de acordo com a mitologia, era o lar das ninfas aquáticas. A lenda prossegue narrando que por ser ela muito bela, os deuses ficaram com inveja e enviaram um leão para lá, a fim de arrasá-la. As ninfas fugiram, o que resultou em uma seca da região. Os habitantes de Kea pediram ajuda ao filho de Apolo, Aristeu, e ele ergueu um templo a Zeus. Isso contentou o poderoso deus: ele fez chover e as ninfas voltaram.

De acordo com os arqueólogos, Kea foi habitada possivelmente desde 4000 AEC, o que fica evidente pela descoberta de cerâmica cicládica, minoica e micenense. A ilha tem lá seus sítios antigos e estátuas. O mais conhecido é o Kouros (homem jovem) de Keos, atribuído ao século VII AEC, atualmente exposto no Museu Nacional de Atenas. Na encosta de uma colina próxima ao vilarejo de Chora, existe um sítio mais misterioso. Um artista desconhecido de um período igualmente ignorado esculpiu um leão na face rochosa, medindo 5,5 metros de comprimento por 2,7 metros de altura. Ele lembra a Esfinge de Gizé, mas com uma cabeça felina. De acordo com os arqueólogos, foi talhado durante o século VI AEC, mas eles não podem estabelecer nenhuma ligação clara com qualquer contexto cultural. Entretanto, a mais antiga tradição oral local, que remonta a 2.500 anos, afirma que a existência da estátua era inexplicável até mesmo para os primeiros habitantes da ilha.

Alguns pesquisadores, como o professor francês de literatura Jean Richer, acreditam que o leão de Kea pode ter ligação com a geografia sagrada grega, que, eu acrescentaria, pode ter raízes egípcias. A geografia sagrada é a prática de planejar cidades deliberadamente de modo a tornar a terra uma imagem viva do céu. Richer acredita que isso deve ter desempenhado um papel na criação do eixo de monumentos e templos Delfus–Monte Olimpo a noroeste.

Em *Sacred Geography of the Ancient Greeks*, publicada pela primeira vez em 1967, Richer correlaciona a descrição de Platão do estado ideal a um padrão evidente na posição de importantes estruturas na Grécia Antiga. No estado ideal de Platão, explica Richer, a terra era dividida em doze partes, cada qual denominada e regida segundo um "deus" do zodíaco ou constelação. Do alto, a disposição pareceria uma roda com doze raios, imitando o padrão do céu. Por meio do estratégico posicionamento dos templos dentro desse padrão, as constelações do céu noturno poderiam ser transferidas para a terra. Em outras palavras, a disposição dos templos espelharia o céu noturno. O posicionamento adequado de templos era uma maneira de honrar os doze deuses e harmonizar os movimentos da vida diária com a grande ordem do universo.

Interpretado dessa maneira, o Leão de Kea pode ser precisamente datado de acordo com o alinhamento do solstício. Longitudinalmente, o leão de Kea é orientado quase que no sentido nordeste/sudoeste: então, ele é orientado para o nascer do sol no solstício de verão. Mas, uma vez que sua cabeça encontra-se virada, ele também olha na direção do nascer do sol no solstício de inverno. Segundo Richer, o Leão de Kea simboliza a constelação de Leão. Ele atribui o monumento à era na qual o sol do solstício de verão estava em Leão, entre 4400 e 2200 AEC. Ele também apresenta a teoria de que o Leão de Kea era parte de uma roda zodiacal muito antiga, cujo centro em Traquis mais tarde foi transferido para Delfus. A roda era um sistema que descrevia simbolicamente o primeiro calendário conhecido, que era originário do Egito. No que diz respeito a Richer, não é à toa que o leão olha na direção da terra do Nilo.

O que há de tão especial sobre os alinhamentos estelares das estruturas? Como foi discutido nos capítulo 4 e 5, o céu noturno desempenhava um papel crucial na medição do tempo no Egito Antigo. Em *The Origen Map*, o astrofísico Thomas Brophy sugere que a disposição das estruturas no planalto de Gizé marcava a posição do centro galáctico, a densa bola de estrelas em torno da qual os braços espirais da Via Láctea giram, em sua culminação norte por volta de 10909 AEC.[25] Em *Galactic Alignment*, John Major Jenkins também acha evidente que outras culturas antigas tivessem consciência desse acontecimento estelar especial e o incorporasse às suas tradições. De fato, para os maias, isso assinalava o começo de um novo calendário e o final de um antigo; é por isso que seu calendário termina em 2012, durante um período de alinhamento galáctico (e não o fim do mundo). Segundo Jenkins, a constelação de Leão é um marcador crítico de períodos de alinhamento galáctico. Quando ela se alinha com um equinócio ou solstício, o eixo do solstício ou do equinócio encontra-se alinhado com a Via Láctea e o centro galáctico.[26]

A despeito de sua datação "oficial" do século VI AEC, alguns acreditam que o Leão de Kea é um vestígio de uma civilização pré-histórica desaparecida que um dia cobriu o Mediterrâneo. Junto com os megálitos astronomicamente alinhados de Nabta Playa, o Leão de Kea indica que durante tempos pré-históricos e míticos pode ter existido uma cultura e uma maneira de pensar que se baseava na meticulosa observação do mundo natural, particularmente o céu noturno. Segundo o arqueólogo francês Georges Daressy, os antigos egípcios também empregavam tais métodos de planejamento geográfico de acordo com os corpos celestes. Em seu livro *L'Egypte Celeste* [O Egito Celestial], Daressy explica como determinadas cidades egípcias usavam emblemas gravados na arquitetura dos templos para representar uma sequência do zodíaco. O enorme período que leva para compreender e mapear o movimento das estrelas e planejar cidades e templos de acordo com esses padrões observados sustenta a tese de que as culturas que deram origem à civilização surgiram em um passado muito remoto.

O total de anos da história egípcia, de acordo com seus próprios registros, remonta a 36.620 anos. O Papiro de Turim fornece uma lista completa de faraós que reinaram no Alto e no Baixo Egito de Menés ao Novo Império na primeira coluna, e lista aqueles que governaram antes dele na segunda coluna. As duas últimas linhas são explícitas:

[...] veneráveis Shemsu-Hor, 13.420 anos
Reinados até Shemsu-Hor, 23.200 anos.[27]

Emery concorda em princípio. Ele acredita que a linguagem escrita do Egito Antigo ia além do uso pictorial de símbolos mesmo durante as primeiras dinastias. De acordo com sua pesquisa, os sinais também eram usados para representar sons apenas junto com um sistema numérico. Ao mesmo tempo que os hieróglifos foram estilizados e usados na arquitetura, uma escrita cursiva já era de uso comum. Sua conclusão foi a de que "tudo isso mostra que a linguagem escrita deve ter tido um tempo considerável de desenvolvimento antes disso, do qual não se achou traço algum no Egito até agora".[28] Dadas todas as evidências, e que foram discutidas ao longo deste livro, por que não acreditar nas próprias palavras dos antigos egípcios? Deveríamos fazê-lo.

As origens africanas do Egito dinástico

Há quase 200 mil anos, uma nova criatura, o humano, surgiu na África, e antes da aurora da história ele se espalhou por todos os continentes habitáveis. Chamamos a esses indivíduos que se deslocaram da África para o resto do mundo de Cro-Magnon. São nossos ancestrais. Após sua migração, o isolamento geográfico fez com que determinados grupos se adaptassem a climas específicos, o que deu origem às "raças". Culturas distintas se desenvolveram, com suas próprias identidades e tradições. Embora elas vivessem no que poderíamos chamar de um ambiente primitivo, não eram primitivas.

Ondas migratórias sempre se alastram a partir de uma base estabelecida na qual as necessidades da vida são facilmente satisfeitas. Uma migração começa no próprio lar. Para as culturas Cro-Magnon pré-históricas, esse lar era a África. No Mediterrâneo e em seu entorno, particularmente no norte da África e nas regiões ao leste que agora estão submersas, uma civilização foi construída com base na percepção de princípios espirituais, o que chamamos de mito. Por dezenas de milhares de anos seu povo prosperou, desenvolvendo sua própria e inigualável tecnologia, e se lançando ao comércio, só para ser dizimada por uma catástrofe por volta de 8000 AEC.

Embora qual catástrofe especificamente tenha sido matéria de discussão há anos, não resta dúvida de que um cataclismo ocorreu e resultou na extinção de numerosas espécies por todo o mundo, e em uma nova topografia para a face da Terra. Seja lá o que tenha ocorrido, um impacto de cometa ou asteroide, talvez, o fato é que foi desastroso para a vida em nosso planeta.

Os humanos, é claro, estavam entre as espécies que sofreram, mas encontraram um meio de sobreviver. Aqueles que viviam no Egito e na África do Norte lutaram para continuar, e com o crescimento do Deserto do Saara, viram-se obrigados a se deslocar para o vale do Nilo, onde a água estava disponível continuamente. Como herdeiros e guardiões do conhecimento e da sabedoria antigos, aqueles a quem os egiptólogos do século XX se referem como "raça dinástica", eles reconstruíram sua civilização, enquanto recém-chegados do nordeste migravam para o vale do Nilo, fornecendo uma mão de obra cada vez maior. O Egito dinástico foi, em certo sentido, o renascimento dessa civilização pré-histórica. Mas a afluência contínua de recém-chegados do Mediterrâneo ao Egito acabou suplantando em número essa raça dinástica Cro-Magnon, transformando o que era uma cultura de base matriarcal em uma patriarcal.

Nossa civilização moderna herdou as qualidades dessa cultura patriarcal que teve início há 5 mil anos no Egito. Entretanto, o legado de uma civilização mais antiga impregnou a história, os mitos e as narrativas dessa civilização egípcia, acabando, desse modo, por nos influenciar também. Nos textos hebraicos, os precursores da história eram referidos como "homens de renome", "heróis de outrora" e "filhos de Deus". Os escritos egípcios referem-se a eles como "os seguidores de Hórus", e antes disso, simplesmente como "os deuses". Ainda hoje podemos rastrear nosso conceito de divino até essas raízes pré-dinásticas.[29]

Revolução científica

Os cientistas estão sempre falando de ausência de evidência, e se isso significa, ou não, evidência de ausência. No Egito e no Mediterrâneo, nenhuma das condições é verdadeira. Existem evidências de uma civilização extremamente antiga, e de suas extraordinárias conquistas, para todo mundo ver. As evidências não são insuficientes; são substanciais. Quando chovia no Egito, há mais de 20 mil anos, a raça humana alcançava um novo patamar de civilização, apenas para encontrar um destino cataclísmico. Pode ser que nós mesmos tenhamos um destino cataclísmico um dia. Se a história se repetir, como sempre faz, será que alguém, daqui a 10 mil anos, encontrará nossas ruínas espalhadas e ligará os pontos?

Um renomado filósofo e historiador da ciência, o americano Thomas Samuel Kuhn (1922–1996), reparou que os principais avanços científicos sempre vêm de elementos de fora da área ou de novatos, precisamente porque tais indivíduos não carregam com eles as parcialidades e os preconceitos que impedem os veteranos de enxergar o óbvio.[30] Pesquisadores como John Anthony West, Robert Schoch, Chris Dunn, Thomas Brophy, Vittorio Di Cesare, Adriano Forgione e Stephen Mehler pelejaram, em suas respectivas áreas, para descobrir a verdade, com mente aberta e disposição para questionar. Nessa jornada em busca das raízes da civilização humana, descobrimo-nos, no espírito das revoluções científicas de que falava Kuhn, embarcando em uma nova história da humanidade.

NOTAS

Capítulo 1: Os dias chuvosos da Esfinge egípcia

1. *Sir* William Osler, *The Evolution of Modern Medicine* (New Haven: Yale University Press, 1921).
2. *Monumental Mysteries: Aging the Great Sphinx*. BBC/Discovery Channel, 1997, documentário.
3. *Mystery of the Sphinx*, Lavonia, MI: BC Video, 1993, documentário (esse documentário foi baseado na pesquisa de John Anthony West).
4. *Ibid.*
5. Robert Schoch, "Redating the Great Sphinx of Giza", *KMT: A Modern Journal of Ancient Egypt*, vol. 3, nº 2, 1992.
6. *Ibid.*
7. *Ibid.*
8. *Ibid.*
9. *Mystery of the Sphinx.*
10. John Anthony West, *Serpent in the Sky* (Wheaton, IL: Quest Books, 1993), 229. [*A Serpente Cósmica*, publicado pela Editora Pensamento, São Paulo, 2009.]
11. *Mystery of the Sphinx.*
12. *Ibid.*
13. *Monumental Mysteries: Aging the Great Sphinx.*
14. *Ibid.*
15. Robert M. Schoch, "Response in Archaeology to Hawas and Lehner", carta para KMT, vol. 5, nº 2, verão de 1994; janeiro/fevereiro 1995, online em: www.robertschoch.net/articles/Response_to_Hawass_Lehner.html (acessado em 05/5/2004).
16. *Ibid.*
17. Schoch, "Redating the Great Sphinx of Giza".
18. K. Lal Gauri, "Geologic Study of the Sphinx", *American Research Center in Egypt Newsletter* nº 127 (1984): 24–43.
19. Robert M. Schoch, "Geologic Evidence Pertaining to the Age of the Great Sphinx", em Emilio Spedicato e Adalberto Notarpietro, orgs., *New Scenarios on the Evolu-*

tion of the Solar System and Consequences on History of Earth and Man, Proceedings of the Conference, Milano and Bergamo, June 7–9ᵗʰ, 1999 (Milão: Università degli Studi di Bergamo, Quaderni del Dipartmento di Matematica, Statistica, Informatica ed Applicazion, Serie Miscellanea, 2003), 171–203.
20. David Coxill, Riddle of the Sphinx", *InScription – Journal of Ancient Egypt*, artigo 2, primavera de 1998.

Capítulo 2: O peso da evidência geológica

1. Colin Reader, "A Geomorphological Study of the Giza Necropolis, with Implications for the Development of the Site", *Archaeometry* 43, nº 1 (2001): 149–65.
2. Colin Reader, "Khufu Knew the Sphinx: A Reconciliation of the Geological and Archaelogical Evidence for the Age of the Sphinx and a Revised Sequence of Development for the Giza Necropolis", 1999. www.ianlawton.com/as1.htm (acessado em 1/5/2004).

Capítulo 3: O Saara verde

1. Andrew B. Smith, "Origins and Spread of Pastoralism in Africa", *Annual Review of Anthropology* 21 (1992): 125–41.
2. J. McKim Malville, Fred Wendorf, Ali A. Mazar, e Romauld Schild, "Megaliths and Neolithic Astronomy in Southern Egypt", *Nature* (abril de 1998): 488–91.
3. *Ibid.*
4. *Ibid.*
5. C. Vance Haynes Jr., "Geochronology and Climate Change of the Pleistocene-Holocene Transition in the Darb el Arba'in Desert, Eastern Sahara", *Geoarchaeology: An International Journal* 16, nº 1 (2001): 119–41.
6. *Ibid.*
7. Kathleen Nicoll, "Recent Environmental Change and Prehistoric Human Activity in Egypt and Northern Sudan", *Quaternary Science Reviews* 23, nᵒˢ 5–6 (março de 2004): 561–80.
8. Haynes, "Geochronology and Climate Change".
9. Nicoll, "Recent Environmental Change and Prehistoric Human Activity".
10. Haynes, "Geochronology and Climate Change".
11. *Ibid.*
12. *Ibid.*
13. *Ibid.*
14. *Ibid.*
15. *Ibid.*
16. *Ibid.*
17. *Ibid.*
18. *Ibid.*
19. Nicoll, "Recent Environmental Change and Prehistoric Human Activity".

20. *Ibid.*
21. *Ibid.*
22. *Ibid.*
23. *Ibid.*
24. Robert J. Wenke, "Egypt: Origins of Complex Societies", *Annual Reviews Anthropology* 18 (1989): 129-55.
25. Schoch, "Geological Evidence Pertaining to the Age of the Great Sphinx".
26. P. Morel, F. von Blanckenburg, M. Schaller, M. Hinderer e P. W. Kubik (PSI), "Qualification of the Effects of Lithology, Landscape Dissection, and Glaciation on Rock Weathering and Large-Scale Erosion as Determined by Cosmogenic Nuclides in River Sediments", *Annual Report: The Institute for Particle Physics*, ETH Zürich (Instituto Federal de Tecnologia da Suíça), 2001.
27. John Stone e Paulo Vasconcelos, "Studies of Geomorphic Rates and Process with Cosmogenic Isotopes Examples from Australia", *Cambridge Publications Goldschmidt 2000 Conference: An International Conference for Geochemistry*, Oxford, U.K., organizado pelas Associação Europeia para a Geoquímica e Sociedade Geoquímica.
28. A. Matmon, E. Zilberman e Y. Enzel, "The Development of the Bet-Ha'Emeq Structure and the Tectonic Activity of Normal Faults in the Galilee", *Israel Journal of Earth Sciences* 49 (2000): 143-58.
29. Os dados da tabela são tirados das fontes citadas nas notas 25-8, e do que se segue: National Parks Service, U.S. Department of the Interior, www.nps.gov/miss/features/geology/geology.html, e www.factmonster.com/ce6/sci/A0817621.html, cuja fonte é *The Columbia Eletronic Encyclopedia*, 6ª ed., copyright © 2005, Columbia University Press; National Park Service, U.S. Department of the Interior Geology Fieldnotes – Grand Canyon National Park em www.2nature.nps.gov/geology/parks/grca/; The Niagara Parks Commission Geology of the Falls em www.niagaraparks.com/nfgg/geology.php; e "Origins of Niagara – A Geologic History" em www.iaw.com/~falls/origins.html.
30. Wenke, "Egypt: Origins of Complex Societies".

Capítulo 4: Qual cultura e quando?

1. Walter B. Emery, *Archaic Egypt* (Nova York: Penguin Books, 1961), 214.
2. William Matthew Flinders Petrie, *The Pyramids and Temples of Gizeh* (Nova York: Scribner and Welford, 1883), 175.
3. *Ibid.*, 176.
4. *Ibid.*, 174.
5. *Ibid.*, 173.
6. Jay M. Enoch e Vasudevan Lakshminarayanan, "Duplication of Unique Optical Effects of Ancient Egyptian Lenses from the IV/V Dynasties: Lenses Fabricated ca. 2620-2400 BCE., or Roughly 4600 Years Ago", *Opthalmic and Physiological Optics* 20, nº 2 (15 de março de 2000): 126-30.

7. *Ibid.*
8. *Ibid.*
9. Christopher Dunn, "Advanced Machining in Ancient Egypt", *Analog Magazine* (agosto de 1984).
10. *Ibid.*
11. *Ibid.*
12. Christopher Dunn, "The Precision of the Ancient Egyptians" (março de 2003). Online em www.gizapower.com/Precision.htm (acessado em 30/4/2004).
13. *Ibid.*
14. J. McKim Malville, Fred Wendorf, Ali A. Mazart e Romauld Schild, "Megaliths and Neolithic Astronomy in Southern Egypt", *Nature* (abril de 1998): 488–91.
15. "Mysteries of the South Western Desert: The Megaliths of Nabta Playa" *Focus on Archeology ACADEMIA* 1, nº 1 (2004).
16. *Ibid.*
17. *Ibid.*
18. Malville, *et al.*, "Megaliths and Neolithic Astronomy in Southern Egypt", 489.
19. University of Colorado Press Release, "Oldest Astronomical Megalith Alignment Discovered in Southern Egypt by Science Team", Boulder: University of Colorado Office of Public Relations, 31 de março de 1998.
20. Malville, *et al.*, "Megaliths and Neolithic Astronomy in Southern Egypt".
21. Thomas G. Brophy, *The Origin Map: Discovery of a Prehistoric, Megalithic, Astrophysical Map and Sculpture of the Universe* (Nova York: Writers Club Press, 2002), 9.
22. *Ibid.*, 14.
23. *Ibid.*, 10.
24. *Ibid.*, 14.
25. *Ibid.*, 15.
26. J. M. Malville, F. Wendorf, A. A. Mazar e R. Schild, "Megaliths and Neolithic Astronomy in Southern Egypt", *Nature* (1998): 392, 488.
27. Brophy, *Origin Map*, 20.
28. *Ibid.*, 18.
29. *Ibid.*, 20.
30. *Ibid.*, 21.
31. *Ibid.*, 36.
32. *Ibid.*, 40.
33. *Ibid.*, 41.
34. *Ibid.*, 45.
35. *Ibid.*, 48.
36. *Ibid.*, 49.
37. *Ibid.*, 51.
38. *Ibid.*, 54.
39. *Ibid.*, 53–4. Monthly Notices of the Royal Astronomical Society é uma publicação da Royal Astronomical Society [Real Sociedade Astronômica].

40. *Ibid.*, 59.
41. Fred Wendorf e Romauld Schild, "Nabta Playa and its Role in Northeastern African Prehistory", *Journal of Anthropological Archeology* 17 (1998): 123.

Capítulo 5: Medindo o tempo

1. John Fermor, "Timing the Sun in Egypt and Mesopotamia", *Vistas in Astronomy* 41, nº 1 (1991): 151–67.
2. Para uma explicação mais detalhada, veja "The Significance of the Beginning Date of the Julian Calendar", de Mary Weaver, online em: www.lascruces.com/~jasm/julian.html (Copyright Jasmine Tewa Business Trust, 2000).
3. A data real do início da Era de Peixes é matéria discutível. Alguns estudiosos acreditam que isso ocorreu perto do nascimento de Cristo; outros, que aconteceu uma centena de anos ou mais depois.
4. Rupert Gleadow, *The Origin of the Zodiac* (Nova York: Castle Books, 1968), 177.
5. Giorgio de Santillana e Hertha von Dechend, *Hamlet's Mill: An Essay on Myth and the Frame of Time* (Boston: David R. Godine, 1977), 288–316.
6. *Ibid.*, 57.
7. John G. Jackson, "Ethiopia and the Origin of Civilization: A Critical Review of the Evidence of Archaeology, Anthropology, History, and Comparative Religion According to the Most Reliable Sources and Authorities", 1939, online em: www.africawithin.com/jgjackson/jgjackson_ethiopia_and_the_origin.htm.
8. Constantin-François de Volnet, *The Ruins, or, Meditation on the Revolutions of Empires and the Law of Nature* (Nova York: Twentieth Century Publishing Co., 1890). (Veja "Second System: Worshipp of Stars, or Sabeism" no capítulo 22, "The Origin and Filiation of Religious Ideas".)
9. *Ibid.* (Veja "Third System: Worship of Symbols, or Idolatry" no capítulo 22, "The Origin and Filiation of Religious Ideas".)
10. de Santillana e von Dechend, *Hamlet's Mill*, x–xi.
11. P. F. Gössman, trad., *Das Era-Epos* (Würzburg, Alemanha: Augustinus-Verlaz, 1955).
12. de Santillana e von Dechend, *Hamlet's Mill*, 325.
13. *Ibid.*, 326.
14. Arthur M. Harding, *Astronomy: The Splendor of the Heavens Brought Down to Earth* (Garden City Publishing Company, 1935), 252.

Capítulo 6: A tecnologia das pirâmides

1. Moustafa Gadalla, *Pyramid Handbook* (Greensboro, NC: Tehuti Research Foundation, 2000), 80–1.
2. *Ibid.*, 82–4.
3. *Ibid.*, 90–1.

4. *Ibid.*, 98.
5. *Ibid.*, 100-01.
6. *Ibid.*, 144.
7. *Ibid.*, 148-9.
8. *Ibid.*, 158-60.
9. *Ibid.*, 121.
10. *Ibid.*, 122.
11. *Ibid.*, 130.
12. *Ibid.*, 134.
13. *Ibid.*
14. Christopher Dunn, *The Giza Power Plant* (Rochester, VT: Bear & Company, 1998), 125-50.
15. *Ibid.*, 151-59.
16. *Ibid.*, 160-71.
17. *Ibid.*, 172-75.
18. *Ibid.*, 176-77.
19. *Ibid.*, 182-90.
20. *Ibid.*, 192.
21. *Ibid.*, 198.
22. *Ibid.*, 196.
23. *Ibid.*, 197.
24. *Ibid.*, 199.
25. *Ibid.*, 201-04.
26. *Ibid.*, 204.
27. *Ibid.*, 204-08.
28. *Ibid.*, 211.
29. Christopher Dunn, "Following the Evidence", 16 de março de 2004, online em: www.gizapower.com (acessado em 1º de junho de 2004).

Capítulo 7: Quem eram os primeiros egípcios?

1. Emery, *Archaic Egypt*, 31.
2. Smith, "Origins and Spread of Pastoralism in Africa", 128.
3. Pierre M. Vermeersch, "Out of Africa from an Egyptian's Point of View", *Quaternary International* 75, nº 1 (janeiro de 2001): 103-12.
4. *Ibid.*
5. *Ibid.*
6. *Ibid.*
7. Nicoll, "Recent Environmental Change and Prehistoric Human Activity", 558-61.
8. *Ibid.*
9. *Ibid.*

10. Kathryn A. Bard, "The Egyptian Predynastic: A Review of the Evidence", *Journal of Field Archaeology* 21 (1994): 265.
11. *Ibid.*, 270.
12. *Ibid.*
13. *Ibid.*, 271.
14. *Ibid.*
15. *Ibid.*
16. *Ibid.*
17. Donald B. Redford, *Egypt, Canaan, and Israel in Ancient Times* (Princeton, NJ: Princeton University Press, 1992), 5.
18. *Ibid.*, 6–7.
19. Emery, *Archaic Egypt*, 38–9.
20. Christy G. Turner II, "A Dental Hypothesis for the Origin and Antiquity of the Afro-Asiatic Language Family", Seminário do Instituto Santa Fé sobre Linguagem, Genes e Pré-história (1º a 3 de março de 2004).

Capítulo 8: Evidência toxicológica para uma antiga teoria

1. *The Mystery of the Cocaine Mummies*, Equinox-Channel 4 e Discovery Channel, 8 de setembro de 1996, documentário.
2. *Ibid.*
3. *Ibid.*
4. *Ibid.*
5. *Ibid.*
6. Lawrence Gustave Desmond e Phyllis Mauch Messenger, *A Dream of Maya: Augustus and Alice Le Plongeon in Nineteenth-Century Yucatán* (Albuquerque: University of New Mexico Press, 1988). (Versão para a Web disponível em: http://maya.csuhayward.edu/archaeoplanet/LgdPage/Dream/Start.htm.)
7. *A Dream of Maya* (citação de *Vestiges of the Mayas*, Nova York, J. Polhemus, 1881), 16.
8. Desmond e Messenger, *A Dream of Maya*, capítulo 4.
9. *Ibid.*, capítulo 11.
10. *A Dream of Maya*, citação de "Mayapan and Maya Inscriptions", Proceedings of the American Antiquarian Society (New Series) 1:246–82, 1881, 249–50.
11. Augustus Le Plongeon, *Queen Moo and the Egyptian Sphinx* (Nova York: Rudolf Steiner Publications, 1973), lv.
12. *Ibid.*, liv.
13. *Ibid.*, 21.
14. *Ibid.*, 45.
15. *Ibid.*, 46.
16. *Ibid.*, 21.
17. *Ibid.*, 150.
18. *Ibid.*, 151–53.

19. *Ibid.*, 39.
20. Le Plongeon, *Queen Moo and the Egyptian Sphinx*, 152–53.
21. Platão, *Timaeus and Critias*, traduzidos por Desmond Lee (Nova York: Penguin Classics, 1977), 37–8.
22. Le Plongeon, 72–3.
23. *Ibid.*, 73.
24. Gwendolyn Leick, *Mesopotamia: The Invention of the City* (Nova York: Penguin Books, 2002), 25.
25. Le Plongeon, *Queen Moo and the Egyptian Sphinx*, 45.
26. James Mooney, "Maya Indians", The Catholic Encyclopedia, online em www.newadvent.org/cathen/10082b.htm.
27. Le Plongeon, *Queen Moo and the Egyptian Sphinx*, xxx. Le Plongeon cita Phillip J. J. Valenti, *Katunes of the Maya History*, 54.
28. *Ibid.*, xxx. Le Plongeon cita Juan Pio Perez, *Codex Maya*, U Tzolan Katunil ti Maya, 7.
29. *Ibid.*, xviii.
30. *Ibid.*, xli.
31. *Ibid.*, 154. Le Plongeon cita sir Gardner Wilkinson, *Manners and Customs*, vol. 3, 395.
32. *Ibid.*, 154.
33. *Ibid.*, 117. Le Plongeon cita sir Gardner Wilkinson, *Manners and Customs*, vol. 3, cap. 61, 486.
34. *Ibid.*, 156. Le Plongeon cita Champollion Figeac, *L'Univers, Egypte*, 261.
35. *Ibid.*, 157.
36. *Ibid.*, 158. Le Plongeon cita Christian C. J. Bunsen, *Egypt's Place in Universal History*, vol. 2 (Londres: Longman, Brown, Green, 1860), 388.
37. *Ibid.*, 158. Le Plongeon cita William Osburn, *Monumental History of Egypt*, vol. 2 (Londres, Trubner & Co., 1854), 319.
38. *Ibid.*, vol. 1, 311.
39. *Ibid.*, 158. Le Plongeon cita Karl Richard Lepsius, *Letters from Egypt, Ethiopia, and the Peninsula of Sinai*, L. and J. B. Horner, trads. (Londres: Henry G. Bohn, 1853), 66.
40. *Ibid.*, 160. Le Plongeon cita Plínio, *Naturalis Historia* xxxvi, 17.
41. *Ibid.*, Le Plongeon cita Clemente de Alexandria, *Stromata* v.
42. *Ibid.*, 160. Le Plongeon cita Piazzi Smyth, *Life and Work at the Great Pyramid*, vol. 1, cap. 12, 323.
43. *Ibid.*, 160. Le Plongeon cita Landa, *Las Cosas de Tucatan*, seçs. xx, 114, e xxxi, 184.
44. *Ibid.*, 160. Le Plongeon cita Henry Brugsch-Bey, *History of Egypt under the Pharaohs*, vol. 1, Seymour e Smith, tradução, 80.
45. *Ibid.*, 162. Le Plongeon cita Samuel Birch e sir Gardner Wilkinson, *Manners and Customs*, vol. 3, nota, cap. 14.

46. *Ibid.*, 162.
47. *Ibid.*
48. *Ibid.*, 163. Le Plongeon cita Henry Brugsch-Bey, History of Egypt under the Pharaohs, vol. 2, Seymour e Smith, tradução, 464.
49. *Ibid.*, 163. Le Plongeon cita Heródoto, *História*, liv. Ii, 144.
50. *Ibid.*, 163.
51. *Ibid.*, introdução, ubi supra, p. lix.
52. *Ibid.*, 164. Le Plongeon cita Plutarco, *De Yside et Osiride*, seçs. 25, 36.
53. *Ibid.*, 165. Le Plongeon cita Heródoto, *História*, liv. Ii., 42, 59, 61.
54. *Ibid.*, 166. Le Plongeon cita Apuleio, *Metamorfoses*, liv. Ii., 241.
55. *Ibid.*, 166. Le Plongeon cita Diodoro, *Bibl. Hist*, liv. I., 27.
56. *Ibid.*, 166. Le Plongeon cita E. A. Wallis Budge, *The Book of the Dead* cap. 110, versos 4–5.
57. "The Real Scorpion King", Providence Pictures, Providence, 2002, press release para documentário do History Channel.
58. *Ibid.* Veja também John Noble Wilford, "Of Early Writing and a King of Legend", *New York Times*, Science Times, 16 de abril de 2002.
59. Ray T. Matheny, "El Mirador, a Maya Metropolis", National Geographic (setembro de 1987): 329. Veja também "Pyramids, Mummies & Tombs", documentário do Discovery Channel apresentado por Bob Brier.

Capítulo 9: Raízes pré-históricas do Egito

1. Francisco García Talavera, "Relaciones Geneticas entre Las Poblaciones Canaria y Norte Africans". Online em http://personal.telefonica.terra.es/web/mleal/articles/africa/24.htm (acessado em 15/1/2004).
2. O. Dotour e N. Petit-Marie, "Place des restes humains de la dune d'Izriten parmi les populations holocenes du littoral atlantique nord-africain", *Le Bassin de Tarfaya*, org. Jean Riser (Paris: Harmattan, 1996).
3. Talavera.
4. *Ibid.*
5. Joel D. Irish e D. Guatelli-Steinberg, "Ancient Teeth and Modern Human Origins: An Expanded Comparison of African Plio-Pleistocene and Recent World Dental Samples", *Journal of Human Evolution* 45, nº 2 (2003): 113–44.
6. Joel D. Irish, "The Iberomaurusian Enigma: North African Progenitor or Dead End?" *Journal of Human Evolution*, outubro 39(4):393–410, 2000, 395–97.
7. O. Soffer, M. Adovasio, e D. C. Hyland. "The 'Venus Figurines': Textiles, Basketry, Gender, and Status in the Upper Paleolithic" *Current Anthropology* 41, nº 4 (agosto–outubro): 520.
8. *Ibid.*, 518.
9. *Ibid.*, 522.
10. *Ibid.*, 524.

11. Marija Gimbutas, *The Age of the Great Goddess: An Interview with Kell Kearns*, Boulder, CO: Sounds True Recordings, 1992, gravação de áudio.
12. *Ibid.*, "Learning the Language of the Goddess", 3 de outubro de 1992, online em: www.levity.com/mavericks/gim-int.htm (acessado em 25/1/2004).
13. *Ibid.*
14. *Ibid.*
15. Gimbutas, *The Age of the Great Goddess*.
16. *Ibid.*
17. *Ibid.*
18. *Ibid.*
19. *Ibid.*
20. H. W. Fairman, "La Composition Raciale de l'ancienne Egypt", *Anthropologie* 51 (1947): 239–50.
21. John R. Baker, *Race* (Oxford University Press, 1974), 519.
22. Ian Tattersall, *Becoming Human: Evolution and Human Uniqueness* (Nova York: Harcourt, Brace & Company, 1998), 10.
23. *Ibid.*
24. *Ibid.*, 180.
25. *Ibid.*, 99.
26. David Lewis-Williams, *The Mind in the Cave* (Londres: Thames & Hudson, 2002), 97.
27. *Ibid.*
28. *Ibid.*, 98.
29. *Ibid.*, 99.
30. *Ibid.*

Capítulo 10: O Egito dos simbolistas

1. Chance Gardner, "Episode 1: The Invisible Science", *Magical Egypt: A Symbolist Tour*, Cydonia Inc., 2002, documentário em série.
2. E. A. Wallis Budge, *Egyptian Ideas of the Future Life* (Londres: K. Paul, Trench, Trübner and Co., 1900), 17–8.
3. Moustafa Gadalla, *Egyptian Divinities* (Greensboro, NC: Tehuti Research Foundation, 2001), 17.
4. Gardner, "Episode 1: The Invisible Science".
5. *Ibid.*
6. Gadalla, *Egyptian Divinities*, 20.
7. *Ibid.*, 100.
8. *Ibid.*
9. John Anthony West, *Serpent in the Sky* (Wheaton, IL: Quest Books, 1993), 32–3.
10. *Ibid.*, 34–5.
11. *Ibid.*, 35–6.

12. *Ibid.*, 37–9.
13. *Ibid.*, 40–2.
14. *Ibid.*, 42–6.
15. *Ibid.*, 47–50.
16. *Ibid.*, 50–4.
17. *Ibid.*, 41.
18. R. A. Schwaller de Lubicz, *Sacred Science* (Rochester, VT: Inner Traditions, 1982), 187–88.
19. Isha Schwaller de Lubicz, Her-Bak, vol. 2 (Nova York: Inner Traditions, 1978), 156.
20. R. A. Schwaller de Lubicz, *Sacred Science*, 192.
21. Lucie Lamy, *Egyptian Mysteries: New Light on Ancient Knowledge* (Nova York: Thames & Hudson, 1981), 9.
22. R. A. Schwaller de Lubicz, *Sacred Science*, 188.
23. Lamy, *Egyptian Mysteries*, 9.
24. John Opsopaus, *The Pythagorean Tarot*. Opsopaus cita Sexto Empírico, Adv. Math. VII. 94–5, online em www.cs.utk.edu/~mclennan/BA/PT/, (acessado em 14/7/2004).
25. Moustafa Gadalla, *Egyptian Cosmology: The Animated Universe* (Greensboro, NC: Tehuti Research Foundation, 2001), 45.
26. Gardner, "Episode 1: The Invisible Science".
27. *Ibid.*
28. *Ibid.*
29. Timothy Freke e Peter Gandy, *The Hermetica: The Lost Wisdom of the Pharaohs* (Nova York: Jeremy P. Tarcher, 1999), 7.
30. *Ibid.*, 19.
31. *Ibid.*, 18.
32. Brian P. Copenhaver, org. e trad., *Hermetica: The Greek Corpus Hermeticum and the Latin* (Cambridge University Press, 2002), 43.

Capítulo 11: Bu Wizzer

1. Stephen S. Mehler, *The Land of Osiris* (Kempton, IL: Adventures Unlimited Press, 2001), 203.
2. *Ibid.*, 11.
3. *Ibid.*, 51.
4. *Ibid.*, 116.
5. *Ibid.*, 48.
6. *Ibid.*, 77.
7. *Ibid.*, 79.
8. *Ibid.*
9. *Ibid.*, 92.
10. *Ibid.*, 126.

11. *Ibid.*, 140.
12. *Ibid.*, 152.
13. *Ibid.*, 185.
14. *Ibid.*, 186.
15. *The Mythological Origins of the Egyptian Temple* foi publicado pela Manchester University Press, 1969.
16. Mehler, *The Land of Osiris*, 188.
17. *Ibid.*, 189.
18. *Ibid.*, 190.
19. Le Plongeon, *Queen Moo and the Egyptian Sphinx*, 215–17. Veja a prancha 23 de Le Plongeon.
20. *Ibid.*, Prancha 23 de Le Plongeon.
21. *Ibid.*, 57.

Capítulo 12: Embarcando em uma nova História

1. William Arthur Griffiths, "Malta: The Hiding Place of Nations – First Account of Remarkable Prehistoric Tombs and Temples Recently Unearthed on the Island", *National Geographic* (maio de 1920): 448.
2. Richard Walter, "Wanderers Awheel in Malta", *National Geographic* (agosto de 1940): 272.
3. *Ibid.*
4. *Ibid.*
5. Griffiths, "Malta: The Hiding Place of Nations", 445–46.
6. Joseph S. Ellul, *Malta's Prediluvian Culture at the Stone Age Temples with Special Reference to Hagar Qim, Ghar Dalam, Cart-Ruts, Il-Misqa, Il-Maqluba, and Creation* (Malta: Printwell Ltd., 1988).
7. Kenneth J. Hsu, *The Mediterranean Was a Desert: A Voyage of the Glomar Challenger* (Princeton, NJ: Princeton University Press, 1983).
8. William Ryan e Walter Pitman, *Noah's Flood: New Scientific Discoveries about the Event That Changed History* (Nova York: Simon and Schuster, 1998), 88.
9. *Ibid.*, 89.
10. Walt Brown, *In the Beginning: Compelling Evidence for Creation and the Flood*, 7ª ed. www.creationscience.com, Center for Scientific Creation, 2001).
11. *Ibid.*
12. Ellul, *Malta's Prediluvian Culture*.
13. Vittorio Di Cesare e Adriano Forgione, "Malta: The Skulls of the Mother Goddess", *HERA* (junho de 2001).
14. *Ibid.*
15. Griffiths, "Malta: The Hiding Place of Nations", 449.
16. Correspondence with Stephen Mehler, 12 de julho de 2004.
17. Griffiths, "Malta: The Hiding Place of Nations", 459.
18. Richard Ellis, *Imagining Atlantis* (Nova York: First Vintage Books, 1999), 28.

19. Di Cesare e Forgione, "Malta: The Skulls of the Mother Goddess".
20. Ellis, 233 (citando o ensaio de Marinatos "On the Legend of Atlantis", de 1950).
21. *Ibid.*, 232-33.
22. Rossella Lorenzi, "Lost City of Atlantis Found in Spain?" *Discovery News* (8 de junho de 2004), online em:http://dsc.discovery.com/news/briefs/20040607/atlantis.html.
23. Andrew L. Awler, "Rocking the Cradle", *Smithsonian* (maio de 2004): 40-8.
24. Steve Connor, "Does skull prove that the first Americans came from Europe?" *The Independent* (3 de dezembro de 2002).
25. Brophy, *The Origin Map*, 63.
26. John Major Jenkins, *Galactic Alignment* (Rochester, VT: Bear and Company, 2002), 99-101.
27. R. A. Schwaller de Lubicz, *Sacred Science*, 86.
28. Emery, *Archaic Egypt*, 192.
29. Os conceitos originais a respeito de Deus e da relação da humanidade com Deus são dos antigos escritos egípcios de Toth (Hermes, para os gregos), que era venerado desde, pelo menos, 3000 AEC. Representado como um escriba com a cabeça de um íbis, atribuía-se a ele a invenção da sagrada escrita hieroglífica. Os escritos de Toth, normalmente referidos como *Hermética*, expõem a base do pensamento que é evidente nos textos hebraicos e cristãos de épocas posteriores.

    Vale lembrar que o bíblico Moisés foi criado como um filho do faraó – e como nobre, deve ter sido instruído pelos mais sábios professores e exposto desde tenra idade à história e à filosofia do antigo Egito. A ele é atribuída a autoria dos cinco primeiros livros da Bíblia, mas isso, é claro, é outra história.
30. Kuhn escreveu diversos livros e artigos de grande influência ao longo de sua notável carreira. Sua obra mais famosa é *The Structure of Scientific Revolutions*, que ele escreveu ainda como estudante de física teórica em Harvard, e já vendeu mais de um milhão de exemplares, em dezesseis idiomas.

BIBLIOGRAFIA SELECIONADA

Baker, John R. *Race*. Oxford: Oxford University Press, 1974.

Bard, Kathryn A. "The Egyptian Predynastic: A Review of the Evidence." *Journal of Field Archaeology* 21 (1994): 265-88.

Brophy, Thomas G. *The Origin Map: Discovery of a Prehistoric, Megalithic, Astrophysical Map and Sculpture of the Universe*. Nova York: Writers Club Press, 2002.

Cesare, Vittorio di, e Adriano Forgione. "Malta: The Skulls of the Mother Goddess." *HERA* (junho de 2001).

Copenhaver, Brian P. *Hermetica*. Cambridge: Cambridge University Press, 2002.

Desmond, Lawrence Gustave e Phyllis Mauch Messenger. *A Dream of Maya: Augustus and Alice Le Plongeon in Nineteenth-Century Yucatán*. Albuquerque: University of New Mexico Press, 1988.

Dunn, Christopher. "Advanced Machining in Ancient Egypt." *Analog Magazine* (1984).

——. *The Giza Power Plant*. Rochester, VT: Bear and Company, 1998.

——. "The Precision of the Ancient Egyptians." Online em www.gizapower.com/Advanced/Advanced_Machinig.html (março de 2003).

Ellul, Joseph S. *Malta's Prediluvian Culture*. Malta: Printwell Ltd., 1988.

Emery, Walter B. *Archaic Egypt*. Nova York: Penguin Books, 1961.

Enoch, Jay M., e Vasudevan Lakshminarayanan. "Duplication of Unique Optical Effects of Ancient Egyptian Lenses from the IV/V Dynasties: Lenses Fabricated ca. 2620-2400 BCE., or Roughly 4600 Years Ago." *Ophthalmic and Physiological Optics* 20, nº 2 (15 de março de 2000): 126-30.

Fadhlaoui-Zid, K.; S. Plaza; F. Calafell; M. Bem-Amor; D. Comas, e A. Bennamar-El Gaaied. "Mitochondrial DNA Heterogeneity in Tunisian Berbers." *Annals of Human Genetics* 68, nº 3 (maio de 2004).

Fermor, John. "Timing the Sun in Egypt and Mesopotamia." *Vistas in Astronomy* 41, nº I (1991): 151-67.

Freke, Timothy e Peter Gandy. *The Hermetica: The Lost Wisdom of the Pharaohs*. Nova York: Jeremy P. Tarcher, 1999.

Gadalla, Moustafa. *Pyramid Handbook*. Greensboro, NC: Tehuti Research Foundation, 2000.

Gauri, K. Lal. "Geologic Study of the Sphinx." *American Research Center in Egypt Newsletter*, nº 127 (1984): 24-43.

Gimbutas, Marija. *The Age of the Great Goddess: An Interview with Kell Kearns.* Boulder, CO: Sounds True Recordings, 1992, fita de áudio.

———. *Goddesses and Gods of Old Europe, 6500-3500 B.C.: Myths and Cult Images.* Berkeley: University of California Press, 1982.

Gleadow, Rupert. *The Origin of the Zodiac.* Nova York: Castle Books, 1968.

Griffiths, William Arthur. "Malta: The Hiding Place of Nation's First Account of Remarkable Prehistoric Tombs and Temples Recently Unearthed on the Island," *National Geographic*, maio de 1920.

Harding, Arthur M. *Astronomy: The Splendor of the Heavens Brought Down to Earth.* Garden City, NY: Garden City Publishing Company, 1935.

Haynes Jr., e C. Vance. "Geochronology and Climate Change of the Pleistocene-Holocene Transition in the Darb el Arba'in Desert, Eastern Sahara." *Geoarcheology: An International Journal* 16, nº 1 (2001): 119-41.

Hsu, Kenneth J. *The Mediterranean Was a Desert: A Voyage of the Glomar Challenger.* Princeton, NJ: Princeton University Press, 1983.

Irish, Joel D. "The Iberomaurusian Enigma: North African Progenitor or Dead End? *Journal of Human Evolution*, vol. 39, nº 4 (2000): 395-97.

Irish, Joel D. e D. Guatelli-Steinberg. "Ancient Teeth and Modern Human Origins: An Expanded Comparison of African Plio-Pleistocene and Recent World Dental Samples." *Journal of Human Evolution* 45, nº 2 (2003): 113-44.

Le Plongeon, Augustus. *Queen Moo and the Egyptian Sphinx.* Nova York: Rudolf Steiner Publications, 1973.

Lehner, Mark. "Computer Rebuilds the Ancient Sphinx." *National Geographic* (abril de 1991): 32-8.

Leick, Gwendolyn. *Mesopotamia: The Invention of the City.* Nova York: Penguin Books, 2002.

Lewis-Williams, David. *The Mind in the Cave.* Londres: Thames and Hudson, 2002.

Malville, J. McKim; Fred Wendorf; Ali A. Mazar e Romuald Schild. "Megaliths and Neolithic Astronomy in Southern Egypt." *Nature* (abril de 1998): 488-91.

Martin, Thomas R. *Ancient Greece.* New Haven: Yale University Press, 1996.

Matmon, A.; E. Zilberman e Y. Enzel. "The Development of the Bet-Ha'Emeq Structure and the Tectonic Activity of Normal Faults in the Galilee." *Israel Journal of Earth Sciences* 49 (2000): 143-58.

Mehler, Stephen S. *The Land of Osiris.* Kempton, IL: Adventures Unlimited Press, 2001.

Mellaart, James. *Earliest Civilizations of the Near East.* Londres: Thames and Hudson, 1965.

Nicoll, Kathleen. "Recent Environmental Change and Prehistoric Human Activity in Egypt and Northern Sudan." *Quaternary Science Reviews* 23, nºs 5-6 (março de 2004): 561-80.

Osler, *Sir* William. *The Evolution of Modern Medicine*. New Haven: Yale University Press, 1921.

Petrie, William Matthew Flinders. *The Pyramids and Temples of Gizeh*. Nova York: Scribner and Welford, 1883.

Reader, Colin. "A Geomorphological Study of the Giza Necropolis, with Implications for the Development of the Site." *Archaeometry* 43 (2001): 149-65.

Redford, Donald B. *Egypt, Canaan, and Israel in Ancient Times*. Princeton, NJ: Princeton University Press, 1992.

Ryan, William e Walter Pitman. *Noah's Flood: New Scientific Discoveries about the Event That Changed History*. Nova York: Simon and Schuster, 1998.

Santillana, Giorgio de, e Hertha von Dechend. *Hamlet's Mill: An Essay on Myth and the Frame of Time*. Boston: David R. Godine, 1977.

Schild, Romuald e Fred Wendorf. "Mysteries of the South Western Desert: The Megaliths of Nabta Playa," *Academia, Focus on Archeology* nº 1 (1), 2004.

Schoch, Robert M. "Geological Evidence Pertaining to the Age of the Great Sphinx." *Quaderni Del Dipartmento di Matematica, Statistica, Informatica ed Applicazion, Serie Miscellanea* 3 (2002): 171-203.

———. "Redation the Great Sphinx of Giza." *KMT: A Modern Journal of Ancient Egypt*, vol. 3, nº 2 (1992).

Smith, Andrew B. "Origins and Spread of Pastoralism in Africa." *Annual Review of Anthropology* 21 (1992): 125-41.

Soffer, Olga; M. Odovasio e D. C. Hyland. "The 'Venus Figurines': Textiles, Basketry, Gender, and Status in the Upper Paleolithic." *Current Anthropology* 41, nº 4 (agosto/outubro de 2000): 511-37.

Tattersall, Ian. *Becoming Human: Evolution and Human Uniqueness*. Nova York: Harcourt, Brace and Company, 1998.

Turner II, Christy G. "A Dental Hypothesis for the Origin and Antiquity of the Afro-Asiatic Language Family." *The Santa Fe Institute Seminar on Language, Genes, and Prehistory*, março de 2004.

Vermeersch, Pierre M. "Out of Africa from an Egyptian's Point of View." *Quaternary International* 75, nº 1 (janeiro de 2001): 103-12.

Volney, Constantin-François. *The Ruins, or Meditation on the Revolutions of Empires and the Law of Nature*. Nova York: Twentieth Century Publishing, 1890.

Walter, Richard. "Wanderers Awheel in Malta." National Geographic, agosto de 1940.

Wendorf, Fred e Romauld Schild. "Nabta Playa and Its Role in Northeastern African Prehistory." *Journal of Anthropological Archeology* 7 (1998): 97-123.

Wenke, Robert J. "Egypt: Origins of Complex Societies." *Annual Reviews Anthropology* 18 (1989): 129-55.

West, John Anthony. *Serpent in the Sky*. Wheaton, IL: Quest Books, 1993. [*A Serpente Cósmica*, publicado pela Editora Pensamento, São Paulo, 2009.]